HEYNE MILLENNIUM

Laurence Gardner

Das Vermächtnis des

Heiligen
Gral

Die Nachfahren Jesu und
die geheime Geschichte Europas

Aus dem Englischen von Olaf Kraemer

WILHELM HEYNE VERLAG
MÜNCHEN

HEYNE MILLENNIUM
Herausgegeben von Michael Görden

Die englische Originalausgabe
erschien 1996 unter dem Titel
BLOODLINE OF THE HOLY GRAIL
im Verlag Element Books Limited, Shaftesbury, Dorset

Umwelthinweis:
Dieses Buch wurde auf
chlor- und säurefreiem Papier gedruckt.

Die Bibelzitate folgen der Einheitsübersetzung
der Heiligen Schrift, Gesamtausgabe Stuttgart 1982.
Lektorat: Renate Schilling
Umschlaggestaltung: Nele Schütz Design, München
Umschlagillustration: John Ennis/Thomas Schlück, Garbsen
Satz: Leingärtner, Nabburg
Druck und Bindung: Wiener Verlag, Himberg
Printed in Austria 1999

ISBN 3-453-16406-7

Inhalt

Dies ist das Buch eurer Abstammung;
Hier beginnt das Buch des Sangréal.

Perlesvaus

Gewidmet dem Andenken an Dr. Whitman Pearson,
einem Pilger auf der Suche nach dem ewigen Gral

Vorwort

Das Vermächtnis des Heiligen Gral stellt eine bemerkenswerte Leistung auf dem Sektor der Genealogie dar, und es ist ungewöhnlich, daß ein Geschichtswissenschaftler mit einer derartigen Fülle von Tatsachen vertraut ist wie Laurence Gardner. Vor Ihnen liegt die bisher ungeschriebene Geschichte der Entstehung der christlichen Kirche und ein tiefer Einblick in zweitausend Jahre manipulierter Geschichtsschreibung, mit der man versucht hat, alle spirituellen Aspirationen unserer Zivilisation zu unterdrücken und das Schicksal von Millionen von Menschen zu manipulieren. Es ist dem Autor gelungen, wesentliche Teile dieses Komplotts aufzudecken und die weitgehend verschwiegene Geschichte einer königlichen Dynastie wieder ans Licht zu bringen, die die Kirche zu ihrem eigenen Vorteil lange unterdrückt hat und immer noch verheimlicht.

Möge der Phönix in dieser neuen Zeit des Verständnisses wieder auferstehen und sich die Wahrheit durchsetzen.

SKH Prinz Michael von Albany
Oberhaupt des Königlichen Hauses von Stewart

KAPITEL 1

Die Ursprünge der Blutlinie

WEM DIENT DER HEILIGE GRAL?

Nach dem Aufstand der Juden in Jerusalem im ersten Jahrhundert nach Christus vernichteten die römischen Herrscher angeblich alle Aufzeichnungen, die auf eine Abstammung Jesu aus dem davidischen Geschlecht hindeuteten. Die Vernichtung dieser Beweise war jedoch bei weitem nicht vollständig. So gelang es den Erben Jesu, wichtige Dokumente zu retten und das messianische Erbe aus dem Nahen Osten in den Westen zu bringen. Wie der Geschichtsschreiber und Bischof von Cäsarea, Eusebius[1], im vierten Jahrhundert in seiner *Kirchengeschichte* bestätigte, wurden diese Erben als *Desposyni* bezeichnet (altgriechisch für »vom Meister abstammend«)[2], ein heiliger Titel, der ausschließlich denen vorbehalten war, die aus der Familie Jesu stammten.[3] Sie waren die Erben des königlichen Hauses von Juda und Mitglieder einer dynastischen Blutlinie, die bis heute intakt ist.

Im weiteren Verlauf dieses Buches werden wir die faszinierende Geschichte dieser Abstammungslinie verfolgen und eine detaillierte Genealogie des messianischen Blutes (des *Sang réal* oder *Sangréal*) vorlegen, wie es in direkter Folge von Jesus und seinem Bruder Jakob weitergegeben wurde. Dazu wird es nötig sein, die Geschichten des Alten und des Neuen Testaments aus einer anderen Perspektive zu betrachten, als es gemeinhin der Fall ist. Doch soll hier die Geschichte nicht neu geschrieben werden. Es geht lediglich um eine Berichtigung bekannter Darstellungen, um die Geschichte wieder auf ihr ursprüngliches Fundament zu stellen – anstatt weiterhin die strategisch verformten Mythen wiederzugeben, wie jene sie formulierten, die ein ganz persönliches Interesse an derartigen Darstellungen hatten.

Sicher werden einige Leser die nun folgenden Darstellungen in Zweifel ziehen. Andere werden sich bemühen, ihre vertrauten Vorstellungen durch destruktive Kritik an den Informationen auf den folgenden Seiten zu retten. Wir können jedoch darauf vertrauen, daß die Behauptungen dieser Kritiker auf sie selbst zurückfallen werden.

Dieses Buch wurde mit aufrechter Intention für alle wahrheitssuchenden Menschen mit aufnahmebereitem Geist geschrieben. Es bezieht seine Autorität aus einer neuen Interpretation uralter Dokumente, unter ihnen die Schriftrollen vom Toten Meer und die zahlreichen Evangelien und frühen Texte, die aus ganz offensichtlichen Gründen lange Zeit den Augen der Öffentlichkeit vorenthalten wurden. Ebenso beziehe ich mich im folgenden auf Aufzeichnungen aus keltischen Annalen und Chroniken aus dem Mittelalter wie auch auf zahlreiche Informationen aus königlichen, geistlichen und ritterlichen Archiven aus ganz Europa.

Durch die Jahrhunderte hindurch hat sich eine gemeinsame Verschwörung der Kirche und der Regierungen gegen das messianische Erbe durchzusetzen vermocht. Diese Verschwörung erreichte einen ihrer Höhepunkte, als das römische Kaiserreich den Weg des Christentums in eine bestimmte Richtung lenkte, um seinem eigenen Ideal zu entsprechen, und hat sich bis zum heutigen Tag fortgesetzt.

Zahlreiche scheinbar unzusammenhängende geschichtliche Ereignisse sind in Wahrheit Teil der kontinuierlichen Unterdrückung dieser Linie. Von den Judenaufständen im ersten Jahrhundert bis zur amerikanischen Revolution im 18. Jahrhundert und darüber hinaus wurden diese Machenschaften von den europäischen Regierungen in Zusammenarbeit mit der anglikanischen und der römisch-katholischen Kirche betrieben. Bei ihrem Versuch, das königliche Geburtsrecht von Juda zu unterdrücken, haben die christlichen Bewegungen verschiedene Scheinregierungen installiert, zu denen auch das englische Haus von Hannover, Sachsen-Coburg und Gotha gehört. Diese Regierungen sollten ganz bestimmte religiöse Doktrinen aufrechterhalten, während andere, die sich für religiöse Nachsicht einsetzten, abgesetzt wurden.

Mit dem Anbruch des neuen Jahrtausends scheint die Zeit reif für eine neue Betrachtungsweise und eine Reform der zivilisierten Welt – doch dazu müssen die Irrtümer wie auch die Erfolge der Vergangen-

heit noch einmal betrachtet werden. Zu diesem Zweck eignet sich
wohl kaum etwas so gut wie die Chroniken des *Sangréal*.

Die Bezeichnung *Heiliger Gral* tauchte zum ersten Mal während des
Mittelalters als literarisches Konzept auf, welches (wie wir später noch
genauer sehen werden) auf einer Reihe von Fehlinterpretationen
schriftlicher Überlieferungen beruhte. Die Bezeichnung stammt direkt
von der Übersetzung des Ausdrucks *Saint Grail* und damit von dessen
frühen Formen *San Graal* und *Sangréal*. Der *Ancient Order of the Sangréal*, ein dynastischer Orden des schottischen Königshauses der Stewarts, stand in direkter Beziehung zum europäischen *Ordre de Sion*.[4]
Die Ritter beider Orden waren Anhänger des Sangréal, der das wahre
Königsblut (das *Sang Réal*) von Juda definierte: die Blutlinie des Heiligen Grals.

Abgesehen von seinen physischen, dynastischen Aspekten verfügt
der Heilige Gral auch über eine spirituelle Dimension, die durch viele
unterschiedliche Objekte symbolisiert wurde, von denen der Kelch
wohl der bekannteste sein dürfte – insbesondere jener Kelch, der das
Blut Jesu Christi enthält oder einmal enthalten hat. Der Gral ist auch
als Weinstock dargestellt worden, der sich durch die Annalen der Zeit
windet. Die Frucht des Weinstocks ist die Traube, aus der Wein gewon-
nen wird. Hier überschneiden sich die symbolischen Elemente des
Kelches und des Rebstocks, denn Wein wird seit langer Zeit mit dem
Blut Christi gleichgesetzt. Diese Tradition steht im Herzen des eucharistischen Sakraments (der Heiligen Kommunion), und das immer-
während Blut des Gralskelches steht für das fortwährende Bestehen
der messianischen Blutlinie.

In der esoterischen Gralsinterpretation stehen Kelch und Rebstock
für das Ideal des Dienens, während Blut und Wein dem ewigen Geist
der Erfüllung entsprechen. Die spirituelle Suche nach dem Gral
besteht deshalb aus einem Wunsch nach Erfüllung durch das Geben
und Empfangen von liebevollem Dienst. Was als *Gralskodex* bekannt
ist, ist eine Parabel auf das menschliche Streben, einer Sache zu dienen
und durch dieses Dienen Erfüllung zu finden. Das Problem besteht
darin, daß dieser Kodex durch einen habgierigen Gesellschaftskom-
plex überlagert wurde, der auf dem »Überleben des Stärkeren« beruht.
So ist heutzutage ganz offensichtlich eher materieller Reichtum als
körperliche Gesundheit ein wichtiger Faktor für soziale Anerkennung.
Ein weiteres Kriterium für die Anerkennung durch die Gesellschaft

bildet das Befolgen von Gesetzen. Vor allem jedoch geht es darum, der Parteilinie zu folgen und den Halbgöttern der Macht Tribut zu zollen. Diese Forderung hat nichts mit Gesetzestreue oder gutem Verhalten zu tun – es geht einfach nur darum, die bestehenden Verhältnisse nicht in Frage zu stellen und Meinungen zurückzuhalten, die nicht konform sind. Wer diese Regeln verletzt, wird zum Häretiker, Störenfried oder Unruhestifter erklärt und durch das regierende Establishment als sozial untragbar eingestuft. Soziale Anerkennung wird also durch die Unterwerfung unter die herrschende Doktrin erreicht und durch das Aufgeben der individuellen Persönlichkeit, zur Erhaltung eines administrativen Status quo. Wie immer man diesen Sachverhalt beurteilen mag – mit den Worten praktizierte Demokratie läßt er sich wohl kaum beschreiben.

Das demokratische Ideal ist als »Regieren *durch* das Volk *für* das Volk« bezeichnet worden. Um dies zu gewährleisten, werden Demokratien auf Wahlebene organisiert, wobei einige wenige die Masse vertreten sollen. Diese Repräsentanten werden *durch* das Volk gewählt, um *für* das Volk zu regieren. Das paradoxe Resultat besteht jedoch gewöhnlich darin, daß das Volk *von* ihnen regiert wird. Diese Handlungsweise befindet sich in krassem Gegensatz zu allen Prinzipien einer demokratischen Gemeinschaft und hat nicht im geringsten etwas mit Dienen oder Dienst zu tun, befindet sich somit auch in direktem Gegensatz zum Kodex des Grals.

Auf nationaler wie auch lokaler Ebene haben es die gewählten Repräsentanten des Volkes seit langem verstanden, das harmonische Ideal zu verkehren, indem sie sich über ihre Wähler erhoben. Somit werden individuelle Rechte, Freiheiten und Bedingungen durch ein politisches Diktat kontrolliert, und dieses bestimmt jederzeit, wer sozial tragbar ist und wer nicht. In zahlreichen Fällen entspricht diese Entscheidung einer Entscheidung über Leben und Tod. Deshalb streben viele Menschen nach einflußreichen Positionen, um Macht über andere zu gewinnen. Im Dienst ihrer eigenen Interessen werden sie zu Manipulatoren der Gesellschaft und tragen zur Entmachtung der Mehrheit bei. Als Resultat wird die Mehrheit des Volkes zu Dienenden degradiert, statt daß ihnen entsprechend gedient wird.

Es ist kein Zufall, daß das Motto der Prinzen von Wales im Mittelalter lautete: *Ich dien.* Es stammte direkt aus dem Kodex des Grals während der Zeit des Rittertums. Für die Nachkommen jener, die durch Herkunft anstatt durch Wahlen an die Macht gelangten, war es von großer Bedeutung, das Ideal des *Dienens* zu fördern. Aber haben die Monarchen tatsächlich jemals gedient? Oder anders gefragt – wem haben sie gedient? Meistens – und das gilt ganz sicher für die Feudal- und Kaiserzeiten – haben sie mit Hilfe ihrer Minister und der Kirche *regiert*. Regieren ist jedoch nicht gleichbedeutend mit Dienen und hat nichts mit der Gerechtigkeit, Gleichheit und Toleranz des demokratischen Ideals zu tun. Es entspricht auch keinesfalls den Maximen des Heiligen Grals.

So beschränkt sich das vorliegende Buch auch nicht auf Abstammungstafeln und die Wiedergabe politischer Intrigen, sondern es befaßt sich mit dem grundlegenden Kodex des Heiligen Grals – dem Schlüssel nicht nur zu einem geschichtlichen Mysterium, sondern auch einer Art der Lebensführung. Es ist ein Buch über gute und schlechte Regierungen. Es handelt davon, wie das partriarchalische Königtum des Volkes durch dogmatische Tyrannei und diktatorische Herrschaft ersetzt wurde. Es ist eine Entdeckungsreise durch die Zeitalter der Vergangenheit, mit dem Blick fest in die Zukunft gerichtet.

Im heutigen Zeitalter der Computertechnologie, der Satellitenkommunikation und der internationalen Raumfahrtindustrie entwickelt sich die Wissenschaft in alarmierendem Tempo. Mit jedem Schritt der Entwicklung überleben nur diejenigen, die die Technologie beherrschen, während der Rest von einer stürmischen Elite, die ihren eigenen Ambitionen und nicht ihren Bürgern dient, als unfit erachtet wird.

Was hat all dies mit dem Heiligen Gral zu tun? Eine ganze Menge. Der Gral erscheint in vielen unterschiedlichen Verkleidungen und hat – wie wir noch sehen werden – viele unterschiedliche Merkmale. Doch unabhängig davon, auf welche Weise der Gral dargestellt wird, die Suche nach ihm wird vor allem durch den Wunsch nach Erfüllung bestimmt. Dies ist ein Weg, der es allen gestattet, neben den Stärkeren zu überleben – was der Schlüssel zu Harmonie und Einheit zwischen allen sozialen und natürlichen Ständen und Klassen ist. Der Kodex des Grals erkennt Fortschritt durch Verdienst wie auch die Strukturen der menschlichen Gemeinschaft – vor allem aber ist er von Grund auf demokratisch. Ob man ihn in seiner physischen oder seiner spirituellen Dimension versteht, der Gral gehört Führern und Gefolgsleuten gleichermaßen. Er gehört ebenfalls dem Land und der Umwelt, eindringlich dazu mahnend, daß alles eins werde, in gemeinsamem vereintem Dienst.

Um zu den Überlebensfähigen zu gehören, ist es notwendig, vollständig informiert zu sein. Nur durch Bewußtheit können Vorbereitungen für die Zukunft getroffen werden. Diktatorisches Regieren ist kein Weg zur Information; es ist ein eindeutiger Versuch, den freien Zugang zur Wahrheit zu verhindern.

Wem dient der Heilige Gral? Er dient jenen, die trotz aller Hindernisse weiter suchen – denn sie werden das wahre Wissen erlangen.

DIE HEIDNISCHEN GÖTZEN DES CHRISTENTUMS

Im Lauf unserer Reise werden wir einer Reihe von Behauptungen begegnen, die auf den ersten Blick verblüffend wirken – wie es nicht selten der Fall ist, wenn an den herkömmlichen Interpretationen historischer Fakten gerüttelt wird. Unser aller Geschichtsverständnis ist weitgehend von strategischer Propaganda geprägt, sei es nun von seiten der Kirche oder von politischer Seite. All dies ist Teil des Kontrollprozesses; er trennt die Herrschenden von den Beherrschten und die Überlebensfähigen von den Lebensunfähigen. Selbstverständlich wird die Geschichte der Politik seit langem von den Herrschenden geschrieben – den wenigen, die über das Schicksal und das Glück der Massen bestimmen. Die Geschichte der Religion macht da keinen Unterschied, denn sie wurde entworfen, um Kontrolle durch die Furcht vor dem Unbekannten auszuüben. Auf diese Weise haben die Herrschenden im Bereich der Religion ihre Überlegenheit aufrechterhalten – auf Kosten ihrer Anhänger, die aufrichtig nach Erleuchtung und Erlösung suchen.

Weder in der Politik noch in der Religion ist es ein Geheimnis, daß die etablierten Lehren oft ans Phantastische grenzen – trotzdem werden sie selten hinterfragt. Und wenn nicht phantastisch, so sind sie oft so vage, daß sie bei genauerer Betrachtung kaum noch einen Sinn ergeben.

Im biblischen Rahmen beginnt unsere Suche mit der Schöpfung, wie sie im Buch Genesis beschrieben ist. Vor etwas mehr als zweihundert Jahren veröffentlichte eine Gruppe von Londoner Buchhändlern ein vielbeachtetes zweiundvierzigbändiges Mammutwerk mit dem Titel *Universal History*, nach dem das Schöpfungswerk Gottes exakt am 21. August 4004 vor Christus begann.[5] Darauf entbrannte eine Debatte über den genauen Monat, denn einige Theologen waren der Überzeugung, daß der 21. März ein wahrscheinlicheres Datum darstellte. Über das Jahr waren sich dagegen alle einig, ebenso darüber, daß zwischen der kosmischen Leere und dem Auftauchen Adams nur sechs Tage vergangen waren.

Zur Zeit der Veröffentlichung befand sich Großbritannien mitten in der industriellen Revolution. Dies war eine Zeit rapiden Fortschritts, während der sich die Gesellschaft völlig neu strukturierte. Im Mittelpunkt standen nun Wirtschaftlichkeit und Massenproduktion. Eine neue Gruppe von »Gewinnern« tauchte auf, während die Mehrheit der Menschen mit den für sie ungewohnten Umständen kämpfte. Charles Darwins Theorie vom Überleben der am besten Angepaßten (*survival of the fittest*)[6] bediente sich der gleichen Prämisse des Fortschritts, um das Überleben der Arten zu erklären. Seine Evolutionstheorie in *Descent of Man* aus dem Jahre 1871 fügte Adam keinen persönlichen Schaden zu, aber die Vorstellung, daß es sich bei ihm tatsächlich um den ersten Menschen gehandelt habe, wurde diskreditiert.[7] Wie alle organischen Lebensformen auf dem Planeten entwickelten sich auch Menschen über einen Zeitraum von mehreren hunderttausend Jahren durch genetische Mutation und natürliche Selektion. Diese Aussage erfüllte die religiöse Gesellschaft jener Zeit mit tiefem Grauen. Einige weigerten sich standhaft, der neuen Doktrin Glauben zu schenken, doch viele fielen auch in tiefe Verzweiflung. Wenn Adam und Eva nicht die ersten Eltern waren, so gab es auch keinen Sündenfall – und das gesamte Konzept der Buße war mit einem Mal hinfällig geworden!

Die Mehrheit mißverstand das Konzept der »natürlichen Selektion« dahingehend, daß ihr Erfolg und Überleben darin bestand, ihren Nächsten zu übervorteilen. Eine mißtrauische und rücksichtslose Generation war geboren. Egoistischer Nationalismus erlebte eine neue Blütezeit, und patriotische Gottheiten wurden angebetet wie früher die alten heidnischen Götter. Symbole nationaler Identität – wie Britannia und Hibernia – wurden die neuen Götzen des Christentums.

Aus dieser ungesunden Wurzel entwickelte sich das neue Zeitalter des Imperialismus, wobei die stärkeren, entwickelteren Nationen für sich das Recht in Anspruch nahmen, die schwächeren auszubeuten. Der rücksichtslose Kampf um Territorien und der Aufbau von Weltreichen begann. Das Deutsche Reich wurde 1871 durch den Zusammenschluß bis dahin getrennter Staaten gegründet. Andere Staaten schlossen sich zur Österreichisch-Ungarischen Monarchie zusammen. Das russische Kaiserreich dehnte sich beträchtlich aus, und im Jahre 1890 bedeckte das britische Empire nicht weniger als ein Fünftel der globalen Landmasse. Dies war die Blütezeit der Missionare, die aus den religiösen Unsicherheiten daheim in die Kolonien von Indien und Afrika ausschwärmten, wo die Menschen noch nichts von Adam, geschweige denn von Darwin gehört hatten.

Jeder Student der Geschichte hätte vorhersagen können, daß es nicht lange dauern würde, bis die miteinander in Wettstreit stehenden Weltmächte aufeinandertreffen würden, um ihre Kräfte zu messen. Der Konflikt begann auch bald darauf. Frankreich schickte sich an, das besetzte Elsaß-Lothringen von den Deutschen zurückzuholen, wobei die beiden Mächte um die Eisen- und Kohlenvorräte dieser Region stritten. Rußland und Österreich-Ungarn kämpften um die Vorherrschaft auf dem Balkan. Außerdem gab es Dispute über Kolonien in Afrika und auf anderen Kontinenten. Die Ermordung des Erzherzogs Franz Ferdinand, des österreichischen Thronfolgers, durch einen serbischen Nationalisten löste 1914 schließlich den Ersten Weltkrieg aus.

Trotz aller technischen Errungenschaften, die mit dem Zeitalter der Massenproduktion gekommen waren, hatte die Menschheit unter humanistischen und sozialen Gesichtspunkten wenig Fortschritte gemacht. Das Militär hatte enorme Leistungen vorzuweisen, doch das Christentum war derartig zersplittert, daß es kaum noch erkennbar war. Großbritannien war aus dem Krieg einigermaßen unversehrt hervorgegangen, doch im Deutschen Reich gab es zahlreiche Ressentiments gegen die Siegermächte und eine fanatische neue Partei, die NSDAP. 1937 annektierte Adolf Hitler, der despotische »Führer« der Deutschen, Österreich und marschierte zwei Jahre später in Polen ein. Der Zweite Weltkrieg brach aus – bis zum heutigen Tag der erbittertste Kampf um Land in der Geschichte der Menschheit. Er dauerte sechs Jahre und drehte sich im Grunde um die Kernpunkte aller Religion: die Rechte des einzelnen innerhalb einer zivilisierten Gesellschaft.

Mit einem Mal bemerkten sowohl die Kirche wie auch das Volk, daß Religion nicht auf Feiertagen und Wundern beruhte und niemals beruht hatte. Sie stand für den Glauben an Nächstenliebe, die Anwendung moralischer Grundsätze und ethischer Werte, für Gottvertrauen, gegenseitige Unterstützung und die beständige Suche nach Freiheit und Erlösung. Schließlich verstummte jeder Disput über die evolutionäre Abstammung des Menschen. Dieses Gebiet übernahmen von

nun an die Wissenschaftler, während sich die meisten Menschen mit
der Richtigkeit dieser These abfanden.

Die Kirche widersetzte sich nun nicht mehr so stark den Thesen der
Wissenschaft, und ein neues, toleranteres Klima begann zu herrschen.
Die Religion liegt schließlich in ihren Grundsätzen und Prinzipien verankert, nicht auf dem Papier, auf dem sie postuliert werden. Viele
Menschen betrachteten die Texte der Bibel nicht länger als unbestreit-
bare Dogmen, unmittelbar vom Himmel vorgegeben. Die Bibel wurde
vielmehr als historische Aufzeichnung gesehen, als eine Sammlung
uralter Texte, die genauso des Studiums und der Untersuchung wert
sind wie andere Texte auch.

Diese neue Ausrichtung sorgte für eine Unzahl neuer Spekulationen. Wenn Eva wirklich die einzige Frau gewesen war und ihre einzigen Nachkommen drei Söhne waren, mit wem hatte ihr Sohn Set dann
die Stämme von Israel gezeugt? Wenn Adam nicht der erste Mensch
auf Erden war, worin bestand dann seine Bedeutung? Wer oder was
waren die Engel? Das Neue Testament gab ebenfalls einige Rätsel auf.
Wer waren die Apostel? Gab es tatsächlich Wunder? Und vor allem:
Haben sich die Unbefleckte Empfängnis und die Auferstehung wirklich so zugetragen wie überliefert?

Diese Fragen wollen wir einer näheren Betrachtung unterziehen,
bevor wir uns daran machen, die Spur des Heiligen Grals aufzunehmen. Es ist unumgänglich, den historischen und soziologischen Hintergrund von Jesus Christus zu kennen, um die Tatsachen seiner Ehe
und seiner Vaterschaft zu verstehen. Im folgenden werden viele Leser
völliges Neuland betreten – Neuland, das jedoch bereits existierte,
bevor jemand einen Teppich darüber legte und die Wahrheit darunter
versteckte, um die Kontrolle nicht zu verlieren. Nur wenn wir den
Teppich wieder aufrollen und den lange verborgenen Grund darunter
enthüllen, wird unsere Suche nach dem Heiligen Gral erfolgreich sein.

DIE BLUTLINIE BEGINNT

Mittlerweile ist allgemein anerkannt, daß die ersten Kapitel des Alten
Testamentes nicht wirklich die frühe Geschichte der Erde beschreiben,
auch wenn dies so den Anschein haben soll.[8] Im Grunde erzählen sie
die Geschichte einer Familie – einer Familie, die mit der Zeit zu einem

Volk mit mehreren Stämmen wurde; aus diesem Volk ging die hebräische Nation hervor. Wenn Adam tatsächlich ein Stammvater war (abgesehen von der gesamten menschlichen Evolution, die vor ihm stattgefunden hatte), dann war er ein Stammvater der Hebräer und der Stämme Israels.[9]

Zwei der faszinierendsten Figuren des Alten Testamentes sind Josef und Moses. Beide spielten eine wichtige Rolle bei der Entstehung der hebräischen Nation, und beide verfügen über historische Identitäten, die auch unabhängig von der Bibel nachverfolgt werden können. In Genesis 41,39-43 wird berichtet, wie Josef zum Verwalter von Ägypten gemacht wird:

> Dann sagte der Pharao zu Josef: Nachdem dich Gott all das hat wissen lassen, gibt es niemand, der so klug und weise wäre wie du. Du sollst über meinem Hause stehen, und deinem Wort soll sich mein ganzes Volk beugen. Nur um den Thron will ich höher sein als du … So stellte er ihn über ganz Ägypten.

In bezug auf Moses finden wir bei Exodus 11,3 eine ähnliche Darstellung:

> Auch Mose genoß in Ägypten bei den Dienern des Pharao und beim Volk hohes Ansehen.

Doch trotz all ihres Status und ihrer Prominenz finden weder Josef noch Moses Erwähnung in irgendeiner der ägyptischen Chroniken aus dieser Zeit.

Die Annalen von Ramses II. (1304-1237 v. Chr.) berichten davon, daß sich semitische Völker im Land Goschen ansiedelten, und weiterhin, daß sie aus Kanaan kamen, um Nahrung zu finden, weil dort Mangel herrschte. Weshalb aber sollten die Schreiber von Ramses diese Ansiedlung in Goschen erwähnen? Der Darstellung der Bibel zufolge zogen die Hebräer bereits dreihundert Jahre vor Ramses nach Ägypten und vollzogen ihren Exodus um das Jahr 1491 v. Chr., lange bevor er den Thron bestieg. Nach dieser ägyptischen Quelle ist die generell zitierte Chronologie der Bibel also nicht korrekt.

Üblicherweise wird davon ausgegangen, daß Josef etwa um 1720 v. Chr. in die Sklaverei verkauft und etwa ein Jahrzehnt später durch den Pharao zum Verwalter ernannt wurde. Später folgten ihm sein Vater Jakob (Israel)[10] und 70 Familienmitglieder nach Goschen, um der Hun-

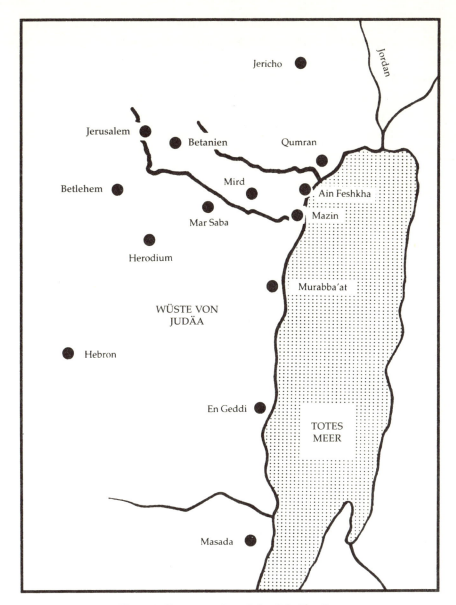

Karte 1: Qumran – Land der Schriftrollen

gersnot in Kanaan zu entgehen. Trotzdem beziehen sich Genesis 47,11, Exodus 1,11 und Numeri 33,3 alle auf »das Land von Ramses« (ägyptisch »das Haus von Ramses«).[11] Hierbei handelte es sich um einen

Komplex von Getreidesilos, die die Israeliten für Ramses II. ungefähr dreihundert Jahre nach ihrer angeblichen Anwesenheit in Goschen errichtet haben sollen!

Es hat deshalb den Anschein, daß die alternative »jüdische Betrachtungsweise« in diesem Fall genauer ist als die Standardgeschichtsschreibung: Josef begab sich nicht im frühen 18. Jahrhundert v. Chr. nach Ägypten, sondern im frühen 15. Jahrhundert, und wurde dort zum obersten Minister unter Tutmosis IV. ernannt (Regierungszeit ca. 1413-1405 v. Chr.). Den Ägyptern war Josef der Wesir unter dem Namen Yuya bekannt, und seine Geschichte ist nicht nur im Hinblick auf die Josefserzählung der Bibel von Interesse, sondern auch in bezug auf Moses. Der aus Kairo stammende Historiker und Linguist Ahmed Osman hat eine grundlegende Studie über diese beiden Persönlichkeiten und das Ägypten ihrer Zeit angestellt, und seine Ergebnisse sind von großer Bedeutung.[12]

Nach dem Tode von Pharao Tutmosis heiratete sein Sohn seine eigene Schwester, Sitamun (dies war eine pharaonische Tradition), so daß er als Amenhotep III. die Thronfolge antreten konnte. Kurz darauf heiratete er außerdem Tiye, die Tochter des Obersten Ministers (Josef/Yuya). Es erging jedoch ein Erlaß, daß kein Sohn von Tiye Anspruch auf die Thronfolge haben sollte. Wegen der außergewöhnlichen Dauer der Ministerschaft ihres Vaters, Josef, bestand eine verbreitete Furcht, daß die Israeliten einen zu großen Einfluß innerhalb des Landes gewinnen könnten. Als Tiye schwanger wurde, wurde daher beschlossen, ihr Kind zu töten, falls es sich dabei um einen Jungen handeln sollte. Die jüdischen Verwandten von Tiye lebten in Goschen. Sie selbst besaß eine Sommerresidenz ein Stück stromaufwärts in der Nähe von Zwarw, wohin sie sich zur Niederkunft zurückzog. Tatsächlich gebar sie einen Sohn – die königlichen Hebammen waren ihr jedoch dabei behilflich, das Kind in einem Schilfkorb auszusetzen und den Fluß hinab zu Levi, dem Halbbruder ihres Vaters, treiben zu lassen.

Der Junge, Aminadab (geb. ca. 1394 v. Chr.), wurde im östlichen Deltagebiet von den ägyptischen Priestern des Ra standesgemäß aufgezogen. In seiner Jugend zog er nach Theben, um dort zu leben. Zu dieser Zeit hatte seine Mutter einen größeren Einfluß errungen als die eigentliche Königin, Sitamun, die ihrem Ehemann keinen Sohn und Thronfolger geboren hatte, sondern lediglich eine Tochter mit Namen Nefertiti. In Theben mochte Aminadab die ägyptischen Gottheiten mit ihren unzähligen Götzen nicht anbeten und führte deshalb das Konzept des Aten ein, eines allmächtigen Gottes ohne Abbild. Aten war demnach ein Äquivalent des hebräischen »Adonai« (eine Bezeichnung, die aus dem Phönizischen stammt und »Herr« bedeutet), in Übereinstimmung mit den Lehren der Israeliten. Zu dieser Zeit änderte Aminadab (das hebräische Äquivalent zu Amenhotep – »es gefällt Amun«) seinen Namen und nannte sich fortan Achenaten (»Diener des Aten«, im Deutschen allgemein als Echnaton bezeichnet).

Pharao Amenhotep litt unter schlechter Gesundheit. Da es im königlichen Haus keinen direkten Nachfolger gab, heiratete Achenaten seine Halbschwester Nefertiti, um während dieser schwierigen Zeit als Co-Regent fundieren zu können. Als Amenhotep III. schließlich starb, konnte Achenaten die legitime Nachfolge des Pharaos antreten – offiziell unter dem Namen Amenhotep IV.

Achenaten und Nefertiti hatten sechs Töchter und einen Sohn, Tutanchaten. Pharao Achenaten schloß alle Tempel, die der Anbetung ägyptischer Gottheiten dienten, und baute neue Tempel zu Ehren Atens. Sein Haushalt war im Gegensatz zum bisherigen königlichen Standard in Ägypten sehr privat. An vielen Fronten wurde er daher unpopulär – besonders unter den Priestern der ehemaligen Nationalgottheit Amun (oder Amen) und des Sonnengottes Ra (oder Re), und es wurden Pläne zu seiner Ermordung geschmiedet. Rufe nach bewaffnetem Aufstand wurden laut, sollte er nicht die Anbetung der traditionellen Götter neben dem antlitzlosen Aten gestatten. Doch Achenaten weigerte sich und wurde schließlich gezwungen, zugunsten seines Vetters Smenchkare abzudanken, dem kurze Zeit später Achenatens Sohn Tutanchaten folgte. Er bestieg den Thron im Alter von elf Jahren und mußte seinen Namen dabei in Tutanchamun ändern. Er regierte und lebte nur neun oder zehn weitere Jahre und starb selbst für damalige Zeiten vergleichsweise jung.

Unterdessen war Achenaten aus Ägypten verbannt worden. In der Gesellschaft einiger Gefolgsleute floh er in die Sicherheit des weit entfernten Sinai, bei sich sein königliches Zepter mit der Messingschlange. Für seine Anhänger blieb er der rechtmäßige König, der Erbe des Throns, von dem er verstoßen worden war, und von ihnen wurde er immer noch als der Mose, Meses oder Mosis (»Erbe«/»Sohn von« – wie in Tuthmosis = Sohn von Tuth, und Ramses = Erbe des Ra) betrachtet.

Zu den Gefolgsleuten, die mit Moses (Achenaten) flohen, gehörten auch die Söhne und die Familie von Jakob (Israel). Auf Geheiß ihres Anführers erbauten sie am Fuße des Berges Sinai den Tabernakel.[13] Nachdem Moses gestorben war, begannen sie mit der Invasion des Landes, das von ihren Vorvätern vor so langer Zeit verlassen worden war. Doch Kanaan (Palästina) hatte sich in der Zwischenzeit stark gewandelt und war von Philistern und Phöniziern besiedelt worden. Die Aufzeichnungen berichten von großen Seeschlachten und dem Aufmarsch massiver Militärstreitkräfte. Am Ende erwiesen sich die Hebräer (unter ihrem neuen Führer Joshua) als erfolgreich, und nachdem sie einmal den Jordan überquert hatten, eroberten sie Jericho von den Kanaaniten, und damit eine starke Bastion in ihrem Gelobten Land.

Nach dem Tod von Joshua folgte eine Zeit, in der das Land von einer Reihe erwählter »Richter« regiert und von schwerem Unglück heimgesucht wurde, bis die hebräischen Stämme sich um das Jahr 1055 v. Chr. unter dem ersten König, Saul, vereinigten. Nach der weitgehenden Eroberung Palästinas (Kanaans) heiratete David von Betlehem – ein Nachfahr Abrahams – die Tochter Sauls und wurde König von Judäa (der Südteil Palästinas). Bis zum Jahr 1048 v. Chr. hatte er auch Israel erobert (die andere Hälfte Palästinas) und war zum König der Juden geworden. Die Blutlinie des Heiligen Grals hatte begonnen.

KAPITEL 2

Der Anfang

JAHWE UND DIE GÖTTIN

Neben den militärischen Eroberungen der Hebräer/Israeliten beschreibt das Alte Testament die Entwicklung des jüdischen Glaubens von der Zeit Abrahams an. Dies ist jedoch keinesfalls die Geschichte einer geeinten Nation, die den Gott Jahwe verehrt, sondern die einer beharrlichen Sekte, die gegen alle Widrigkeiten ankämpfte und schließlich zur dominierenden Religion Israels wurde. Ihrer Auffassung nach war Jahwe männlichen Geschlechts, und dies war ein sektiererisches Konzept, das zu ernsthaften und zahlreichen Problemen führen sollte.

Man ging zu jener Zeit allgemein davon aus, daß das Leben und die Schöpfung als Resultat einer männlichen und einer weiblichen Quelle zu betrachten seien. Andere Religionen, ob in Ägypten, Mesopotamien oder anderswo, besaßen dementsprechend auch Gottheiten beiderlei Geschlechts. Der männliche Hauptgott wurde gewöhnlich mit der Sonne oder dem Himmel assoziiert, während die Hauptgöttin ihre Wurzeln in der Erde, im Meer und in der Fruchtbarkeit hatte. Die Sonne schenkte ihre Kraft der Erde und dem Wasser, aus dem das Leben entsprang – eine ebenso natürliche wie logische Interpretation.

In bezug auf diese theistischen Vorstellungen ist vor allem König Davids Sohn Salomo erwähnenswert, einer der flexibleren Charaktere im Alten Testament, berühmt nicht nur wegen des überragenden Glanzes seiner Regierungszeit, sondern auch wegen seiner Weisheit. Später sollte sich das Erbe Salomos als entscheidend für das Auftauchen der Gralsgeschichte erweisen, da er ein wahrer Befürworter reli-

DER ANFANG

Stammtafel 1: Die Stammväter und Stämme Israels

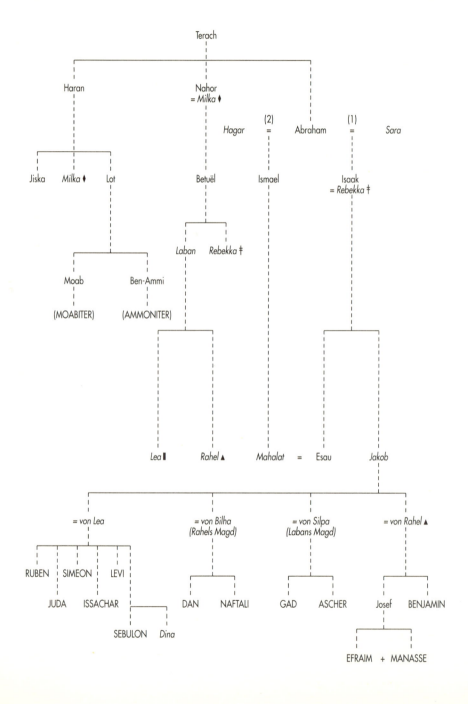

giöser Toleranz war. Die Zeit von König Salomos Herrschaft lag einige Jahrhunderte vor der Gefangenschaft der Israeliten in Babylon, und er war noch ganz vom alten Umfeld bestimmt. In der Ära Salomo wurde Jahwe zwar eine große Bedeutung zugemessen, aber andere Götter waren ebenfalls anerkannt. Spirituell war es ein unsicheres Zeitalter, in dem es durchaus nicht ungewöhnlich war, daß die Menschen sich auch gegenüber Alternativgottheiten abzusichern versuchten. Schließlich schien es bei dem Überfluß von Göttern und Göttinnen, die in dieser Region angebetet wurden, etwas kurzsichtig, sich lediglich auf einen von ihnen festzulegen. Wer vermochte schon mit Sicherheit zu sagen, ob die frommen Hebräer wirklich recht hatten?

In dieser Hinsicht basierte Salomos Weisheit also auf einem wohlüberlegten Urteil. Obwohl er Jahwe anbetete, den Gott einer kleinen Sekte, sah er keinen Anlaß, seinen Untertanen ihre eigenen Götter zu versagen (1. Buch Könige 11,4-10). Er behielt sogar seinen Glauben an die göttlichen Kräfte der Natur, wer oder was auch hinter ihnen stehen mochte.

Die Verehrung einer weiblichen Hauptgottheit hatte eine lange Tradition in Kanaan, wo sie in Form der Göttin Aschtoreth auftrat. Diese war identisch mit Ischtar, der Hauptgöttin der Mesopotamier, deren sumerischer Tempel sich in Uruk befand (dem biblischen Erech, heute Warka). Im nahegelegenen Syrien und Phönizien wurde dieselbe Göttin gemäß den Aufzeichnungen der Griechen Astarte genannt.

Das Heiligste des Heiligen, das innerste Sanktum in Salomos Tempel, repräsentierte die Bauchhöhle von Aschtoreth (auch Ascherah genannt, wie sie mehrmals im Alten Testament bezeichnet wird). Aschtoreth wurde von den Israeliten bis zum 6. Jahrhundert v. Chr. öffentlich angebetet. Unter dem Namen Ascherah war sie die himmlische Gattin von El, der männlichen Hauptgottheit. Gemeinsam bildeten sie das »göttliche Paar«. Ihre Tochter war Anath, die Königin der Himmel, und ihr Sohn war He, der König des Himmels. Mit der Zeit wurden El und He zu einem einzigen Gott mit Namen Jahwe, ebenso Ascherah und Anath, die zu Jahwes Gemahlin wurden, genannt Schekinah oder Matronit.

Der Name Jahwe ist abgeleitet von dem vierkonsonantigen hebräischen Wortstamm JHWH.[1] Ursprünglich standen die vier Konsonanten (die erst später ein Akronym für den einen Gott wurden) für die vier Mitglieder der himmlischen Familie: J stand für El, den Vater;

H war Ascherath, die Mutter; W repräsentierte He, den Sohn; das zweite H war die Tochter Anath. In Übereinstimmung mit den Traditionen jener Zeit und Region wurde die mysteriöse Braut Gottes, die Matronit, auch als seine Schwester betrachtet. Im jüdischen Kult der Kabbala (einer esoterischen Disziplin, die ihre Blütezeit im Mittelalter erreichte) wurde das Bild von Gottes Zweigeschlechtlichkeit aufrechterhalten, während andere Sekten die Schekinah oder Matronit als weibliche Präsenz Gottes auf dieser Erde verehrten. Das Heiligtum des Tempels von Jerusalem war das heilige Ehegemach, doch vom Augenblick der Zerstörung des Tempels an war die Matronit dazu verurteilt, auf der Erde umherzuwandern, während der männliche Aspekt Jahwe allein die himmlischen Gefilde regierte.

Praktisch stabilisierte sich die hebräische Vorstellung von einem einzigen (männlichen) Gott nicht vor dem Ende ihrer siebzigjährigen Gefangenschaft in Babylon (etwa 536 v. Chr.). Als die Israeliten von Nebukadnezar dorthin deportiert wurden, handelte es sich um zwei effektiv unterschiedliche Stämme, die mindestens zwei unterschiedlichen ethnischen Hauptströmungen angehörten (Israel und Juda). Doch sie kehrten mit einem gemeinsamen Ziel, als das »Auserwählte Volk« Jahwes, ins Heilige Land zurück.

Die meisten der Texte, die wir heute unter der Bezeichnung »Altes Testament« kennen, wurden in Babylon niedergeschrieben.[2] Es dürfte deshalb kaum überraschen, daß sumerische und mesopotamische Geschichten in die frühe jüdische Kultur Eingang fanden – unter anderem der Bericht vom Garten Eden (das Paradies von Eridu),[3] von der Sintflut[4] und vom Turmbau zu Babel.[5] Der Urvater Abraham war selbst von Ur in Chaldäa (in Mesopotamien) nach Kanaan ausgewandert, so daß diese Adaptationen durchaus zu rechtfertigen sind, aber es bleibt die Tatsache bestehen, daß Geschichten wie die von Adam und Eva sich keinesfalls auf die hebräische Tradition beschränkten.

Alternativen zur Geschichte Adams und Evas in der Genesis lassen sich bei den Griechen, Syrern, Ägyptern, Sumerern und Abessiniern (den alten Äthiopiern) finden. In einer Version haben Kain und Abel jeder eine Zwillingsschwester, Luluwa und Aklemia. An anderer Stelle hat Set eine Schwester mit Namen Noraia.

Wir erfahren auch, daß Adams Gefährtin vor der bezaubernden Eva Lilith hieß. Lilith war eine Magd der Matronit, und sie verließ Adam, als er versuchte, sie zu beherrschen. Auf ihrer Flucht an das Rote Meer

schrie sie: »Weshalb soll ich unter dir liegen? Ich bin dir ebenbürtig!«
Ein sumerisches Terrakotta-Relief, ungefähr aus dem Jahre 2000 v.
Chr., zeigt Lilith nackt und geflügelt auf dem Rücken zweier Löwen
stehend. Obwohl es sich bei ihr nicht um eine Göttin im traditionellen
Sinn handelte, heißt es, daß sich ihre Essenz in Salomos wohl bekann-
tester Geliebter, der Königin von Saba, inkarniert haben soll. Von den
Mandäern (eine gnostische Täufersekte aus dem Irak) wird Lilith als
»Tochter der Unterwelt« bezeichnet.[6] Durch die gesamte Geschichte
bis zum heutigen Tag steht sie für die fundamentale Gleichberechtigung des weiblichen Geschlechts und der damit verbundenen Ethik.

Als die Israeliten aus Babylon nach Jerusalem zurückkehrten, wurden die ersten fünf Bücher Mose[7] zur jüdischen Tora (»das Gesetz«)
zusammengefaßt. Der restliche Teil des Alten Testaments blieb allerdings davon getrennt. Mehrere Jahrhunderte lang abwechselnd mit
Bewunderung und Argwohn betrachtet, spielten jedoch gerade die
Bücher der Propheten[8] eine besondere Rolle bei der Stabilisierung des
jüdischen Erbes.[9] Hauptkritikpunkt war der Einwand, daß Jahwe sein
auserwähltes Volk nicht eben freundlich behandelt hatte. Er war ihr
allmächtiger Gott und hatte dem Urvater Abraham versprochen, sie
über alle anderen Rassen zu erheben, und trotzdem hatten sie nur
Kriege, Hungersnöte, Verschleppung und Gefangenschaft erdulden
müssen! Um der wachsenden Unzufriedenheit der Nation etwas ent-
gegenzusetzen, bekräftigten die Bücher der Propheten Jahwes Versprechen, indem sie die Ankunft des Messias ankündigten, eines
gesalbten Priesterkönigs, der den Menschen dienen würde, indem er
sie zur Erlösung führte.[10]

Diese Prophezeiung reichte aus, um den Wiederaufbau von Salomos
Tempel und der ihn umgebenden Mauer in Jerusalem zu gewährleisten... doch kein messianischer Retter erschien. An diesem Punkt, im
vierten Jahrhundert v. Chr., endet das Alte Testament. Die davidische
Blutlinie setzte sich unterdessen fort, auch wenn sie nicht mehr aktiv
an den Regierungsgeschäften beteiligt war.

Mehr als 300 Jahre später begann ein völlig neues Kapitel der Herr-
schaftsgeschichte, als der revolutionäre Erbe von Juda mutig in das
Licht der Öffentlichkeit trat. Er kam in der Gestalt des Jesus von Nazaret, *de iure* König von Jerusalem.

DAS ERBE DES MESSIAS

Das Neue Testament nimmt die Geschichte in den letzten Jahren vor Christi Geburt wieder auf. Die dazwischen liegende, nicht dokumentierte Zeit ist jedoch von außerordentlicher Wichtigkeit, denn sie bereitete das politische Klima, in dem der erwartete Messias seinen ersten Auftritt haben sollte.

Die Ära begann mit dem Aufstieg Alexanders des Großen, König von Mazedonien, der den persischen Kaiser Darius im Jahre 333 v. Chr. besiegte. Er zerstörte die Stadt Tyrus in Phönizien, marschierte dann in Ägypten ein und baute dort Alexandria auf. Nachdem er das riesige persische Kaiserreich vollständig unter Kontrolle hatte, durchquerte er Babylonien und marschierte weiter nach Osten, bis er schließlich den Pandschab eroberte. Nach seinem frühen Tod im Jahre 323 v. Chr. übernahmen seine Generäle das Kommando. Ptolemaios wurde Herrscher von Ägypten, Seleukos regierte Babylonien, Antipater behielt Mazedonien, und Antigonos herrschte über Lykien und Phrygien. Gegen Ende jenes Jahrhunderts war Palästina innerhalb des alexandrinischen Königreichs eingeschlossen.

In dieser Phase gewann eine neue Kraft in Europa zunehmend an Gewicht: die römische Republik. Im Jahre 264 v. Chr. vertrieben die Römer die karthagischen Herrscher aus Sizilien und eroberten Korsika sowie Sardinien. Hannibal, der große General der Karthager, eroberte im Gegenzug Sagunt (in Spanien) und stieß mit seinen Truppen über die Alpen vor, wurde jedoch von den Römern schließlich bei Zama entscheidend geschlagen. Zur gleichen Zeit wurde Antiochos III. – ein Nachkomme des mazedonischen Generals Seleukos – zum König von Syrien. Bis zum Jahre 198 v. Chr. hatte er sich weitgehend vom ägyptischen Einfluß befreit und herrschte auch über Palästina. Sein Sohn, Antiochos IV. Epiphanes, besetzte Jerusalem, was prompt eine jüdische Revolte unter dem Hasmonäer[11] Judas Makkabäus nach sich zog. Er fiel in der Schlacht, doch die Makkabäer erreichten im Jahre 142 v. Chr. die jüdische Unabhängigkeit.

Nach einem lange anhaltenden Konflikt zerstörten die römischen Armeen schließlich Karthago und richteten die neue Provinz Africa ein. Weitere Feldzüge brachten Mazedonien, Griechenland und Kleinasien unter römische Herrschaft. Doch in Rom entspann sich ein innerer Konflikt, weil die Punischen Kriege (gegen Karthago) die italieni-

Stammtafel 2: Das Haus des Herodes, *37 v. Chr.-99 n. Chr.*

ANTIPATER VON IDUMÄA
† 48 v. Chr.
= Cypros (Arabiaerin)

HERODES DER GROSSE
König v. Judäa ab 37 v. Chr.
† 4 v. Chr.
<-   = 10 Ehefrauen, u. a. =   ->

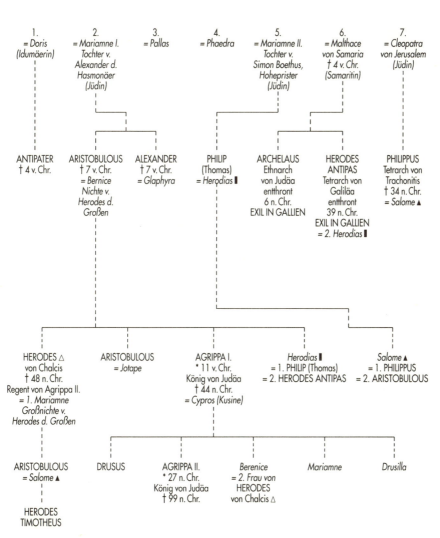

1.	2.	3.	4.	5.	6.	7.
= Doris (Idumäerin)	= Mariamne I. Tochter v. Alexander d. Hasmonäer (Jüdin)	= Pallas	= Phaedra	= Mariamne II. Tochter v. Simon Boethus, Hoheprister (Jüdin)	= Malthace von Samaria † 4 v. Chr. (Samaritin)	= Cleopatra von Jerusalem (Jüdin)

ANTIPATER
† 4 v. Chr.

ARISTOBULOUS
† 7 v. Chr.
= Bernice
Nichte v.
Herodes d.
Großen

ALEXANDER
† 7 v. Chr.
= Glaphyra

PHILIP
(Thomas)
= Herodias ▮

ARCHELAUS
Ethnarch
von Judäa
entthront
6 n. Chr.
EXIL IN GALLIEN

HERODES
ANTIPAS
Tetrarch von
Galiläa
entthront
39 n. Chr.
EXIL IN GALLIEN
= 2. Herodias ▮

PHILIPPUS
Tetrarch von
Trachonitis
† 34 n. Chr.
= Salome ▲

HERODES △
von Chalcis
† 48 n. Chr.
Regent von Agrippa II.
= 1. Mariamne
Großnichte v.
Herodes d. Großen

ARISTOBULOUS
= Jotape

AGRIPPA I.
* 11 v. Chr.
König von Judäa
† 44 n. Chr.
= Cypros (Kusine)

Herodias ▮
= 1. PHILIP (Thomas)
= 2. HERODES ANTIPAS

Salome ▲
= 1. PHILIPPUS
= 2. ARISTOBULOUS

ARISTOBULOUS
= Salome ▲

DRUSUS

AGRIPPA II.
* 27 n. Chr.
König von Judäa
† 99 n. Chr.

Berenice
= 2. Frau von
HERODES
von Chalcis △

Mariamne

Drusilla

HERODES
TIMOTHEUS

schen Bauern ruiniert und die Adligen bereichert hatten, die mit Hilfe von Sklavenarbeit große Landgüter aufbauen konnten. Der Führer der Demokraten, Tiberius Gracchus, machte im Jahre 133 v. Chr. Vorschläge für eine Agrarreform, wurde jedoch von der Senatspartei ermordet. Sein Bruder nahm sich der Sache der Bauern an, doch auch er wurde ermordet, und die Führung der Demokraten wurde dem Militärkommandanten Gaius Marius übertragen.

107 v. Chr. war Gaius Marius zum Konsul von Rom aufgestiegen. Der Senat erhielt Unterstützung durch Lucius Cornelius Sulla, der Marius schließlich stürzte und im Jahre 82 v. Chr. Diktator wurde. Seine Herrschaft stand unter dem Zeichen des Terrors, bis Gaius Julius Caesar, General und demokratischer Staatsmann, der im Jahr 63. v. Chr. offiziell ins Amt gewählt wurde, die Macht übernahm.

Im gleichen Jahr marschierten römische Legionen ins Heilige Land, das sich bereits in einer Art sektiererischem Aufruhr befand. Die Pharisäer, die sich an die strengen alten Gesetze der Juden hielten, hatten sich aus Protest gegen den Einfluß der liberaleren griechischen Kultur erhoben. Dadurch stellten sie sich auch gegen die Priesterkaste der Sadduzäer. Die fortschreitenden Unruhen im Land bereiteten einen günstigen Boden für die Invasion. Die Römer erkannten die Gelegenheit, und unter Gnaeus Pompeius Magnus unterwarfen sie Judäa und nahmen Jerusalem ein, nachdem sie Syrien und das übrige Palästina bereits erobert hatten.

Die römische Hierarchie kämpfte derweil mit ihren eigenen Schwierigkeiten. Julius Caesar, Pompeius und Crassus bildeten das erste Triumvirat in Rom, doch ihre gemeinsame Verwaltung brach zusammen, als Caesar nach Gallien geschickt wurde und Crassus die Angelegenheiten in Jerusalem übernahm. In ihrer Abwesenheit wechselte Pompeius das politische Lager und verließ die Demokraten zugunsten der republikanischen Aristokraten – woraufhin Caesar zurückkehrte und ein Bürgerkrieg ausbrach. Caesar trug bei Pharsalos in Griechenland den Sieg davon und erlangte die volle Kontrolle über die kaiserlichen Provinzen, während Pompeius nach Ägypten floh.

Bis zu diesem Zeitpunkt hatte Kleopatra VII. gemeinsam mit ihrem Bruder Ptolemaios XIII. über Ägypten regiert. Doch nun besuchte Caesar Alexandria und liierte sich mit Kleopatra, die daraufhin ihren Bruder ermorden ließ und selbst die Herrschaft übernahm. Caesar eröffnete einen Kriegszug in Kleinasien und Nordafrika, doch bei seiner

Rückkehr nach Rom im Jahre 44 v. Chr. wurde er von Republikanern ermordet. Sein Neffe Gaius Octavius (Oktavian) bildete ein zweites Triumvirat, gemeinsam mit dem General Marcus Antonius und dem Staatsmann Marcus Lepidus. Octavius und Marcus Antonius schlugen die prominentesten Attentäter Caesars, Brutus und Cassius, bei Philippi in Mazedonien, doch dann verließ Antonius seine Frau Octavia (die Schwester von Octavius), um sich Kleopatra zuzuwenden. Daraufhin erklärte Octavius Ägypten den Krieg und gewann in der Schlacht von Actium, worauf Antonius und Kleopatra Selbstmord begingen.

Zu diesem Zeitpunkt bestand Palästina aus drei klar umrissenen Provinzen: Galiläa im Norden, Judäa im Süden und Samaria dazwischen. Julius Caesar hatte den Idumäer Antipater als Prokurator von Judäa eingesetzt und seinen Sohn Herodes zum Statthalter von Galiläa gemacht. Antipater wurde kurz darauf getötet, so daß Herodes nach Rom zitiert und dort zum König von Judäa erklärt wurde.

Für die Mehrheit seiner Untertanen war Herodes ein arabischer Usurpator. Er war zwar zum Judentum übergetreten, stammte aber nicht aus dem Geschlecht Davids. Seine Autorität beschränkte sich im Grunde auf Galiläa, und Judäa wurde von dem römischen Prokurator in Cäsarea regiert. Beide führten ein außerordentlich hartes Regime, in dessen Verlauf mehr als 3000 Kreuzigungen durchgeführt wurden, um die Bevölkerung gefügig zu machen.[12] Prohibitive Steuern wurden erlassen, die Ausübung der Folter war an der Tagesordnung, und die jüdische Selbstmordrate stieg in alarmierendem Maße an.

In dieses brutale Umfeld hinein wurde Jesus geboren: ein Klima der Unterdrückung durch eine Marionettenmonarchie, die von einer hochorganisierten militärischen Besatzungsmacht gestützt wurde. Die Juden warteten verzweifelt auf das Erscheinen ihres Messias (»der Gesalbte«, von hebräisch *maisach* = salben) – doch niemand war der Ansicht, daß dieser Messias göttlich sein sollte. Das Volk verlangte vielmehr nach einem starken Befreier von den römischen Herrschern. Auf den berühmten Papyrusrollen, die am Toten Meer gefunden wurden, findet sich ein Text, der als »Kriegsregel« bekannt wurde und eine Strategie für die »letzte Schlacht« entwirft, wobei der Messias als militärischer Oberkommandant Israels fungieren sollte.[13]

SCHRIFTROLLEN UND TRAKTATE

Die Schriftrollen vom Toten Meer gehören mittlerweile zu den aufschlußreichsten Dokumenten, was die jüdische Kultur in der Zeit vor der Niederlegung der Evangelien betrifft.[14] Sie wurden durch reinen Zufall im Jahr 1947 entdeckt, als der Beduinenjunge Muhammad edh-Dhib auf der Suche nach einer entlaufenen Ziege in den schroffen Hügeln von Qumran nahe bei Jericho herumstieg und in einer Höhle auf eine Anzahl großer Tonkrüge stieß. Professionelle Archäologen wurden hinzugezogen, und die Ausgrabungen begannen nicht nur in Qumran, sondern auch im nahegelegenen Wadi Murabba'at und in Mird, mitten in der Wildnis von Judäa.[15] In elf weiteren Höhlen wurden zahlreiche weitere Krüge gefunden. Zusammen enthielten sie mehr als 500 hebräische und aramäische Manuskripte, unter ihnen Schriften aus dem Alten Testament und zahlreiche Gemeindeaufzeichnungen, deren Ursprünge zum Teil bis ins Jahr 250 v. Chr. zurückreichen. Die Schriftrollen waren während des jüdischen Aufstandes gegen die Römer zwischen 66 und 70 n. Chr. versteckt und niemals wieder gefunden worden. Das Buch Jeremia (32,14) sagt dazu prophetisch: »Nimm diese Urkunden ... und lege sie in ein Tongefäß, damit sie lange Zeit erhalten bleiben.«

Zu den wichtigsten Manuskripten zählt u. a. die »Kupferrolle« mit einem Inventar der Schätze von Jerusalem und des Friedhofs im Tal von Kedron, die jeweils auch die Fundorte der Schätze anzeigt. Die »Kriegsregel« enthält eine vollständige Darstellung militärischer Taktiken und Strategien. Die »Disziplinarordnung« legt im Detail die Rechtspraxis sowie eine Vielzahl von gebräuchlichen Ritualen dar und weist auf die Wichtigkeit eines designierten Zwölferrates zur Bewahrung des Glaubens im Lande hin. Das faszinierende »Pescher Habakuk« (Habakuk-Kommentar) kommentiert wichtige Persönlichkeiten und Entwicklungen der Zeit. In der Sammlung befindet sich auch eine komplette Fassung des Buches Jesaja, dessen Länge etwa neun Meter beträgt. Dies ist die längste der Rollen, und sie ist um Jahrhunderte älter als jede andere bisher bekannte Kopie dieses Buches aus dem Alten Testament.

Zwei Jahre zuvor war in Ägypten ein ergänzender Fund aus der Zeit nach der Schriftlegung der Evangelien gemacht worden. Im Jahre 1945 hatten die beiden Bauern Mohammed und Khalifah Ali auf einem

Friedhof in der Nähe der Stadt Nag Hammadi nach Dünger gegraben, als sie auf ein großes versiegeltes Gefäß stießen, das dreizehn in Leder gebundene Bücher enthielt. Die Papyrusblätter der Bücher enthielten eine Reihe von Schriften der später als gnostisch bezeichneten Tradition. Dem Wesen nach handelte es sich um christliche Arbeiten, jedoch mit jüdischen Beiklängen, die bald darauf als die *Bücherei von Nag Hammadi* bekannt wurden.[16]

Diese Bücher waren zur Zeit des frühen Christentums in der alten koptischen Sprache von Ägypten verfaßt worden. Das Koptische Museum in Kairo bestätigte, daß es sich dabei um Kopien weitaus älterer Werke handelte, die ursprünglich in griechischer Sprache verfaßt worden waren. Tatsächlich stellte sich heraus, daß einige der Texte sehr frühe Ursprünge hatten, die auf die Zeit von vor 50 n. Chr. zurückgingen. Zu den 52 einzelnen Traktaten gehörten verschiedene religiöse Texte und einige bisher unbekannte Evangelien. Überwiegend beschreiben sie eine Situation, die ganz anders ist, als wir sie in der Bibel finden. Die Städte Sodom und Gomorra werden zum Beispiel nicht als Zentren übler Ausschweifung beschrieben, sondern als Städte, die über große Weisheit und Wissen verfügten. Viel wichtiger noch: Sie beschreiben eine Welt, in der Jesus von seiner eigenen Kreuzigung berichtet und seine Beziehung zu Maria Magdalena neue Dimensionen erhält.

GEHEIMCODES IM NEUEN TESTAMENT

Die Ausgrabungen von Qumran brachten Artifakte an den Tag, die teilweise aus der Zeit von bis zu 3500 v. Chr. stammen. Damals, zur Bronzezeit, handelte es sich bei der Siedlung um ein Beduinenlager.[17] Die dauerhafte Besiedlung der Gegend begann allem Anschein nach ungefähr 130 v. Chr. Jüdische Historiker beschreiben ein gewaltiges Erdbeben in Judäa um das Jahr 31 v. Chr.,[18] welches in Qumran durch eine Unterbrechung in der Besiedlung der Gegend dokumentiert ist.[19] Der »Kupferrolle« zufolge wurde Qumran damals Sekhakha genannt. Die zweite Besiedlungsperiode begann während der Herrschaft von Herodes dem Großen (Regierungszeit 37-4 v. Chr.). Abgesehen von den Schriftrollen ist auch eine ganze Sammlung von Münzen aus den Ruinen zutage gefördert worden.[20] Sie stammen aus der Zeit zwischen dem hasmonäischen Herrscher Johann Hyrcanus (135-104 v. Chr.) und dem jüdischen Aufstand 66-70 n. Chr.

Wie bereits erwähnt, wurde der Aufstand 168 v. Chr., in dessen Folge die Makkabäer die Vorherrschaft erlangten, zum großen Teil durch die Taten des Königs Antiochos von Syrien ausgelöst, der der jüdischen Gemeinde griechische Anbetungsformen aufzwang. Die Makkabäer weihten den Tempel später wieder neu, doch so erfolgreich sich die Juden auch gegen Antiochos durchzusetzen vermochten, so war bei ihnen doch großer sozialer Schaden entstanden, da die Kampfhandlungen eine Verletzung des Sabbatgebots erforderlich gemacht hatten. Ein harter Kern von ultrastrikten jüdischen Glaubensanhängern, bekannt als Chasidim (»die Frommen«), sprach sich vehement gegen ein derartiges Sakrileg aus, und als das triumphierende Haus der Makkabäer die Kontrolle übernahm und seinen eigenen König und Hohepriester in Jerusalem einsetzte, ließen die Chasidim nicht nur ihren Unmut verlauten, sondern verließen geschlossen die Stadt, um ihre eigene »reine« Gemeinschaft in der nahegelegenen Wildnis von Qumran zu etablieren. Die Aufbauarbeiten begannen etwa im Jahre 130 v. Chr.

Bis heute wurden viele Relikte aus diesen Tagen gefunden, und während der fünfziger Jahre wurden in der Nähe von Qumran mehr als eintausend Gräber freigelegt. Ein ausladender Klosterkomplex aus der zweiten Besiedlungsperiode mit Versammlungsräumen, Gipsbänken, einer riesigen Wasserzisterne und vielen Wasserleitungen wurde ebenfalls entdeckt. Im Schreibsaal fanden sich Tintenfässer und die Überreste von Tischen, auf denen die Schriftrollen ausgebreitet worden waren – einige davon mehr als 5 Meter lang.[21] Es bestätigte sich, daß die ursprüngliche Siedlung durch ein Erdbeben zerstört worden war und die Essener sie später während der Ära des Herodes wieder aufgebaut hatten. Die Essener waren eine der drei philosophischen Hauptsekten des jüdischen Glaubens (die anderen beiden waren die Pharisäer und die Sadduzäer).

In Qumran wurden zahlreiche biblische Manuskripte gefunden, unter anderem in Verbindung mit den Büchern Genesis, Exodus, Deuteronomium, Jesaja, Hiob und anderen. Es fanden sich außerdem Kommentare zu anderen Texten sowie Dokumente der Rechtsprechung und geschichtliche Aufzeichnungen. Einige dieser Bücher gehören zu den ältesten schriftlichen Überlieferungen, die je gefunden wurden – ihr Entstehungsdatum liegt noch vor allen Quellentexten der Urbibel.

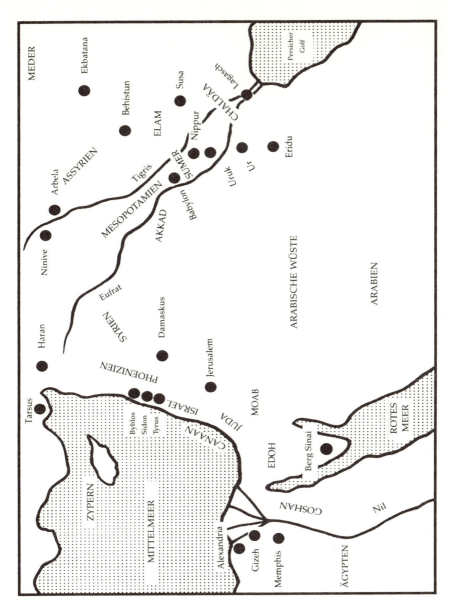

Karte 2: Die biblischen Schauplätze zur Zeit des Alten Testaments

Von besonderem Interesse sind bestimmte Kommentare zur Bibel, in denen die aktuellen Ereignisse der Zeit mit den Texten des Alten Testaments in Zusammenhang gebracht werden.[22] Solch eine Korrelation wird besonders deutlich bei den Kommentaren zu den Psalmen und den Büchern der Propheten Nahum, Habakuk und Hosea. Die von den Schriftgelehrten verwendete Technik zur Herstellung eines Zusammenhangs zwischen den Aufzeichnungen aus dem Alten Testament und den aktuellen Ereignissen basierte auf »eschatologischem Wissen«,[23] einer Form der kodierten Darstellung, die sich traditioneller Worte und Passagen bediente und ihnen eine besondere Bedeutung zuordnete, die für das zeitgenössische Verständnis relevant war. Die Bedeutung wurde nur von jenen verstanden, die den Kode kannten.

Die Essener waren im Gebrauch dieses allegorischen Kodes gut trainiert, und er taucht in den Evangelien in besonderer Weise in den Parabeln auf, die mit den Worten beginnen: »Wer Ohren hat zum Hören, der höre.« Bezogen sich die Schriftgelehrten zum Beispiel auf die Römer, so sprachen sie von den *Kittim* – eigentlich eine Bezeichnung für mediterrane Küstenbewohner, die auch verwendet wurde, um die Chaldäer zu benennen, die im Alten Testament beschrieben werden als »… das grausame, ungestüme Volk, das die Weiten der Erde durchzieht, um Wohnplätze zu erobern, die ihm nicht gehören…« (Habakuk 1,6). Die Essener belebten dieses alte Wort für ihren Zweck neu, und eingeweihte Leser wußten, daß das Wort *Kittim* durchweg für die Römer stand.[24]

Damit die Evangelien von den Römern nicht verstanden werden konnten, wurden sie zu großen Teilen mit einer zweifachen Bedeutung angelegt: die evangelische Botschaft an der Oberfläche und politische Informationen darunter. Die sorgfältig ausgerichteten Botschaften beruhten gewöhnlich auf den Kodes der Schriftgelehrten. Dementsprechend waren Hinweise auf »Babylon« gemeinhin Anspielungen auf Rom. Es existierte jedoch kein verbindliches Wissen über diesen Kode, bis die Schriftrollen vom Toten Meer entdeckt und veröffentlicht wurden. Erst als die ausgefeilte Verschlüsselungstechnik entdeckt war, wurde deutlich, welch hohes Maß an politischer Intelligenz in den Evangelien verborgen ist. Die bekannte Theologin Barbara Thiering von der Universität Sydney hat zu diesem Thema die wohl umfassendsten Arbeiten vorgelegt.

Thiering stellt den Kode sehr verständlich und einleuchtend dar. Demnach wurde Jesus zum Beispiel als »Wort Gottes« bezeichnet. So erhält eine scheinbar unverfängliche Botschaft aus dem zweiten Brief an Timotheus: »Aber das Wort Gottes ist nicht gefesselt« – eine ganz andere Bedeutung, die sich auf Jesus bezog und besagte, daß er nicht in Gefangenschaft sei. Der römische Kaiser wurde innerhalb dieses Kodes als »der Löwe« bezeichnet. »Aus den Fängen des Löwen gerettet werden« war also gleichbedeutend damit, den Fängen des Kaisers oder seiner Häscher zu entkommen.

Das Studium der Schriftrollen – besonders der *Pesharim* (Deutungsbücher, Kommentare),[25] der »Disziplinarordnung«, der »Gemeinschaftsordnung« und der »Engelliturgie« – liefert eine ganze Menge dieser kodierten Definitionen und Pseudonyme,[26] die bisher mißverstanden oder als unwichtig erachtet wurden.

Die »Armen« waren zum Beispiel nicht etwa unterprivilegierte Mitglieder der Gesellschaft; es handelte sich vielmehr um jene, die in die höheren Ränge der Gemeinschaft initiiert worden und deshalb verpflichtet waren, ihre weltlichen Besitztümer aufzugeben. Das Wort »viele« wurde als Titel für das Haupt der zölibatären Gemeinschaft benutzt, während die »Menschenmenge« den Tetrarchen (Statthalter) der Region designierte und »die Volksmenge« für den regierenden Rat stand. Novizen innerhalb des religiösen Establishments wurden als »Kinder« bezeichnet; die Doktrin der Gemeinschaft war der »Weg«, und jene, die den Prinzipien des Weges folgten, wurden »Kinder des Lichts« genannt.

Der Begriff »Leprakranke« wurde oft verwendet, um jene zu kennzeichnen, die nicht in die höhere Gemeinschaft initiiert oder aber von ihr ausgeschlossen worden waren. Die »Blinden« waren jene, die nicht dem »Weg« folgten und deshalb nicht in der Lage waren, das Licht zu sehen. In Texten, die davon sprechen, daß »Blinde« oder »Leprakranke« geheilt wurden, geht es also ganz spezifisch um eine Bekehrung zum Weg. Die Befreiung von der Exkommunikation wurde als »Auferstehung von den Toten« beschrieben (ein Begriff, der von besonderer Bedeutung ist und zu dem wir später noch zurückkehren werden). Die Definition »unrein« bezog sich meist auf unbeschnittene Nichtjuden, und die Beschreibung »krank« galt jenen in öffentlicher oder klerikaler Ungnade.

Solche im Neuen Testament verborgenen Informationen waren zur Zeit seiner Erstellung von großer Relevanz und sind bis heute wichtig. Zur Verschleierung der wahren Bedeutung der Texte wurden Allegorien, Symbole, Metaphern, Gleichnisse, spezielle Definitionen sowie Pseudonyme verwendet. Die wahre Bedeutung war denen, die »Ohren hatten zum Hören«, offenbar.

Im modernen Sprachgebrauch existieren ähnliche Formen des Jargons. Menschen aus fremdsprachigen Ländern hätten zum Beispiel Schwierigkeiten damit, Sätze wie »der Sprecher wandte sich an das Kabinett« oder »der Heilige Stuhl verkündete die Bulle« zu verstehen. Zur Zeit des Neuen Testaments gab es ebenfalls eine solch esoterische Sprache – eine Sprache, die sich der Wolken, Schafe, Fische, Brotlaibe, Tauben und Kamele bediente, um Menschen zu kennzeichnen. Genau wie wir heute von Haien, Wölfen, Engeln, Bullen, Bären oder Stars und Sternchen sprechen und damit Menschen meinen.

Einige der esoterischen Bezeichnungen im Neuen Testament drückten nicht einfach nur den sozialen Status der Menschen aus, sondern waren Titel, denen in der Tradition des Alten Testaments eine besondere Bedeutung zukam. Die Hauptdoktrin der Gemeinschaft war das »Licht«, und dieses Licht wurde durch eine hohe Triarchie (Priester, König und Prophet) repräsentiert, die die symbolischen Titel »Macht«, »Königreich« und »Herrlichkeit« trugen. Innerhalb des klerikalen Patriarchats war der »Vater« der Oberste, und seine beiden unmittelbaren Helfer waren sein »Sohn« und sein »Geist«.[27] (Auch dies ist von großer Wichtigkeit für den Fortgang unserer Geschichte, und wir werden an späterer Stelle darauf zurückkommen.)

ARMAGEDDON (DAS JÜNGSTE GERICHT)

Einige der wichtigsten nicht in der Bibel enthaltenen Aufzeichnungen aus der Zeit des Neuen Testaments sind uns durch die Schriften des Flavius Josephus erhalten geblieben. Seine Werke *Antiquitatum Judaicarum Libri* (»Jüdische Altertümer«) und *De Bello Judaico* (»Der jüdische Krieg«) wurden von einem relativ subjektiven Standpunkt aus geschrieben – der Autor war Militärhauptmann in Galiläa zur Zeit der jüdischen Revolte im ersten Jahrhundert nach Christus.

Josephus legt dar, daß die Essener sehr erfahren in den Heilkünsten waren und ihre medizinischen Kenntnisse über die Heilkräfte von Pflanzen und Steinen von den Alten empfangen hatten.[28] Es ist gut möglich, daß die Bezeichnung »Essener« sogar von diesen Kenntnissen herstammt, denn das aramäische Wort *asayya* bedeutete Arzt und entsprach dem griechischen *essenoi*.

Einer der grundlegenden Glaubenssätze der Essener besagte, daß das Universum zwei hauptsächliche Geister enthält: Licht und Dunkelheit. »Licht« repräsentierte Wahrheit und Gerechtigkeit, während »Dunkelheit« für Perversion und das Böse stand. Die Balance der beiden untereinander im Kosmos wurde durch die Bewegung des Himmels bestimmt, und jeder Mensch erhielt eine individuelle Dosis beider Kräfte, abhängig von der Planetenkonstellation bei seiner Geburt. Auf diese Weise wird der kosmische Kampf zwischen Licht und Dunkelheit innerhalb der Menschheit ausgetragen, denn einige tragen proportional mehr Licht, andere mehr Dunkelheit in ihrem Wesen.

Gott galt als der oberste Herrscher über diese beiden Geister, doch wollte ein Mensch den Pfad zum Licht finden, mußte er sich auf einen langen und konfliktreichen Weg gefaßt machen. Das Ende dieses Weges bestand im Abwägen der beiden Kräfte innerhalb eines Menschen am Tag des Jüngsten Gerichtes, der früher Tag der Gerechtigkeit hieß. Man war der Ansicht, daß die dunklen Kräfte sich mit dem Näherrücken dieses Tages noch einmal verstärken, um den Menschen während einer letzten Zeit der Versuchung vom Weg abzubringen. Jene, die dem Weg des Lichtes folgten, beteten daher: »Führe uns nicht in Versuchung, sondern erlöse uns von dem Bösen.«

Der Geist der Dunkelheit wurde traditionell mit Belial (»Wertlos«) identifiziert, dessen Kinder (Deuteronomium 13,13) andere Götter als Jahwe anbeteten. Der Geist des Lichtes wurde durch die Hierarchie repräsentiert und durch einen Kerzenleuchter mit sieben Armen, die Menora, symbolisiert. Zur Zeit der davidischen Könige galt der Zadok-Priester (*Zadokide*) als höchster Vertreter des Lichtes auf Erden.

Doch ebenso wie das Licht seine Vertreter auf Erden hatte, besaß auch der Geist der Dunkelheit seine Stellvertreter. Es war eine Position, die dem obersten Schriftgelehrten zufiel, um eine nominelle Opposition innerhalb der hierarchischen Struktur zu bilden.[29] Die Hauptverantwortung des designierten »Prinzen der Dunkelheit« bestand darin, weibliche Initiierte in der Standfestigkeit ihres Zölibates zu prüfen. In dieser Eigenschaft trug er den hebräischen Titel *Satan* (Ankläger). Das griechische Äquivalent lautete *Diabolos* (Aggressor), von dem auch das englische Wort *devil* abgeleitet ist.

In der Offenbarung (16,16) wird vorausgesagt, daß der letzte große Krieg zwischen Licht und Dunkelheit, zwischen Gut und Böse, auf dem palästinensischen Schlachtfeld Armageddon (Har Megiddo, »die

Höhen von Megiddo«) stattfinden wird, auf dem eine militärische Festung die Ebene von Jesreel, südlich von den galiläischen Hügeln, überwachte. Die »Kriegsregel« beschreibt sehr detailliert den bevorstehenden Kampf zwischen den Kindern des Lichts und den Söhnen der Dunkelheit.[30] Die Stämme Israels würden demnach auf der einen Seite stehen und die Kittim (Römer) gemeinsam mit den Vertretern der anderen Religionen auf der anderen. Im Zusammenhang mit diesem Krieg ist allerdings keine Rede von einem omnipotenten Satan – derartig mystische Bilder hatten keinen Platz in der jüdischen Vorstellung vom Jüngsten Gericht. Der Krieg würde ein ausschließlich von Sterblichen ausgetragener Konflikt zwischen dem durch Israel repräsentierten Licht und der Dunkelheit des kaiserlichen Roms sein.

Erst viel später wurde die grundlegende Idee hinter diesem uralten Konzept von der römischen Kirche übernommen. Die symbolische Schlacht von Har Megiddo wurde aus ihrem geographischen Umfeld entfernt und über den ganzen Globus gelegt, wobei Rom, der ehemalige Repräsentant der Dunkelheit, nun die Position des Lichts usurpierte. Um die Vorherrschaft der katholischen Bischöfe zu gewährleisten, einigte man sich darauf, daß das Jüngste Gericht noch nicht stattgefunden habe. Jenen, die sich an die von den Bischöfen sanktionierten Prinzipien der römisch-katholischen Kirche hielten, wurde der Eintritt ins Himmelreich versprochen. Die ehemalige Bergfestung von Har Megiddo erhielt eine übernatürliche Konnotation, so daß das bloße Wort Armageddon bereits nach apokalyptischem Terror klang: das furchterregende Ende aller Dinge, dem man nur durch absolute Unterwerfung unter die römische Doktrin entkommen konnte. In dieser Hinsicht hat es sich als eines der wirkungsvollsten politischen Manöver aller Zeiten erwiesen.

KAPITEL 3

Jesus, Menschensohn

DIE UNBEFLECKTE EMPFÄNGNIS

Die Evangelien des Neuen Testaments sind in einer ungewöhnlichen Form verfaßt, die in anderen Bereichen der Literatur nicht häufig anzutreffen ist. Ihr Aufbau ist nicht zufällig, denn sie dienten einem bestimmten Zweck und waren nicht dazu gedacht, geschichtliche Ereignisse zu vermitteln. Das Ziel der Evangelien bestand darin, eine *evangelische* Botschaft zu übermitteln (griechisch *eu-angelos* = »gute Nachrichten überbringen«) – das englische Wort *Gospel* für Evangelium ist eine angelsächsische Übersetzung aus dem Griechischen und hat genau die gleiche Bedeutung. Zu großen Teilen kann man sie als enthusiastische Propaganda bezeichnen, und vor diesem Hintergrund sollten wir uns davor hüten, die Evangelien wörtlich zu nehmen.

Das ursprüngliche und unredigierte Markusevangelium (inspiriert von Petrus) wurde um das Jahr 66 n. Chr. in Rom geschrieben. Klemens von Alexandria, ein Kleriker des zweiten Jahrhunderts, bestätigt, daß es zu einem Zeitpunkt erschien, als die Juden sich gegen die römischen Besatzer erhoben und zu Tausenden gekreuzigt wurden. Der Verfasser des Evangeliums mußte deshalb auf seine Sicherheit bedacht sein und konnte es sich schwerlich leisten, ein unverhohlen antirömisches Dokument zu veröffentlichen. Seine Mission bestand in der Verbreitung der Frohen Botschaft, und nicht darin, den Römern einen Anlaß für ihre Verurteilung zu geben. Die Schrift von Markus war eine Botschaft der brüderlichen Hilfe, ein Versprechen uneingeschränkter Erlösung für die unter der römischen Knute leidenden Menschen. Eine solche Verheißung von Freiheit erleichterte die Gemüter vieler Menschen und nahm den Druck von den Statthaltern, deren Repressalien überall im wachsenden Kaiserreich gespürt wurden. Folglich wurde das Markusevangelium zu einer Quelle für Matthäus und Lukas, wobei die Autoren die gleichen Themen weitergehend bearbeiteten.

Das Lukasevangelium stammt allem Anschein nach aus Antiochia am Orontes und wurde ungefähr im Jahre 80 n. Chr. von Lukas, dem »Arzt« und »lieben Freund« (Kolosser 4,14), verfaßt. Der Matthäus zugeschriebene Bericht (durch den Priester Matthäus Hannas gefördert) tauchte ungefähr fünf Jahre später in Korinth zum ersten Mal auf. Matthäus und Lukas benutzten das Markusevangelium als Vorlage. Aus diesem Grund werden diese drei die synoptischen Evangelien (griechisch *synopsis* – »Zusammenschau«) genannt, obwohl sie in vieler Hinsicht unterschiedliche Darstellungen aufweisen.

Das Evangelium des Johannes weicht dagegen im Hinblick auf Inhalt, Stil und Gesamtkonzept stark von ihnen ab und ist weitaus schwieriger zu datieren. Ursprünglich wurde es in Samaria veröffentlicht und gemeinsam von Johannes Markus (Apostelgeschichte 12,12) und Philippus dem Evangelisten zusammengestellt. Es wurde in seiner Darstellung stark durch die Traditionen einer bestimmten Sekte innerhalb der Gemeinde gefärbt und ist im Hinblick auf die Geschichte von Jesus alles andere als naiv zu nennen. Es verwundert daher nicht, daß dieses Evangelium seine eigene Gefolgschaft hat, die die Unterschiede zu den anderen Evangelien bewahrt. Es enthält zahllose Details, die an anderen Stellen nicht zu finden sind – ein Grund dafür, daß viele Wissenschaftler es für eine genauere Darstellung der Geschichte und der Chronologie halten. Obwohl das Johannesevangelium als letztes erschien, ist es durchaus wahrscheinlich, daß sein Inhalt bereits 37 n. Chr. zusammengestellt wurde.

Das erste publizierte Evangelium von Markus erwähnt die Unbefleckte Empfängnis mit keinem Wort. Matthäus und Lukas widmen sich ihr mit unterschiedlicher Detailfreude, von Johannes jedoch wird sie vollständig ignoriert. Die Unterschiedlichkeit der Darstellungen macht es für Theologen, Gelehrte und Lehrer damals wie heute schwer, die Sachlage zu bestimmen, und so wurden Glaubensentscheidungen auf der Basis teilweise sehr unzureichender Dokumente getroffen. Dabei wurden aus allen Evangelien einzelne Teile und Bruchstücke benutzt, so daß praktisch ein neues, ungeschriebenes Evangelium entstanden ist. Den Gläubigen und Lernenden wird ein-

fach gesagt, »so stehe es in der Bibel«. Soll ihnen die Unbefleckte Empfängnis nahegebracht werden, so werden sie auf Matthäus und Lukas
verwiesen, bei anderen Aspekten dementsprechend auf andere Evangelien – als ob sie alle als Kapitel zu einem großen Gesamtwerk konzi-
piert worden wären, was selbstverständlich nicht der Fall ist.

Mit den Jahren sind verschiedene Spekulationen über den Inhalt der
Bibel zu Interpretationen geworden, und später wurden diese von den
Kirchen als Dogmen etabliert. Die daraus entstandenen Doktrinen
sind in den gesellschaftlichen Kontext integriert worden, als handelte
es sich dabei um Fakten. Im Religionsunterricht ist selten die Rede
davon, daß Matthäus von Maria als Jungfrau spricht, Markus aber
nicht; oder daß Lukas von einer Krippe spricht, in die Jesus gelegt worden sei, während die anderen Evangelien dies mit keinem Wort erwähnen; oder daß sich in keinem der Evangelien ein Hinweis auf jenen
Stall findet, der ein so fester Bestandteil der Weihnachtsgeschichte
geworden ist. Diese selektive Art der Darstellung betrifft fast jeden
Aspekt des Lebens Jesu. Christlichen Kindern auf der ganzen Welt
wird eine geglättete Einheitsgeschichte präsentiert, die die unterhalt-
samsten Teile aus allen Evangelien zu einer Geschichte vereint, die *so*
nie geschrieben wurde.

Im Herzen der christlichen Tradition findet sich das Konzept von
der Unbefleckten Empfängnis – obwohl es nur in zwei der vier Evangelien Erwähnung findet und nirgendwo sonst im Neuen Testament.
Matthäus schreibt (1,18-25):

> Mit der Geburt Jesu Christi war es so: Maria, seine Mutter, war mit Josef ver-
> lobt; noch bevor sie zusammengekommen waren, zeigte sich, daß sie ein Kind
> erwartete – durch das Wirken des Heiligen Geistes. Josef, ihr Mann, der
> gerecht war und sie nicht bloßstellen wollte, beschloß, sich in aller Stille von
> ihr zu trennen. Während er noch darüber nachdachte, erschien ihm ein Engel
> des Herrn im Traum und sagte: Josef, Sohn Davids, fürchte dich nicht, Maria
> als deine Frau zu dir zu nehmen; denn das Kind, das sie erwartet, ist vom Hei-
> ligen Geist. Sie wird einen Sohn gebären; ihm sollst du den Namen Jesus
> geben; denn er wird sein Volk von seinen Sünden erlösen.
>
> Dies alles ist geschehen, damit sich erfüllte, was der Herr durch den Pro-
> pheten gesagt hat:
>
> Seht, die Jungfrau wird ein Kind empfangen, / einen Sohn wird sie gebären, /
> und man wird ihm den Namen Immanuel geben, / das heißt übersetzt: Gott
> ist mit uns.

Bei besagtem Propheten handelt es sich um Jesaja, der im Jahre 735 v. Chr., als Jerusalem von Syrien bedroht wurde, vor dem bedrängten König Ahas ausrief: »Hört her, ihr vom Haus David... Seht, die Jungfrau wird ein Kind empfangen, sie wird einen Sohn gebären, und sie wird ihm den Namen Immanuel (Gott mit uns) geben.« (Jesaja 7,13-14).[1] Nichts in diesem Satz deutet allerdings darauf hin, daß Jesaja hier die Geburt Jesu 700 Jahre später voraussagte. Eine derartig anachronistische Enthüllung wäre für Ahas in der Stunde seiner Not doch von relativ geringem Nutzen gewesen. Wie bei vielen Beispielen aus dem Neuen Testament sehen wir auch hier, daß die in den Evangelien beschriebenen Ereignisse häufig so interpretiert wurden, daß sie uneindeutige Prophezeiungen auf die eine oder andere Weise stützten.

Davon abgesehen nannten Maria und Josef ihren Sohn nicht Immanuel,[2] sondern Jesus (hebräisch Jehoshua = »Jahwe rettet«).

Das allgemeine Verständnis dieser Textstelle beruht außerdem auf weiteren Fehldeutungen. Das semitische Wort *almah*, das mit »Jungfrau« übersetzt wurde, bedeutet in Wirklichkeit nicht mehr als »eine junge Frau«.[3] Das hebräische Wort für eine physische Jungfrau (*virgo intacta*) lautet *bethulah*. Im Lateinischen bedeutete das Wort *virgo* »unverheiratet«; um die heutige Bedeutung des Wortes Jungfrau zu implizieren, mußte dem lateinischen Wort ein weiteres Adjektiv (*intacta*) zur Seite gestellt werden, welches auf sexuelle Unerfahrenheit verweist.[4]

Die physische Jungfernschaft Marias wird noch unglaubwürdiger, wenn man die katholische Betrachtungsweise heranzieht, die davon ausgeht, daß Maria Zeit ihres Lebens Jungfrau geblieben ist.[5] Es ist kein Geheimnis, daß Maria nach Jesus noch weitere Kinder hatte, wie übrigens in sämtlichen Evangelien nachzulesen ist: »Ist das nicht der Sohn des Zimmermanns? Heißt nicht seine Mutter Maria, und sind nicht Jakobus, Josef, Simon und Judas seine Brüder? Leben nicht alle seine Schwestern unter uns?« (Matthäus 13,55). Bei Lukas (2,7) wird Jesus als Marias »Erstgeborener« bezeichnet. Und bei Markus (6,3) wird ebenfalls darauf hingewiesen, daß Jesus auch Schwestern hatte.

Die Darstellung von Jesus als Sohn eines Zimmermanns ist ein weiteres Beispiel einer sprachlichen Fehlinterpretation, die daher rührt, daß einige der alten hebräischen und aramäischen Wörter keine direkten Entsprechungen in anderen Sprachen haben. Das Wort, welches im Deutschen mit Zimmermann übersetzt wurde, heißt im Griechischen *ho tekton*, seinerseits eine Übersetzung des semitischen Wortes *naggar*.[6]

Wie der Experte Dr. Geza Vermes deutlich machte, kann dieses beschreibende Wort ebenso einen Handwerker wie auch einen Lehrer oder Gelehrten bezeichnen. Ganz gewiß identifiziert es Josef und Jesus nicht als Zimmerleute, sondern als Männer mit bestimmten Fähigkeiten und einer soliden Ausbildung, die ihre Tätigkeit gemeistert hatten. Eine Übersetzung des griechischen *ho tekton* wäre zum Beispiel der Ausdruck »ein Meister seines Faches«.

Ebenso hat die Erwähnung einer Krippe im Lukasevangelium dafür gesorgt, daß die gesamte Geburt von Jesus in einem Stall inklusive einer beiwohnenden Tierschar angesiedelt wurde. Allerdings gibt es in keinem der Evangelien irgendeinen Hinweis auf einen Stall. Nach Matthäus erblickte Jesus vielmehr in einem Haus das Licht der Welt (2,11): »Sie gingen in das Haus und sahen das Kind und Maria, seine Mutter; da fielen sie nieder und huldigten ihm.«[7] Es war zur damaligen Zeit übrigens durchaus nicht ungewöhnlich, daß ein Futtertrog als Wiege herhalten mußte.

DYNASTISCHE EHEGESETZE

Wie der Brief an die Hebräer (7,14) bezeugt, stammte Jesus aus dem Stamme Juda, somit aus der gleichen Familienlinie wie König David. In der Bibel steht ebenfalls, daß Jesus »Nazoräer« war – was allerdings nicht bedeutet, daß er aus der Stadt Nazaret stammte. Obwohl Matthäus (2,23) und Lukas (2,39) dies nahelegen, handelte es sich bei der Bezeichnung Nazoräer (auch Nazaräer oder Nazarener) ausschließlich um die Beschreibung der Zugehörigkeit zu einer Sekte, die nicht das geringste mit der Stadt zu tun hatte. Das moderne arabische Wort für »Christen« lautet *Nasrani*, und der Koran bezeichnet Christen als *Nasara* oder *Nazara*. Diese Varianten stammen alle vom hebräischen *Nozrim*, dem Plural des Begriffes *Nazrie ha-Brit*, »Hüter des Bundes«, einer Bezeichnung für die Gemeinschaft der Essener in Qumran am Toten Meer.[8]

Es ist fraglich, ob die Stadt Nazaret zu Lebzeiten von Jesus überhaupt existierte. Sie taucht auf keinen Karten oder Aufzeichnungen aus der Zeit auf und wird weder von den Römern noch von den Ureinwohnern erwähnt.[9] Selbst der Apostel Paulus, der in seinen Briefen zahlreiche Aktivitäten von Jesus erwähnt, bezieht sich an keiner Stelle auf Nazaret. Wir können deshalb davon ausgehen, daß jeder geographische Bezug auf Nazaret in den Evangelien von einer Mißdeutung des Wortes Nazoräer stammt. Die Siedlung Nazaret (die auch im hebräischen Talmud nicht erwähnt wird) hatte vor der Zerstörung Jerusalems durch die Römer keinerlei Bedeutung.

Johannes der Täufer und Jesu Bruder Jakobus waren beide Nazoräer, eine Sektenbezeichnung, die bis ins Alte Testament zu Samson und Samuel zurückverfolgt werden kann. Nazoräer oder Nasiräer waren Asketen, die über festgelegte Zeiträume an strenge Gelübde gebunden waren, wie der Herr es bereits Moses mitteilte (Numeri 6,2-21). Zur Zeit der Entstehung der Evangelien wurden die Nazoräer mit der Gemeinschaft der Essener identifiziert – dem Umfeld von Josef und Maria.

Die Gemeinschaft beachtete strenge Bestimmungen, wenn es um dynastische Verlobung oder Eheschließung ging – und wir sollten uns die Frage von Marias Jungfräulichkeit in diesem Zusammenhang etwas genauer betrachten.

Matthäus (1,18) wie auch Lukas (2,5) stellen fest, daß Maria mit Josef »verlobt« war, und kurze Zeit darauf wird Maria als seine Ehefrau bezeichnet. Das Wort »verlobt« bedeutet in diesem Zusammenhang nicht »verlobt« in unserem Sinn. Es bezieht sich auf eine »vertragliche Ehebindung«. Unter welchen Umständen konnte also eine verheiratete Frau trotzdem »jungfräulich« sein? Um diese Frage zu beantworten, müssen wir uns auf das ursprüngliche hebräische Wort *almah* beziehen, welches meist fälschlicherweise mit Jungfrau (*virgo*) übersetzt wurde, in der Annahme, seine Bedeutung sei *virgo intacta*.

Wie bereits bemerkt, ist die korrekte Übersetzung von *almah* »junge Frau« (ohne jede sexuelle Konnotation). Es war für Maria deshalb sehr wohl möglich, eine *almah* und zugleich die Ehefrau von Josef zu sein. Betrachten wir noch einmal, wie Matthäus die Ereignisse beschreibt. Als Josef von der Schwangerschaft Marias erfuhr, mußte er sich entscheiden, ob er sie vor den Augen der Öffentlichkeit verstecken wollte oder nicht. Für eine Ehefrau ist es natürlich vollkommen normal, schwanger zu werden, das war es aber nicht für Maria.

Als Ehefrau eines »dynastischen« Ehemanns unterlag Maria den Bestimmungen der messianischen (gesalbten) Linien, zu denen auch die von König David und dem Priester Zadok gehörten. Maria absolvierte eine Probezeit als Ehefrau innerhalb der dynastischen Hierarchie – eine Zeit des Angetrautseins, während der sexuelle Beziehungen untersagt waren –, für Josef hätte es also eine persönliche Schande bedeutet, wenn sich herausgestellt hätte, daß Maria empfangen hatte. Die Situation löste sich erst, als der höchste amtierende Abjatar-Priester (der designierte Gabriel)[10] der Niederkunft zustimmte.

Die Dynastie von Abjatar (2 Sam. 20,25) war seit der Zeit von König David als sekundäre Linie in der Hierarchie der Oberpriester etabliert. Die Linie von Zadok bildete die primäre Linie. Zusätzlich zu den herkömmlichen religiösen Riten bewahrten die Essener innerhalb ihrer Herrschaftsstruktur auch die Namen der Erzengel aus dem Alten Testament.[11] So war der Zadok-Priester auch der Erzengel Michael, und der Abjatar-Priester war Gabriel, unabhängig von seinem persönlichen Namen.[12] Als Zweitrangiger war Gabriel/Abjatar der designierte *Engel des Herrn* (der Botschafter von Michael/Zadok). Dieses himmlische System wird im Detail im 1. Buch Henoch (4,9) beschrieben, und die »Kriegsregel« (9,15-17) bestätigt diese Rangfolge der Engel zur Zeit der Evangelien.

Nach der Schilderung von Lukas wurde die Schwangerschaft Marias durch die Vermittlung des Engels Gabriel gebilligt, da sie von besonderer Bedeutung war. Dies ist als »Verkündigung« bekannt, war aber in Wirklichkeit mehr eine Sanktionierung.

Vor der Geburt Jesu war Zacharias der Hohe Zadok (der Erzengel Michael).[13] Seine Frau war Marias Kusine Elisabet,[14] und sein Rangnächster, der Abjatar (oder Erzengel Gabriel), war Simeon der Essener.[15] Er war es auch, der die formelle Zustimmung zur Niederkunft Marias erteilte, obwohl Josef und sie gegen die Regeln der dynastischen Eheschließung verstoßen hatten.

Es ist offensichtlich, daß diese dynastischen Regeln nicht die Norm darstellten und von den üblichen jüdischen Ehegesetzen abwichen.[16] Die Vorschriften waren streng definiert; sie diktierten einen zölibatären Lebensstil und erlaubten die Zeugung von Kindern nur zu festgelegten Zeitpunkten. Drei Monate nach der Verlobung wurde formell und mit Salbungszeremonie eine »Erste Hochzeit« abgehalten, worauf im Monat September das Angetrautsein begann. Danach waren körperliche Beziehungen erlaubt, allerdings nur in der ersten Dezemberhälfte. Dahinter steckte der Gedanke, daß jede etwaige messianische Geburt im Versöhnungsmonat September stattfinden würde. Empfing die Braut nicht, wurden die körperlichen Beziehungen bis zum nächsten Dezember wieder abgebrochen, und so fort.[17]

Hatte die Probefrau empfangen, wurde eine »Zweite Hochzeit« vollzogen, um die Heirat rechtsgültig zu machen. Die Braut wurde allerdings bis zur Zweiten Hochzeit immer noch als *almah* (junge Frau) betrachtet, und diese Zeremonie fand nie vor dem dritten Monat der Schwangerschaft statt, wurde also in der Regel im Monat März vollzogen.[18] Durch diese Verzögerung baute man für den Fall einer Fehlgeburt vor. Der vollständige Ehestatus wurde nicht vor einer Schwangerschaft der Frau gewährt, so daß der dynastische Ehemann eine legale Scheidungsmöglichkeit hatte, falls seine Angetraute sich als unfruchtbar erweisen sollte.

Im Fall von Maria und Josef ist es offensichtlich, daß die Regeln der dynastischen Ehe verletzt worden waren, da Maria Jesus zur falschen Jahreszeit das Leben schenkte (Sonntag, 1. März, 7 v. Chr.).[19] Die sexuelle Vereinigung muß folglich sechs Monate vor dem dafür vorgesehenen Dezember, nämlich im Juni des Jahres 8. v. Chr. – ungefähr zur Zeit ihrer ursprünglichen Verlobung –, stattgefunden haben, also drei Monate vor ihrer Ersten Hochzeit im September. So ist es zu erklären, daß Maria nicht nur als *almah* empfing, sondern auch als eine *almah* noch vor der Zweiten Hochzeit gebar.

Nachdem Marias unautorisierte Schwangerschaft bestätigt war, hatte Josef die Wahl, die Zweite Hochzeit wie geplant zu vollziehen oder, um allen Beteiligten die Schmach zu ersparen, Maria in klösterliche Obhut zu geben, wo das Kind schließlich von Ordensbrüdern aufgezogen worden wäre.

Doch sollte das Kind ein Junge werden, so würde es sich bei ihm um Josefs erstgeborenen Nachkommen aus der Linie Davids handeln. Es hätte somit kaum einen Sinn ergeben, ihn als unidentifizierte Waise aufzuziehen und es dadurch einem möglichen jüngeren Bruder zu überlassen, seinen Platz in der Thronfolge einzunehmen. Das uneheliche Kind von Maria und Josef stellte einen wichtigen Faktor in der Zukunft der Linie dar und verlangte nach einer besonderen Ausnahme von der Regel und einer gesonderten Behandlung. Da eine geheiligte Erbfolge auf dem Spiel stand, mußte der Engel Gabriel Josef natürlich dazu raten, mit der Zweiten Hochzeit wie geplant fortzufahren, »… denn das Kind, das sie erwartet, ist vom Heiligen Geist« (Matthäus 1,20).

Nach diesem Beschluß galten jedoch wieder die traditionellen Regeln – körperlicher Kontakt war zwischen Mann und Frau so lange nicht gestattet, bis das Kind geboren war. »Als Josef erwachte, tat er, was der Engel des Herrn ihm befohlen hatte, und nahm seine Frau zu sich. Er erkannte sie aber nicht, bis sie ihren Sohn gebar. Und er gab ihm den Namen Jesus.« (Matthäus 1,24-25). Den Verfassern der Evangelien blieb es überlassen, die ganzen Ereignisse in eine rätselhafte Form zu hüllen – was ermöglicht wurde durch die Prophezeiung Jesajas im Alten Testament.

In den frühen Tagen des christlichen Glaubens existierten viele Evangelien zur Person Jesu. Erst um das Jahr 367 n. Chr. begann sich das Neue Testament in seiner heutigen Form herauszukristallisieren. Zu jener Zeit wurde eine Sammlung von ausgewählten Texten von Bischof Athanasios von Alexandria zusammengestellt. Diese Texte wurden durch die Synoden von Hippo (393 n. Chr.) und Karthago (397 n. Chr.) verabschiedet und autorisiert. In späteren Jahren wurde diese Auswahl noch einmal nach strategischen Gesichtspunkten verkleinert, und viele wichtige Texte wurden von der weiteren Veröffentlichung ausgeschlossen. Von der Synode in Trient wurden im Jahre 1546 nur noch die vier uns bekannten Evangelien zugelassen: nach Matthäus, Markus, Lukas und Johannes.

In jüngster Zeit haben die Bücher von Nag Hammadi einige zusätzliche Evangelien ans Licht gebracht. Dazu zählen die Evangelien von Philippus, Thomas und Maria Magdalena. In einigen Fällen stimmen die Inhalte dieser Werke mit den betreffenden Stellen des Neuen Testaments überein, aber in zahlreichen Fällen weichen sie wesentlich davon ab. So sollte es von einigem Interesse sein, wenn im Evangelium des Philippus steht: »Manche sagen, Maria habe vom Heiligen Geist empfangen. Sie irren. Sie wissen nicht, was sie sagen.«

Ein weiteres Werk, das Buch Jakobus (das *Protevangelium*), wurde nach Meinung von Origenes, dem christlichen Platoniker von Alexandria (185-254 n. Chr.), von Jesu Bruder verfaßt. Dieses sehr frühe christliche Werk beschreibt Maria als eine der sieben Tempelnonnen von Jerusalem – eine geweihte *almah*. Angesichts dieser Umstände ist es durchaus korrekt – wenn auch zweideutig im modernen Sinne –, zu sagen, daß eine Jungfrau empfangen und einem Sohn das Leben geschenkt habe.

DIE ABSTAMMUNG VON KÖNIG DAVID

So seltsam es auch erscheinen mag, das Evangelium von Markus – die Grundlage für Matthäus und Lukas – erwähnt die Geburt Christi mit keinem Wort. Johannes berichtet von der Geburt in Betlehem (7,42), aber nicht als mysteriöses Ereignis oder als Resultat jungfräulicher Empfängnis. Er bezieht sich lediglich auf die Abstammung des Kindes von der davidischen Linie: »Sagt nicht die Schrift: Der Messias kommt aus dem Geschlecht Davids und aus dem Dorfe Betlehem, wo David lebte?« Selbst Matthäus, der das Konzept der Unbefleckten Empfängnis zumindest erwähnt, beginnt mit den Worten: »Stammbaum Jesu Christi, des Sohnes Davids, des Sohnes Abrahams.«

Im Paulus-Brief an die Römer (1,1-4) steht: »Paulus, Knecht Christi Jesu, berufen zum Apostel, auserwählt, das Evangelium Gottes zu verkünden, das er durch seine Propheten im voraus verheißen hat in den heiligen Schriften: das Evangelium von seinem Sohn, der dem Fleisch nach geboren ist als Nachkomme Davids, der dem Geist der Heiligkeit nach eingesetzt ist als Sohn Gottes...« Auch Markus (10,47) und Matthäus (22,43) nennen Jesus den »Sohn Davids«.

Allgemein kann man sagen, daß die göttliche Abstammung von Jesus Christus eher sinnbildlich, seine Abstammung von David jedoch durchweg als Tatsache präsentiert wird.[20] Jesus stammte aus der Linie Davids, wie das Neue Testament an zahlreichen Stellen bestätigt; sein Vater Josef war ein anerkannter Nachkomme des großen Königs. Selbst Lukas, der behauptet, daß es sich bei Maria physisch um eine Jungfrau handelte und göttliche Kräfte für die Schwangerschaft verantwortlich seien, erklärt (1,32): »Gott, der Herr, wird ihm den Thron seines Vaters David geben.«

Hinweise Jesu auf seinen »himmlischen Vater« haben viele zu dem Glauben veranlaßt, daß er der persönliche Sohn Gottes, in einem übernatürlichen Sinne, sei. Das Vaterunser jedoch sagt ausdrücklich (Mt. 6,9): »*Unser* Vater«, und im Neuen Testament finden sich zahlreiche Hinweise darauf, daß alle Gläubigen die Kinder Gottes (oder Söhne Gottes) sind. Johannes sagt hierzu (1,12): »Allen aber, die ihn aufnahmen, gab er Macht, Kinder Gottes zu werden, allen, die an seinen Namen glauben.« Ebenso heißt es im Brief an die Römer (8,14): »Denn alle, die sich vom Geist Gottes leiten lassen, sind Söhne Gottes.« Und im 1. Brief an die Korinther (6,17): »Wer sich dagegen an den Herrn bindet, ist *ein* Geist mit ihm.« Und Johannes verkündet in seinem 1. Brief (3,1): »Seht, wie groß die Liebe ist, die der Vater uns geschenkt hat: Wir heißen Kinder Gottes, und wir sind es.«

Jesus bezeichnete sich selbst als den »Menschensohn« (so zum Beispiel nach Matthäus 16,13). Als er vom Hohenpriester gefragt wurde, ob er der Sohn Gottes sei, antwortete Jesus: »Du hast es gesagt«, und implizierte damit, daß es sich dabei um die Worte des Priesters handele und nicht um seine eigene Darstellung (Matthäus 26,63-64).

Auch außerhalb der Evangelien wird Jesus als Menschensohn bezeichnet. Diese Bezeichnung hat eine besondere Bedeutung, weil sie in Zusammenhang mit der »himmlischen Hierarchie« steht. Als Hauptrepräsentant des Volkes war die Dynastie Davids der Priesterschaft nicht verantwortlich. Die königliche Linie von Jesus stammte letztlich vom Stamme Juda und beinhaltete keine Erbrechte auf einen geistlichen Posten: derlei Rechte waren dem Orden von Aaron und dem Stamme Levi vorbehalten. Statt dessen hatte der Nachfolger Davids – zu jener Zeit Jesus – Verbindung zur himmlischen Hierarchie als spiritueller Sohn des Engels Gabriel (der zweithöchste nach Michael). Der Name Gabriel bedeutet »Mann Gottes« (hebärisch *Gebri-El*), und in der Bilderwelt des Alten Testaments (Ezechiel 1,10) steht Gabriel für die Kategorie der Menschen. Somit war Jesus der Menschensohn (»Sohn des Mannes Gottes«).[21]

In seiner Eigenschaft als Repräsentant der Menschen stand Jesus dafür, daß er sein Volk allen anderen Dingen, sogar der herrschenden Regierung, vorzog. Dies war die wahre messianische Verpflichtung, die später von den Nachfolgern seiner Dynastie weitergegeben wurde und das Fundament für den Gralskodex bildete. Wie wir im weiteren sehen werden, bedeutete dies, daß Könige »die gemeinsamen Väter« ihrer Nation darstellten und nicht die obersten Herrscher über Länder. Diese Auffassung spiegelt sich auch in der romantischen Literatur wider. Niemals hat sich ein galanter Bischof oder ein tapferer Bürgermeister aufgemacht, um einen unterdrückten Untertanen oder eine Dame in Not zu retten – diese Aufgabe oblag den Prinzen und den von ihnen ernannten Rittern.

DER MESSIANISCHE DISPUT

Eines der Hauptprobleme von Jesus bestand darin, daß es von Anfang an einen Disput über die Rechtmäßigkeit seiner Nachfolge gab. Aus diesem Grund hatten ihn Maria und Josef zu Simeon, dem Gabriel, gebracht, um seine Ehelichkeit gesetzlich feststellen zu lassen (Lukas 2,25-35). Trotz der Bemühungen seiner Eltern traf Jesus auf gemischte Reaktionen, und die Juden spalteten sich über der Frage seines rechtmäßigen Status innerhalb der Thronfolge in zwei Lager. Er war zur falschen Jahreszeit gezeugt und vor dem formellen Vollzug der Zweiten Hochzeit seiner Eltern geboren worden. Sechs Jahre später wurde sein Bruder Jakobus unter Befolgung aller Gesetze der dynastischen Ehe geboren, und seine Rechtmäßigkeit wurde nicht angezweifelt.

Die Hellenisten (Juden mit westlicher Ausrichtung) behaupteten, daß es sich bei Jesus um den rechtmäßigen Christus (griechisch *Christos* = »König«) handele, während die orthodoxen Hebräer behaupteten, daß seinem Bruder Jakobus dieser Titel zustehe. Der Streit dauerte mehrere Jahre, doch im Jahre 23 starb Josef, der Vater beider Kandidaten, und es wurde notwendig, diesen Disput auf die eine oder andere Weise zu lösen.[22]

Nach altem Brauch waren die davidischen Könige mit den dynastischen Zadok-Priestern alliiert, und der damalige Zadok-Priester war Johannes der Täufer, ein Verwandter von Jesus.[23] Er war im Jahre 26 anläßlich des Eintreffens des römischen Prokurators Pontius Pilatus zu Ansehen und Macht gelangt. Johannes der Täufer tendierte stark zum hebräischen Zweig, während Jesus Hellenist war. Aus diesem Grund unterstützte Johannes Jakobus, obwohl er Jesus als ehelich anerkannte und ihn im Wasser des Jordans taufte. Die Haltung von Johannes veranlaßte Jesus dazu, sich für seinen Standpunkt verstärkt einzusetzen. Denn sollte das jüdische Königreich im weiteren Verlauf zu neuer Kraft gelangen, so würde er zweifellos gegen seinen Bruder verlieren. Deshalb schuf er sich seine eigene Gruppe von Anhängern, die keiner konventionellen sozialen Richtung folgten. Seine Vision war eindeutig und besagte, daß eine gespaltene jüdische Nation niemals in der Lage sein würde, das mächtige Rom zu besiegen. Ihm war außerdem klar, daß auch ein vereintes jüdische Reich seine Mission nicht würde erfüllen können, wenn sie sich von den Nichtjuden separierten. Seine Vision des Königreiches Israel war die einer harmoni-

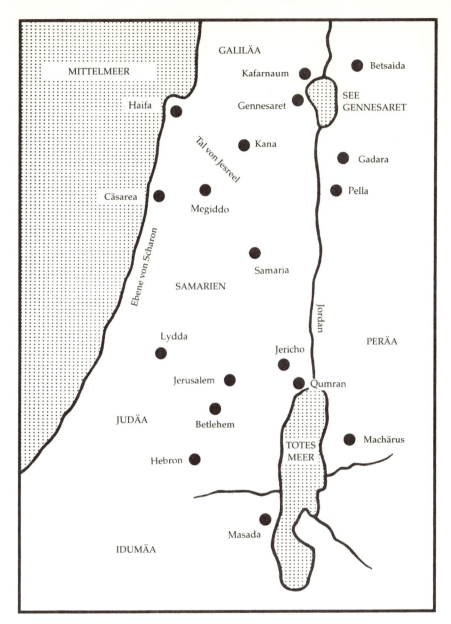

Karte 3: Schauplätze der Evangelien

schen, gleichberechtigten Gesellschaft. Angesichts der unbeugsamen hebräischen Juden und ihrer rigiden Prinzipien war er einigermaßen frustriert.

Jesus wußte sehr wohl, daß die Ankunft eines Messias prophezeit worden war, der die Menschen zur Erlösung führen sollte, und er wußte ebenfalls, wie verzweifelt dieser Erlöser herbeigesehnt wurde. Johannes der Täufer war zu sehr Einsiedler, um diese Rolle spielen zu können. Jakobus tat unterdessen wenig, um seine eigenen Aussichten zu verbessern; er begnügte sich damit, sich in der beruhigenden Unterstützung des Hohenpriesters Kajaphas und des Täufers zu sonnen.

So trat Jesus an die Öffentlichkeit, entschlossen, den Menschen ihren langerwarteten Messias zu geben. Schließlich war er der Erstgeborene seines Vaters, gleichgültig, was die in dieser Angelegenheit zerstrittenen Priester und Politiker sagen mochten. Er stammte aus der Dynastie Davids und war der geistige Sohn des Erzengels Gabriel – jedenfalls in den Augen der Hellenisten, die von den Nichtjuden und den Proselyten (zum jüdischen Glauben Konvertierte) unterstützt wurden. Innerhalb kürzester Zeit versammelte er seine Schüler, ernannte die zwölf Hauptapostel und begann zu wirken.

Dadurch wurde Jesus nicht nur für Herodes und seine Anhänger (die Herodianer) zur Bedrohung, sondern auch für die Römer im allgemeinen, ebenso wie für die konfessionellen Nationalisten (die Pharisäer und die Sadduzäer, die eine jüdische Vorherrschaft über die Nichtjuden anstrebten). Er ignorierte die Struktur seines Hintergrundes ebenso wie die Regeln der Gemeinde und forderte das Establishment direkt heraus. Er verlangte Anerkennung als König und Priester, und ohne sich um Unterschiede von Klasse, Glauben oder materiellen Stand zu kümmern, propagierte er ein Ideal des königlichen Dienens, das seine Spur im Sand der Zeit hinterlassen sollte.

KAPITEL 4

Die frühe Mission

WER WAREN DIE APOSTEL?

Trotz seiner offensichtlichen Bescheidenheit besteht wenig Anlaß, Jesus als verzagt oder pazifistisch darzustellen. Er wußte sehr genau, daß seine Aufgabe ihn bei den Herrschenden unbeliebt machen würde. Nicht nur die Römer würden ihn verfolgen, sondern auch die Ältesten des herrschenden Judenrates, des mächtigen Sanhedrin. Trotzdem zauderte Jesus nicht, sondern sagte gleich zu Beginn: »Denkt nicht, ich sei gekommen, um Friede auf die Erde zu bringen. Ich bin nicht gekommen, um Frieden zu bringen, sondern das Schwert« (Matthäus 10,34).

Unter diesen Umständen erscheint es rätselhaft, weshalb eine Gruppe gewöhnlicher Berufstätiger ihre Arbeit für einen Anführer niederlegen sollte, der verkündete: »Und ihr werdet um meines Namens willen von allen gehaßt werden« (Matthäus 10,22). In diesen frühen Zeiten existierte noch keine christliche Lehre, die er hätte predigen können, und Jesus versprach weder Gewinn noch öffentliches Ansehen. Trotzdem scheinen die Evangelien darauf hinzudeuten, daß seine Gefolgsleute ihre unterschiedlichen Berufe aufgaben und ihm blind ins Ungewisse folgten, um »Menschenfischer« zu werden.

Wer waren diese mysteriösen Apostel? Kann irgend etwas aus den Schriftrollen von Qumran auf die Evangelien übertragen werden, um ihre Identitäten und Absichten verständlicher werden zu lassen?

Lukas (6,11 und 10,11) berichtet, daß Jesus insgesamt 82 Gefolgsleute ernannte: 70, die ausgesandt wurden, um zu predigen, und 12, die in seinen inneren Kreis berufen wurden, seine Jünger oder Apostel (»Missionare« oder »Delegierte«). Für Bibelleser stellt es kein Geheimnis dar, daß die Apostel bewaffnet waren – auch wenn dies im Religionsunterricht meist anders dargestellt wird. Bereits ganz zu Beginn seiner Kampagne sagte Jesus: »Wer aber kein Geld hat, soll seinen Mantel verkaufen und sich dafür ein Schwert kaufen« (Lukas 22,36).

Alle vier Evangelien sind sich darin einig, daß Simon als erster rekrutiert wurde; drei Evangelien erwähnen zur gleichen Zeit auch Andreas, seinen Bruder. Allerdings besteht zwischen dem Johannesevangelium und den synoptischen Evangelien keine einhellige Meinung darüber, wo genau diese Rekrutierung stattgefunden hat. Es war entweder am See von Gennesaret, wo die beiden ihre Netze flickten, oder in Bethabara, am anderen Ufer des Jordans, anläßlich einer Taufe. In der Frage, wer zu diesem Zeitpunkt zugegen war, gehen die Meinungen ebenfalls auseinander; es ist unklar, ob Johannes der Täufer bei dieser Gelegenheit anwesend war (Johannes 1,28-43) oder sich, wie Markus behauptet (1,14-18), im Gefängnis befand.

Wahrscheinlicher ist die Version bei Johannes, denn die ersten Apostel wurden im März des Jahres 29 rekrutiert, dem fünfzehnten Jahr der Herrschaft von Kaiser Tiberius, wie Flavius Josephus (geb. 37) in seinem Werk *Antiquitatum Judaicarum Libri* bemerkt. Johannes der Täufer wurde erst ein Jahr darauf diskreditiert (wie bei Johannes 3,24 zu lesen) und von Herodes im September 31 hingerichtet.

Aus den Beschreibungen in den Evangelien wird deutlich, daß es sich bei den Jüngern nicht um eine Herde braver Altruisten handelte, die alles stehen und liegen ließen, um einem charismatischen Wunderheiler zu folgen (auch wenn er königlicher Abstammung war). Die Wirkung von Jesus war zu diesem Zeitpunkt noch nicht absehbar, und er hatte sich bisher keinen Namen als Vertreter Gottes auf Erden gemacht. Irgendeine wesentliche Information fehlt also hier in den Evangelien, die so zusammengestellt wurden, daß sie nicht die Aufmerksamkeit der römischen Besatzer auf sich zogen, und sich einer esoterischen Sprache bedienten, die nur jene verstanden, die zwischen den Zeilen zu lesen imstande waren.

Mit den in den Evangelien öfter vorkommenden Worten: »Wer Ohren hat zum Hören, der höre!« (zum Beispiel bei Markus 4,9), betreten wir nun die spannende Welt der schriftlichen Verschlüsselungen im Neuen Testament und deren Übersetzung. Zunächst werden wir die Tür zu den zwölf Aposteln aufstoßen und dadurch Einblick in die politische Rolle von Jesus als messianischem Abkömmling von König David gewinnen.

Jakobus und Johannes

Jesus gab Jakobus und Johannes (Söhne des Zebedäus) den vielsagenden griechischen Beinamen *Boanerges*: »Donnersöhne«. Dies ist ein gutes Beispiel für die kryptischen, nur an die Eingeweihten gerichteten Informationen im Neuen Testament. »Donner« und »Blitz« waren die Titel zweier hochstehender Priester des Heiligtums. Die symbolischen Titel beziehen sich auf die Vorkommnisse am Berg Sinai[1], die in Exodus 19,16 beschrieben werden, als Blitz und Donner den Berg verhüllten und Moses sich vom Lager aus auf den Berg begab, um Gott zu begegnen. Das Heiligtum stand für den Tabernakel (Exodus 25,8), und das Heiligtum der Essener befand sich im Kloster von Mird, etwa vierzehn Kilometer südöstlich von Jerusalem – dem ehemaligen Standort einer hasmonäischen Bergfestung.

Bei dem Mann, der Jesus unter dem Namen »Donner« bekannt war, handelte es sich um Jonatan Hannas, den Sohn von Ananus und sadduzäischen Hohepriester, der in den Jahren 6 bis 15 amtierte. Jonatan (übersetzt »Jahwe hat gegeben«) wurde auch Natanael genannt (»Gabe Gottes«), da beide Namen praktisch die gleiche Bedeutung haben. Sein Gegenspieler und politischer Rivale war unter dem Namen »Blitz« bekannt, hieß Simon der Magier (auch Zebedäus – »Jahwe schenkt«) und war der einflußreiche Kopf der samaritischen Magier. In den Evangelien ist er als Simon Kananäus oder Simon der Zelote bekannt.

Waren Jakobus und Johannes also die Söhne des »Donners« (Jonatan Hannas) oder des »Blitzes« (Zebedäus/Simon)? Die Antwort ist, daß sie beides waren – nicht durch ihre Geburt, aber durch Designation. Jakobus und Johannes waren spirituelle Söhne (Untergebene) der Ananus-Priester, und sie unterstanden ebenfalls der Weisung von Simon, der wiederum das höchste priesterliche Amt bekleidete – das des »Vaters«.

Damit erhalten wir ein gänzlich anderes Bild vom sozialen Ansehen der Apostel – selbst Jakobus und Johannes, die als Fischer bezeichnet werden, sind innerhalb der hellenistischen jüdischen Gesellschaft in Wirklichkeit von einiger Prominenz. Doch weshalb wurden sie (gemeinsam mit Petrus und Andreas) im Milieu der Fischer dargestellt? An dieser Stelle kommt die Darstellung des Johannes ins Spiel, denn das Fischen stand als traditionelles Symbol in Zusammenhang mit dem Ritual der Taufe.[2]

Nichtjuden, die Anschluß an die jüdischen Stämme suchten, konnten an den Taufen teilnehmen, ohne jedoch selbst im Wasser getauft zu werden. Sie durften die jüdischen Kandidaten für die Taufe im See begleiten, erhielten aber den priesterlichen Segen erst, nachdem sie mit großen Netzen an Bord der Schiffe gezogen worden waren. Die Priester, die diese Taufen vornahmen, wurden als Fischer bezeichnet, so wie Jakobus und Johannes; Simon und Andreas gehörten jedoch zu den Laienfischern. In Anspielung auf seine liberalere Handhabung versprach Jesus ihnen mit den Worten: »Ich werde euch zu Menschenfischern machen« (Markus 1,17) also eine kanonische Beförderung.

Es besteht kein Zweifel daran, daß es sich bei den Jüngern nicht um einen bunt zusammengewürfelten Haufen von aufrechten Gläubigen gehandelt hat, sondern um ein einflußreiches Zwölferkonzil unter der Führung von Jesus, dem Christus (König). Erst viel später wurde dieser Name zu Jesus Christus zusammengezogen, als handele es sich dabei um einen Eigennamen.[3] An dieser Stelle soll noch einmal daran erinnert werden, daß in der »Disziplinarordnung« in den Schriftrollen von Qumran die Wichtigkeit des Zwölferkonzils für den Erhalt des Glaubens im Lande hervorgehoben wird.[4]

Simon Zelotes

Simon der Magier war das Oberhaupt der westmanassitischen Magier[5], einer priesterlichen Kaste samaritischer Philosophen, die für die Rechtmäßigkeit von Jesu Nachfolge eintraten. Ihre Botschafter waren es (die drei Magier oder drei Weisen), die den neugeborenen Jesus bei Betlehem besucht und geehrt hatten. Simon war ein begabter Unterhalter, und die von ihm nach seinem Tode hinterlassenen Aufzeichnungen befassen sich mit Kosmologie, Magnetismus, Levitation und Psychokinese.[6] Er befürwortete eine kriegerische Auseinandersetzung mit Rom und war dementsprechend auch unter dem Namen Simon

Kananäus (griechisch = »der Eiferer«) bekannt. Dieser Name wurde später als Simon der Kanaaniter falsch übersetzt.

Unter den Aposteln war Simon ohne Zweifel der angesehenste, zumindest was den sozialen Status betraf, aber er war auch ein Anführer der Zeloten. Die Zeloten waren militante Freiheitskämpfer gegen die römische Besatzungsmacht, die sich des jüdischen Erbes und Landes bemächtigt hatte. Für die römischen Autoritäten waren die Zeloten schlicht *lestai* (Banditen).

Und schon haben die Apostel ein weitaus brisanteres Image, als es ihnen gemeinhin von den christlichen Kirchen zugestanden wird, aber ihre Absichten bleiben die gleichen: die Unterstützung und Verteidigung ihres Heimatlandes durch sie als Mitglieder der jüdischen Elite. Die meisten waren ausgebildete Priester, Therapeuten und Gelehrte; sie besaßen beeindruckende Fähigkeiten als Heiler und verfügten über großes Wissen und gute rhetorische Fähigkeiten.

Judas Iskariot

Ein weiterer bekannter nationalistischer Anführer aus gutem Hause war Judas, der Oberste der Schriftgelehrten.[7] Die Papyrusrollen vom Toten Meer entstanden unter seiner Führung sowie der seines Vorgängers, Judas von Galiläa, Begründer der Zeloten.[8] Neben seiner Stellung als Gelehrter war Judas auch der Anführer der Ost-Manassiter und einer der Kriegsherren von Qumran. Die Römer nannten ihn Judas Sicarius – der Attentäter (*sica* war ein gefährlicher, gebogener Dolch). Die griechische Form dieses Spitznamens lautete Sikariotes, was über die Jahre hinweg schließlich zu Iskariot wurde.[9]

Obwohl unter den Aposteln immer als letzter genannt, war er nach Simon Zelotes der Ranghöchste unter den Jüngern.

Thaddäus, Jakobus und Matthäus

Lebbäus oder Thaddäus wird als Sohn des Alphäus bezeichnet und in zwei der Evangelien auch Judas genannt. Er war ein einflußreicher Gemeindevorstand und ebenfalls ein Anführer der Zeloten. Vom Jahre 9 v. Chr. an war er für mehr als fünfzig Jahre der Vorstand der Therapeutaten, eines asketischen Ordens, der sich während der ägyptischen Besatzung Qumrans gebildet hatte. Thaddäus war ein Mitstreiter von Jesu Vater und nahm im Jahre 32 am Aufstand gegen Pontius Pilatus teil.

Jakobus gilt ebenfalls als Sohn des Alphäus, war in Wirklichkeit jedoch Jonatan Hannas, der Führer der »Donnerpartei«. Bei dem Namen Jakobus handelte es sich um den patriarchalen Titel Jonatans.[10] Denn genau wie die Namen der Engel und Erzengel unter den Hohenpriestern bewahrt wurden, wurden die Namen der jüdischen Patriarchen oder Stammväter von den Gemeindeältesten weitergeführt. Diese wurden von einem Triumvirat ernannter Amtsmänner geleitet, die berechtigt waren, die Namen Abraham, Isaak und Jakob zu tragen.[11] Auf diese Weise konnte Jonatan Hannas für einige Zeit zum Patriarchen Jakob werden.

Matthäus (der auch Levi genannt wurde) wird ebenfalls als Sohn des Alphäus bezeichnet. Sein richtiger Name lautete Matthäus Hannas (der Bruder von Jonatan), und er wurde im Jahre 42 zum Hohenpriester, bis er von Herodes Agrippa I. abgesetzt wurde. Matthäus lag die Förderung von Jesu Werk sehr am Herzen, und er setzte sich stark für das Evangelium ein, das unter seinem Namen erschien. Als jüngerer Bruder Jonatans war er der oberste Priester der Leviten und hielt damit den Titel Levi. Er war außerdem ein öffentlich bestallter Steuerbeamter von Jerusalem und zeichnete für die Steuereintreibung bei jenen Juden verantwortlich, die außerhalb ihres Heimatlandes lebten, trotzdem aber der Steuerpflicht unterlagen.[12] Die Einkünfte aus Kleinasien wurden von den Leviten eingesammelt und im Schatzamt von Jerusalem deponiert: »Als Jesus weiterging, sah er einen Mann namens Matthäus am Zoll sitzen und sagte zu ihm: Folge mir nach!« (Matthäus 9,9). Ein ähnlicher Hinweis findet sich bei Lukas 5,27, wo er Levi genannt wird.

Thaddäus, Jakobus und Matthäus werden alle drei als Söhne des Alphäus bezeichnet, waren aber keine biologischen Brüder. Wie schon an anderer Stelle wird das Wort »Sohn« auch hier nur verwendet, um die Position eines Stellvertreters zu beschreiben. Alphäus bedeutet lediglich »die Nachfolge«.

Philippus, Bartholomäus und Thomas

Wie bei Johannes 1,45-49 zu lesen, handelte es sich bei Philippus um einen Geschäftsfreund von Jonatan Hannas, einen unbeschnittenen Neubekehrten (Proselyten)[13] und Führer des Ordens von Shem.[14]

Bartholomäus (auch Johannes Markus genannt) war ein Freund von Philippus, das Oberhaupt der Proselyten und ein Beamter der einflußreichen ägyptischen Therapeutaten von Qumran.[15]

In den Evangelien findet sich nur wenig über Thomas, doch gehörte er zu den einflußreichsten christlichen Evangelisten und soll in Syrien, Persien und Indien gepredigt haben. Er wurde in Mylapore, in der Nähe von Madras, mit einer Lanze erstochen. Thomas – ursprünglich der Kronprinz Philippus – stammte aus dem Geschlecht des Herodes[16], verlor jedoch sein Erbe, als seine Mutter Mariamne von König Herodes geschieden wurde, nachdem sie versucht hatte, ihn zu ermorden. Philippus' Halbbruder, Herodes Antipas, wurde später zum Tetrarchen von Galiläa. Um ihn zu verspotten, verglichen die Einheimischen Philippus mit Esau, dem Sohn Isaaks, der sein Geburtsrecht und den Segen seines Vaters an seinen Zwillingsbruder Jakob verloren hatte. Sie nannten ihn daher *Teoma* (aramäisch für »Zwilling«). In der griechischen Übersetzung wurde sein Name zu Thomas und gelegentlich sogar mit *Didymus* (griechisch für »Zwilling«) übersetzt.

(Simon) Petrus und Andreas

Diese beiden Apostel galten häufig als die wichtigsten, doch stehen sie in dieser Aufzählung am Schluß. Dies ist darin begründet, daß Thaddäus, Simon Zelotes und Judas weitaus prominenter und mächtiger waren, als es ihnen der traditionelle Platz am Ende der Aufzählung zubilligt. Doch es war kein Zufall, daß die Verfasser der Evangelien die Namen in der bekannten Reihenfolge präsentierten – damit lenkten sie die Aufmerksamkeit der römischen Leser von jenen Jüngern ab, die sich im Mittelpunkt des öffentlichen Lebens befanden.

So beginnt die Aufzählung gewöhnlich mit den vergleichsweise einflußlosen Mitgliedern Petrus und Andreas, bei denen es sich um gewöhnliche essenische Dorfbewohner handelte, die kein öffentliches Amt bekleideten. Ihre Position bei den Taufritualen war die von Laienfischern, die sich um die Netze zu kümmern hatten. Priesterliche Funktionen, wie das Erteilen des Segens, oblagen anderen, wie den beiden »Fischern« Jakobus und Johannes.

Die Tatsache, daß Petrus und Andreas nicht im Licht der Öffentlichkeit standen, war für Jesus jedoch von großem Wert. Die beiden waren für seine Zwecke wesentlich verfügbarer als jene Jünger, die sich um ihre Ämter und die damit verbundenen Pflichten zu kümmern hatten. Als Folge davon wurde Petrus praktisch zur rechten Hand von Jesus, und seine Unerschütterlichkeit trug ihm den Spitznamen Cephas, »Felsen« oder »Stein«, ein. Im Evangelium des Thomas wird Petrus sogar als Hüter Jesu bezeichnet. Es ist deshalb wahrscheinlich, daß er die Funktion eines Leibwächters innehatte. Nach dem Tod seiner Frau wurde Petrus zu einem prominenten Evangelisten, und trotz seiner gelegentlichen Meinungsverschiedenheiten mit Jesus war er später wesentlich für die Verbreitung des Evangeliums in Rom verantwortlich. Während der Christenverfolgungen durch Kaiser Nero wurde er gefangengenommen und starb als Märtyrer am Kreuz.

PRIESTER UND ENGEL

Es ist uns bereits bekannt, daß die himmlische Hierarchie durch die Hierarchie der Priester der Gemeinde von Qumran versinnbildlicht wurde – so daß der ranghöchste Priester nicht nur der Zadok-Priester war, sondern auch als Erzengel Michael bezeichnet wurde. So wurde er zu Michael-Zadok (Melchisedek). Zweiter in der Rangfolge war der Abjatar, der gleichzeitig der Engel Gabriel war.

Es lohnt sich, einen näheren Blick auf die himmlische Ordnung zu werfen, da uns dies weitere Auskünfte über den sozialen Status der Apostel gibt. Viele der gleichen Namen tauchen hier wieder auf. Gleichzeitig werden unterschiedliche Bräuche und Rituale dadurch klarer und führen auf ganz natürlichem Weg zu einem neuen Verständnis der von Jesus vollbrachten Wunder.

Zunächst ist anzumerken, daß das Wort *Engel* ursprünglich keine spirituelle oder ätherische Bedeutung hatte. Im griechischen Original bedeutete *aggelos* (gewöhnlich als *angelos* wiedergegeben, lateinisch *angelus*) nicht mehr als »Botschafter«. Das moderne englische Wort *angel* wie auch das deutsche Wort *Engel* stammen ursprünglich von dem alten französischen Wort *angele* ab. Ein »Engel des Herrn« war demnach ein »Botschafter des Herrn«, und ein »Erzengel« war ein Botschafter höchsten Ranges (die Vorsilbe »Erz-« versinnbildlicht den Rang, wie bei Erzherzog oder Erzbischof).

Das Alte Testament erwähnt zwei Typen von Engeln. Die große Mehrheit von ihnen verhält sich wie normale Menschen, wie zum Beispiel in Genesis 19,1-3, als zwei Engel das Haus von Lot besuchen und mit ihm Brot verzehren. Die meisten Engel im Alten Testament gehören zu dieser unkomplizierten Kategorie, wie jener Engel, der Abrahams Frau Hagar an der Quelle begegnete[17], der den Esel Bileams zum Stehen brachte[18], der mit Manoach und seiner Frau sprach[19] oder der mit Gideon unter einer Eiche saß.[20]

Zur anderen Kategorie gehören Engel, die schon etwas mehr als Botschafter sind und über furchterregende Zerstörungskräfte verfügen. Diese Racheengel, die Verderben bringen und Schwerter schwingen (wie im 1. Buch der Chronik 21, 14-16), werden aber nie als göttlich beschrieben, und nirgendwo im Text findet sich ein Hinweis auf die grazilen Flügel, mit denen sie so oft abgebildet werden. (Bei den Flügeln handelt es sich um einen künstlerischen, symbolhaften Ausdruck für spirituelle Transzendenz, der erst später von Malern und Bildhauern eingeführt wurde.)

Die Engel des Neuen Testaments waren ohne Ausnahme männlichen Geschlechtes, und ihre Berufung zum himmlischen Dienst folgte streng dynastischen Kriterien. Das Buch von Henoch (der 6. Patriarch in der Blutlinie Adams) wurde im zweiten Jahrhundert v. Chr. verfaßt. Es sagte eine Restaurierung der messianischen Dynastien voraus und legte die Grundregeln für die Struktur der priesterlichen Hierarchie fest.[21] Dazu gehörte, daß die Oberhäupter der Dynastien die Namen der traditionellen Engel tragen sollten, um ihren Rang und ihre Position deutlich zu machen.

Im Alten Testament, in den Tagen von König David, waren die obersten Priester Zadok, Abjatar und Levi (in dieser Rangfolge). Die Essener von Qumran bewahrten diese Folge und benutzten die entsprechenden Namen als Titel, ebenso wie ihnen die Namen der Erzengel als Zeichen des priesterlichen Ranges dienten.[22]

Der Kampf des Erzengels Michael mit dem Drachen in der Offenbarung (12,7) bezieht sich demnach auf den Konflikt zwischen den Zadok-Nachfolgern und dem kaiserlichen Rom. Das »andere Tier«

steht für das strikte Regime der Pharisäer, die durch ihre Trennung von Juden und Nichtjuden die liberalen Absichten der hellenistischen Juden zu vereiteln suchten. Diesem »Tier« wurde übrigens auch die Zahl 666 (Offenbarung 13,8) zugeschrieben, das numerische Gegenstück zu der spirituellen Energie des Wassers innerhalb der solaren Kraft.[23]

Die höchsten Priester mußten zölibatär leben, wie es in der »Tempelrolle« beschrieben wird. Nachwuchs war deshalb schwer zu bekommen und rekrutierte sich oftmals aus den im Kloster aufgezogenen jungen Männern aus unehelichen Verhältnissen. Auch Jesus hätte zu ihnen gehören können, wenn der Engel Gabriel dies nicht verhindert hätte. Auf der anderen Seite waren die Nachfolger der königlichen und priesterlichen Linien gehalten, beizeiten zu heiraten, um ihre Blutlinie fortzusetzen. Dazu mußten sich die Priester zeitweise ihrer Stellung begeben und ihre religiösen Pflichten einem anderen Priester übertragen. War der körperliche Akt mit der Ehefrau vollzogen, zog der Priester sich von ihr zurück und nahm sein zölibatäres Leben wieder auf.

Einzig der Träger der davidischen Königslinie verfügte über keinen himmlischen Titel und stand nicht in priesterlichem Dienst. Er sollte dem Volke dienen, und ihm oblag es, das Volk gegen Ungerechtigkeiten in Schutz zu nehmen. An dieser Stelle zeichnet sich zum ersten Mal der Kodex des Heiligen Grals ab. Der Name David bedeutete vermutlich »Geliebter« – und als geliebter Diener und Favorit seines Volkes hätte Jesus einen guten König abgegeben. Genau dieses Konzept selbstlosen königlichen Dienstes, das seine Anhänger bei ihrem messianischen Führer so schwer verstehen konnten, drückt sich bei Johannes 13,4-11 aus, als Jesus die Füße seiner Jünger wäscht. Petrus will dies nicht geschehen lassen, doch Jesus erwidert: »Ich habe euch ein Beispiel gegeben, damit auch ihr so handelt, wie ich an euch gehandelt habe.«

Diese Grundeinstellung ist kaum das Markenzeichen eines machthungrigen Dynasten, sondern ein Beispiel für das Verhalten eines »allgemeinen Vaters« im Sinne des wahrhaftigen Königtums des Heiligen Grals.

KAPITEL 5

Jesus, der Messias

BROTLAIBE UND FISCHE

Obwohl sie nicht als geschichtliche Aufzeichnungen im herkömmlichen Sinn verstanden werden können, erzählen die Evangelien die Geschichte von Jesus doch auf lineare Weise. Manchmal stimmen sie miteinander überein, manchmal nicht. Gelegentlich finden sich in einem oder mehreren der Evangelien Schilderungen, die in anderen nicht vorkommen. Auf keinen Fall sollte man bei ihrer Lektüre vergessen, daß ihre Hauptaufgabe darin bestand, eine wichtige soziale Botschaft zu übermitteln, deren Mittelpunkt und Katalysator Jesus war.

Nicht alle diese Botschaften sind offensichtlich. Jesus soll oft in »Parabeln« gesprochen haben, um seine Botschaft durch den Gebrauch von Allegorien zu veranschaulichen und zu vereinfachen. Die Obertöne dieser Parabeln waren häufig politischer Natur, und sie beruhten auf tatsächlich lebenden Personen und wirklichen Vorkommnissen der damaligen Zeit.

Die Evangelien wurden auf ähnliche Weise aufgebaut, und es darf nicht vergessen werden, daß viele der Geschichten über Jesus als Parabeln gelten können. Der Hauptteil der Aktivitäten von Jesus wurde geschickt in Geschichten verkleidet, damit jene, »die Ohren hatten zum Hören«, sie verstanden, und die anderen nicht.

Da die Evangelien vor den kritischen Augen der Römer verschlüsselt worden waren, enthalten sie diverse symbolische Elemente, die ihr Verständnis und ihre Interpretation bis heute erschwert und verzerrt haben. Zu diesen verschleierten Hinweisen gehört auch der allegorische Jargon der frühen Glaubensrituale, der zu schweren Mißverständnissen führte, weil man einige symbolische Darstellungen für bare Münze nahm. Manche von ihnen wurden sogar im kirchlichen Dogma als übernatürliche Ereignisse verankert.

Ein Beispiel für die Natur dieser Mißverständnisse haben wir bereits anhand der »Fischer« kennengelernt, die die Nichtjuden tauften, nachdem sie von den Laienfischern in großen Netzen aus dem Wasser gezogen worden waren. Ein gutes Beispiel für ein angeblich übernatürliches Ereignis finden wir bei Johannes 2,1-10, als Jesus anläßlich eines Hochzeitsfestes in Kana Wasser in Wein verwandelte.

Dieser sehr populäre Vorfall war die erste von zahlreichen provozierenden Handlungen, durch die Jesus seine Abweichung von der Tradition publik machte.

Obwohl er in einem streng geregelten, von Traditionen und alten Gesetzen bestimmten sozialen Umfeld aufgewachsen war, erkannte Jesus, daß Rom niemals zu besiegen wäre, wenn die in extremem Maße miteinander in Widerstreit stehenden Gruppen innerhalb der jüdischen Gemeinde nicht zueinander finden würden. Das Christentum oder eine Vorform davon existierte zur damaligen Zeit noch nicht, und die Religion von Jesus war das Judentum. Alle Juden beteten denselben einen Gott an und gingen von einer besonderen Beziehung zu ihm aus, welche sie zur »auserwählten« Rasse machte. Trotzdem waren sie in zahlreiche Fraktionen zersplittert, jede mit einem eigenen Satz von Regeln und Gesetzen, die das Leben in ihren religiösen Gemeinschaften bestimmten. Ihrer Auffassung nach gehörte Jahwe den Juden, doch Jesus wollte seinen Gott mit den Nichtjuden teilen. Mehr noch, er wollte verhindern, daß die Nichtjuden sich dem aufwendigen Drum und Dran des orthodoxen Judentums unterwerfen mußten. Auf diese Weise wollte er das palästinensische Volk unter einem einzigen Gott gegen die Macht des römischen Kaiserreiches vereinen.

Jesus war eindeutig ein westlich geprägter Jude – ein Hellenist –, im Gegensatz zu den unflexiblen überzeugten Hebräern, wie Johannes der Täufer es war. Er hatte eine geringe Toleranz für die rigorosen Glaubensbekenntnisse jüdischer Gruppierungen wie zum Beispiel der Pharisäer. Seine Einstellung war ungewöhnlich liberal, und seine Mission galt der Freiheit der Menschen. Jesus wußte allerdings, daß das Volk sich nicht von seinen Unterdrückern würde befreien können, bevor es nicht seine eigene kompromißlose Sektiererei überwunden hatte. Ihm war ebenfalls bewußt, daß ein Erlöser/Messias seit langem

erwartet wurde und dieser einer jüngsten Prophezeiung zufolge auch
jederzeit eintreffen konnte. Der kommende Messias würde eine neue
Epoche der Befreiung einläuten und deshalb notwendigerweise eine
revolutionäre Betrachtungsweise an den Tag legen und sich über die
üblichen Gebräuche hinwegsetzen müssen. Als Anwärter auf den
Thron Davids war Jesus für diese Rolle qualifiziert, und er wußte, daß
niemand allzu überrascht wäre, wenn er sich als dieser Erlöser präsentieren würde.

Allerdings verfügte er über keinerlei offizielle Autorität, denn er
war weder amtierender König noch Hohepriester. Eine ganze Zeit lang
war er nicht einmal formell gesalbt, und er hätte deshalb in den Augen
vieler auch dann seine Rolle als Messias nicht geltend machen können,
wenn er über alle anderen notwendigen Attribute verfügt hätte. Jesus
war jedoch entschlossen, sich durch derlei Formalitäten nicht aufhal-
ten zu lassen, und nahm rituelle Veränderungen im sozialen wie im
religiösen Bereich vor, ohne über eine offizielle Vollmacht dafür zu verfügen.

Bei seiner ersten Gelegenheit in Kana zögerte er noch und sagte.
»Meine Zeit ist noch nicht gekommen« (da er noch nicht gesalbt war).
Doch seine Mutter wischte diesen Mangel an Autorisierung vom Tisch
und gab den Dienern die Anweisung: »Was er euch sagt, das tut.«

Dieses Ereignis wird ausschließlich im Johannesevangelium beschrieben, wo die Verwandlung von Wasser in Wein als erstes der
Wunder Jesu dargestellt wird. Im Originaltext wird nicht gesagt, daß
die Gesellschaft allen Wein getrunken hatte, sondern daß sie Wein
begehrte. Die Bedeutung dieses Unterschiedes wird deutlich, wenn
wir uns den in den Papyrusrollen vom Toten Meer beschriebenen rituellen Ablauf des damaligen Äquivalents zur Heiligen Kommunion vor
Augen führen. Dabei war es ausschließlich den voll initiierten Zöliba-
ten erlaubt, Wein zu trinken.[1] Alle anderen Anwesenden wurden als
ungeweiht betrachtet und mußten sich auf ein Reinigungsritual mit
Wasser beschränken – dazu gehörten verheiratete Männer, Novizen,
Laien und Nichtjuden. Das Evangelium fährt fort: »Es standen dort
sechs steinerne Wasserkrüge, wie es der Reinigungsvorschrift der
Juden entsprach.« Das bedeutsame an diesem Ritual besteht darin,
daß Jesus es auf sich nahm, mit der Tradition zu brechen: Er ließ das
Wasser beiseite und gestattete es den »unreinen« Gästen, vom gehei-
ligten Wein zu trinken. Der Gastgeber kostete von dem Wein: »Er

wußte nicht, woher der Wein kam; die Diener aber, die das Wasser geschöpft hatten, wußten es.... So tat Jesus sein erstes Zeichen... und offenbarte seine Herrlichkeit, und seine Jünger glaubten an ihn.«

Die Kommunion mit geweihtem Brot und Wein war eine uralte Tradition der Essener und nicht das Produkt des späteren Christentums. Mit der Zeit verwandelte die christliche Kirche den ursprünglichen Brauch in das Heilige Abendmahl und bezog sich damit auf die angebliche Einsetzung durch Jesus beim letzten Abendmahl, das unter anderem bei Matthäus (26,26) Erwähnung findet.

Eine ähnliche Allegorie ist die »Speisung der Fünftausend«. Sie bezieht sich auf einen ganz bestimmten Vorgang im Zusammenhang mit Nichtjuden. Nichtjuden waren gewöhnlich nicht zu jüdischen Ritualen zugelassen, wenn sie nicht konvertiert waren und die jüdischen Bräuche einhielten (dazu gehörte für Männer auch die Beschneidung). Jesus wollte auch die Unbeschnittenen unter Jahwe vereinen – ein Gedanke, der für die unbeugsamen orthodoxen Juden einen Skandal darstellte, denn Jesus maßte sich in ihren Augen persönliche Autorität über ihr historisches Vorrecht an. Er machte Jahwe, den Gott der Erwählten, für alle zugänglich – ohne viele Hindernisse und sogar für die Unreinen.

Wie wir bereits gesehen haben, mußten sich Nichtjuden, die sich jüdisch taufen lassen wollten, einem Ritual als »Fische« unterziehen, in dessen Verlauf sie von »Fischersleuten« an Bord gezogen wurden. Eine ähnliche Übertragung von Bildern finden wir bei den levitischen Beamten des Heiligtums, die als »Brotlaibe« bezeichnet wurden.[2] Bei ihrer Ordination – der Zeremonie zur Zulassung in den Priesterstand – reichten die amtierenden Levitenpriester den übrigen Priestern sieben Brotlaibe und den zölibatären Kandidaten fünf Laibe und zwei Fische. In dieser Geste lag eine wichtige juristische Symbolik, denn während die Nichtjuden ihre Taufe als »Fische« empfangen konnten, bestand das jüdische Gesetz darauf, daß ausschließlich Juden zu »Brotlaiben« werden konnten.

Wieder gestattete Jesus es den Nichtjuden, entgegen allen Konventionen an einem Ritual teilzunehmen, das eigentlich den Juden vorbehalten war – und zwar nicht einmal gewöhnlichen Juden, sondern den Anwärtern auf das Priesteramt. In diesem Fall gewährte er unbeschnittenen Nichtjuden, Repräsentanten der Ham-Bruderschaft (figurativ als »die Fünftausend« bezeichnet[3]), symbolischen Zugang zur heiligen Gemeinschaft, indem er ihnen die »fünf Laibe und zwei Fische« der jüdischen Kandidaten für das Priesteramt anbot (Markus 6,34-44).

Bei der »Speisung der Viertausend«[4] offerierte Jesus die sieben Laibe der ältesten Priester der unbeschnittenen Menge von Shem (Markus 8,1-10).

Bei den Taufzeremonien fuhren die »Fischersleute«, die die nichtjüdischen »Fische« fingen, ein wenig auf den See hinaus. Die Täuflinge wateten daraufhin ins Wasser hinein und auf die Schiffe zu. War alles bereit, setzten sich die »Fischer« vom Ufer aus in Bewegung, auf die Boote zu, die an einer Mole festgemacht worden waren – in diesem Sinne »gingen sie über das Wasser« zu den Schiffen.[5] Obwohl Jesus als Mitglied des Stammes Juda (und nicht des Stammes Levi) nicht über die Berechtigung zur Ausführung einer Taufe verfügte, ignorierte er das Establishment und verlieh sich selbst die Priesterwürde, indem er »über das Wasser« zu dem Boot der Jünger ging (Matthäus 14,25-26). Er forderte sogar Petrus auf, das gleiche Recht für sich in Anspruch zu nehmen… doch aus Furcht vor rechtlichen Folgen – und nicht etwa aus Angst zu ertrinken – wagte Petrus es nicht.

Diese Einblicke in die verborgenen Botschaften der Evangelien sowie die politischen Motivationen von Jesus sollen nicht von seinen wahrscheinlichen Fähigkeiten als Heiler ablenken. Da er in enger Verbindung mit den Therapeutaten von Qumran stand, wären diese Fähigkeiten nicht einmal etwas Ungewöhnliches gewesen. Doch paßte das Bild eines charismatischen Arztes nicht zu dem des erwarteten Messias, der die Freiheit von den Römern bringen sollte. Besonders bemerkenswert ist, daß er seine medizinischen Kenntnisse auch den »unwürdigen« Nichtjuden zukommen ließ und sie nicht auf die jüdische Gemeinde beschränkte, wie es die Pharisäer und andere gern gesehen hätten. Diese Form des sozialen Einsatzes – wie sie auch von dem aufkommenden Gralskodex vertreten wurde – verdeutlicht Jesu messianisches Ideal eines vereinten Volkes.

DER KÖNIG UND SEIN ESEL

Kurz nachdem Jesus mit seiner Mission begonnen hatte, wurde Johannes der Täufer verhaftet, weil er Herodes, den Tetrarch von Galiläa, verärgert hatte. Herodes Antipas hatte Herodias, die geschiedene Frau seines Halbbruders Philippus (Thomas), geheiratet, und Johannes (Zadok) hatte mehrmals öffentlich darauf hingewiesen, daß es sich dabei um eine Sünde handele. Schließlich wurde er für die Dauer eines Jahres inhaftiert und dann geköpft. Nach seinem Ableben wandten sich viele seiner Anhänger Jesus zu. Einige von ihnen hatten gedacht – oder gehofft –, daß es sich bei Johannes dem Täufer um den erwarteten Messias handelte, doch waren eine ganze Anzahl seiner Prophezeiungen nicht eingetroffen[6], und dadurch war er diskreditiert. Doch zum Teil lag dies ganz einfach an den unterschiedlichen kalendarischen Zählweisen jener Zeit. Neben dem Mondkalender gab es noch einen Sonnenkalender sowie den julianischen Kalender der Römer.

Mit der zunehmenden Distanzierung der Menschen von der rigiden hebräischen Doktrin des Täufers begann selbst König Herodes, Jesus als legitimen Nachfolger von König David zu akzeptieren. Nur wenige glaubten noch an Jakobus als den neuen Messias, der seit langem erwartet und von den Essenern und den Magiern mit Hilfe der Berechnungen des griechischen Philosophen Pythagoras vorausgesagt worden war. Ermutigt durch diese Resonanz verstärkte Jesus seine Bestrebungen, doch dann handelte er übereilt und beging einen Verstoß, der den Tetrarchen und die Ältesten gegen ihn aufbrachte.

Es gehörte zu den alten jüdischen Bräuchen, einen Versöhnungstag (Yom Kippur) zu feiern, an dem die Menschen von ihren Missetaten erlöst werden konnten. Dieses feierliche Ritual fand im Monat September statt und wurde vom »Vater« in der Abgeschiedenheit des heiligsten Heiligtums der Essener (dem inneren Sanktum) des Klosters von Mird abgehalten. (Dieses Kloster wurde auch als »die Wildnis« bezeichnet.) Der Vater konnte einen symbolischen »Sohn« bestimmen, der der Ausführung der Zeremonie beiwohnte. Im Jahre 23 war Simon Zelotes der »Vater« und der von ihm bestimmte »Sohn« sein Untergebener Judas Iskariot.

War der Akt der Versöhnung abgeschlossen, so wurde diese Tatsache von drei autorisierten Vertretern von einer Erhebung westlich des Tempels verkündet und so das Wort symbolisch allen Juden in allen Ländern mitgeteilt. Im Jahre 32 waren diese Vertreter Jesus (der König David repräsentierte), Jonatan Hannas (der den großen Mystiker Elias repräsentierte) und Thaddäus (der Moses repräsentierte). Gemeinsam standen sie für König, Priester und. Prophet.[7] Als Jesus an der Reihe war, seine Proklamation zu machen, erschien er nicht im Gewand eines Königs, sondern in dem eines Hohenpriesters: »Und er wurde vor ihren Augen verwandelt; seine Kleider wurden strahlend weiß, so weiß, wie sie auf Erden kein Bleicher machen kann. Da erschien vor ihren Augen Elija und mit ihm Mose, und sie redeten mit Jesus« (Markus 9,2-4).

Kurze Zeit später fiel Simon Zelotes bei den zivilen Autoritäten in Ungnade, weil er einen erfolglosen Aufstand gegen den Statthalter von Judäa, Pontius Pilatus, anführte. Pilatus hatte öffentliche Gelder veruntreut, um seinen persönlichen Wasservorrat zu vergrößern. Vor Gericht wurde eine formelle Beschwerde eingereicht[8], worauf die Soldaten von Pilatus die Beschwerdesteller ermordeten. Es folgte ein bewaffneter Aufstand, der von den prominenten Zeloten Simon, Judas Iskariot und Thaddäus angeführt wurde. Die Revolte schlug fehl, und Simon (der »Blitz«) wurde auf Erlaß von König Herodes Agrippa exkommuniziert. Simons politischem Gegner, Jonatan Hannas (»Donner«) wurde es so ermöglicht, das höchste Amt der Gemeinde, das des »Vaters«, anzutreten.

Nach dem jüdischen Gesetz dauerte die Exkommunikation vier Tage und wurde als spirituelle Hinrichtung verstanden. In dieser Zeit trug der Exkommunizierte ein Totenhemd, wurde eingeschlossen und so betrachtet, als wäre er »todkrank«. In Anbetracht seiner bisherigen Stellung wurde Simon in der Grabkammer von Qumran eingeschlossen, die auch als »Abrahams Schoß«[9] bekannt war. Marta und Maria, die Schwestern von Simon (nicht im biologischen, sondern im konfessionellen Sinn), wußten, daß seine Seele für immer verdammt sein würde, wenn er bis zum dritten Tag nicht begnadigt (wiederaufer-weckt) würde, und so schickten sie nach Jesus und teilten ihm mit, daß Simon »krank« sei.

Zunächst waren Jesus die Hände gebunden – denn nur der Vater oder der Hohepriester waren in der Lage, eine derartige Auferweckung zu vollziehen, und Jesus bekleidete kein geistliches Amt. Allerdings hatte König Herodes Agrippa zu dieser Zeit eine Auseinandersetzung mit den römischen Autoritäten und verlor für kurze Zeit die Jurisdiktion an seinen Onkel, Herodes Antipas, der die zelotischen Aktionen gegen Pilatus unterstützte. Er ergriff diese Chance, machte den Befehl zur Exkommunikation rückgängig und befahl, daß Simon »von den Toten wiederauferweckt« werden solle. Damit befand Jesus sich in einer verzwickten Lage. Er war zwar nur Vertreter der könig-

lichen Linie, trug sich jedoch mit Ambitionen auf das Amt des Hohenpriesters und hatte am Tag der Versöhnung (mit seiner »Verklärung«)
bereits gegen die Regeln verstoßen, wollte aber trotzdem seinem
Freund und treuen Anhänger Simon zu Hilfe kommen. Das tat er auch,
wobei er seine Rolle als designierter Vertreter Simons am Versöhnungstag als Legitimationsbasis nahm. Obwohl der vierte Tag, der
Zeitpunkt des spirituellen Todes, bereits gekommen war, entschied
Jesus sich dafür, eine priesterliche Rolle einzunehmen und die
Erweckung zu vollziehen. Dabei bezeichnete er den »spirituell toten«
Simon mit dem Namen von Abrahams Diener Eliezer (ein Name, der
später in den Evangelien zu *Lazarus* wurde) und gebot ihm unter diesem Namen, sich aus »Abrahams Schoß« zu erheben.

So geschah es, daß Lazarus »von den Toten auferweckt wurde« –
ohne offizielle Sanktionierung durch den neuen »Vater«, einen Hohenpriester oder das Konzil des Sanhedrin –, und wieder einmal hatte
Jesus seine Befugnisse überschritten. Doch Herodes Antipas stellte
sich in dieser Sache hinter Jesus und zwang somit Jonatan Hannas,
sich den vollendeten Tatsachen zu fügen. Und für die meisten Menschen stellte dieses unerhörte Ereignis in der Tat ein »Wunder« dar.

Jesus hatte genau das erreicht, was er wollte. Nach dieser imponie-
renden Handlung stand nur noch die formelle Salbung zum König
aus, und dazu war es nötig, derartig überzeugend als Messias vor die
Leute zu treten, daß keine Zweifel an seiner Authentizität blieben. Wie
der Messias diese Anerkennung erreichen konnte, stand schon lange
fest, denn im Alten Testament war bei Sacharja (9,9) zu lesen: »Juble
laut, Tochter Zion! Jauchze, Tochter Jerusalem! Siehe, dein König
kommt zu dir. Er ist gerecht und hilft; er ist demütig und reitet auf
einem Esel...«

Die entsprechenden Vorbereitungen wurden getroffen, als Jesus und
seine Jünger in der Woche vor Pascha im März 33 in Betanien weilten.
Wie bei Matthäus 26,6-7 und Markus 14,3 beschrieben, wurde Jesus
zuerst von Maria von Betanien gesalbt, die ein Gefäß mit kostbarem
Nardenöl[10] über seinem Kopf ausgoß. Ein passendes Lasttier wurde
ebenfalls gefunden, und in Übereinstimmung mit der Prophezeiung
von Sacharja hielt Jesus auf einem Esel in Jerusalem Einzug.

Gemeinhin wird dieser Aufzug ausschließlich als eine Geste der
Bescheidenheit gedeutet – was durchaus zutrifft –, doch es war weit
mehr als das. Von den Zeiten König Salomos an über die Zeit der jüdi-

schen Verschleppung nach Babylon bis hin zum Fall von Jerusalem im Jahre 586 v. Chr. waren die davidischen Könige ausnahmslos auf Eseln zur Krönung geritten. Dies war ein Symbol für die Zugänglichkeit des Monarchen selbst für seine geringsten Untertanen – und außerdem ein weiteres Beispiel für den messianischen Kodex des Dienens.

DER BRÄUTIGAM UND SEINE BRAUT

Es ist oft behauptet worden, daß nirgendwo im Neuen Testament direkt davon gesprochen wird, daß Jesus verheiratet war. Genauso ließe sich allerdings auch sagen, daß nirgendwo zu lesen ist, daß er nicht verheiratet war. Die Evangelien enthalten eine ganze Anzahl von Hinweisen auf seinen Status als verheirateten Mann, und es wäre sehr überraschend – wenn nicht gar undenkbar –, wenn Jesus Junggeselle geblieben wäre, denn die dynastischen Bestimmungen seiner Zeit waren in dieser Hinsicht sehr explizit. Nicht nur war der Thronfolger in der Linie Davids per Gesetz verpflichtet zu heiraten, er war ebenso verpflichtet, mindestens zwei Söhne zu zeugen. Die Ehe war entscheidend für die Fortsetzung der Blutlinie des Hauses David wie auch ein wichtiger Schritt des Erben von der Initiation zu einer vollen Mitgliedschaft in der königlichen Linie.

Wie wir in Kapitel 3 bereits gesehen haben[11], waren die Gesetze, die die königlichen Eheschließungen regelten, alles andere als gewöhnlich.

Zu den farbenprächtigsten Schilderungen im Alten Testament gehört das Hohelied Salomos, eine Reihe von Lobgesängen zwischen einem königlichen Bräutigam und seiner Braut. Das Hohelied bezeichnet die zur Vermählung (Verlobung) verwendete Flüssigkeit als Nardenöl[12], das gleiche teure Öl, das Maria von Betanien benutzte, um Jesus im Haus von Lazarus (Simon Zelotes)[13] zu salben. Weitere Nachforschungen bringen einen ähnlichen Vorfall bei Lukas (7,37-38) an den Tag, der sich etwas früher ereignete, als eine Frau die Füße von Jesus salbte und sie mit ihren Haaren abtrocknete.

Johannes 11,1-2 und 12,3: »Da nahm Maria ein Pfund echtes, kostbares Nardenöl, salbte Jesus die Füße und trocknete sie mit ihrem Haar. Das Haus wurde vom Duft des Öls erfüllt.«

Im Hohelied Salomos (1,12) findet sich der folgende Refrain der Braut: »Solange der König an der Tafel liegt, gibt meine Narde ihren

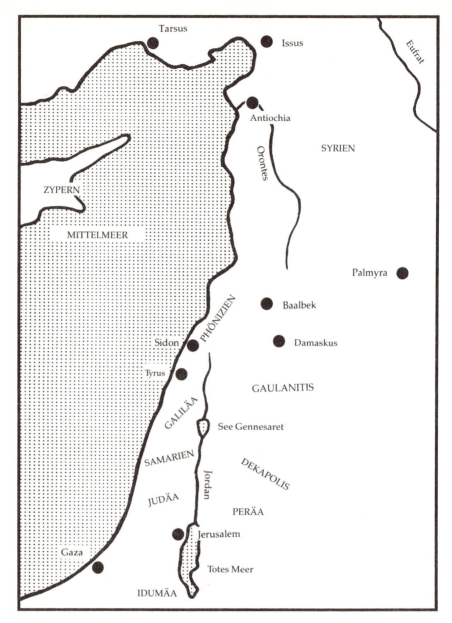

Karte 4: Schauplätze des Neuen Testaments

Duft.« Maria von Betanien salbte im Jahre 33 im Hause des Simon nicht nur das Haupt von Jesus (Matthäus 26,6-7 und Markus 14,3), sondern auch seine Füße, und trocknete diese anschließend mit ihrem Haar. Zweieinhalb Jahre zuvor, im September 30, hatte sie das gleiche Ritual der Fußsalbung nach der Hochzeit von Kana vollzogen. Beide Male war die Salbung vollzogen worden, während Jesus »bei Tisch war« (genau wie beim König im Hohelied).

Hierbei handelt es sich um eine Anspielung auf ein altes Ritual, mit dem die Braut den Tisch ihres zukünftigen königlichen Gatten vorbereitete. Die Durchführung dieses Rituals mit Nardenöl gehörte eindeutig zu den Privilegien einer messianischen Braut und wurde ausschließlich bei den Zeremonien zur Ersten und Zweiten Hochzeit vollzogen. Einzig als Ehefrau von Jesus und in ihrer Eigenschaft als Priesterin durfte Maria sein Haupt und seine Füße mit der geweihten Flüssigkeit salben.

Psalm 23 – vermutlich der bekannteste aller Psalmen – stellt Gott in der männlich/weiblichen Bildhaftigkeit der damaligen Zeit dar[14]: als Hirte und als Braut. Über die Braut sagt der Psalm: »Du deckst mir den Tisch vor den Augen meiner Feinde. Du salbst mein Haupt mit Öl, du füllst mir reichlich den Becher.«[15] Den heiligen Hochzeitsritualen im alten Sumer zufolge (der Heimat von Noah und Abraham) nahm die Große Muttergöttin Inanna den Hirten Dumuzi (oder Tammus)[16] zum Mann, und aus dieser Vereinigung entwickelte sich über die Gestalten von Aschera und El Elohim schließlich das Konzept von Matronit und Jahwe in Kanaan.[17]

Ursprünglich stammte der Brauch der Salbung eines Königs von den Ägyptern, die ihn von den Sumerern aus Mesopotamien übernommen hatten, und war die privilegierte Pflicht der halbgöttlichen Schwesterbräute der Pharaonen. Sie verwendeten Krokodilfett, das mit sexueller Kraft identifiziert wurde (das ägyptische Wort für Krokodil war *messeh* und entspricht dem hebräischen Wort Messias – »der Gesalbte«.[18] Die Pharaonen pflegten ihre Schwestern zu heiraten, da die wahrhaftige dynastische Folge durch die weibliche Linie weitergegeben wurde. Die Könige von Juda hielten sich nicht vollständig an diese Praxis, betrachteten aber die weibliche Linie als geeignetes Vehikel, um die Königswürde und andere einflußreiche und vererbbare Positionen weiterzugeben (selbst heute noch ist nur derjenige wirklich ein Jude, dessen Mutter eine Jüdin war). So erhielt David seine Königswürde durch seine Hochzeit mit Michal, König Sauls Tochter. In späterer Zeit erreichte Herodes der Große seinen königlichen Status durch seine Eheschließung mit Mariamne aus dem königlichen Haus der Hasmonäer.

So wie Männer, die in verschiedene Positionen berufen wurden, die Namen ihrer Ahnen annahmen – wie Isaak, Jakob und Josef – erhielten auch Frauen Namen, die ihrer Genealogie und ihrem Rang entsprachen. Zu diesen nominellen Anreden gehörten zum Beispiel Rahel, Rebekka und Sara[19]. Die Ehefrauen der männlichen Vertreter der Linien von Zadok und David erhielten die Titel Elisheba (Elisabet) und Miriam (Maria). Deshalb wird die Mutter von Johannes dem Täufer in den Evangelien Elisabet genannt, und die Mutter von Jesus Maria. Aus dem gleichen Grund wurde die Ehefrau von Jesus ebenfalls Maria genannt. Diese Frauen unterzogen sich der Zeremonie der Zweiten Heirat erst, nachdem sie bereits drei Monate schwanger und damit keine *almah* mehr waren, sondern als *Mutter* bezeichnet wurden.

Sexuelle Kontakte waren ausschließlich im Monat Dezember zugelassen. Für den Rest des Jahres lebten die Ehemänner von ihren Frauen getrennt. Zu Beginn der Trennungsphase wurde die Frau als Witwe bezeichnet (ein Rang noch unter dem Status der *almah*) und mußte um ihren Mann trauern. Dies wird bei Lukas 7,38 beschrieben: »Dabei weinte sie, und ihre Tränen fielen auf seine Füße. Sie trocknete seine Füße mit ihrem Haar, küßte sie und salbte sie mit dem Öl.« Für die Dauer der symbolischen Witwenschaft und die Zeit der Trennung erhielt die Frau die klösterliche Bezeichnung Schwester, wie eine Nonne unserer Tage.

Wer also war Maria von Betanien – jene Frau, die Jesus zweimal in Übereinstimmung mit der messianischen Tradition mit Nardenöl salbte?

Die Antwort ist, daß es sich bei dieser Frau nie um eine Maria von Betanien gehandelt hat. In der Bibel werden sie und Marta nur im Hause des Lazarus (Simon) von Betanien als »Schwestern« bezeichnet. Der volle Name von Maria lautete Schwester Miriam Magdala – oder, vielleicht besser bekannt: Maria Magdalena.

Gregor I., Bischof von Rom (590-604), und der heilige Bernhard, der Zisterzienserabt von Clairvaux (1090-1153), bestätigten beide, daß es sich bei Maria von Betanien und Maria Magdalena um ein und dieselbe Person handelte.

Als Jesus in Simons Haus zum zweiten Mal mit Nardenöl gesalbt wurden, machte Judas seinem Unmut über den Gang der Dinge Luft und erklärte seine Opposition (Johannes 12,4-5). Damit legte er den Grundstein für seinen Verrat an Jesus. Nach der gescheiterten Revolte der Zeloten gegen Pilatus war Judas zum Flüchtling geworden. Jesus besaß für ihn wenig politischen Wert, da sein Einfluß auf das Konzil des Sanhedrin[20] nur gering war. Deshalb entschied Judas, sich für den weniger umstrittenen Jakobus, den Bruder von Jesus, einzusetzen, der ein Mitglied des Konzils war. Nicht nur besaß Judas nicht das geringste Interesse daran, daß Jesus zum Messias gesalbt wurde, wegen seiner neue Allianz mit Jakobus hatte er sogar Grund, dagegen zu sein. Doch Jesus beharrte auf der Signifikanz seiner Salbung durch Maria (Markus 14,9): »Amen, ich sage euch: Überall auf der Welt, wo das Evangelium verkündet wird, wird man sich an sie erinnern und erzählen, was sie getan hat.«

Abgesehen von der Tatsache, daß gesagt wird, daß Jesus Maria Magdalena liebte, finden sich in den Evangelien nur wenig Hinweise auf eine intime Beziehung zwischen ihnen bis zu dem Zeitpunkt, als Maria mit der Mutter von Jesus und Salome (der Gemahlin von Simon Zelotes)[21] bei der Kreuzigung auftaucht. Im Evangelium des Philippus wird die Beziehung zwischen Jesus und Maria allerdings offen erwähnt:

Und die Gefährtin des Heilands ist Maria Magdalena. Doch Jesus liebte sie mehr als seine Jünger, und küßte sie häufig auf den Mund. Die restlichen Jünger nahmen Anstoß daran und fragten: »Warum liebst du sie mehr als uns?« Der Heiland antwortete ihnen: »Warum ich euch nicht so liebe wie sie?… Groß ist das Geheimnis der Ehe – denn ohne sie würde die Welt nicht existieren. Die Existenz der Welt hängt von den Menschen ab, und die Existenz der Menschen von der Ehe.

Abgesehen von den Aussagen über die Wichtigkeit der Ehe sticht besonders der Hinweis auf das »Küssen auf den Mund« hervor, was sich auf den heiligen Brauch zwischen Braut und Bräutigam bezieht und nicht etwa ein Ausdruck außerehelicher Liebe oder Freundschaft ist. Das Hohelied Salomos, das in einer Folge von Gedichten die Liebe zwischen Mann und Frau besingt, beginnt mit den Worten: »Mit Küssen seines Mundes bedeckte er mich. Süßer als Wein ist seine Liebe.«

Bei Johannes steht nichts über eine Hochzeitszeremonie in Kana, sondern nur über ein Hochzeitsfest, und etwas von Wein und Wasser.

Die Jünger waren anwesend, und zu den Gästen gehörten Nichtjuden und andere, die als »unrein« galten. Doch handelte es sich bei diesem Ereignis nicht um die Hochzeitszeremonie, sondern um das geweihte Mahl, das der Trauung vorausging. Die Etikette verlangte dafür einen formalen Gastgeber (wie im Johannesevangelium erwähnt), der über die Feierlichkeiten wachte. Die nächsten Autoritätspersonen waren der Bräutigam und seine Mutter – und dies ist der springende Punkt. Denn als sich die Frage nach der Verteilung des Kommunionweines erhob, sagte die Mutter von Jesus zu den Dienern (Johannes 2,5): »Was er euch sagt, das tut.« Kein geladener Gast hätte diesen Befehl geben dürfen. Es ist deshalb eindeutig, daß es sich bei Jesus und dem Bräutigam um ein und dieselbe Person handelte.

Diese Verlobungsfeier fand am 6. Juni im Jahre 30 statt, drei Monate vor der ersten Salbung der Füße Jesu durch Maria im Haus von Simon (3. September 30). Ausschließlich als Braut von Jesus war es Maria gestattet, diese Handlung messianischer Tradition zu vollziehen. Nachdem sie ihre Erste Hochzeit im September vollzogen hatte, mußte sie um ihren Ehemann trauern (wie bei Lukas 7,38 nachzulesen). Dieser Brauch war fester Bestandteil der Trennungsphase zwischen Ehemann und Ehefrau. Davor, als verlobte *almah*, wurde sie als »Sünderin« betrachtet und als »verkrüppelte Frau« eingestuft.[22] Nicht vor dem darauffolgenden Dezember durfte das Paar die körperliche Vereinigung vollziehen.

DIE UNTERDRÜCKUNG DER BEWEISE FÜR DIE HEIRAT

Einer der Gründe, weshalb sich im Neuen Testament keine Erwähnung des familiären Status von Jesus findet, besteht darin, daß die Kirche jeden Hinweis darauf eliminiert hat. 1958 wurde im Kloster von Mar Saba, östlich von Jerusalem, von Morton Smith, Professor für Altertumsgeschichte an der Columbia Universität, ein Manuskript des ökumenischen Patriarchen von Konstantinopel gefunden. Die im weiteren folgenden Zitate stammen aus der anschließenden Auswertung.[23]

In einem Buch der Werke des heiligen Ignatius von Antiochia befand sich die Abschrift eines Briefes von Bischof Klemens von Alexandria (ca. 150-215 n. Chr.), einem der frühen Väter der christlichen Kirche. Er war an seinen Kollegen Theodoros adressiert. Eine bisher unbekannte Passage aus dem Markusevangelium lag bei. In seinem Brief ordnete Klemens an, daß einige Stellen des ursprünglichen Inhaltes des Evangeliums gestrichen werden sollten, weil sie nicht mit den offiziellen Anforderungen der Kirche übereinstimmten. In dem Brief steht:

> Selbst wenn dort etwas Wahres steht, sollte jemand, der die Wahrheit liebt, dem trotzdem nicht zustimmen. Denn nicht alles, was wahr ist, entspricht der Wahrheit; noch sollte jene Wahrheit, die den Ansichten der Menschen entspricht, der wahren Wahrheit vorgezogen werden – der Wahrheit des Glaubens.

Das Markusevangelium war das erste publizierte Evangelium und diente teilweise als Grundlage für die anderen synoptischen Evangelien von Matthäus und Lukas. Der Brief von Bischof Klemens endet mit einer offiziellen Anweisung, die dafür sorgen sollte, daß bestimmte Texte aus dem ursprünglichen Markusevangelium geheim blieben:

> Ihnen darf nicht nachgegeben werden; auch nicht, wenn sie ihre Widerlegungen vorbringen, soll zugegeben werden, daß das geheime Evangelium von Markus stammt – vielmehr soll es unter Eid geleugnet werden. Denn nicht alle wahren Dinge sollen allen Menschen mitgeteilt werden.

Bei dem aus dem Evangelium entfernten Teil handelt es sich um eine Passage, in der Lazarus (Simon der Magier/Zelotes) Jesus aus der Gruft etwas zuruft, bevor der Stein vom Eingang entfernt wird.[24] Dadurch wird deutlich, daß der Mann im Inneren nicht physisch tot war – was natürlich der Darstellung durch die Kirche widersprach, die die Auferweckung als übernatürliches Wunder gewertet wissen wollte.

Außerdem enthielt das ursprüngliche Evangelium von Markus keine Details über die Auferstehung und die Ereignisse danach; es endete damit, daß die Frauen von der leeren Grabstätte fliehen. Die letzten zwölf Verse von Markus 16, so wie sie heute publiziert werden, sind zu einem späteren Zeitpunkt hinzugefügt worden und nicht original.[25]

Der den Lazarus betreffende Vorfall ist insofern für uns von großer Wichtigkeit, weil er zur selben Handlungsfolge gehört wie die Ereignisse, die ihren Höhepunkt in der Salbung von Jesus durch Maria Magdalena in Betanien finden. Die von den Synoptikern stammenden Evangelien erklären nicht, was beim Eintreffen von Jesus beim Haus des Simon geschah, weil die Auferweckung des Lazarus bei ihnen nicht erwähnt wird. Bei Johannes 11,20-29 dagegen wird folgendes beschrieben:

> Als Marta hörte, daß Jesus komme, ging sie ihm entgegen, Maria aber blieb im Haus …
>
> (Marta) rief heimlich ihre Schwester Maria und sagte zu ihr: Der Meister ist da und läßt dich rufen. Als Maria das hörte, stand sie sofort auf und ging zu ihm.

Es gibt keinen Grund für das zögerliche Verhalten von Maria, obwohl diese Passage abgesehen von diesem Umstand sehr klar ist. Bei Markus wurde dieser Vorfall ursprünglich sehr ausführlich geschildert, bevor er von offizieller Seite herausgenommen wurde. Dort tritt Maria zugleich mit Marta aus dem Haus, um ihren Gemahl zu begrüßen, wird jedoch von den Jüngern gerügt und wieder ins Innere des Hauses geschickt, um die Anweisungen ihres Meisters abzuwarten. Tatsache ist, daß Marias Handlungsspielraum durch den strikten Kodex zwischen Ehemann und Ehefrau beschränkt war, und daß sie ihren Mann nicht begrüßen durfte, bevor er ihr ausdrücklich seine Genehmigung dazu erteilt hatte.[26] Die Erzählung des Johannes beläßt Maria ohne weitere Erklärung an ihrem Platz, die detailliertere Schilderung von Markus wurde jedoch aus strategischen Gründen von der Veröffentlichung ausgeschlossen.

Die Unterdrückung der Lazarusgeschichte ist der Grund dafür, daß die Berichte von der Salbung durch Maria in den Evangelien von Markus und Matthäus im Hause von Simon dem Aussätzigen stattfinden, und nicht im Hause von Lazarus, wie bei Johannes. Die Bezeichnung »Simon der Aussätzige« ist jedoch nur eine weitere Umschreibung für Simon Zelotes (Lazarus), der wegen seiner Exkommunikation als »unrein« betrachtet wurde. Dies erklärt auch, wieso ein »Leprakranker« in seinem schönen Haus bedeutende Gäste unterhalten konnte. Die symbolische Bezeichnung »Aussätziger« wurde verwendet, um die Wahrheit zu verschlüsseln.

In Wirklichkeit war Jesus bei seinem Einzug in Jerusalem bereits ein offiziell zum messianischen Christus gesalbter werdender Vater.

KAPITEL 6

Verrat und Kreuzigung

POLITIK UND PASCHA

Als Jesus auf seinem Esel in Jerusalem einritt, war sein Pfad mit Um-
hängen und Palmzweigen gepflastert, und viele riefen ihm zu:
»Hosanna dem Sohn Davids!« (Matthäus 21,9). Man muß allerdings
hinzufügen, daß es größtenteils seine Jünger waren, die diese Begeisterung aufbrachten (wie bei Lukas 19,36-39 beschrieben). Das Streuen
von Palmzweigen sollte die Leute an den triumphalen Einzug von
Simon dem Makkabäer erinnern, der Palästina im Jahre 142 v. Chr. von
der Knute der Syrer befreit hatte.[1] Doch Jesus war in der Stadt beinahe
unbekannt; das Zentrum seines Wirken hatte bisher in Galiläa und
Umgebung gelegen. Daher erklärt Matthäus auch (21,10): »Als er in
Jerusalem einzog, geriet die ganze Stadt in Aufregung, und man
fragte: Wer ist das?«

Eine zweimal nachgerechnete Prophezeiung von Johannes dem
Täufer[2] hatte besagt, daß im März 33 ein neuer Erlöser/Messias aus-
gerufen und der wahre König wieder eingesetzt werden würde. Viele
Dinge waren im Hinblick auf diese Prophezeiung sorgfältig vorberei-
tet worden – die Salbung, der Esel, die Palmblätter und vieles mehr.
Doch der Funken zündete nicht. Bei Markus (11,11) betritt Jesus den
Tempel, und »nachdem er sich alles angesehen hatte, ging er spät am
Abend mit den Zwölf nach Betanien hinaus.« Lukas (19,40) berichtet,
daß die Pharisäer die Jünger wegen öffentlicher Ruhestörung tadelten.
Matthäus berichtet (21,12): »Jesus ging in den Tempel und trieb alle
Händler und Käufer aus dem Tempel hinaus; er stieß die Tische der
Geldwechsler und die Stände der Taubenhändler um …« Dann kehrte

er nach Betanien zurück. Johannes (12,37) erklärt, daß Jesus mit einigen Leuten auf der Straße sprach: »Obwohl Jesus so viele Zeichen vor ihren Augen getan hatte, glaubten sie nicht an ihn.«

Alles in allem war der Besuch in Jerusalem ein unglückliches Nichtereignis. Jesus erhielt nicht die erwartete Anerkennung, und er erkannte, daß seine Tage gezählt waren: »Die Hohenpriester und die Schriftgelehrten suchten nach einer Möglichkeit, Jesus mit List in ihre Gewalt zu bringen, um ihn zu töten« (Markus 14,1). Sein Plan von einem befreiten Judäa ohne römische Fesseln war gescheitert.

Er war gescheitert, weil sein Traum von einem vereinigten Volk von Juden und Nichtjuden gegen die römischen Besatzer von seinen konfessionsgebundenen Landsleuten nicht geteilt wurde. Besonders Pharisäer, Sadduzäer und ähnliche Gruppen wollten kein gemeinsames Banner zeigen. Ihr Hauptanliegen bestand in der Aufrechterhaltung ihrer jeweiligen Gesetze und Glaubenssätze – und die Römer hatten im großen und ganzen nichts gegen diese Einstellung einzuwenden, da sie ihnen zugute kam.

Ungefähr zu dieser Zeit spaltete sich die Gruppe der Apostel. Simon Zelotes stand schon länger auf Kriegsfuß mit Jonatan Hannas (Jakobus von Alphäus), und die politische Rivalität der beiden spitzte sich zu. Ihre Titel in der Partei lauteten »Blitz« und »Donner«, und beide waren sie Anwärter auf die höchste Stellung des »Vaters«. Vom März 31 an war Simon der Vater gewesen, doch durch seine Exkommunikation hatte er die Stellung an Jonatan verloren. Jonatan mußte der Auferweckung des Lazarus (durch die Simon zum politischen und sozialen Leben zurückkehren konnte) zustimmen, war jedoch nicht bereit, seine frisch gewonnene Macht wieder abzugeben, zumal Simon entgegen allen geltenden Gesetzen »wiederauferstanden« war.

Zwischen Jonatan und Jesus bestanden außerdem Meinungsverschiedenheiten über die Frage, ob getaufte und konvertierte männliche Nichtjuden beschnitten werden sollten oder nicht. Jesus wollte den Konvertierten selbst die Wahl überlassen, während Jonatan die Beschneidung als Regel einführen wollte. Schließlich wies Jonatan den Plan der Zeloten für einen offen geführten Krieg gegen Rom zurück, während Simon diese militärischen Pläne leidenschaftlich verteidigte. In diesem Fall stimmte Jesus mit Simon überein – nicht so sehr, weil er für eine militärische Lösung eintrat, sondern vielmehr, weil ihm Jonatans selbstgefällige Art mißfiel.

Zwischen allen Fronten befand sich Judas, der beschloß, sich auf jene Seite zu schlagen, die ihm politisch am nutzbringendsten erschien. Judas war als einer der Zelotenführer bekannt geworden, und seine einzige Hoffnung bestand darin, daß Jonatan ihn durch seine Macht als Vater rehabilitierte und in seiner Sache mit dem römischen Statthalter, Pontius Pilatus, verhandelte. Judas trat ebenfalls mit Nachdruck für die Beschneidung der zum jüdischen Glauben Konvertierten ein und unterstützte darin Jonatan. Gleichzeitig kam es ihm nicht ungelegen, daß Simon sich in einer schwachen Position befand: Er mußte sich (gemeinsam mit Judas und Thaddäus) vor Gericht verantworten, weil er die Revolte der Zeloten angeführt hatte. Es war sogar möglich, daß Jesus mit angeklagt werden würde, wenn sich beweisen ließ, daß er ein aktiver Sympathisant der militanten Fraktion der Zeloten war. Hier lag eine Chance für Judas, denn er konnte das Vertrauen von Jesus verraten und den Aufenthaltsort von Thaddäus bekanntgeben, um seine eigene Haut zu retten.

Kurz nach dem Debakel des »triumphalen Einzugs in Jerusalem« fand das jüdische Paschafest statt. Horden von Pilgern mischten sich unter die Bürger Jerusalems, um am Ritual des Paschalamms teilzunehmen, wie es bei Exodus 12,3-11 vorgeschrieben wird.

Im Zuge dieser Ereignisse begaben sich Jesus und seine Jünger in jenen legendären Raum im Obergeschoß, wo sie ihr letztes Abendmahl einnehmen sollten. Allerdings stellen sich in diesem Zusammenhang einige Fragen. Wie konnten die Apostel zu dieser Zeit, als ganz Jerusalem aus den Nähten platzte, so leicht einen ausreichend großen Raum für ihre Gruppe finden? Und wieso konnten sich die Zeloten, Simon, Judas und Thaddäus, ungehindert in Jerusalem bewegen, wo sie doch wegen ihrer Teilnahme an der Revolte gesucht wurden?

Die Antwort darauf findet sich möglicherweise in den Papyrusrollen vom Toten Meer, in denen deutlich wird, daß das letzte Abendmahl nicht in Jerusalem, sondern in Qumran[3] stattfand. In seinem Buch *Antiquitates Judaicae* erklärt Josephus, daß die Essener die traditionellen jüdischen Feierlichkeiten in Jerusalem nicht achteten[4] und auch das Ritual des Paschalamms nicht feierten.[5]

Mehr als 160 Jahre zuvor, als die frommen Hasidim von Jerusalem nach Qumran umsiedelten[6], wurde die neue Heimstatt für sie zu einem Ersatz für die Heilige Stadt. Die späteren Essener behielten diese Einstellung bei und bezeichneten Qumran häufig als »Jerusalem«.[7] In der

Papyrusrolle vom Toten Meer, die als die »Gemeinschaftsordnung« bekannt wurde, entspricht das berühmte Letzte Abendmahl dem messianischen Festessen (dem »Abendmahl des Herrn«). Es fand zufällig zur gleichen Zeit statt wie die Feierlichkeiten zum Paschafest in Jerusalem, hatte jedoch eine vollkommen andere Bedeutung. Die Hauptgastgeber des Festessens waren der Hohepriester und der Messias von Israel.[8] Die Gemeindemitglieder wurden durch eigens ernannte Offiziere repräsentiert, die gemeinsam das Konzil der abgeordneten Apostel bildeten. Die »Gemeinschaftsordnung« legte die genaue Sitzordnung fest, und der Ablauf des Festmahls unterlag strikten rituellen Auflagen. Unter anderem waren auch das Brechen des Brotes durch den Priester, die Segnung von Brot und Wein durch den Messias und die anschließende Segnung durch die anwesenden Vertreter der Gemeinde geregelt.[9]

Als es an der Zeit war, das Brot zu brechen, verließ Judas den Raum, angeblich, um Almosen an die Armen zu verteilen. In Wirklichkeit traf er die letzten Vorbereitungen für seinen Verrat an Jesus – der seine Absichten erkannte und sagte: »Was du tun willst, das tu bald!« (Johannes 13,27). Noch hätte sich die Prophezeiung des Täufers über die Wiederkunft des wahren Christus erfüllen können – doch die letzte Möglichkeit war in jener Nacht, der Tagundnachtgleiche am 20. März.[10] Jesus wußte, daß das Verstreichen dieses Termins ohne eine Proklamation zu seinen Gunsten all seine Ambitionen zunichte machen würde. Von da an gab es keine Hoffnung mehr für ihn, die messianische Vorhersage zu erfüllen, und er würde als Betrüger denunziert werden. Als Judas den Raum verließ, war es beinahe Mitternacht.

Nach dem Festmahl begaben sich Jesus und die verbliebenen Apostel zur alten Klosteranlage von Qumran, die auch unter dem Namen »Ölberg« bekannt war. Die Evangelien sind sich nicht ganz einig über die genaue Reihenfolge der nun folgenden Ereignisse, doch in allen Darstellungen sagt Jesus die Reaktionen seiner Gefährten und sein eigenes Schicksal voraus. Er erklärt, daß selbst Petrus »der Fels« ihn im Angesicht der unerfüllten Prophezeiung verleugnen würde. Während einige der Jünger im Klostergarten schliefen, wandelte Jesus zwischen ihnen herum und brütete darüber, daß seine Bemühungen, als Messias anerkannt zu werden, gescheitert waren. Die Mitternachtsstunde verstrich. Dann traf Judas Iskariot mit den Soldaten ein.

Der Erfolg von Judas' Plan hing davon ab, ob er den Segen des Vaters, Jonatan Hannas, erhalten würde. Ob Judas sich hier auf ein riskantes Spiel einließ oder sich vorher mit ihm abgesprochen hatte, bleibt ungewiß. Als der Moment der Festnahme gekommen war, schlug Jonatan sich jedenfalls ganz klar auf die Seite von Judas. Eine Tatsache, die nicht weiter verwundern sollte, denn die Tochter Jonatans war mit dem pharisäischen Hohepriester Kajaphas verheiratet, und beide, Jonatan und Judas, befanden sich politisch in einem anderen Lager als Jesus und sein Freund Simon Zelotes.

»Die Soldaten, ihre Befehlshaber und die Gerichtsdiener der Juden nahmen Jesus fest, fesselten ihn und führten ihn zuerst zu Hannas; er war nämlich der Schwiegervater des Kajaphas, der in jenem Jahr Hohepriester war.« (Johannes 18,12-13)

Es ist seltsam, daß Simon Zelotes, der mit Sicherheit zugegen gewesen sein muß, in keinem der Evangelien erwähnt wird. Doch bei Markus (14,51-52) gibt es eine verschlüsselte Referenz bezüglich einer Person, bei der es sich um Simon gehandelt haben könnte: »Ein junger Mann aber, der nur mit einem leinenen Tuch bekleidet war, wollte ihm nachgehen. Da packten sie ihn, er aber ließ das Tuch fallen und lief nackt davon.« Bei diesem Mann könnte es sich um den von seinem hohen geistlichen Amt entkleideten Simon gehandelt haben; der Ausdruck »junger Mann« würde sich dann auf seinen neuen Status als Novize in der Gemeinde beziehen.[11]

ANS KREUZ MIT IHM!

Die Gerichtsverhandlung gegen Jesus war schwerlich als solche zu bezeichnen, und das gesamte in den Evangelien geschilderte Szenario ist voller Widersprüche. Matthäus (26,57-59) beschreibt die Ereignisse wie folgt: »Nach der Verhaftung führte man Jesus zum Hohenpriester Kajaphas, bei dem sich die Schriftgelehrten und die Ältesten versammelt hatten. Petrus folgte Jesus von weitem bis zum Hof des hohepriesterlichen Palastes... Die Hohenpriester und der ganze Hohe Rat bemühten sich um falsche Zeugenaussagen gegen Jesus, um ihn zum Tod verurteilen zu können.« Markus äußert sich ähnlich zu diesen Ereignissen. Doch selbst wenn man akzeptieren könnte, daß alle Priester, Schriftgelehrten und Ältesten um diese frühe Stunde ohne große

Vorbereitungen anwesend waren, so bleibt doch die Tatsache, daß das Gesetz es dem Hohen Rat der Juden nicht gestattete, bei Nacht zu tagen, und schon gar nicht am Tag des Paschafestes, wie Lukas es beschreibt.[12]

Alle Evangelien sind sich darin einig, daß Petrus Jesus zu dem Haus des Kajaphas folgte, wo er seinen Meister dreimal verleugnete, wie es die Prophezeiung vorhergesagt hatte. Das Haus stand nicht innerhalb der Stadtmauern von Jerusalem, sondern es war die Sakristei in Qumran.[13] Und als gegenwärtiger Hohepriester wäre Kajaphas dem Gesetz entsprechend beim messianischen Festmahl zugegen gewesen und hätte sich deshalb gemeinsam mit den anderen Gemeindemitgliedern des Sanhedrin in der Nacht vor dem Paschafreitag in der Gemeinde aufgehalten.

Johannes (18,15-16) erwähnt eine weitere Figur, die Petrus begleitet: »Simon Petrus und ein anderer Jünger folgten Jesus. Dieser Jünger war mit dem Hohenpriester bekannt und ging mit Jesus in den Hof des hohepriesterlichen Palastes. Petrus aber blieb draußen am Tor stehen. Da kam der andere Jünger, der Bekannte des Hohenpriesters, heraus; er sprach mit der Pförtnerin und führte Petrus hinein.«

Dieser andere Jünger befand sich offenbar nicht in Gefangenschaft, und da seine Bekanntschaft mit dem Hohenpriester betont wird, ist es wahrscheinlich, daß es sich bei ihm um Jonatan Hannas (Jakobus von Alphäus), den Schwiegervater des Hohenpriesters Kajaphas, handelte.

Alle Berichte stimmen darin überein, daß Kajaphas Jesus an den römischen Statthalter, Pontius Pilatus, überstellte, der das sofortige Verhör von Jesus während des Paschafestes vornahm. Dies wird bei Johannes 18,28 bestätigt, wobei hier eine weitere Anomalie auftaucht:

> Von Kajaphas brachten sie Jesus zum Prätorium; es war früh am Morgen. Sie selbst gingen nicht in das Gebäude hinein, um nicht unrein zu werden, sondern das Paschalamm essen zu können. Deshalb kam Pilatus zu ihnen heraus und fragte: Welche Anklage erhebt ihr gegen diesen Menschen? Sie antworteten ihm: Wenn er kein Übeltäter wäre, hätten wir ihn dir nicht ausgeliefert. Pilatus sagte zu ihnen: Nehmt ihr ihn doch, und richtet ihn nach eurem Gesetz! Die Juden antworteten ihm: Uns ist es nicht gestattet, jemand hinzurichten.

Tatsächlich war der Hohe Rat aber in jeder Hinsicht bevollmächtigt, Kriminelle zu verurteilen, das Todesurteil zu verhängen und wenn nötig auch zu vollstrecken.

In den Evangelien steht auch, daß Pilatus sich erbot, Jesus freizulassen, weil dies im Rahmen des Paschafestes so üblich sei. Tatsache ist jedoch, daß solch ein Brauch nie existiert hat.[14]

Zu diesem Zeitpunkt tritt Judas wieder auf den Plan. Aus Reue über seine verräterische Tat bringt er den Hohenpriestern und Ältesten die dreißig Silberstücke zurück »… und sie beschlossen, von dem Geld den Töpferacker zu kaufen als Begräbnisplatz für die Fremden« (Matthäus 27,3-7). Matthäus schildert, daß Judas nach der Rückgabe des Bestechungsgeldes an die Priester Selbstmord durch Erhängen beging. In Wirklichkeit hat er nur die Bühne für seinen Untergang geschaffen, wie es in der Apostelgeschichte (1,16-18) beschrieben ist: »Mit dem Lohn für seine Untat kaufte er sich ein Grundstück. Dann aber stürzte er vornüber zu Boden, sein Leib barst auseinander, und alle Eingeweide fielen heraus.«

Während Simon und Judas in den Evangelien mit der Verhaftung und der Gerichtsverhandlung von Jesus in Verbindung gebracht werden, scheint es so, als ob Thaddäus – der dritte der revolutionären Zeloten – nach dem Abendmahl nicht mehr in Erscheinung tritt. Doch er taucht während der Verhandlung auf. Thaddäus, »Sohn des Alphäus«, war der Nachfolger des Vaters, ein designierter »Sohn« des Vaters. Im Hebräischen würde diese Bezeichnung aus den Wörtern *bar* (Sohn) und *abba* (Vater) bestehen – man könnte Thaddäus also auch Bar-abba nennen. Und ein Mann namens Barabbas taucht schließlich im Zusammenhang mit der Frage auf, ob Jesus von Pontius Pilatus begnadigt wird oder nicht.

Im Neuen Testament wird Barabbas als gefangener Mörder und Räuber beschrieben, wobei letztere Beschreibung als zu vage zu bezeichnen ist, da Räuber gewöhnlich nicht mit der Strafe einer Kreuzigung zu rechnen hatten. Die Bedeutung des Wortes *léstés* im griechischen Original würde auch eher der Bezeichnung »Gesetzloser« entsprechen. Im Markusevangelium wird auf die prominente Rolle von »Barabbas« beim Aufstand der Zeloten gegen Pilatus etwas deutlicher hingewiesen (Markus 15,7).

Offensichtlich lag der Fall so: Als die drei Gefangenen Simon, Thaddäus und Jesus vor Pilatus gebracht wurden, waren die Vorwürfe gegen Simon und Thaddäus eindeutig: Es handelte sich um bekannte Zelotenführer, die seit dem Aufstand als verurteilt galten. Auf der anderen Seite fand Pilatus es extrem schwierig, einen Fall gegen Jesus zu eröffnen. Er stand vor ihm einzig aus dem Grund, weil der Rat der Juden ihn aus dem Weg schaffen wollte und ihn deshalb zur Verurteilung mit den anderen vor Pilatus gestellt hatte. Pilatus erkundigte sich bei den Juden nach einem Grund für seine Verurteilung, erhielt jedoch keine Antwort. Ratlos schlug er den Juden vor, Jesus selbst nach ihren eigenen Gesetzen zu verurteilen, doch lieferten sie die unwahre Entschuldigung, daß es nicht in ihrer Macht stehe, einen Mann zum Tode zu verurteilen.

Deshalb befragte Pilatus Jesus selbst. »Bist du der König der Juden?« Als Antwort erhielt er eine Gegenfrage von Jesus: »Sagst du das von dir aus, oder haben es dir andere über mich gesagt?« Verwirrt entgegnete Pilatus: »Bin ich denn ein Jude? Dein eigenes Volk und die Hohepriester haben dich an mich ausgeliefert. Was hast du getan?« Die Befragung wurde fortgesetzt, bis Pilatus schließlich wieder vor die Juden trat und sagte: »Ich finde keinen Grund, ihn zu verurteilen« (Johannes 18,38).

Zu diesem Zeitpunkt trat Herodes Antipas von Galiläa auf den Plan. Er war kein Freund der Hannas-Priester, und die Freilassung Jesu hätte durchaus seinen Interessen entsprochen, um seinen Neffen, König Herodes Agrippa, zu provozieren. Er handelte also mit Pilatus aus, daß Jesus freikommen sollte. Damit war der Pakt zwischen Judas und Jonatan Hannas gescheitert, ohne daß die beiden einen Einfluß darauf gehabt hätten. Von diesem Augenblick an hatte Judas jede Chance auf ein Pardon für seine Aktivitäten als Zelote verwirkt. Seine Tage waren gezählt.

In Übereinstimmung mit dem neuen Arrangement sagte Pilatus zu dem Ältestenrat der Juden (Lukas 23,14-16):

> Ihr habt mir diesen Menschen hergebracht und behauptet, er wiegle das Volk auf. Ich selbst habe ihn in eurer Gegenwart verhört und habe keine der Anklagen, die ihr gegen diesen Menschen vorgebracht habt, bestätigt gefunden, auch Herodes nicht, denn er hat ihn zu uns zurückgeschickt. Ihr seht also: Er hat nichts getan, worauf die Todesstrafe steht. Daher will ich ihn nur auspeitschen lassen, und dann werde ich ihn freilassen.

Hätten die Mitglieder des jüdischen Rates bis nach dem Paschafest gewartet, hätten sie ihr eigenes Gericht über Jesus einberufen können. Aus strategischen Gründen hatten sie die Verantwortung jedoch an Pilatus übertragen, da es keine substantielle Anklage gegen Jesus gab.

Ganz gewiß hatten sie nicht damit gerechnet, daß Pilatus Gerechtig-
keitssinn beweisen oder daß Herodes Antipas sich einschalten würde.
Doch Pilatus brachte es fertig, seinen eigenen strategischen Plan
zunichte zu machen. Er versuchte den Freispruch von Jesus mit einer
Begnadigung zu Ehren des Paschafestes zu begründen, und damit
eröffnete er den Juden die Wahl zwischen zwei Alternativen – Jesus
oder »Barabbas«? Bei dieser Frage »schrien sie alle miteinander: Weg
mit ihm; laß den Barabbas frei!« (Lukas 23,18).

Pilatus stand weiterhin auf der Seite von Jesus, doch die Juden riefen: »Kreuzige ihn, kreuzige ihn!« Wieder fragt Pilatus, für welche
böse Tat er ihn denn zum Tode verurteilen solle, doch die Menge setzt
sich durch, und auf ihren Wunsch läßt Pilatus »Barabbas« (Thaddäus)
frei. Die römischen Soldaten setzen Jesus einen Dornenkranz auf und
legen ihm einen purpurroten Mantel um, damit der »König der Juden«
gekrönt und in den königlichen Farben gekleidet sei. Pilatus überläßt
ihn seinem Schicksal mit den Worten: »Seht, ich bringe ihn zu euch
hinaus; ihr sollt wissen, daß ich keinen Grund finde, ihn zu verurteilen« (Johannes 19,4).

DER WEG NACH GOLGOTA

Die Dinge standen gut für den jüdischen Ältestenrat, ihr Plan hatte beinahe geklappt. Zwar war der alternde Thaddäus freigekommen, doch
Simon und Jesus befanden sich in Haft, ebenso wie Judas Iskariot. Der
größte Verräter war zweifellos der im Amt verbleibende »Vater«, Jonatan Hannas, der ehemalige Apostel Jakobus Alphäus (auch Natanael
genannt). Die Kreuze wurden vorschriftsmäßig an der Schädelstätte,
Golgota, errichtet und sollten Jesus sowie die beiden Zelotenführer,
Simon Zelotes und Judas Iskariot, tragen.

Auf dem Weg zur Kreuzigung in Golgota ereignete sich ein bedeut-
samer Zwischenfall, als ein mysteriöser Fremder mit Namen Simon
aus Zyrene Jesus das Kreuz abnahm (Matthäus 27,32). Es gibt viele
Theorien darüber, um wen es sich bei dem Zyrener gehandelt haben
mag, doch seine wirkliche Identität ist möglicherweise gar nicht so
wichtig. In einem frühen Traktat der Koptiker mit dem Titel *Die Zweite
Abhandlung über den Großen Set*, das unter den Büchern von Nag Hammadi entdeckt wurde, findet sich ein interessanter Hinweis, der

besagt, daß für mindestens eines der Kreuzigungsopfer ein Ersatz gefunden wurde. In diesem Zusammenhang tritt der Zyrener auf. Anscheinend gelang der Austausch, denn in dem Traktat wird behauptet, daß Jesus nicht am Kreuz gestorben sei, wie behauptet. Jesus selbst soll nach dem Ereignis gesagt haben: »Mein Tod schien ihnen wirklich, da sie blind waren und unfähig zu sehen.«

Tatsächlich war Simon der Zyrener ein Ersatz für Simon den Zeloten, und nicht für Jesus. Es ist davon auszugehen, daß die Hinrichtung zweier Männer wie Jesus und Simon nicht ohne Widerstand vonstatten gehen konnte. Also wurde eine Strategie entworfen, um die jüdischen Autoritäten zu überlisten (wobei es durchaus möglich ist, daß die Männer des Pilatus von der Täuschung unterrichtet waren). Der Plan beruhte auf einem Gift, das die Lebensfunktionen des Körpers unterdrückte, und einem körperlichen Täuschungsmanöver.

Niemand hätte eine derartige Illusion besser planen können als Simon der Zelote, Oberhaupt der samaritischen Magier, bekannt als der bedeutendste Magier seiner Zeit. In den Werken *Die Taten des Petrus* und *Die Apostolische Konstitution*[15] wird berichtet, wie Simon einige Jahre später auf dem Forum in Rom levitierte. In Golgota lagen die Dinge jedoch anders: Simon stand unter Bewachung und war auf dem Weg zu seiner Kreuzigung.

Zunächst war es deshalb notwendig, Simon aus seiner mißlichen Lage zu befreien – und so wurde in Gestalt des Zyreners ein Ersatz gefunden, der wahrscheinlich mit dem freigelassenen Thaddäus (Barabbas) im Bunde war. Die Täuschung begann auf dem Weg nach Golgota, als der Zyrener Jesus die Last abnahm und sich auf diese Weise unter die Verurteilten mischte. Der Austausch selbst fand am Ort der Kreuzigung statt, während die Kreuze errichtet und die Vorbereitungen getroffen wurden. Inmitten dieser Verwirrung verschwand der Zyrener »vorschriftsmäßig« – nahm aber in Wirklichkeit den Platz von Simon ein.[16] In den Evangelien werden die nun folgenden Ereignisse sorgsam verhüllt, und es werden nur spärliche Einzelheiten über die Männer genannt, die mit Jesus gekreuzigt wurden. Wir erfahren lediglich, daß es sich um »Diebe« handelte.

Simon der Magier war nun frei und konnte den Verlauf der weiteren Ereignisse in die Hand nehmen.

DIE SCHÄDELSTÄTTE

Auch wenn die Kreuzigung allgemein als ein öffentliches Ereignis betrachtet wird, beschreiben doch die Evangelien (wie bei Lukas 23,49), daß Zuschauer nur aus weiter Ferne gestattet waren. Bei Matthäus, Markus und Johannes lautet der Namen der Kreuzigungsstätte Golgota, während sie bei Lukas Calvaria heißt. Beide Namen (hebräisch *Gulgoleth*, aramäisch *Gulgolta*, lateinisch *Calvaria*) stammen von Wörtern ab, deren Bedeutung »Schädel« ist, und in den Evangelien wird die Kreuzigungsstätte als »Schädelhöhe« bezeichnet.

Allerdings findet sich in den Evangelien kein Anzeichen dafür, daß Golgota auf einer Anhöhe oder gar einem Hügel lag, wie es oft behauptet wird. Nach Johannes (19,41) handelte es sich bei Golgota um einen Garten mit einer privaten Grabkammer, die Josef von Arimathäa gehörte (Matthäus 27,59-60). Folgt man der Darstellung der Kreuzigung in den Evangelien, so handelte es sich nicht um ein Spektakel auf einer Anhöhe, mit den Silhouetten der Kreuze gegen den Himmel und einer episch zu nennenden Ansammlung von Zuschauern, sondern um ein vergleichsweise kleines Ereignis auf Privatbesitz – in einem Garten, den man aus dem einen oder anderen Grund als »Schädelstätte« bezeichnete.

Die Evangelien haben zu dem Thema nicht viel mehr zu sagen, doch im Brief an die Hebräer (13,11-13) finden sich weitere wichtige Hinweise auf den wahren Charakter der Örtlichkeit:

> Denn die Körper der Tiere, deren Blut vom Hohenpriester zur Sühnung der Sünde in das Heiligtum gebracht wird, werden außerhalb des Lagers verbrannt. Deshalb hat auch Jesus, um durch sein eigenes Blut das Volk zu heiligen, außerhalb des Tores gelitten. Laßt uns also zu ihm vor das Lager hinausziehen und seine Schmach auf uns nehmen.

Hier erfahren wir, daß Jesus »außerhalb des Tores« und »außerhalb des Lagers« gelitten hat. In diesem Zusammenhang wird auch ein Platz erwähnt, an dem die Leichen von Opfertieren verbrannt werden.

Barbara Thiering führt aus, daß diesem Punkt eine besondere Bedeutung zukommt, weil die Plätze, an denen tierische Überreste verbrannt wurden, als »unrein« galten. Sie bemerkt auch, daß gemäß Deuteronomium 23,10-14 das »Vorgelände des Lagers« Plätze beschreibt, zu denen Senkgruben, Müllplätze und öffentliche Latrinen gehörten, die unter hygienischen und rituellen Gesichtspunkten als unrein galten. Dazu zählten auch verschiedene andere »unreine Plätze«, wie gewöhnliche Friedhöfe.[17]

In den Papyrusrollen vom Toten Meer findet sich der Hinweis, daß es einen Akt der Entweihung bedeutete, über die Ruhestätten der Toten zu gehen. Friedhöfe wurden deshalb mit dem Zeichen des Totenkopfes als »Schädelstätte« gekennzeichnet. Golgota war also wohl ein Friedhof – ein privater Friedhof, auf dem sich eine leere Gruft befand, die Josef von Arimathäa gehörte. Der zukünftige Ruheplatz eines gesalbten Christus und hohepriesterlichen Vaters konnte sich nur am oder in der unmittelbaren Nähe von »Abrahams Schoß« in Qumran befunden haben (wo auch bereits Simon / Lazarus »wiederauferstand«). Hier, südlich der Sakristei, befand sich tatsächlich ein Friedhofsgarten – eine »Stätte der Schädel«.[18]

Des weiteren findet sich in der Offenbarung des Johannes (11,8) ein eindeutiger Hinweis: »Diese Stadt heißt geistlich verstanden: Sodom und Ägypten; dort wurde auch der Herr gekreuzigt.« Damit kann es sich bei der Örtlichkeit nur um Qumran handeln, das vom asketischen Orden der ägyptischen Therapeutaten als »Ägypten« bezeichnet wurde.[19] Im geographischen Sinne entsprach Qumran dem Zentrum Sodoms im Alten Testament.

Doch wenn es sich bei diesem Friedhof um eine traditionelle Beisetzungsstätte für Mitglieder der messianischen oder patriarchalischen Linie handelte, weshalb befand sich dort eine Grabkammer, die Josef von Arimathäa gehörte?

In den Evangelien wird Josef als vornehmer Ratsherr (Mitglied des Sanhedrin) beschrieben, »der auch auf das Reich Gottes wartete« (Markus 15,43). Er war ein Jünger Jesu, doch aus Furcht vor den Juden nur heimlich (Johannes 19,38). Obwohl Josefs Verbindung zu Jesus vor dem Rat der Ältesten geheimgehalten wurde, war sie anscheinend nicht überraschend für Pontius Pilatus, der Josefs Beteiligung und Engagement ebensowenig in Frage stellte wie die Mutter von Jesus, Maria Magdalena, Maria Kleopas oder Salome.

Obwohl manchmal angenommen wird, daß der Name Arimathäa sich von der Ortschaft Arimeh auf der Ebene von Gennesaret herleitet, handelt es sich bei ihm wie bei vielen Namen im Neuen Testament in Wirklichkeit um einen beschreibenden Titel, der einen besonders hohen Rang bezeichnete. So wie Matthäus Hannas (der Bruder von

Jonatan) die priesterliche Bezeichnung »Levi von Alphäus« (Levi der Thronfolger) trug, war Josef »von Arimathäa«. Josef war nicht sein Taufname, und der Zusatz ist ein beschreibendes Wort, das (wie Alphäus) aus einer Kombination von hebräischen und griechischen Elementen besteht, nämlich dem hebräischen *ram-* oder *rama* (Höhe, Spitze), und dem griechischen *theo* (von Gott). Zusammengenommen bedeutet der Name »der Höchste von Gott« oder als Ehrenbezeichnung »Göttliche Hoheit«.

Nun wissen wir, daß Josef der Vater von Jesus und Jesus Anwärter auf den Thron Davids war. Der patriarchale Titel Josef wurde dem jeweils nächsten in der Reihe der davidischen Königsfolge verliehen.[20] Betrachtet man unter diesem Aspekt Jesus als »David«, so handelte es sich bei seinem ältesten Bruder Jakobus, als anerkanntem Nachfolger von Jesus, um den designierten Josef *Rama-Theo* oder Josef von Arimathäa.

So ist es nicht weiter verwunderlich, daß Jesus in einer Grabkammer seiner eigenen königlichen Familie beigesetzt wurde. Ebensowenig wie die Tatsache, daß Pilatus es dem Bruder von Jesus gestatten würde, den Leichnam seines Bruders an sich zu nehmen, oder daß die Frauen der Familie die Arrangements von »Josef« ohne weiteres akzeptierten. Der Grund, weshalb »Josef« seine persönliche Unterstützung für Jesus vor dem Sanhedrin geheimhielt, liegt auf der Hand – er verfügte über seine eigene Gefolgschaft, die sich durch alle Ränge der hebräischen Gemeinde zog.

Von der Entdeckung der Papyrusrollen vom Toten Meer in Qumran im Jahre 1947 an setzten sich die Ausgrabungen bis weit in die fünfziger Jahre fort. Während dieses Zeitraums wurden in einer ganzen Anzahl unterschiedlicher Höhlen interessante Entdeckungen gemacht. Die Archäologen entdeckten, daß eine der Höhlen über zwei Kammern verfügte (sie erhielten die Namen Höhle 7 und 8) sowie über zwei relativ weit voneinander entfernt liegende Eingänge. Der Zugang zur Hauptkammer erfolgte durch ein Loch in dem Weg, der über der Höhle entlang führte, während die andere durch eine Öffnung an der Seite betreten werden konnte.[21] Vom Dacheingang aus führten Stufen in die Kammer hinab. Um den Eingang gegen das Eindringen von Regen zu schützen, hatte man einen großen Stein über die Öffnung gerollt. Schenkt man der Kupferrolle Glauben, so wurde diese Grabkammer als Schatzkammer benutzt und deshalb auch als »Höhle des

reichen Mannes« bezeichnet. Wichtiger ist jedoch, daß sie die Grabkammer des Kronprinzen Josef war und direkt gegenüber von »Abrahams Schoß« lag.

In den Evangelien findet sich kein Hinweis darauf, ob Jonatan Hannas bei der Kreuzigung anwesend war oder nicht. Es ist wahrscheinlich, auch wenn die Jünger immer noch Simon den Zeloten als ihren
wahren »Vater« betrachteten. Für sie war Jonatan der designierte
»Elija« (oder Elias). Bei Markus 15,34 steht: »Und in der neunten Stunde
rief Jesus mit lauter Stimme: Eloi, Eloi, lema sabachtani?« Bei Matthäus
(27,46) wird die gleiche Äußerung als »Eli, Eli, lema sabachtani?«
zitiert. Im Hebräischen stand der Begriff *Eli* für das Wort *El* (Gott), mit
dem besitzanzeigenden Suffix -i als »mein Gott« (im Aramäischen
möglicherweise *Eloi*); deshalb wurde seine Äußerung mit den Worten:
»Mein Gott, mein Gott, warum hast du mich verlassen?« übersetzt.

Nach den Evangelien interpretierten die Zuschauer, die sich in Hör-
weite des Gesagten befanden, die Worte jedoch ganz anders: »Hört, er
ruft nach Elija!... Laßt uns doch sehen, ob Elija kommt und ihn herab-
nimmt« (Markus 15,35-36). Die Anwesenden hatten keinen Zweifel
daran, daß Jesus nach dem Patriarchen Elias – dem Elija, Jonatan Hannas – gerufen hatte – dem Apostel und gegenwärtigen Vater, der ihn
tatsächlich verlassen hatte.

Kreuzigung bedeutete Exekution und Bestrafung, Tod durch Folter-
qualen, die sich über Tage hinzogen. Zuerst wurden die ausgestreck-
ten Arme des Opfers an einem Balken befestigt, der dann an einem im
Erdboden fixierten Pfahl hochgezogen wurde. Manchmal wurden die
Hände zusätzlich mit Nägeln am Holz befestigt, doch wären Nägel
allein nutzlos gewesen. Trägt der Gekreuzigte sein gesamtes Gewicht
an den Armen, werden seine Lungen zusammengedrückt, so daß er
relativ schnell den Tod durch Ersticken findet. Um seine Todesqualen
zu verlängern, wurde der Druck von der Brust genommen, indem man
die Füße an dem im Boden steckenden Pfahl befestigte. Auf diese
Weise konnte ein Mensch mehrere Tage, vielleicht sogar eine Woche
oder mehr am Kreuz überleben. Nach einer gewissen Zeit, oftmals um
Platz an den Kreuzen zu schaffen, zerschlugen die Henkersknechte die
Beine der Opfer, um so das auf den Lungen lastende Gewicht zu
erhöhen und den Eintritt des Todes zu beschleunigen.

An jenem Freitag, dem 20. März 33, gab es keinen Grund, warum
einer der drei Männer innerhalb eines Tages hätte sterben sollen.

Trotzdem wurde Jesus Essig verabreicht, nach dessen Einnahme er »den Geist aufgab« (Johannes 19,30). Kurze Zeit später wurde er offiziell für tot erklärt. Judas und der Zyrener waren zu diesem Zeitpunkt noch überaus lebendig, deshalb wurden ihnen die Beine gebrochen. Ein Soldat stach Jesus mit einem Speer in die Seite, und die Tatsache, daß er blutete, wurde als Indiz dafür genommen, daß er tot sei (Johannes 19,34). In Wirklichkeit gelten vaskuläre Blutungen jedoch als Lebenszeichen eines Körpers.

In den Evangelien findet sich keine Angabe darüber, wer Jesus den Essig reichte, aber Johannes (19,29) gibt an, daß das Gefäß bereitstand. Matthäus (27,34) beschreibt das Getränk als Mischung aus Essig und Galle – das heißt, saurer Wein mit Schlangengift. Abhängig vom Mischungsverhältnis war diese Mixtur in der Lage, einen Menschen bewußtlos zu machen oder sogar zu töten. Jesus erhielt den Trank nicht aus einer Schale, sondern mittels eines Schwamms. Mit Hilfe eines Rohrmaßes war er genau abgemessen worden. Es bestehen kaum Zweifel daran, daß der Trank von Simon dem Zeloten verabreicht wurde, der als entmachteter, aber immer noch geachteter »Vater« seinen Messias besuchte. Zu seinem vertrauten Verbündeten sagte Jesus schließlich die Worte: »Vater, in deine Hände lege ich meinen Geist« (Lukas 23,46).

Unterdessen führte Jesu Bruder Jakobus (Josef von Arimathäa) Verhandlungen mit Pilatus, um den Körper vor dem Sabbat vom Kreuz nehmen und in die Grabkammer bringen zu dürfen. Pilatus zeigte sich verständlicherweise erstaunt über das frühzeitige Ableben von Jesus. Um den Lauf der Dinge zu beschleunigen, bemühte Josef außerdem ein jüdisches, auf dem Deuteronomium (21,22-23) beruhendes Gesetz, das auch in der Tempelrolle von Qumran bestätigt wird: »Und wenn ein Mann eine des Todes würdige Sünde begangen hat und hingerichtet wird, soll er an einen Baum gehängt werden. Doch sein Leichnam soll nicht über Nacht dort bleiben, sondern er soll auf jeden Fall noch am Tage seines Todes beerdigt werden.« Pilatus sanktionierte das entsprechende Vorgehen und überließ Josef von Arimathäa den Körper, bevor er nach Jerusalem zurückkehrte.

Jesus leblos, in einem Koma befindlich, die Beine Judas und des Zyreners gebrochen, so wurden die drei nach etwa einem halben Tag vom Kreuz genommen. Daß Judas und der Zyrener ebenfalls vom Kreuz genommen wurden, findet sich bei Johannes 19,31. Doch wird mit keinem Wort erwähnt, daß die Männer tot waren; vor dem Brechen der Beine wird lediglich von den »Körpern«, nicht von Leichen gesprochen. Über das, was danach geschah, ist in den Evangelien nicht viel zu lesen. Alle sind sich darin einig, daß »Josef« seinen Bruder Jesus in ein Leintuch wickelte und in die Grabkammer legte und daß irgendwann Nikodemus mit einer großen Menge Myrrhe und Aloe auftauchte. Nur zwei der Evangelien erwähnen, daß »Josef« einen Stein vor den Eingang zur Grabkammer rollte; drei von ihnen sind sich einig, daß Maria und Maria Magdalena die Grabkammer zu Gesicht bekamen.

Darüber, was in der verbleibenden Zeit an diesem Freitag geschah, gibt es keine Informationen.

KAPITEL 7

Die Auferstehung

DREI STUNDEN DUNKELHEIT

Am nächsten Tag war Sabbat, und die Evangelien berichten nicht viel
darüber. Nur Matthäus erwähnt ein Gespräch zwischen Pilatus und
dem jüdischen Ältestenrat in Jerusalem, worauf Pilatus zwei Wächter
zur Grabkammer von Jesus beordert. Ansonsten setzen alle vier Evangelien erst am Sonntag wieder ein.

Dabei war der wichtigste Tag für den Fortgang der Geschehnisse
eindeutig der Samstag – der Sabbat, über den wir so wenig erfahren.
An jenem Samstag muß der Stein vom Eingang der Grabkammer entfernt worden sein, bevor er bei Tagesanbruch am Sonntag von den
Frauen gefunden wurde – eigentlich ein undenkbares Sakrileg, denn
der Sabbat ist ein Tag der Ruhe, an dem auf keinen Fall eine Last wie
dieser Stein hätte bewegt werden dürfen!

In den Evangelien finden sich unterschiedliche Darstellungen darüber, was am Tag danach, dem Sonntag, geschah. Matthäus (28,1)
berichtet, daß Maria und Maria Magdalena zum Grab gingen, während Markus auch Salome erwähnt (16,1). Lukas führt Johanna ein,
läßt allerdings Salome fort (24,10), während im Johannesevangelium
nur Maria Magdalena an der Grabstätte eintrifft. Markus, Lukas und
Johannes behaupten, daß der Stein beim Eintreffen der Frauen bereits entfernt worden war. Bei Matthäus sind die beiden Wächter
jedoch noch auf ihrem Posten. Dann kam zum Erstaunen der Frauen
und zum Schrecken der Wachposten »ein Engel des Herrn... vom
Himmel herab, trat an das Grab, wälzte den Stein weg und setzte
sich darauf«. Im folgenden stellt sich heraus, daß Jesus sich nicht

mehr im Inneren der Grabkammer befand, wo man ihn niedergelegt
hatte.

Nimmt man alle Geschichten zusammen, dann ist nicht klar, ob es
Wachen gab oder nicht, ob sich ein Engel innerhalb oder außerhalb der
Gruft befand, ob Petrus anwesend war oder nicht und ob sich der Stein
noch an seinem ursprünglichen Ort befand oder bereits entfernt worden war. Es ist nicht einmal sicher, ob Jesus noch da war oder nicht.
Denn dem Johannesevangelium zufolge wandte sich Maria Magdalena von den Engeln ab und sah Jesus dastehen, woraufhin sie ihn mit
dem Gärtner verwechselte (Johannes 20,14-15). Sie wandte sich ihm
zu, doch Jesus verhinderte ihren Annäherungsversuch und bat sie, ihn
nicht zu berühren.

Auf diesen vier Darstellungen der Evangelien beruht die gesamte
Tradition der Wiederauferstehung – obwohl sie sich in beinahe jedem
Detail widersprechen. Dies ist auch der Grund für den jahrhundertal-
ten Streit darüber, ob Maria Magdalena oder Petrus den auferstande-
nen Jesus zuerst gesehen haben.

Ist es überhaupt möglich festzustellen, was geschah, nachdem
»Josef« Jesus am Freitag in der Gruft zurückgelassen hatte?

Anfänglich waren der Zyrener und Judas Iskariot bei lebendigem
Leib, doch mit gebrochenen Beinen in die zweite Kammer der Gruft
gelegt worden. Das Lebendigbegraben von Verurteilten war eine alte
und weitverbreitete Strafe. In der Doppelhöhle hatte Simon der Zelote
bereits Position bezogen und sich für die folgende Operation einge-
richtet (interessanterweise befand sich unter den in den fünfziger Jahren in der Höhle gefundenen Gegenständen auch eine Lampe).

Johannes zufolge traf daraufhin Nikodemus ein und brachte etwa
hundert Pfund Myrrhe und Aloe mit (19,39).[1] Myrrhenextrakt wurde
damals allgemein als Beruhigungsmittel gebraucht, und der Saft der
Aloe ist ein starkes und schnellwirkendes Brech- und Abführmittel –
genau das, was Simon brauchte, um die Wirkung der giftigen »Galle«
(Schlangengift) auf Jesus zu behandeln.

Es war dabei von großer Bedeutung, daß der Tag nach der Kreuzigung ein Sabbat war. Das Timing der gesamten »Auferstehung« hing
von der genauen Stunde ab, von der man annahm, daß mit ihr der Sabbat beginnen würde. Damals gab es keine festgesetzte Dauer von Stunden und Minuten. Die Aufzeichnung und Messung der Zeit war eine
der offiziellen Aufgaben der Leviten, die den Lauf der Stunden

anhand des Bodenschattens an bestimmten Stellen maßen. Ungefähr seit 6 v. Chr. benutzten sie auch Sonnenuhren. Beide Methoden nutzten freilich nicht viel, wenn die Sonne nicht schien und es keine Schatten gab. Es gab zwölf »Tagesstunden« (Tageslicht) und entsprechend zwölf designierte »Stunden der Nacht« (Dunkelheit). Letztere wurden mit der Hilfe klösterlicher Gebetszyklen gemessen (ähnlich wie die kanonischen »Stunden« der heutigen katholischen Kirche). Das Angelusgebet – am Morgen, Mittag und bei Sonnenuntergang – stammt von einem entsprechenden Brauch der levitischen »Engel«. Das Problem bestand allerdings darin, daß Adjustierungen notwendig wurden, sobald die Tage länger oder kürzer wurden und Stunden sich »überschnitten«.

An jenem Freitag, an dem die Kreuzigung stattfand, mußte die Zeit um volle drei Stunden vorgestellt werden. Deshalb findet sich in den Berichten von Markus und Johannes eine große Differenz, was die Tageszeit angeht.[2] Markus (15,24) behauptet, daß Jesus zur dritten Stunde gekreuzigt wurde, während Johannes (19,14) die sechste Stunde als Zeit für die Kreuzigung angibt. Das Markusevangelium bezieht sich auf die hellenistische Zeitrechnung, während das Johannesevangelium sich auf die hebräische Zeit bezieht. Markus beschreibt (15,33): »Als die sechste Stunde kam, brach über das ganze Land eine Finsternis herein. Sie dauerte bis zur neunten Stunde.« Bei diesen drei Stunden Dunkelheit handelte es sich ausschließlich um eine symbolische Dunkelheit, in Wirklichkeit dauerten sie keine Sekunde (wie das Überschreiten von Zeitzonen heute, oder wenn die Tageszeit der Jahreszeit angepaßt wird). In diesem Fall folgte auf das Ende der fünften Stunde direkt der Beginn der neunten Stunde.

Der Schlüssel zur Auferstehungsgeschichte liegt hier, bei den drei fehlenden Stunden (den Tagesstunden, die zu Nachtstunden wurden), denn der Sabbat begann nach der neu eingesetzten Zeitrechnung drei Stunden vor der alten zwölften Stunde – das heißt, zur ehemaligen neunten Stunden, die nun als zwölfte Stunde bezeichnet wurde. Die samaritischen Magier (denen Simon der Zelote vorstand) orientierten sich an der astronomischen Zeit und berücksichtigten die dreistündige Zeitdifferenz erst nach der zwölften Stunde. Das bedeutete, daß Simon, ohne das Arbeitsverbot am Sabbat zu verletzen, drei volle Stunden zur Verfügung hatte, um seine Aufgabe zu verrichten, während die restliche Bevölkerung bereits ihre heilige Ruhe hielt. Dies war ausreichend Zeit, um Jesus sein Heilmittel zu verabreichen und sich um die gebrochenen Knochen des Zyreners zu kümmern. Mit Judas Iskariot wurde unter den gegebenen Umständen nicht so gnädig verfahren; wie in der Apostelgeschichte (1,16-18) etwas verschleiert zu lesen ist, wurde er über eine Klippe in den Tod geworfen.

DAS LEERE GRAB

Als der Sabbat nach der Zeitrechnung der Magier begonnen hatte (drei Stunden nach dem jüdischen Sabbat), dauerte es noch drei volle Stunden, bis Maria Magdalena in der Morgendämmerung des ersten Tages der neuen Woche eintraf. Ob sich Wächter vor dem Grab befanden oder nicht, ist ebenso irrelevant wie die Frage, ob der Stein vor dem Eingang zur Grabkammer bewegt worden war oder nicht. Alles Kommen und Gehen von Simon und seinen Gefährten wäre ohnehin durch den zweiten Eingang in einiger Entfernung geschehen. Wichtig ist nur, daß Jesus am Leben und gesund war.

Was den Engel betrifft, der den Stein für die Frauen bewegt haben soll, finden wir bei Matthäus (28,3) die Beschreibung: »Seine Gestalt leuchtete wie ein Blitz, und sein Gewand war weiß wie Schnee.« Wie wir wissen, lautete der politische Name von Simon dem Zeloten »Blitz«, sein Priestergewand war weiß, und seinem Rang nach war er tatsächlich ein Engel. Daß er sich vor oder bei dem Grab aufhielt, muß die Frauen dennoch überrascht haben, denn nach allem, was sie wußten, war er nach vollzogener Kreuzigung mit gebrochenen Beinen bestattet worden.

Nicht nur Simon, auch Thaddäus war anwesend: »Plötzlich entstand ein gewaltiges Erdbeben; denn ein Engel des Herrn kam vom Himmel herab« (Matthäus 28,2). So wie der politische Name von Simon »Blitz« lautete (Jonatan Hannas war »Donner«), hieß Thaddäus »Erdbeben« (der Name bezog sich auf Richter 5,4-5, als der Berg Sinai bebte).[3] Bei den beiden Engeln, denen Maria begegnete, handelte es sich daher um Simon und Thaddäus (Johannes 2,11-12). Simon war auch der »junge Mann« im weißen Umhang (Markus 16,5); seine Jugendlichkeit bezieht sich hier wieder auf seinen Status als Novize im Anschluß an seine Exkommunikation.[4]

Der Garten, in dem Jesus gekreuzigt wurde, unterstand »Josef von Arimathäa« (Jesu Bruder Jakob). Es war ein geweihter Garten, der den

Garten Eden symbolisierte und in dem Jakob mit »Adam«, dem Mann des Gartens Eden, identifiziert wurde. Als Maria Jesus zum erstenmal nach der Kreuzigung wiedersah und dachte, es handle sich um den »Gärtner«, läßt sich daraus schlußfolgern, daß sie meinte, Jakob stünde vor ihr. Der Grund dafür, daß Jesus Maria daran hinderte, ihn zu berühren, bestand darin, daß Maria schwanger war und den Gesetzen der dynastischen Braut unterlag, nach denen sie zu diesem Zeitpunkt keinen körperlichen Kontakt mit ihrem Ehemann haben durfte.

Es ist offensichtlich, daß weder Maria noch die meisten der Jünger in die Täuschungsmanöver des Freitags und des Samstags eingeweiht waren. Es lag natürlich in Simons Interesse, so ungesehen wie möglich zu bleiben: Die scheinbare Flucht aus der Gruft mit völlig heilen Beinen konnte zu seiner ohnehin großartigen Reputation nur beitragen. Ebenso lag es im Interesse von Jesus, eine überraschende Wiederkehr zu inszenieren, um es den Aposteln nach der beinahe gescheiterten Mission zu gestatten, ihre Arbeit weiterzuführen. Wäre Jesus wirklich gestorben, hätten sich seine Jünger in alle Winde zerstreut, und seine Mission wäre mit ihm gestorben. So ergab sich eine gänzlich neue Ausgangsbasis, deren Ergebnis schließlich die Geburt des Christentums war.

VON DEN TOTEN AUFERSTANDEN

»Denn wenn es keine Auferstehung der Toten gibt, ist auch Christus nicht auferweckt worden. Ist aber Christus nicht auferweckt worden, dann ist unsere Verkündung leer und euer Glaube sinnlos... Denn wenn Tote nicht auferweckt werden, ist auch Christus nicht auferweckt worden...«

Dies ist das Argument für die Auferstehung als einen Akt des Glaubens, wie es von Paulus im 2. Brief an die Korinther (15,13-16) präsentiert wurde. Man muß schon sagen, daß es nicht gerade sehr überzeugend ist. Besonders nicht in Anbetracht der fundamentalen Rolle, die die Wiederauferstehung Christi im christlichen Glauben spielt. Eigentlich widerspricht es sich selbst. Hätte Paulus sich einer spirituellen Sichtweise bedient, so hätten seine Zeitgenossen die Behauptung vermutlich bereitwilliger akzeptiert – doch das hat er nicht. Statt dessen meinte er buchstäblich, daß ein toter Körper zum Leben zurückkehren könne, wie es in der Prophezeiung des Jesaja (26,19) zu finden ist. »Deine Toten werden leben, / die Leichen stehen wieder auf; / wer in der Erde liegt, wird erwachen und jubeln.«

Das Konzept der Unsterblichkeit der Seele (nicht des Körpers) war bereits lange vor Jesus bekannt. Im alten Griechenland wurde es von den Anhängern des athenischen Philosophen Sokrates (ca. 469-399 v. Chr.) vertreten. Im vierten Jahrhundert vor Christus behauptete Plato bereits, daß der Geist, nicht die Materie, die Grundlage der Realität bilde. Bereits Pythagoras (ca. 577-500 v. Chr.) vertrat die Theorie von der Wiedergeburt – die Vorstellung, daß eine Seele sich nach dem Tod ihres Trägerkörpers einen neuen Körper sucht und ein neues Leben beginnt. Der Glaube an Reinkarnation gehört zu vielen Religionen aus jener Zeit, unter ihnen auch Hinduismus und Buddhismus.

Aber Paulus sprach nicht von Seelenwanderung; ihm ging es um den Glauben daran, daß ein Mensch leibhaftig wieder zum Leben erwachen konnte. Eine These, die einzig vom Christentum vertreten wird und dafür gesorgt hat, daß die wahre Botschaft und die Lehren von Jesus, sein messianisches Ideal von Harmonie, Einheit und Dienst in einer brüderlichen Gesellschaft unterdrückt wurden. Es gibt keine bessere Grundlage für eine Religion, und doch beherrscht die Diskussion um einschränkende Dogmen, Rituale und unterschiedliche Interpretationen diese Religion. Eine gespaltene, derartig mit sich selbst beschäftigte Kirche kann für ihre Gläubigen nur von sehr beschränktem Nutzen sein.

Eines der Hauptprobleme bezüglich der Akzeptanz der physischen Wiederauferstehung von Jesus besteht darin, daß es selbst in den vier Evangelien kaum einen eindeutigen Hinweis auf die Richtigkeit dieser Behauptung gibt. Wir haben bereits erfahren, daß die Verse 16,9-20 des Markusevangeliums lange nach der Fertigstellung und Veröffentlichung des Evangeliums hinzugefügt wurden. Wenn es sich beim Markusevangelium tatsächlich um das erste der synoptischen Evangelien gehandelt hat und die anderen darauf basieren, so gibt es einigen legitimen Zweifel an der Authentizität der Schlußverse von Matthäus und Lukas.

Doch selbst wenn wir all dies ignorieren und die vier Evangelien so akzeptieren, wie sie im Moment dastehen, erhalten wir nur ein sehr vages Bild, in dem viele Einzelheiten nicht nur verwirrend, sondern widersprüchlich sind. Zuerst hielt Maria Magdalena Jesus für jemand

anderen. Dann sprachen Petrus und Kleopas mit ihm, in der An-
nahme, es handele sich bei ihm um einen Fremden. Erst als er sich zum
Mahl mit den Aposteln niederließ, erkannten sie ihn – doch in diesem
Augenblick verschwand er.

Es wird deutlich, daß das Konzept der Auferstehung den Zeitgenossen von Jesus völlig ungeläufig war. Abgesehen von denen, die in den
Ablauf eingeweiht waren, wurden die Jünger vollständig im dunkeln
gelassen. Sie glaubten wirklich, ihr Meister sei gestorben, und wären
bei seiner Wiederauferstehung vollkommen erstaunt gewesen. Dabei
handelte es sich nicht um hochstehende Priester wie Simon, Levi und
Thaddäus, sondern um weniger gebildete Apostel wie Petrus und
Andreas. Trotzdem hätten sie es sicher zu schätzen gewußt, wenn sie
erfahren hätten, daß Jesu eigene Vorhersage, daß er seinen Tempel »in
drei Tagen« wieder aufrichten würde (Johannes 2,19), nichts mit der
späteren europäischen Interpretation zu tun hatte, die die Todessym-
bolik völlig verfehlte.

Wie wir in Verbindung mit der Geschichte des Lazarus gesehen
haben[5], wurde ein Mann mit seiner Exkommunikation für tot erklärt –
ein spiritueller Tod auf Anordnung. Die Zeitspanne bis zu seinem Tod
dauerte vier Tage, und während dieser Zeit betrachtete man den
Betreffenden als todkrank. In diesem Sinne war Jesus vom Sanhedrin,
dem jüdischen Rat der Ältesten, dem Hohepriester Kajaphas und dem
neuen »Vater«, Jonatan Hannas, dem Tod überantwortet worden.
Seine Exkommunikation stand unumstößlich fest, und von den ersten
Stunden seiner Kreuzigung an galt er offiziell als »krank«. Dem Tod
am vierten Tag entrinnen konnte er nur, wenn er vor Ablauf der Frist
vom Vater oder Hohenpriester aus der Exkommunikation entlassen
(»auferweckt«) worden wäre. Deshalb war es Jesus so wichtig, am
»dritten Tag« auferweckt zu werden. In jedem anderen Zusammenhang hätte diese Frist keinerlei Bedeutung gehabt. Doch wer sollte ihn
»auferwecken«, da er das gesamte Establishment gegen sich hatte?

Der einzige Mann, der es wagen konnte, dieses Ritual zu vollziehen,
war der abgesetzte Vater – der loyale Simon. Trotz der Machenschaften
in Jerusalem galt er bei vielen immer noch als der wahre Vater. Doch
war er zusammen mit Jesus gekreuzigt worden, oder jedenfalls glaubten das die meisten der Jünger. Wie langsam bekannt wurde, war
Simon am Sonntag jedoch bei bester Gesundheit und an der Seite von
Jesus, den er »von den Toten auferweckt hatte«, aus der Situation her-

vorgegangen. Bei anderer Gelegenheit hatte Jesus seinem Freund Simon den gleichen Dienst erwiesen, als er ihn (als Lazarus) aus seinem Grab befreite.

Für all jene, die nicht in den Plan eingeweiht waren, stellte die Wiederauferstehung von Jesus in der Tat ein Wunder dar. Und, wie das Johannesevangelium besagt: »Als er von den Toten auferstanden war, erinnerten sich seine Jünger, daß er dies gesagt hatte, und sie glaubten der Schrift und dem Wort, das Jesus gesagt hatte«(Johannes 2,22).

Paulus, ein Hebräer, der später zum Hellenismus konvertierte, war derjenige, der die Doktrin von der leiblichen Auferstehung einführte. Doch selbst sein Enthusiasmus war nur von kurzer Dauer. Seine frenetische Begeisterung für die Theorie und sein gleichzeitiger Mangel an Beweisen[6] führten jedoch dazu, daß Jesu Bruder Jakob Paulus als fanatischen Häretiker betrachtete. Jakobs Nazoräer (Nazarener) predigten niemals die Wiederauferstehung. Mit der Zeit war die Auferstehung nicht mehr von fundamentalem Interesse, wie in Paulus' späteren Briefen und anderen Büchern des Neuen Testamentes deutlich wird, wo sie praktisch keine Rolle mehr spielt.

Von weitaus größerer Bedeutung war die Tatsache, daß Jesus für seine Ziele und Ideale gelitten hatte, und Paulus fand schließlich eine bessere Erklärung für seine frühere Lehre, indem er sagte (1 Korinther 15,44/50):

> Gesät wird ein irdischer Leib, auferweckt ein überirdischer Leib.
> … Damit will ich sagen, Brüder: Fleisch und Blut können das Reich Gottes nicht erben; das Vergängliche erbt nicht das Unvergängliche.

Wir dürfen nicht vergessen, daß Jesus weder ein Nichtjude noch ein Christ war. Er war ein hellenistischer Jude, dessen Religion als radikales Judentum bezeichnet werden könnte. Mit der Zeit wurde seine ursprüngliche Mission von einer religiösen Bewegung vereinnahmt, die sich nach ihm benannte, um die Identität seiner wahren Nachfolger zu verschleiern. Das Zentrum der Bewegung befand sich in Rom, und ihre selbsternannte Autorität beruhte auf der Äußerung bei Matthäus (16,18-19), in der Jesus gesagt haben soll: »Ich aber sage dir: Du bist Petrus, und auf diesen Felsen werde ich meine Kirche bauen.« Unglücklicherweise wurde das griechische Wort *petra* (Fels), das sich auf den »Fels von Israel« bezog, übersetzt, als handele es sich dabei um das Wort *petros* (Stein) und beziehe sich auf Petrus[7], der tatsächlich den

Beinamen *Kephas* – »Stein« – trug. Jesus bestätigte in Wahrheit, daß sich seine Mission auf den Fels von Israel begründete, nicht auf Petrus. Trotzdem bestand die neue Bewegung darauf, daß nur jene zu Führern der neuen christlichen Bewegung werden konnten, die ihre Autorität direkt aus den Händen von Petrus empfangen hatten. Ein geschicktes Konzept, das dazu dienen sollte, die Kontrolle durch eine auserwählte und exklusive Bruderschaft zu gewährleisten. Die gnostischen Jünger[8] von Simon dem Zeloten nannten es den »Glauben der Narren«.

Das Evangelium von Maria Magdalena bestätigt, daß einige der Apostel für einige Zeit nichts von der »Auferstehung Jesu« wußten und weiterhin glaubten, ihr Christus sei gekreuzigt worden. Diese Apostel »trauerten reichlich« und sagten: »Wie können wir jetzt zu den Heiden gehen und dort das himmlische Evangelium des Menschensohns predigen? Wenn sie so mit ihm umgesprungen sind, werden sie dann nicht auch mit uns so verfahren?« Maria, die bereits mit Jesus in der Grabkammer gesprochen hatte, erwiderte: »Hört auf zu weinen. Es gibt keinen Grund zu trauern. Faßt statt dessen Mut, denn sein Segen wird mit euch und um euch sein und euch beschützen.«

Dann sagte Petrus zu Maria: »Schwester, wir wissen, daß der Heiland dich mehr liebte als jede andere Frau. Erzähle uns alles, was der Heiland dir unter vier Augen sagte – alles, was du über ihn weißt, wir aber nicht.«[9]

Maria erinnerte sich, daß Jesus folgendes zu ihr gesagt hatte: »Gesegnet seist du, daß du bei meinem Anblick nicht ohnmächtig geworden bist: denn wo der Geist ist, da liegt der Schatz.« Da antwortete Andreas und sagte zu den Brüdern: »Denkt darüber, wie ihr wollt. Ich jedenfalls glaube nicht, daß der Heiland dies gesagt hat.« Petrus stimmte mit Andreas überein und fügte hinzu: »Würde er wirklich im geheimen mit einer Frau gesprochen haben und nicht offen mit uns?« Daraufhin »weinte Maria und sagte zu Petrus... Glaubst du, daß ich all dies erfunden habe, oder daß ich nicht die Wahrheit über den Heiland spreche?

Levi antwortete und sagte zu Petrus:... Du bist immer hochfahrend gewesen. Jetzt sehe ich, wie du mit einer Frau streitest, als sei sie dein Feind. Doch wenn der Heiland sie für würdig befand, wer bist dann du, sie zurückzuweisen? Gewiß kannte der Heiland sie gut genug.«

Bei »Levi« handelte es sich, wie wir wissen[10], um Matthäus Hannas, einen Priester und Nachfolger »von Alphäus«. Seine Feinfühligkeit war das Resultat einer hohen Intelligenz und guter Bildung. Bei Petrus und Andreas handelte es sich dagegen um ungebildete Dorfbewohner, die trotz ihrer Zeit mit Jesus und den kultivierteren Aposteln auf einem alten überkommenen Frauenbild beharrten. Die sexistische Haltung von Petrus sollte später – wie wir noch sehen werden – eine wichtige Rolle in der römischen Doktrin spielen, die auf seinen Lehren beruhte.

Die ersten Bischöfe der christlichen Kirche leiteten ihre eigene apostolische Herkunft von Petrus ab – die Übergabe episkopaler Autorität durch persönliches Handauflegen. Diese Bischöfe waren es, die in der gnostischen Schrift *Die Apokalypse des Petrus* als »trockene Kanäle« bezeichnet wurden.[11] Dort steht:

> Sie nennen sich Bischöfe und Dekane, als hätten sie ihre Autorität direkt von Gott erhalten… obwohl sie das Mysterium nicht verstehen, behaupten sie, das Geheimnis der Wahrheit sei ihres allein.

Was die Auferstehung angeht, so bleibt sie paradox – sie hat nicht die exorbitante Wichtigkeit, die ihr beigemessen wird, und doch hat sie eine Bedeutung, die den meisten entgeht. Im Thomasevangelium wird Jesus mit den Worten zitiert: »Wenn der Geist aufgrund des Körpers in die Welt träte, so wäre dies ein Wunder der Wunder.«[12]

KAPITEL 8

Die Blutlinie setzt sich fort

DIE TOCHTER TAMAR

Wie bereits erwähnt, war Maria Magdalena zur Zeit der Kreuzigung im dritten Monat schwanger. Sie und Jesus hatten ihre Zweite Hochzeit anläßlich der Salbung in Betanien im März 33 vollzogen. Diese Information läßt sich nicht nur aus den Evangelien entnehmen, sie läßt sich auch errechnen, denn die diesbezüglichen Regeln lassen keinen Zweifel zu. Der männliche Erbe einer Blutlinie sollte seinen ersten Sohn idealerweise an oder um seinen vierzigsten Geburtstag herum haben. (Vier Jahrzehnte wurden als »dynastische Generationsfolge« betrachtet.)[1] Die Geburt eines dynastischen Sohnes und Erben sollte außerdem immer im September geschehen – dem heiligsten Monat des jüdischen Kalenders. Aus diesem Grund waren die sexuellen Beziehungen auf den Monat Dezember beschränkt.

Die Ersten Hochzeiten wurden ebenfalls im heiligen Monat September abgehalten – der Monat, in dem der Versöhnungstag lag. Eine dynastische Hochzeit hätte deshalb theoretisch im September des 39. Lebensjahres des Bräutigams stattfinden sollen, wobei die sexuellen Aktivitäten sich auf den Dezember des gleichen Jahres beschränkten. In der Praxis bestand immer die Möglichkeit, daß das erste Kind eine Tochter war, und aus diesem Grund wurden die Feierlichkeiten für die Erste Hochzeit in der Regel im 36. Lebensjahr des Bräutigams begangen. Die erste Chance für ein Kind bestand somit im September seines 37. Lebensjahres. Wurde die Braut im Dezember des ersten Jahres nicht schwanger, versuchte das Paar es im nächsten Jahr wieder, und so fort.

Wurde dem Paar ein Sohn geboren, so war ihnen für die Dauer von sechs Jahren jeder sexuelle Kontakt untersagt.[2] Handelte es sich bei dem Kind um eine Tochter, beschränkte sich der zölibatäre Zeitraum auf drei Jahre bis zur »Zeit der Wiederherstellung« (des Ehestatus).

Wie wir bereits gesehen haben, wurde die Zweite Heirat im März nach der Empfängnis feierlich begangen. Die Braut war zu diesem Zeitpunkt bereits drei Monate schwanger.

In Übereinstimmung mit diesen Regeln und Gebräuchen fand die Erste Heirat von Jesus im September 30 (seinem 36. Lebensjahr) statt, bei der Gelegenheit, als Maria Magdalena zum ersten Mal seine Füße salbte (Lukas 7,37-38).

In diesem und im folgenden Dezember fand keine Empfängnis statt. Im darauffolgenden Dezember 32 empfing Maria jedoch und salbte Jesus in Betanien vorschriftsmäßig Haupt und Füße. Damit war die Zweite Hochzeit im März 33 formal abgeschlossen.

Wir wissen, daß Jesus entgegen den Regeln am 1. März im Jahre 7 v. Chr. geboren wurde. Um seinem Status Genüge zu tun, wurde sein offizieller Geburtstag auf den 15. September verlegt, wie es die messianischen Anforderungen geboten. (Auch in späteren Jahren war es bei Monarchen manchmal üblich, neben dem persönlichen Geburtsdatum noch ein offizielles zu bestimmen.) Erst im Jahre 314 n. Chr. legte der römische Kaiser Konstantin der Große[3] den Geburtstag von Jesus willkürlich auf den 25. Dezember um. Dafür gab es zwei Gründe. Zum einen wurde das christliche Fest dadurch von jedem jüdischen Beigeschmack befreit und gleichzeitig nahegelegt, daß Jesus ein Christ und kein Jude gewesen sei. (Später wurde auf ähnliche Weise auch das Osterfest von seiner Verbindung mit dem Paschafest getrennt.) Und zweitens wurde so durch den offiziellen Geburtstag von Jesus das heidnische Wintersonnwendfest ersetzt.

In der Zeitrechnung Jesu war jedoch der 15. September 33 – sechs Monate nach der Kreuzigung – sein offizieller 39. Geburtstag, und in diesem Monat brachte Maria eine Tochter zur Welt. Sie wurde Tamar – Palmbaum – genannt (im griechischen wurde daraus Damaris), ein traditioneller davidischer Familienname. Anschließend mußte Jesus bis zur »Wiederherstellung« ein dreijähriges Zölibat einhalten, wie es in der Apostelgeschichte (3,20-21) zu lesen ist[4]:

> ... und Jesus sendet als den für euch bestimmten Messias. Ihn muß freilich der Himmel aufnehmen bis zu den Zeiten der Wiederherstellung von allem, die Gott von jeher durch den Mund seiner heiligen Propheten verkündet hat.

Im September des Jahres 33 wurde Simon der Zelote wieder zum Vater der Gemeinschaft bestellt. Zu diesem Zeitpunkt wurde auch Jesus endlich in die Priesterschaft aufgenommen – ein Ritual, in dessen Verlauf er »gen Himmel fuhr«.

Obwohl er von vielen als königlicher Nachfolger Davids anerkannt worden war, hatte Jesus lange Zeit vergeblich um die Aufnahme in die Priesterschaft ersucht, besonders in das innere Sanktum der höchsten Priester – das »himmlische Königreich«. Nachdem Simon wieder eingesetzt war, ging sein Wunsch in Erfüllung: Er wurde ordiniert und vom »Führer der Pilger«, seinem eigenen Bruder Jakob, in den »Himmel« aufgenommen. Der Name von Jakob im Zusammenhang mit der Bruderschaft lautete »Wolke« und entstammte ebenfalls einem Bild aus dem Alten Testament.[5] Eine Wolke war es gewesen, die die alten Israeliten ins Gelobte Land geführt hatte. Die Erscheinung Gottes vor Mose auf dem Berg Sinai war nicht nur von Blitz und Donner, sondern auch von einer Wolke begleitet (Exodus 19,16).

Die Erhebung Jesu in den Priesterstand wurde im Neuen Testament verzeichnet und ist im allgemeinen als »Himmelfahrt« bekannt. Nicht nur Jesus benutzte die Form der Parabel, um seine Botschaft unter die Menschen zu bringen, die Evangelien verwendeten ebenfalls Allegorien und Parabeln, die nur jenen, die »Ohren hatten zum Hören«, etwas bedeuteten. Einige Passagen, die geradlinig erzählt scheinen (wie übernatürlich ihr Inhalt auch wirken mag), sind gleichwohl Parabeln. Wie Jesus zu seinen Jüngern sagte (Markus 4,11-12): »Euch ist das Geheimnis des Reiches Gottes anvertraut, denen aber, die draußen sind, wird alles in Gleichnissen gesagt, denn sehen sollen sie, sehen, aber nicht erkennen; / Hören sollen sie, hören, aber nicht verstehen.«

Die Himmelfahrt, wie sie in der Apostelgeschichte (1,9) beschrieben ist, ist ebenso ein Gleichnis: »Als er das gesagt hatte, wurde er vor ihren Augen emporgehoben, und eine Wolke nahm ihn auf und entzog ihn ihren Blicken.« Bei Jesu Aufbruch in den priesterlichen Bereich des Himmels kündigten zwei Priester an, daß er eines Tages auf die gleiche Weise zurückkehren würde: »Während sie unverwandt ihm nach zum Himmel emporschauten, standen plötzlich zwei Männer in weißen Gewändern bei ihnen und sagten: Ihr Männer von Galiläa, was steht ihr da und schaut zum Himmel empor? Dieser Jesus, der von euch ging und in den Himmel aufgenommen wurde, wird ebenso wieder-

kommen, wie ihr ihn habt zum Himmel hingehen sehen« (Apostelgeschichte 1,10-11).

So verließ Jesus die alltägliche Welt für drei Jahre – drei Jahre, während derer Maria Magdalena, die Mutter seines Kindes, keinen körperlichen Kontakt mit ihm haben würde.

Vom sechsten Monat der Schwangerschaft an hatte Maria das Recht,
sich Mutter[6] zu nennen, doch nachdem ihre Tochter geboren worden war
und die drei zölibatären Jahre begonnen hatten, galt sie als Witwe. Dynastische Kinder wurden innerhalb der klösterlichen Gemeinschaft aufgezogen und ausgebildet, wo ihre Mütter (die »Witwen« oder »verkrüp-
pelten Frauen« – Ehefrauen im Zölibat) mit ihnen lebten. Der Grund
dafür, daß so wenig über die Kindheit Jesu in den Evangelien steht, liegt
darin, daß auch er in einem solchen Konvent aufgewachsen ist.

DER ERSTE SOHN MARIA MAGDALENAS

Jesu dreijährige klösterliche Trennung endete im September 36. Im
Dezember jenes Jahres war es ihm wieder gestattet, körperlichen Kontakt mit seiner Frau aufzunehmen.

Eine der besonderen Eigenschaften der Sprache im Neuen Testament
besteht darin, daß die Worte, Namen und Titel mit geheimer Bedeutung[7]
nicht nur durchweg die gleiche Bedeutung haben, sondern auch immer
dann verwendet werden, wenn dieser Bedeutung Ausdruck verliehen
werden muß. Die Symbolik bleibt also konstant. Dr. Barbara Thiering hat
die bisher wohl umfangreichsten Studien auf diesem Feld angefertigt,
basierend auf Informationen aus den Kommentaren der Papyrusrollen
vom Toten Meer zum Alten Testament. Diese Kommentare beinhalten
die Geheimnisse der *pesharim* (der Wege zu den wichtigen Hinweisen)
und wurden von den Schriftgelehrten Qumrans verfaßt.

In einigen Fällen mögen die individuellen Ableitungen der ver-
schlüsselten Namen oder Titel komplex oder obskur erscheinen, doch
meist sind sie ganz einfach, wenn auch nicht offensichtlich. Oft werden
geheime Informationen im Neuen Testament mit der Phrase eingelei-
tet: »Wer Ohren hat zum Hören, der höre« – ein sicherer Hinweis auf
eine Passage mit versteckter Bedeutung für jene, die den Kode kennen.

Durch den *pesher* (Singular von *pesharim*, bedeutet Erklärung/
Lösung) ist Jesus als »das Wort Gottes« definiert – wie es von Anfang

an im Johannesevangelium heißt: »Im Anfang war das Wort, und das Wort war bei Gott, und das Wort war Gott… Und das Wort ist Fleisch geworden und hat unter uns gewohnt, und wir haben seine Herrlichkeit gesehen,…« (Johannes 1,1/14).

Wann immer in den Evangelien der Ausdruck »das Wort Gottes« benutzt wird, ist damit Jesus gemeint. Der Ausdruck wurde auch in der Apostelgeschichte benutzt, um den Aufenthaltsort von Jesus nach der Himmelfahrt zu kennzeichnen. Lesen wir also, daß Samaria »das Wort Gottes« empfing (8,14), so heißt dies, daß Jesus sich in Samaria aufhielt. Lesen wir in der Apostelgeschichte (6,7), daß das Wort Gottes sich ausbreitete[8], so bedeutet dies, daß Jesus »sich ausbreitete« und einen Nachkommen, sprich einen Sohn, hatte.

Den messianischen Geboten entsprechend fand die Geburt im Jahre 37 statt – im Jahr nach der »Wiederherstellung«, als Jesus seine Ehe wieder aufgenommen hatte. Im Anschluß an die Geburt seines Sohnes mußte Jesus nun allerdings ein sechsjähriges Zölibat auf sich nehmen.

In der russisch-orthodoxen Kirche der Maria Magdalena in Jerusalem hängt ein wundervolles Porträt von Maria, auf dem sie dem Betrachter ein rotes Ei zeigt – das Symbol von Fruchtbarkeit und neuer Geburt. Auf ähnliche Weise porträtiert das Gemälde »Heilige Allegorie« von Jan Provost – einem esoterischen Maler des 15. Jahrhunderts – einen schwertschwingenden Jesus gemeinsam mit seiner Ehefrau Maria. Sie trägt eine Krone und die schwarze Tracht der Nazoräer, während sie die Taube des Heiligen Geistes in die Freiheit entläßt.

Es dürfte kaum überraschen, daß der erste Sohn von Jesus und Maria – dem wir uns später noch widmen werden – ebenfalls den Namen Jesus trug.

DER MYTHOLOGISCHE JESUS DES PAULUS

Während seiner klösterlichen Absonderung (dem »himmlischen Zustand«) predigten die Jünger Jesu weiter, doch hatten sie dabei nicht vor, eine neue Religion zu gründen. Trotz ihrer radikalen Botschaft blieben sie jüdisch und versuchten, mit Petrus an der Spitze, lediglich die jüdische Religion zu reformieren.

Saulus von Tarsus, ein strikt orthodoxer Hebräer und Hauslehrer des Sohnes von Herodes Agrippa, befand sich in direkter Opposition zu dieser neuen Bewegung. Er war der Ansicht, daß die Juden allen Heiden überlegen seien und daß Jesu Bruder Jakob der rechtmäßige Messias sei.

Das Jahr 37 sah einige Veränderungen in der Administration des römischen Imperiums, besonders in Palästina. Kaiser Tiberius war gestorben, und sein Nachfolger Gaius Caligula entließ Pilatus und installierte seinen eigenen Mann namens Felix als Statthalter von Judäa. Der Hohepriester Kajaphas und Simon der Zelote, der Vater, verloren ebenfalls ihre Position. Theopilus, der Bruder von Jonatan Hannas, übernahm das Amt des Hohenpriesters. Die neue jüdische Verwaltung unterstand der römischen Besatzung noch stärker, als es schon zuvor der Fall gewesen war.

Im Jahre 40 hielt Jesus sich in Damaskus auf, wo die führenden Juden eine Konferenz über ihre Beziehung zu Rom abhielten. So wie Jesus überzeugt war, daß die Juden ohne die Heiden nicht in der Lage sein würden, Rom jemals zu besiegen, war Saulus überzeugt, daß eine Verbindung mit den Nichtjuden ein Zeichen der Schwäche sei und die Juden verwundbar machen würde. Saulus entrüstete sich besonders darüber, daß eine Statue von Caligula im Tempel von Jerusalem aufgestellt wurde – wofür er Jesus und die Hellenisten verantwortlich machte, die seiner Ansicht nach die jüdische Nation gespalten hatten. Auch er begab sich nach Damaskus, um seine Überzeugungen zu vertreten.

Der Bericht in der Apostelgeschichte legt nahe, daß Saulus mit einem Mandat des Hohenpriesters von Jerusalem nach Damaskus ging, doch dies ist schlecht möglich, da der jüdische Sanhedrin in Syrien über keinerlei Amtsgewalt verfügte.[9] Wahrscheinlicher ist, daß Saulus, der zum Hause des Herodes gehörte, für die römische Verwaltung arbeitete und versuchte, die Nazoräer auszuschalten.[10]

Noch bevor Saulus auf der Konferenz seinen Standpunkt darlegen konnte, konfrontierte Jesus ihn im Inneren des Klostergebäudes. Als Saulus gegen Mittag eintraf, befand sich die Sonne genau über dem Hochfenster der Sakristei.[11] Jesus war da und bereit, sich seinem Ankläger zu stellen (Apostelgeschichte 9:3-4):

> … als er sich bereits Damaskus näherte, geschah es, daß ihn plötzlich ein Licht vom Himmel umstrahlte. Er stürzte zu Boden und hörte, wie eine Stimme zu ihm sagte: Saul, Saul, warum verfolgst du mich?

Nachdem er sich die überzeugenden Ausführungen von Jesus an-
gehört hat, realisiert Saulus, daß er sich bis dahin von den konfessionellen Dogmen hatte irreführen und »blenden« lassen.

Daraufhin weist Jesus Hananias an, Saulus weiter zu erleuchten, doch
Hananias zögert, weil er Saulus für einen Agenten des Feindes hält.
»Herr, ich habe von vielen gehört, wieviel Böses dieser Mann deinen
Heiligen in Jerusalem angetan hat.« (9,13) Trotzdem gehorcht der Jünger: »Bruder Saul, der Herr hat mich gesandt, Jesus, der dir auf dem Weg
hierher erschienen ist; du sollst wieder sehen und mit dem Heiligen
Geist erfüllt werden.« (Apostelgeschichte 9,17). Und nach seiner Ein-
weisung in die hellenistische Denkweise wurde Saulus initiiert, so daß
er den Weg zur Erlösung in der Vereinigung mit den Nichtjuden erkennen konnte: »Sofort fiel es wie Schuppen von seinen Augen, und er sah
wieder; er stand auf und ließ sich taufen« (Apostelgeschichte 9,18).[12]

Aus dieser Erfahrung ging Saulus als überzeugter Hellenist hervor.
Augenblicklich begann er in Damaskus zu predigen, doch seine Zuhö-
rer trauten ihren Ohren kaum, als der Mann, der gekommen war, den
Messias herauszufordern, ihn statt dessen unterstützte. Die Juden
waren verwirrt und mißtrauisch und innerhalb kürzester Zeit verärgert. Saulus wurde mit dem Tode bedroht, und die Jünger mußten ihn
aus der Stadt schaffen. Bereits im Jahre 43 war Saulus unter seinem
neuen Namen Paulus als eifriger Evangelist bekannt, der neben Petrus
hell im Licht der Öffentlichkeit stand.

Ein Problem bestand jedoch darin, daß Saulus seine Bekehrung derartig traumatisch erfahren hatte, daß er Jesus nicht nur als irdischen
Messias mit einer erhebenden sozialen Botschaft betrachtete, sondern
als den fleischgewordenen Sohn Gottes – einen himmlischen Macht-
träger.

Seine Missionsreisen führten Paulus nach Anatolien und in den östlichen, griechischsprachigen Mittelmeerraum. Seine dramatisch veränderte Version der Frohen Botschaft war die von einem ehrfurchtge-
bietenden Retter, der in Bälde ein weltweites Regime vollkommener
Gerechtigkeit etablieren würde. Paulus nahm bei seinen Predigten vor
allem zweideutige Texte aus dem Alten Testament zu Hilfe, wie folgenden Absatz aus dem Buch Daniel (7,13-14):

Da kam mit den Wolken des Himmels einer wie ein Menschensohn. Er
gelangte bis zu dem Hochbetagten und wurde vor ihn geführt. Ihm wurden

Herrschaft, Würde und Königtum gegeben. Alle Völker, Nationen und Sprachen müssen ihm dienen...

Zum Zeitpunkt ihrer Entstehung hatten diese Texte nicht das mindeste
mit Jesus zu tun, doch Paulus nutzte sie, um sich zu feurigen Reden
inspirieren zu lassen.[13] Mit der Leidenschaft eines Propheten aus dem
Alten Testament verkündete er den »Zorn Gottes« und stellte gewagte
Behauptungen auf, die ihm bisher ungeahnte Aufmerksamkeit
bescherten. Im ersten Brief an die Thessalonicher behauptet er zum
Beispiel (4,16-17):

> Denn der Herr selbst wird vom Himmel herabkommen, wenn der Befehl
> ergeht, der Erzengel ruft und die Posaune Gottes erschallt. Zuerst werden die
> in Christus Verstorbenen auferstehen; dann werden wir, die Lebenden, die
> noch übrig sind, zugleich mit ihnen auf den Wolken in die Luft entrückt, dem
> Herrn entgegen. Dann werden wir immer beim Herrn sein.

Durch die phantasievollen Predigten des Paulus tauchte bald ein gänzlich anderes Konzept von Jesus auf. Jetzt war er nicht länger der lange
erwartete gesalbte Messias, der die davidische Linie fortsetzen und die
Juden von der römischen Herrschaft in Palästina befreien würde. Mit
einem Mal war er der Retter der Welt!

> Er ist das Ebenbild des unsichtbaren Gottes, der Erstgeborene der ganzen
> Schöpfung. Denn in ihm wurde alles erschaffen im Himmel und auf Erden,
> das Sichtbare und das Unsichtbare, Throne und Herrschaften, Mächte und
> Gewalten; alles ist durch ihn und auf ihn hin geschaffen... Er ist das Haupt
> des Leibes, der Leib aber ist die Kirche. Er ist der Ursprung, der Erstgeborene
> der Toten; so hat er in allem den Vorrang. Denn Gott wollte mit seiner ganzen
> Fülle in ihm wohnen...
>
> (Brief an die Kolosser 1,15-19)

Während Jakob und Petrus ihre weniger einfallsreichen Botschaften
predigten, war Paulus in das unbegrenzte Reich der Phantasie abge-
wandert. Er erfand unerklärliche Mythen und äußerte selbsterfundene
Prophezeiungen, die sich freilich nie erfüllten.

Trotzdem dominiert Paulus den Großteil des Neuen Testaments,
wenn man von den Evangelien einmal absieht. Sein Einfluß war so
groß, daß der dienende Jesus der Evangelien zu einem Teil des Allmächtigen Gottes selbst wurde – und Jesus, der dynastische Christus,
der königliche Erbe des Hauses Juda, für die Religionsgeschichte vollständig verlorenging.

Die eigentliche Aufgabe des Paulus bestand darin, die hellenistisch-jüdische Botschaft den Nichtjuden in den Küstenregionen des Mittelmeeres zu predigen und die Botschaft Jesu zu jenen Juden zu bringen, die außerhalb des Nahen Ostens lebten. Statt dessen sammelte er seine eigene Gemeinde, die ihn kultisch verehrte. Seiner Darstellung nach reichte die Verehrung und bedingungslose Anbetung Jesu, um Vergebung und Eintritt in das Himmlische Königreich zu erlangen. Alle sozialen Fragen und Werte, für die Jesus und seine Botschaft standen, ignorierte er vollständig in seinem Bemühen, mit anderen, heidnischen Glaubenssystemen zu konkurrieren.

Im Mittelmeerraum existierten zu jener Zeit zahlreiche Religionen, deren Götter und Propheten angeblich von Jungfrauen abstammten oder dem Tod auf die eine oder andere Art getrotzt hatten. Ihr Ursprung war durchweg übernatürlich, und sie verfügten gegenüber normalen Sterblichen über erstaunliche Kräfte. Der Gerechtigkeit halber muß man Paulus zugestehen, daß er sich auf seiner Mission mit Problemen auseinanderzusetzen hatte, die Jakob und Jesus in ihrer Heimat nie begegnet waren. Sein Rezept bestand darin, Jesus in einer Weise zu präsentieren, die selbst die übernatürlichen Götzen der Heiden und ihre Fähigkeiten in den Schatten stellte. Dadurch schuf er ein Bild von Jesus, das so weit von der Realität entfernt war, daß die jüdische Gesellschaft ihn als einen Betrüger betrachtete. Dennoch war es dieser von Paulus erfundene, transzendente Jesus, der schließlich zum Jesus des orthodoxen Christentums wurde.[14]

DAS GRALSKIND

In den frühen vierziger Jahren des ersten Jahrhunderts trafen sich Petrus und Paulus in Antiochia, während Jakob und seine Nazoräer weiterhin in Jerusalem tätig waren. Wie weit die einstigen Apostel sich voneinander entfernt hatten, wurde deutlich, als auch Simon der Zelote in Zypern seine eigene esoterisch-gnostische Sekte ins Leben rief.[15]

Petrus war die rechte Hand von Jesus gewesen, und in dieser Eigenschaft hätte er Maria in den Jahren ihrer symbolischen Witwenschaft beschützen sollen. Seine Meinung von Frauen war allerdings so gering, daß er einer Priesterin nicht dienen wollte.[16] Die Einstellung von Paulus gegenüber Frauen war noch geringschätziger, und er wehrte sich vehement gegen ihre Beteiligung in religiösen Angelegenheiten. Deshalb gewährten die beiden Männer Maria keinen Platz innerhalb der neuen Bewegung und gingen sogar so weit, sie öffentlich zu einer Häretikerin zu erklären, da sie eine enge Freundin von Helena-Salome war, der Gemahlin von Simon dem Zeloten.

Im Dezember 43, sechs Jahre nach der Geburt ihres Sohnes, nahmen Jesus und Maria ihren Ehestatus noch einmal auf. Jesus machte sich nicht viel aus den Machenschaften von Petrus und Paulus. Im Gegenteil, er war sogar froh darüber, daß Maria mit der gnostischen Fraktion von Simon und den Nazoräern um Jakob assoziiert wurde und nicht mit der sexistischen Botschaft, die von Petrus und Paulus unter die Leute gebracht wurde. Schließlich war Maria gemeinsam mit Marta die »Schwester« des Simon/Lazarus in Betanien gewesen, und die beiden kannten sich gut.

Um diese Zeit empfing Maria erneut.

Im Frühling 44 befand Jesus sich gemeinsam mit Johannes Markus, dem Oberhaupt der Proselyten (zum Judentum Konvertierten), auf einer Missionsreise nach Galatien in Kleinasien.

Während ihrer Abwesenheit wurden Jakob und die Nazoräer zu einer wachsenden Bedrohung für die römische Obrigkeit in Jerusalem. Als direkte Folge davon wurde der Apostel Jakobus Boanerges von Herodes von Chalcis im Jahre 44 hingerichtet (Apg. 12,1-2). Simon Zelotes übte augenblicklich Vergeltung und ließ Herodes Agrippa vergiften[18], mußte im Anschluß daran aber fliehen. Thaddäus hatte weniger Glück. Bei seinem Versuch, den Jordan zu überqueren, wurde er von Herodes von Chalcis gefaßt und exekutiert. Maria befand sich nun in einer heiklen Lage, denn Herodes von Chalcis wußte von ihrer Freundschaft mit Simon. Sie ersuchte den ehemaligen Schüler von Paulus, den jungen Herodes Agrippa II., um Schutz, und er arrangierte ihre Reise zu den Besitztümern seiner Familie in Gallien, wohin auch Herodes Antipas und sein Bruder Archelaus ins Exil geschickt worden waren.

Im gleichen Jahr gebar Maria ihren Sohn in der französischen Provence – im Neuen Testament findet sich dazu ebenfalls wieder ein Hinweis (Apg. 12,24).[19] Bei diesem zweiten Sohn handelte es sich um das wichtige »Gralskind«. Sein Name war Josef.

VERSTECKTE AUFZEICHNUNGEN UND DIE DESPOSYNI

Nachdem er seine dynastischen Verpflichtungen erfüllt und zwei Söhne gezeugt hatte, war Jesus von seinen Beschränkungen befreit und konnte wieder einem »normalen« Leben nachgehen. Von 46 an[20] wurde sein nun neunjähriger Sohn Jesus in Cäsarea ausgebildet. Drei Jahre später wurde er in der Provence der Zeremonie seiner »Zweiten Geburt« unterzogen. Im Alter von zwölf Jahren – seinem ersten Jahr als Initiierter – wurde er symbolisch aus dem Bauch »wiedergeboren«. Dieser Zeremonie wohnte sein Onkel Jakob (Josef von Arimathäa) bei, der seinen Neffen anschließend für einige Zeit mit in den Westen Englands nahm.

Im Jahre 53 wurde Jesus der Jüngere in der Synagoge von Korinth offiziell zum Kronprinzen erklärt und erhielt standesgemäß den Titel des davidischen Kronprinzen, »Justus« (der Gerechte).[21] Somit war er auch formell zum königlichen Nachfolger seines Onkels, Jakob der Gerechte, geworden. Im Alter von sechzehn Jahren wurde Jesus Justus ebenfalls zum Oberhaupt der Nazoräer und gewann das Anrecht auf die schwarze Robe – wie sie von den Priestern der Isis, der universellen Muttergottheit, getragen wurde.[22]

Sein Vater, Jesus der Christus, reiste im Jahre 60 über Kreta und Malta nach Rom. Paulus kehrte unterdessen nach Jerusalem zurück, nachdem er lange Zeit mit dem Arzt Lukas gereist war. Dort angekommen, wurde er der Verschwörung gegen Jonatan Hannas bezichtigt, der unterdessen vom Statthalter Felix ermordet worden war. Der Statthalter wurde nach Rom geschickt, um sich vor Kaiser Nero zu verantworten, und Paulus mußte ihm folgen. Nach einiger Zeit wurde Felix von der Anklage freigesprochen, während Paulus in Haft bleiben mußte, weil er enge Verbindungen zu Herodes Agrippa II. hatte, einem Mann, den Nero verachtete. Auch Jesus Justus befand sich zu diesem Zeitpunkt in der Stadt (Kolosser 4,11).

Weit entfernt von Rom hatte der jüngere Bruder von Jesus Justus, Josef, seine Ausbildung an einer Druidenschule abgeschlossen und sich mit seiner Mutter in Gallien angesiedelt. Später kam sein Onkel Jakob hinzu, der im Jahre 62 aus Jerusalem vertrieben worden war. Seine Nazoräer waren brutalen Schikanen durch die Römer ausgesetzt gewesen, und der Sanhedrin hatte Jakob der illegalen Lehre bezichtigt.[23] Im Zuge dieser Ereignisse war er zum Tod durch Steinigung ver-

urteilt und exkommuniziert worden. Der ehemalige Berater des Sanhedrin und zukünftige Messias der Hebräer fiel damit aus seiner religiösen und zivilen Spitzenposition – was so dargestellt wurde, als sei
er vom Dach des Tempels gestürzt.

Nach dem Verlust all seiner spirituellen Reputation nahm Jakob
wieder seinen ererbten Namen, Josef von Arimathäa, an und machte
sich auf den Weg nach Westen, um sich in Gallien Maria Magdalena
und ihren Gefährten anzuschließen.

Unterdessen war Petrus in Rom eingetroffen, um die Verantwortung
für die Mitglieder der paulinischen Sekte zu übernehmen, die inzwischen unter dem Namen »Christen« bekannt waren. Kaiser Nero hatte
einen leidenschaftlichen Haß auf die Christen entwickelt, und um sie
zahlenmäßig zu dezimieren, ließ er sie systematisch verfolgen. Seine
bevorzugte Folter bestand darin, die Christen in seinem Palastgarten
an Pfosten zu binden und sie bei Nacht als menschliche Fackeln zu ent-
zünden.[24] Dieses Verhalten führte im Jahre 64 zu einem großangeleg-
ten Aufstand der Christen, in dessen Folge in Rom ein verheerendes
Feuer ausbrach. Der unausgeglichene Kaiser galt als Verantwortlicher,
beschuldigte jedoch die Christen und ließ Petrus und Paulus hinrichten.

Vor seinem Tod gelang es Paulus, Timothäus die Nachricht zukommen zu lassen, daß Jesus der Christus sich in Sicherheit befand[25], ohne
jedoch zu erwähnen, wo. Viele sind der Ansicht, daß Jesus den Fuß-
stapfen des Apostels Thomas nach Indien folgte und in Srinagar in
Kaschmir starb. Dort befindet sich ein Grab, das mit ihm in Verbindung gebracht wird.[26]

Nachdem Jakob (Josef von Arimathäa) sich dauerhaft im Westen
niedergelassen hatte, dauerte es nicht lange, bis Simon der Zelote die
meisten Nazoräer aus Jerusalem führte. Im Jahre 65 sandte er sie in öst-
licher Richtung über den Jordan (wohin auch sein verstorbener
Gefährte Thaddäus unterwegs gewesen war), und sie siedelten sich im
alten Mesopotamien an.

Die Verfolgung der Christen durch Nero hatte auch im Heiligen
Land für eine Verschärfung der Spannungen gesorgt, und in den
ersten Monaten des Jahres 66 brachen in Cäsarea erste sporadische
Kämpfe zwischen Zeloten und Römern aus. Die Feindseligkeiten breiteten sich bald nach Jerusalem aus, wo die Zeloten eine ganze Anzahl
strategisch wichtiger Positionen eroberten. Vier Jahre lang regieren sie

die Stadt, bis eine massive Streitkraft unter Flavius Titus die Stadt im
Jahre 70 dem Erdboden gleichmachte. Wie Jesus es vor so vielen Jahren
vorhergesagt hatte, fiel der Tempel, und alles fiel mit ihm. Die meisten
Einwohner wurden abgeschlachtet, die Überlebenden in die Sklaverei
verkauft, und für die nächsten sechs Jahrzehnte war die Heilige Stadt
eine leerstehende Trümmerlandschaft.

Die jüdische Nation befand sich in Aufruhr. Nicht nur Jerusalem,
auch Qumran war gefallen. Die berühmte letzte Bastion war die Bergfestung Masada, südwestlich vom Toten Meer. Dort widersetzten sich
weniger als eintausend Juden den wiederholten Belagerungen der
römischen Armee. Allmählich gingen ihnen jedoch Nachschub und
Vorräte aus. Im Jahr 74 war ihre Sache verloren, und der Garnisons-
kommandant Eleazar Ben Jair organisierte einen Massenselbstmord,
den nur zwei Frauen und fünf Kinder überlebten.[27]

Mehrere Wellen von nazarenischen Flüchtlingen verließen das Heilige Land und setzten ihre Traditionen in den nördlichen Regionen von
Mesopotamien und Syrien und in der südlichen Türkei fort. Der Chronist Julius Africanus beschrieb im Jahr 200 die Einzelheiten des Exodus.[28] Bei Ausbruch der Revolte hatten die römischen Statthalter dafür
gesorgt, daß alle öffentlichen Aufzeichnungen in Jerusalem verbrannt
wurden, um jede zukünftige Genealogie unmöglich zu machen. Während des jüdischen Aufstandes selbst vernichteten die römischen
Truppen alle privaten Aufzeichnungen, derer sie habhaft werden konnten. Trotzdem war die Vernichtung nicht komplett, und bestimmte
Papiere konnten erfolgreich verborgen werden.

Africanus schrieb über die gezielte Vernichtung messianischer Dokumente: »Einige vorsichtige Menschen verfügten über eigene, private
Aufzeichnungen und hatten die Namen auswendig gelernt oder von
Kopien abgeschrieben, und sie waren stolz darauf, sich an ihre aristo-
kratische Herkunft erinnern zu können.« Er bezeichnet diese königlichen Erben als die *Desposyni* (»Erben des Herrn« oder »Erben des
Meisters«).[29] Wo immer die desposynischen Zweige auftauchten, wurden sie per römischem Diktat verfolgt – zunächst durch die römischen
Kaiser, später durch die römische Kirche. Eusebius bestätigt, daß die
Desposyni zur Zeit des Kaiserreiches in strikter dynastischer Folge zu
den Oberhäuptern ihrer Sekten wurden. Wo immer die Römer sie
antrafen, wurden sie wie Gesetzlose gejagt[30] und durch das römische
Schwert hingerichtet.

Die volle Wahrheit über diese selektive Inquisition ist immer noch verborgen, doch ihre Mythologie und ihre Traditionen haben überlebt. Wir finden sie in der Gralslegende, dem Tarot, der Artussage, den Liedern der Troubadoure, in esoterischer Kunst und der fortgesetzten Marienverehrung. Die Wirkung dieser Tradition ist so mächtig, daß der Gral immer noch als Sinnbild menschlichen Suchens gilt. Trotzdem wird sie vom orthodoxen geistlichen Establishment als Häresie betrachtet. Weshalb? Weil der letztendliche Gegenstand der Suche immer noch eine Bedrohung für eine Kirche darstellt, die die messianische Erbfolge durch eine selbsterfundene Alternative ersetzt hat.

KAPITEL 9

Maria Magdalena

KÖNIGLICHE BRAUT UND MUTTER

Maria Magdalena starb im Jahre 63 n. Chr., im Alter von 60 Jahren, im heutigen St. Baume in Südfrankreich[1], weit entfernt von ihrer ursprünglichen Heimat und dem vermutlichen letzten Aufenthaltsort ihres Gemahls.

Bisher haben wir unsere Aufmerksamkeit auf das Leben und Wirken von Jesus gerichtet und das Leben von Maria chronologisch in bezug zu dem ihres Mannes verfolgt. Im folgenden wollen wir uns ihrer Bedeutung für zeitgenössische und spätere kirchliche Ereignisse widmen.

Während der Blütezeit von Qumran war Maria nicht einfach nur ein Name, sondern ein hoher Titel, eine Nebenform von *Mirjam* (Name der Schwester von Moses und Aaron).[2] Frauen mit dem Titel Mirjam (Maria) waren Trägerinnen geistlicher Ämter innerhalb spiritueller Gemeinschaften wie der asketischen, der Heilkunde verschriebenen Gemeinschaft der Therapeutaten. Während die »Moses« die liturgischen Zeremonien der Männer leitete, erfüllte die »Mirjam« die gleiche Aufgabe für die Frauen.

Im Neuen Testament wird Maria Magdalena als Frau beschrieben, aus der sieben Dämonen ausgefahren waren (Lukas 8,2), und an späterer Stelle im gleichen Evangelium wird sie als Sünderin bezeichnet. Darüber hinaus wird sie jedoch in allen Evangelien als loyale und bevorzugte Gefährtin von Jesus erwähnt. Die Beschreibung des Lukas bedarf daher erneut einiger Entschlüsselung.

Vor ihrer Heirat unterstanden die Frauen mit dem Titel »Maria« der Autorität des Obersten Schriftgelehrten – zu Marias Zeit also Judas

Iskariot. Dieser Schriftgelehrte trug auch den Namen »Dämonenpriester Nummer 7«[3], und die sieben Dämonenpriester waren als formale
Oppositionsgruppe zu jenen Priestern aufgestellt worden, die die sieben Lichter der Menora darstellten (der siebenarmige Kerzenhalter,
ein weitverbreitetes jüdisches Symbol). Ihnen oblag die Aufgabe, die
zölibatären Frauen der Gemeinschaft anzuleiten. Zum Zeitpunkt ihrer
Hochzeit wurde Maria natürlich von diesem Arrangement befreit – so
erklärt es sich, daß aus ihr »sieben Dämonen ausfuhren« und sie körperlichen Kontakt mit ihrem Ehemann haben durfte, wenn auch nur
gemäß den bereits beschriebenen Vorschriften. Wie bereits erwähnt,
war ihre Ehe keine gewöhnliche, und Maria mußte sich langen Zeiten
der Trennung von ihrem Ehegatten unterwerfen, in denen sie von der
Gemeinde nicht als Ehefrau, sondern als »Schwester« (im devotiona-
len Sinne, wie eine Ordensfrau) behandelt wurde. In ihrer Eigenschaft
als Schwester gehörte Maria zum »Vater«, Simon Zelotes (Lazarus).
Eine weitere Schwester des Vaters war Marta, deren Name ebenfalls
einen Titel darstellte. Marta bedeutet Herrin, und der Unterschied
zwischen den Frauen, die den Namen Maria trugen, und denen, die
den Namen Marta trugen, bestand darin, daß letztere Besitz haben
durften und erstere nicht. Innerhalb der Gemeinde verfügten die
Schwestern über den gleichen Status wie die Witwen (»verkrüppelte
Frauen«)[4], einen Rang unter dem der *almah* (Jungfrau). Eine Jungfrau
heiratete und nahm damit den Rang einer Mutter ein, doch während
der Zeit ihrer Trennung vom Ehepartner fiel sie auf einen niedrigeren
Rang als die unverheirateten Frauen zurück.

Der biologische Vater von Maria Magdalena war der Oberpriester
Syrus, der »Jairus« (sein Rang war unter dem Hohenpriester). Der
Jairus-Priester residierte in der großen Marmorsynagoge von Kafar-
naum, und sein Rang stand nicht in Zusammenhang mit dem Zadok
und dem Abjatar. Sein Titel wurde seit den Tagen von König David nur
an die Nachkommen von Jair (Numeri 32,41) vergeben.

Im Neuen Testament wird Maria also zum ersten Mal im Zusammenhang mit ihrer Auferweckung von den Toten als die Tochter des
Jairus im Jahre 17 n. Chr. erwähnt.[5] Wie wir inzwischen wissen, bezieht
sich eine Auferweckung (im übertragenen Sinn) entweder auf eine
Erhöhung des geistlichen Status innerhalb der Gemeinschaft oder auf
eine Erlösung vom spirituellen Tod durch Exkommunikation. Die
moderne Freimaurerei verwendet den Begriff immer noch in diesem

Sinne. Da Frauen jedoch nicht exkommuniziert wurden, handelte es sich bei der Auferweckung von Maria aller Wahrscheinlichkeit nach lediglich um eine Initiation.

Die ersten Auferweckungen fanden für Jungen im Alter von 12 und für Mädchen im Alter von 14 Jahren statt. Da Maria im Jahr 17 auferweckt wurde, können wir davon ausgehen, daß sie im Jahr 3 geboren wurde und neun Jahre jünger war als Jesus. Zum Zeitpunkt der Heirat im Jahr 30 war sie 27.[6] Da sie im Dezember 32 zum ersten Mal schwanger wurde, war sie zum Zeitpunkt ihrer Zweiten Hochzeit (33 n. Chr.) 30 Jahre alt. Im Jahre 33 gebar sie ihre Tochter Tamar, vier Jahre später Jesus den Jüngeren und im Jahre 44, im Alter von 41 Jahren, ihren zweiten Sohn Josef. Zu diesem Zeitpunkt befand sie sich in Marseille (Massilia), wo bis zum 5. Jahrhundert offiziell Griechisch gesprochen wurde.[7]

Entsprechend der gnostischen Tradition wird Maria Magdalena mit der Weisheit (Sophia) assoziiert, die durch die Sonne, den Mond und einen Heiligenschein aus Sternen repräsentiert wurde. Die gnostische Sophia galt auch als der Heilige Geist, der auf Erden von Maria Magdalena repräsentiert wurde.

Maria Magdalena floh ins Exil, während sie Jesu Sohn unter dem Herzen trug. In der Offenbarung des Johannes (12,1-17) wird die Geschichte von Maria und ihrem Sohn beschrieben, ihre Verfolgung, ihre Flucht ins Exil und die fortgesetzten Nachstellungen der Römer nach ihren Nachkommen:

> Dann erschien ein großes Zeichen am Himmel: eine Frau, mit der Sonne bekleidet, der Mond war unter ihren Füßen und ein Kranz von zwölf Sternen auf ihrem Haupt. Sie war schwanger und schrie vor Schmerz in ihren Geburtswehen.
>
> Ein anderes Zeichen erschien am Himmel: ein Drache, groß und feuerrot, mit sieben Köpfen und zehn Hörnern und mit sieben Diademen auf seinen Köpfen ...
>
> Der Drache stand vor der Frau, die gebären sollte; er wollte ihr Kind verschlingen, sobald es geboren war. Und sie gebar ein Kind, einen Sohn ... Die Frau aber floh in die Wüste, wo Gott ihr einen Zufluchtsort geschaffen hatte ...
>
> Da entbrannte im Himmel ein Kampf; Michael und seine Engel erhoben sich, um mit dem Drachen zu kämpfen ... Er wurde gestürzt, der große Drache, die alte Schlange ...
>
> Sie haben ihn besiegt durch das Blut des Lammes und durch ihr Wort und Zeugnis ...

Als der Drache erkannte, daß er auf die Erde gestürzt war, verfolgte er die Frau, die den Sohn geboren hatte. Aber der Frau wurden die beiden Flügel des großen Adlers gegeben, damit sie in die Wüste an ihren Ort fliegen konnte … Da geriet der Drache in Zorn über die Frau, und er ging fort, um Krieg zu führen mit ihren übrigen Nachkommen, die den Geboten Gottes gehorchen und an dem Zeugnis für Jesus festhalten.

Neben Maria waren auch Marta und ihre Zofe Marcella im Jahre 44 nach Gallien emigriert, ebenso der Apostel Philippus, Maria Jakobus (die Ehefrau von Kleopas) und Maria Salome (Helena). Sie landeten in Ratis in der Provence, einem Ort, der später als Les Saintes Maries de la Mer bekannt werden sollte.[8] Trotz des breiten Raumes, den Maria und Marta in den Evangelien einnehmen, werden sie nach ihrer Reise in den Westen weder in der Apostelgeschichte noch in den Briefen des Paulus erwähnt.

In seinem Werk *Das Leben der Maria Magdalena* faßt Hrabanus Maurus (780-856), Erzbischof von Mainz und Abt von Fulda, viele Marientraditionen zusammen, die weiter als bis zum 5. Jahrhundert zurückgehen. Eine Kopie des Mainzer Manuskriptes wurde im frühen 14. Jahrhundert in der Universität von Oxford gefunden und regte die Gründung des Magdalen College durch William of Waynflete im Jahre 1448 an. Das Werk war bereits früher, um das Jahr 1190, in der *Chronica Majora* von Matthew Paris zitiert worden und ist auch im *Scriptorum Ecclesiasticorum Historia literaria Basilae* in Oxford aufgeführt. König Ludwig XI. (Reg. 1461-1483) bestand darauf, daß Maria einen dynastischen Platz in der königlichen Linie Frankreichs innehatte. *Saint Mary Magdalene*, von dem Dominikanermönch Père Lacordaire verfaßt und nach der Französischen Revolution veröffentlicht, stellt ein besonders informatives Buch zu diesem Thema dar, ebenso wie *La Légende de Sainte Marie Madeleine* von Jacobus de Voragine, Erzbischof von Genua (geb. 1228). Sowohl Hrabanus Maurus wie auch Jacobus de Voragine behaupten, daß die Mutter Marias, Eucharia, mit dem Königshaus von Israel verwandt war. (In diesem Fall handelt es sich um das hasmonäische Königshaus, nicht um das davidische Haus von Juda.)

Ein weiteres wichtiges Werk von Jacobus de Voragine ist das berühmte *Legenda Aurea* (Die Goldene Legende), eines der ersten im Jahre 1438 von William Caxton in Westminster gedruckten Bücher. Der Text war zuvor bereits in Französisch und Latein veröffentlicht, jedoch nur teilweise ins Englische übersetzt worden. William, Earl of Arundel, überzeugte Caxton, eine vollständige Fassung des Manuskripts herauszugeben. Es handelt sich um eine kirchliche Chronik mit den detaillierten Darstellungen des Lebens ausgewählter Heiliger. Das hochgeschätzte Werk wurde oft auf täglicher Basis in mittelalterlichen Klöstern und Kirchen auf dem europäischen Festland gelesen.

Ein Teil der *Legenda* ist Marta von Betanien und ihrer Schwester Maria Magdalena gewidmet. Hier folgt eine verkürzte Zusammenfassung der Geschichte:

> St. Marta, die unseren Herrn Jesus Christus als Gast empfing, wurde als Mitglied einer königlichen Familie geboren. Der Name ihres Vaters lautete Syro, der ihrer Mutter Eucharia; der Vater war syrischer Herkunft. Gemeinsam mit ihrer Schwester gelangte sie durch das Erbe ihrer Mutter in den Besitz von drei Besitztümern: das Schloß Magdalena, Betanien und ein Teil von Jerusalem. Nach der Himmelfahrt unseres Heilands, als die Apostel weggegangen waren, bestieg sie mit ihrem Bruder Lazarus und ihrer Schwester Maria sowie St. Maxim ein Schiff, welches sie dank der schützenden Hand Gottes sicher nach Marseille brachte. Danach reisten sie in die Gegend von Aix weiter, wo sie die Einwohner zum rechten Glauben bekehrten.

Der Name Magdalena oder Magdala stammt von dem hebräischen Wort *migdal* (Turm). Die Behauptung, daß die beiden Schwestern drei Schlösser besaßen, ist etwas irreführend – besonders angesichts der Tatsache, daß Frauen mit dem Titel Maria (Mirjam) nicht über persönlichen Besitz verfügen durften. Das gemeinsame Erbe bezieht sich in diesem Fall auf persönlichen Status – das heißt, sie erbten hohe Ränge (Schlösser/Türme) der Führerschaft[9], vergleichbar der Passage im Buch Micha 4:8: »Und du, schützender Turm für die Herde, Felsenhöhe der Tochter Zion, du erhältst wieder die Herrschaft wie früher ...«

Der aktivste Marienkult entstand in Rennes-le-Château in der Region des Languedoc.[10] Überall in Frankreich entstanden Schreine für Ste. Marie de Madeleine, unter anderem an ihrer Begräbnisstätte in St. Maximus, wo ihr Grab und ihre Alabastergruft von cassianitischen Mönchen vom Anfang des 4. Jahrhunderts an bewacht wurden.

Die Cassianiter haben eine interessante Geschichte, denn ihr Gründer Johannes Cassianus gründete ungefähr im Jahr 410 eines der ersten westlichen Klöster, das unabhängig von der Organisation der Episkopalkirche war. Cassian verurteilte die Ordinierung als »gefährliche Praxis« und erklärte, daß die Mönche »unter allen Umständen den Kontakt zu Bischöfen meiden sollten«. Cassianus war ursprünglich ein asketischer Einsiedler in Betlehem gewesen und gründete ein zweifaches Kloster in Marseilles – eines für Männer und eines für Frauen. Marseille wurde zu einem bekannten spirituellen Zentrum, dem Ursprungsort von Maria Lichtmeß – ein Nachfolgeritual für die alten Fackelprozessionen zu Ehren der Reise der Persephone in die Unterwelt. Auch der Madonnenfeiertag stammt ursprünglich aus Marseille und wurde zuerst in der Basilika St. Victor begangen.

Andere Orte eines tiefen und ursprünglichen Marienkultes sind Gellone, Rennes-le-Château und Vézelay, wo Franz von Assisi 1217 seinen Orden gründete.[11] Hier predigte auch der Zisterzienser-Abt Bernhard von Clairvaux vor Ludwig VII., Königin Eleonore, ihren Rittern und einer Versammlung von 100 000 Menschen für den zweiten Kreuzzug.

Die Zisterzienser, Dominikaner und Franziskaner sowie verschiedene andere Klosterorden dieser Zeit pflegten einen anderen Lebensstil als die bischöfliche Kirche von Rom. Gemeinsam war ihnen jedoch das Interesse an Maria Magdalena. Bei der Abfassung der Konstitution für den Orden der Tempelritter im Jahre 1128 verlangte Bernhard ausdrücklich »Gehorsam gegenüber Betanien, dem Schloß von Maria und Marta«. Es liegt auf der Hand, daß die großen Notre-Dame-Kathedralen Europas, die auf die Zisterzienser-Templer zurückgehen, nicht etwa der Mutter Jesu geweiht waren, sondern »unserer lieben Frau« Maria Magdalena.

SCHARLACHROTE FRAU – SCHWARZE MADONNA

Frühchristliche Texte beschreiben Maria Magdalena als »die Frau, die alles weiß«; sie war diejenige, die »Christus mehr liebte als alle sein Jünger«. Sie war eine Führerin »von größerer Vision, Weisheit und Einsicht als Petrus«; und sie war die geliebte Braut, die Jesus bei der Heiligen Hochzeit (*Hieros Gamos*) in Betanien salbte.

All diese Tatsachen geflissentlich mißachtend, beschloß die katholische Kirche, Maria Magdalena zugunsten ihrer Schwiegermutter, der Mutter von Jesus, zu diskreditieren. Zu diesem Zweck bediente sie sich einiger zweideutiger Kommentare aus dem Neuen Testament, in denen die noch unverheiratete Maria Magdalena als »Sünderin« beschrieben wird (was in diesem Fall nichts anderes bedeutete, als daß sie als zölibatäre *almah* eine Ehe auf Probe führte).

Die auf Täuschung bedachten Bischöfe entschieden jedoch, daß eine Sünderin eine Hure sein müsse, und Maria wurde als Prostituierte gebrandmarkt. Selbst heute noch lautet die Definition des Wortes *Magdalene* im Oxford Dictionary »bekehrte Prostituierte«. Zahlreiche Künstler haben sie trotz dieser Verleumdungen durch die Kirche in den weißen Farben der Reinheit abgebildet.

Es gibt in dieser Hinsicht eine faszinierende Parallele zwischen Maria und einer ihrer Begleiterinnen nach Frankreich, nämlich Helena-Salome. Aufgrund seiner Abneigung gegen Frauen – besonders wenn sie gebildet waren – hatte Petrus Helena-Salome immer als Hexe betrachtet. Es spielte keine Rolle, daß sie der Mutter Jesu nahegestanden und sie bei der Kreuzigung begleitet hatte. Als Gattin von Simon dem Zeloten war Helena sogar die konfessionelle »Mutter« der Apostel Jakobus und Johannes Boanerges. Anders als Maria Magdalena, die dem Stamm des Dan angehörte, gehörte sie zum Stamm von Ascher, in dem es Frauen gestattet war, Besitztümer zu haben[12], und in dem die Priesterinnen mit dem griechischen Namen *hierodulai* (heilige Frauen) bezeichnet wurden. Tatsächlich war Helena Hohepriesterin des Ordens in Ephesus (wo sie den Titel »Sara« trug), was sie zum Tragen einer roten Robe berechtigte, wie sie heute von den Kardinälen der römisch-katholischen Kirche getragen wird. Derartig mächtige Frauen wurden von Petrus gefürchtet, denn sie stellten eine konstante Bedrohung seiner eigenen Position dar. Diese Furcht findet sich bis heute in der katholischen Kirche, wo außer in Klöstern keine Geistlichen weiblichen Geschlechts anzutreffen sind. So wurde das einst verehrte Bild der »scharlachroten Frau« – der *hierodulai* – zu dem der Hure. Bekanntlich bedienen sich Prostituierte noch heute der Farbe Rot in Kleidung und Licht.

Die Frauen des Stammes von Dan waren Laiennazoräer. Maria Magdalena fungierte in ihrer Eigenschaft als »Mirjam« als eine Leiterin des Ordens und war daher zum Tragen einer schwarzen Robe berechtigt, wie sie die Nazoräer[13] und die Priesterinnen der Isis trugen. So breitete sich um das Jahr 44 im Zuge der frühen Marienverehrung auch ein Kult der »Schwarzen Madonna« aus, der in der Gegend von Ferrières seinen Ursprung hatte.[14] Eines der schönsten Zeugnisse dieses Kultes ist die Schwarze Madonna von Verviers in der Provinz Lüt-

tich: die Statue ist vollkommen schwarz, mit goldenem Zepter und
Krone, überstrahlt vom Sternenkranz der Sophia. Ihr kleiner Sohn
trägt ebenfalls die königliche goldene Krone.

Maria Magdalena wurde auch als Trägerin eines roten Mantels dargestellt, meistens über einem grünen Kleid (als Symbol der Fruchtbarkeit).[15] Beispiele hierfür sind das berühmte Fresko von Piero della
Francesca aus der Zeit um 1465 in der gotischen Kathedrale von
Arezzo bei Florenz und Botticellis *Maria am Fuß des Kreuzes*. Das Rot in
diesen Darstellungen steht für den hohen klerikalen Status Marias –
ebenso wie das Rot der Kardinalsroben.

Die Darstellung von Frauen in roten Roben stieß im Vatikan jedoch
auf erbitterten Widerstand. Dies ging so weit, daß Rom im Jahre 1659
schließlich eine Verordnung erließ, nach der selbst die heiliggespro-
chene Mutter Jesu nur in weißer und blauer Kleidung abgebildet werden durfte.[16] Dadurch wurde ihr trotz der intensiven Verehrung durch
die Gläubigen jede formale Anerkennung innerhalb des kirchlichen
Establishments verweigert.

Frauen wurden von der Ordination in der Katholischen Kirche ausgeschlossen, und abgesehen von der Mutter Jesu wurde ihnen auch
keine Verehrung zuteil, so daß Maria Magdalena noch weiter in den
Hintergrund gedrängt wurde. Mit dieser Strategie wurde schließlich
die gesamte Nachkommenschaft Jesu Christi von den Bischöfen beiseite gedrängt, so daß sie ihren Anspruch auf geheiligte Autorität
durch eine selbsterfundene, strikt männliche Amtsfolge aufrechterhalten konnten. Die messianische Erbfolge wurde mißachtet und durch
die künstliche »Erbfolge« des Petrus ersetzt, jenes starrsinnigen, unge-
bildeten Esseners, der das weibliche Geschlecht verachtete.

Gleichzeitig kämpfte die Kirche gegen die Verehrung der Großen
Göttin, die gerade um diese Zeit im Mittelmeerraum sehr verbreitet
war, während die Kirche sich mit ihren sexistischen Themen befaßte.
Seit vorgeschichtlichen Zeiten war die Große Göttin in allen möglichen
Gestalten und Formen aufgetreten. Ihre Namen lauteten zum Beispiel
Cybele, Diana, Demeter und Juno – immer jedoch war sie mit Isis, der
Großen Mutter, identifiziert worden, Herrin der Elemente, Erstgebo-
rene der Zeit, Herrscherin über alle Dinge und einzige Manifestation
der kosmischen Gesamtheit.

Für die alten Ägypter war Isis die Schwester und Gattin von Osiris,
dem Gründer der Zivilisation und dem Richter über die Seelen nach

dem Tod des Körpers. Isis war die universelle Göttin, insbesondere die Schutzheilige der Mütter, und ihr Kult war weit verbreitet. Oft wurde sie mit ihrem Sohn Horus abgebildet, der sich in den Pharaonen selbst inkarnierte. Mittlerweile ist bekannt, daß die Darstellungen der »Weißen Madonna« auf dem Bild der Isis als stillender Mutter beruhen. Sie inspirierte auch den Kult der mysteriösen »Schwarzen Madonna«, von der im Frankreich des 16. Jahrhunderts allein über zweihundert Abbilder existierten. Auf der ganzen Welt sind mittlerweile 450 solcher Abbilder entdeckt worden.[17] Selbst die verehrte Patronin von Frankreich, *Notre Dame de Lumiére* (Unsere liebe Frau vom Licht), hat ihre Wurzeln in der universellen Mutter.

Das Abbild der Schwarzen Madonna und ihres Kindes bildete für die Kirche ein konstantes Dilemma – insbesondere die Statuen in berühmten Kirchen und Klöstern in ganz Europa. In einigen Fällen sind sie vollkommen schwarz, aber einige haben auch nur schwarze Gesichter, Hände und Füße. Es ist keine Frage der Materialverfärbung, wie einige besorgte Mitglieder des Klerus behaupteten, die dafür sorgten, daß sie einfach fleischfarben übermalt oder aus den Anbetungsstätten entfernt wurden. Ihre Gesichtszüge sind auch nicht im mindesten als negroid zu bezeichnen. Einige waren bescheiden gekleidet (in der Tradition der Weißen Madonna), andere jedoch stellten eine gewisse Pracht und Herrschaftlichkeit zur Schau und trugen verzierte Gewänder und Kronen.

Die Schwarze Madonna hat ihre Wurzeln in der königlichen Göttin Isis und der prä-patriarchalen Lilith. Sie repräsentiert die Stärke und Gleichberechtigung der Frau – eine stolze, aufrechte und bestimmende Figur –, im Gegensatz zu der unterwürfigen Figur der konventionellen Weißen Madonna, wie sie in den Kirchen als Mutter von Jesus abgebildet wird. Es heißt, daß Isis und Lilith den geheimen Namen Gottes kannten (ein Geheimnis, das auch Maria Magdalena bekannt war – der Frau, »die alles weiß«). Die Schwarze Madonna ist damit eine Repräsentantin jener Magdalena, die in Übereinstimmung mit der Doktrin von Alexandria »das wahre Geheimnis Jesu« übermittelte. Sie ist schwarz, weil Weisheit (Sophia) schwarz ist, da sie bereits in der Dunkelheit des Chaos vor der Schöpfung existierte. Für die Gnostiker war Weisheit der Heilige Geist, die große und unsterbliche Sophia, die den Ersten Vater, Yaldaboath, aus den Tiefen hervorgebracht hatte. Sophia war inkarniert als Heiliger Geist in der Königin Maria Magdalena, und sie war es, die den wahren Glauben bezeugte.

MARIA UND DIE KIRCHE

Der Aufstieg des orthodoxen Christentums machte alle Anbeter und Verehrer des weiblichen Prinzips zu Gotteslästerern. Frühe Kirchenväter wie Quintus Tertullian bereiteten die Bühne dafür bereits lange vor Konstantin dem Großen. Tertullian forderte:

> Es ist Frauen weder gestattet, in der Kirche zu sprechen, noch dürfen sie taufen, noch das Abendmahl reichen, noch die Rolle eines männlichen Amtes für sich in Anspruch nehmen – am wenigsten das des Priesters.

Tertullian folgte damit der Meinung früherer Kirchenführer wie Petrus und Paulus. Im Marienevangelium[18] bezweifelt Petrus die Beziehung zwischen Maria und Jesus. In dem koptischen Traktat *Pistis Sophia* (Die Weisheit des Glaubens)[19] beschwert er sich darüber, daß Maria predigt, und bittet Jesus, ihr den Mund zu verbieten. Statt dessen weist Jesus Petrus zurecht, und Maria gesteht ihm später: »Petrus läßt mich zögern. Ich fürchte mich vor ihm, denn er haßt das weibliche Geschlecht.« Darauf antwortet Jesus: »Wer durch den Geist inspiriert ist, durch den spricht Gott, ob Mann oder Frau.« Im Evangelium des Thomas[20] erhebt Petrus Einspruch gegen die Anwesenheit Marias unter den Jüngern: »Simon Petrus sagte zu ihnen: Maria sollte uns verlassen, denn eine Frau ist nicht des Lebens wert.«

Alle Texte, die sich mit Maria als Symbol göttlicher Weisheit befaßten, wie das Evangelium des Philippus[21], wurden von den Bischöfen Roms unterdrückt und zensiert, weil sie die Vorherrschaft der männlichen Priesterschaft gefährdeten. Statt dessen richtete man sich an den Worten des Paulus aus: »Eine Frau soll sich still und in aller Unterordnung belehren lassen. Daß eine Frau lehrt, erlaube ich nicht, auch nicht, daß sie über ihren Mann herrscht; sie soll sich still verhalten.« (1 Timotheus 2,11-12)

Derartig autoritäre Direktiven waren besonders nützlich, weil sie den Kern der Angelegenheit verschleierten. Frauen mußten um jeden Preis ausgeschlossen werden, weil Maria als Ehefrau von Jesus nicht nur die messianische Königin gewesen wäre, sondern auch die Mutter der wahren Nachfolger. Noch Jahrhunderte nach ihrem Tod stellte sie die größte aller Bedrohungen für eine furchtsame Kirche dar, die die messianische Abstammung zugunsten einer apostolischen Rangfolge umgangen hatte.

Generell waren die Glaubensrichtungen, die vom römischen Christentum abwichen und von ihm als heidnisch und gotteslästerlich verurteilt wurden, weder unzivilisiert noch satanisch. Doch sie alle akzeptierten das weibliche Prinzip neben dem männlichen, was die römische Kirche jedoch ablehnte. Für die Gnostiker war der Heilige Geist im wesentlichen das weibliche Element, welches den Vater mit dem Sohn verband. Rom erließ jedoch, daß die Heilige Dreifaltigkeit »ein Gott« sei. Obwohl der Mutter von Jesus einige Anerkennung als »Mutter Gottes« zuteil wurde, war sie nicht Bestandteil der Heiligen Dreifaltigkeit, die ausschließlich unter männlichen Termini definiert wurde.

Resultat der Mission Jesu war, daß das Christentum den Gott Israels annahm – genau wie die Gnostiker und die Nazoräer, deren Frauen allerdings sehr offen als Lehrerinnen, Heilerinnen, Evangelistinnen und Priesterinnen fungierten. Innerhalb des römischen Christentums verschwand dagegen jede Spur weiblicher Beteiligung sowie die Möglichkeit dazu mit großer Geschwindigkeit. Eine der prominentesten matriarchalen Sekten des 2. Jahrhunderts predigte einen Glauben, der direkt von Maria Magdalena, Marta und Helena-Salome stammte. Wütend verurteilte Tertullian diese Gruppe:

> Die gotteslästerlichen Frauen! Wie können sie es wagen? Sie sind so unverschämt, zu argumentieren, Exorzismen vorzunehmen, Heilungen und sogar die Taufe zu vollziehen!

In einigen der sektiererischen jüdischen Gemeinschaften waren Frauen schon lange von zahlreichen Aspekten des täglichen Lebens ausgeschlossen – Bildung, öffentliche Gottesdienste, eigentlich jede soziale oder politische Aktivität außerhalb der Familie und ihrer unmittelbaren Umgebung. Die Hellenisten dagegen orientierten sich am kulturellen Erbe Griechenlands und Kleinasiens, wo Frauen wie Männer Isis verehrten. In Ägypten befanden sich Frauen zur Zeit Jesu in einem fortgeschrittenen Stadium der Emanzipation, in Rom waren zumindest die Frauen der wohlhabenden Stände in das geschäftliche, politische und kulturelle Leben eingebunden. Doch die römische Kirche setzte ihre Ansichten durch.

Viele der Frauen lehrten damals auf der Grundlage der Weltanschauung der Therapeutaten von Qumran. Diese Lehren waren spirituell, im Gegensatz zum Materialismus des römischen Katholizismus, und wurden als Bedrohung der Kirche aufgefaßt. Die Strategie der Kirche gegen diese weiblichen Lehrerinnen war einfach: Auf der Basis von Paulus Worten waren Frauen als Sünderinnen und Untergebene zu sehen und zu behandeln:

> Denn zuerst wurde Adam erschaffen, danach Eva. Und nicht Adam wurde verführt, sondern die Frau ließ sich verführen und übertrat das Gebot. (1 Timotheus 2,13-14)

Es war zu dieser Zeit, daß weibliche Lehrerinnen und Predigerinnen in einem neu geschaffenen Zusammenhang mit der »scharlachroten Frau« als Huren abgestempelt wurden[22], und mit Beginn des 2. Jahrhunderts hatte sich eine Geschlechtertrennung innerhalb der Kirche durchgesetzt, bei der die Männer den Gottesdienst vollzogen und die Frauen in Stille beteten. Zum Ende des Jahrhunderts war selbst dies nicht mehr möglich – Frauen hatten den Gottesdiensten von nun an gänzlich fernzubleiben. Jede Frau, die an religiösen Praktiken teilnahm, wurde als Hure und Hexe verleumdet.

Alle Evangelien, die Frauen und insbesondere Maria Magdalena in einem anderen Licht zeigten, wurden vom Kanon des Neuen Testaments ausgeschlossen. Und die ausgewählten Evangelien wurden im Interesse der Kirche zensiert. Trotzdem hielt sich das Bewußtsein von der Bedeutung Marias, besonders in Britannien und Frankreich, bis ins Mittelalter, als Maria Magdalena zur *Notre Dame* der Kreuzzüge und der frühen gotischen Kathedralen wurde.

Die römische Kirche bezog sich in ihrem Kampf gegen die Frauen vor allem auf zwei Passagen der Bibel: Genesis 3,16 und 1 Korinther 11,3. Beide werden im Original der apostolischen Konstitution aus dem 4. Jahrhundert zitiert und legen fest, daß der Mann über der Frau steht und sie ihm dienen solle. Damit nicht genug, wurde noch ein zusätzliches Dokument produziert, das angeblich die Gespräche der Apostel beim letzten Abendmahl zum Inhalt hat, bei dem ironischerweise Marta und Maria anwesend gewesen sein sollen (was in den Evangelien nicht erwähnt wird):

> Johannes sagte: Als der Herr das Brot und den Wein segnete und es mit den Worten 'Dies ist mein Leib und Blut' unter den Jüngern verteilte, bot er den Frauen nichts an, die mit uns waren. Marta sagte: Er hat Maria nichts angeboten, weil er sie lachen sah.

Auf der Grundlage dieser vollkommen fiktiven Geschichte beschloß
die Kirche, daß die ersten Apostel Frauen von der Priesterschaft ausgeschlossen hatten, weil sie nicht ernsthaft genug waren. Die Essenz
dieses erfundenen Dialogs wurde zur offiziellen Doktrin der Kirche
und führte dazu, daß Maria Magdalena zur Ungläubigen erklärt
wurde.

Der Papst erklärte mit donnernder Autorität, daß »eine Frau nicht
Priester werden kann, da unser Gott ein Mann ist«.

DIE HERRIN DER WASSER

Im Jahre 633 n. Chr. traf ein mysteriöses kleines Segelboot im Hafen
von Boulogne-sur-Mer in Nordfrankreich ein. An Bord befanden sich
nur eine etwa einen Meter große Statue der Schwarzen Madonna mit
Kind sowie eine syrische Abschrift des Evangeliums.[23] Niemand
wußte, woher das Boot stammte, und seine Ankunft erregte einiges
Aufsehen. Die seltsame Madonna – bekannt als *Unsere Liebe Frau vom
Heiligen Blut* – wurde zum Insignium der Notre-Dame-Kathedrale in
Boulogne, die bis zu ihrer Zerstörung während der Französischen
Revolution eine bekannte Stätte der Madonnenverehrung war.

Die Schwarze Madonna von Boulogne verstärkte im allgemeinen
Denken die Verbindung zwischen Maria und der See (lateinisch *mare*).
Das bald darauf geschaffene Emblem der »Maria von der See« wurde
bereits vor der Zeit Karls des Großen auf Pilgerabzeichen getragen
und fand seinen Weg bis nach Schottland, noch bevor Wappenschilder
in Britannien Verbreitung fanden.[24] Im elften Jahrhundert übernahm
die schottische Stadt Edinburgh für ihren Hafen Leith das Emblem der
»Maria von der See« und ihres Gralskindes, die in einem Segelboot
stehen und von einer Wolke über ihren Häuptern geschützt werden
(ein Hinweis auf Jakob bzw. Josef von Arimathäa, der einst die Bezeichnung »Wolke« trug und Führer der Pilger war[25]).

Es ist eigentlich nicht zu verstehen, warum Wappenforscher weiblichen Motiven wie diesem so geringe Bedeutung beimaßen, ebenso
wie Genealogen den weiblichen Linien der Stammbäume keine Beachtung schenkten. Dies ist eine Praxis, die besonders in den gregorianischen und viktorianischen Zeiten Englands weitverbreitet war und für
die Informationslücken unserer Tage verantwortlich ist. Dabei war die

»Madonna von der See«. Wappen von Edinburghs Port of Leith

matrilineare Erbfolge während des frühen Mittelalters erwiesener-
maßen noch überall stark verbreitet.

Man nimmt an, daß die Idee der Heraldik, das Tragen von Familien-
wappen und Emblemen, aus dem 12. Jahrhundert stammt, und zwar
aus Flandern in Nordfrankreich[26] und nicht aus England, wie früher
häufig angenommen wurde. Doch es war in England, wo im späten 14.
Jahrhundert zu Zwecken der Registrierung und Kontrolle der Wappen
das College of Arms und das College of Heralds gegründet wurden.
Zu jener Zeit war es für einen Ritter wichtig, sein jeweiliges Emblem
zu tragen, damit man ihn trotz Rüstung und Kettenpanzer identifizie-
ren konnte. Es gibt jedoch nur ganz wenige Insignien aus der Zeit vor
dem 12. Jahrhundert. Das Emblem des Hafens von Leith ist daher ein
einzigartiges Geschichtszeugnis, vor allem auch, da es nicht-feudalen
Ursprungs ist und eine weibliche Figur trägt.

Das Mainzer Manuskript *Das Leben der Maria Magdalena* von Erzbischof Hrabanus Maurus[27] besteht aus fünfzig Kapiteln in sechs Bän-
den und beschreibt unter anderem die Abreise von Maria, Marta und
ihren Gefährten:

Von den Gestaden Asiens reisten sie, getrieben von einem Ostwind, über das Mittelmeer zwischen Europa und Afrika, und ließen die Stadt Rom und Italien zu ihrer Rechten (im Norden) zurück. Weiter nach Norden trafen sie auf die Stadt Marseilles in der gallischen Provinz von Vienne, wo die Rhone ins Meer mündet. Dort trennten sie sich, nachdem sie Gott, dem großen König der Welt, gedankt hatten.

In den Bibliotheken von Paris findet sich eine ganze Anzahl noch älterer Manuskripte, die sich zum Teil mit der gleichen Periode im Leben Marias beschäftigen; unter anderem gibt es eine Hymne aus dem 7. Jahrhundert, die sich besonders mit ihrer Mission in der Provence befaßt (sie wurde später in dem Werk *Acta Sanctorum* veröffentlicht, das im 17. Jahrhundert durch den Jesuiten Jean Bolland zum erstenmal einer breiteren Öffentlichkeit zugänglich gemacht wurde).[28] Die Gefährten von Maria, Helena-Salome und Maria Jakobus (die Frau von Kleopas), sollen in der Krypta von *Les Saintes Maries* in der Camargue begraben sein. Schon lange bevor diese Kirche im 9. Jahrhundert errichtet wurde, wurde der Ort *Sanctae Mariae de Ratis* genannt; in der Nähe des Hauptschiffes finden sich noch immer die Überreste einer Skulptur, die Maria zur See zeigt.

Maria Magdalenas Verbindung zu Gallien ist Gegenstand zahlreicher bildlicher Darstellungen, realistischer wie auch mystischer Natur. Die wichtigste ist vermutlich das Gemälde von Henri de Guadermaris in *Les Saintes Maries*. Es zeigt die Ankunft Marias mit einem Schiff in der Provence und wurde 1886 im Salon de Paris ausgestellt. Ein weiteres berühmtes Bild ist *Die Seereise* von Lukas Moser, Teil des gold- und silberbeschlagenen Magdalenenaltars im katholischen Pfarramt St. Maria Magdalena in Tiefenbronn (Süddeutschland). Eine andere Art der Darstellung zeigt das Gemälde von Giovanni Lanfranco (um 1606), das in der *Galleria Nazionale di Capodimonte* in Neapel zu sehen ist und eine nackte Maria Magdalena zeigt, die von drei Engeln über einer europäischen Landschaft westwärts getragen wird (wie in der Offenbarung beschrieben).

Die sterblichen Überreste Martas liegen in Tarascon, in der französischen Provinz Vienne, begraben. Im fünften Jahrhundert soll der Merowingerkönig Chlodwig ihre Gruft dort besucht haben.

Maria Magdalenas Überreste werden in der Abtei St. Maximus aufbewahrt, ungefähr 48 Kilometer von Marseilles entfernt. 1279 ließ Charles II. von Sizilien den Schädel und einen Oberarmknochen ausgraben und in kostbare, aus Gold und Silber gefertigte Schaukästen legen, in denen sie noch heute aufbewahrt werden.[29]

Aix-en-Provence, wo Maria Magdalena im Jahre 63 starb, hieß früher Acquae Sextiae.[30] Der Name stammt von den heißen Quellen in Aix (von Acqs – einer mittelalterlichen Version des lateinischen *aquae* = Wasser). In manchen Überlieferungen wird Maria als die »Herrin der Wasser« bezeichnet, manchmal auch als »Maria von der See«. Ihr Bezug ist jedoch immer zum Wasser. Für die Gnostiker (wie auch für die Kelten) standen Frauen, die religiös verehrt wurden, oftmals in Verbindung mit Seen, Quellen und anderen Gewässern. Gnosis (Wissen) und Weisheit waren mit dem weiblichen Heiligen Geist verbunden, der »über dem Wasser schwebte«. Dies war der Heilige Geist der Weisheit, der sich in Maria Magdalena inkarniert hatte.

Bereits in einem früheren Kapitel haben wir erwähnt, daß die taufenden Priester aus der Zeit der Entstehung der Evangelien als »Fischer« bezeichnet wurden.[31] Von dem Augenblick an, als Jesus in die Priesterschaft aufgenommen[32] und Mitglied des Ordens von Melchisedek wurde, wurde er ebenfalls zu einem designierten Fischer. Die dynastische Linie des Hauses Juda bestand von da an aus einer einzigartigen Folge von Priesterkönigen, die in der Grallegende auch als die »Fischerkönige« bekannt wurden.

In Nachfolge der Fischerkönige etablierten sich die Nachkommen von Jesus und Maria als die »Familie der Wasser« oder das »Haus von Acqs«. Diese Familie war bekannt in Aquitanien – das seinen Namen ebenfalls dem Wasser, acqs, verdankt. Hier wurden merowinigische Zweige der Familie zu Herzögen von Toulouse und Narbonne.[33] Ein anderer Zweig, der weiblichen Linie entsprungen, übernahm das Erbe der keltischen Kirche von Avallon, wobei Viviane del Acqs als erbberechtigte Königin im 6. Jahrhundert anerkannt wurde.

Von der Zeit an, als Chrétien de Troyes im 12. Jahrhundert seine Erzählung *Yvain and the Lady of the Fountain* schrieb – wobei diese Dame der Herrin der Wasser entsprach –, war das Erbe der del Acqs aus der Artus-Literatur nicht mehr wegzudenken. 1484 wurde in Sir Thomas Malorys *Morte d'Arthur* aus *del Acqs* die Bezeichnung *du Lac* – mit dem Ergebnis, daß Viviane (die Mutter von Lancelot del Acqs) zur *Lady of the Lake* (»Dame des Sees«) wurde.

Im weiteren werden wir nun die verschiedenen Linien von Jesus und seinem Bruder Jakob untersuchen. Wir werden dabei entdecken, weshalb die Sagen um König Artus und die Gralssage bis heute ihre Bedeutung behalten haben, obwohl die Kirche sie mit großer Inbrunst als ketzerisch abgetan hat.

Beginnen wir zunächst mit dem Bruder Jesu, Jakob dem Gerechten – besser bekannt unter dem Namen Josef von Arimathäa.

KAPITEL 10

Josef von Arimathäa

JOSEF IN GLASTONBURY

In den *Annales Ecclesiasticae* aus dem Jahr 1601 schrieb der Bibliothekar des Vatikans, Kardinal Baronius, daß Josef von Arimathäa im Jahre 35 zum ersten Mal nach Marseille kam. Von dort reisten er und seine Begleiter nach England, um das Evangelium zu predigen. Der Chronist Gildas III. (516-570) bestätigt dies in seinem Werk *De Excidio Britanniae*, indem er erwähnt, daß die Grundlagen des Christentums kurz vor dem Tod des Kaisers Tiberius im Jahr 37 nach England gelangten. Noch vor Gildas schrieben Kirchenfürsten wie Eusebius, der Bischof von Cäsarea (260-340)[1], und St. Hilary von Poitiers (300-367) über frühe Besuche der Apostel auf englischem Boden. Somit gehören die Jahre 35-37 zu den frühesten schriftlich bezeugten Zeiten der Evangelisierung. Sie entsprechen der Zeit kurz nach der Kreuzigung – noch bevor Petrus und Paulus sich in Rom befanden und noch vor der Entstehung des Neuen Testamentes.

Eine bedeutende Gestalt im Gallien des 1. Jahrhunderts war der heilige Philippus.[2] Von Gildas und William von Malmesbury wird er als die treibende Kraft hinter der Mission von Josef in England beschrieben. Im Werk *De Sancto Josef ab Arimathea* steht: »Fünfzehn Jahre nach der Himmelfahrt (das heißt im Jahr 63), kam er (Josef) zu Philippus, der Apostel unter den Galliern war.« Freculphus, Bischof von Lisieux im 9. Jahrhundert, schrieb, daß der heilige Philippus ihn anschließend von Gallien nach England entsandte, »um dort die frohe Botschaft des Lebens Christi zu verkünden und die Menschwerdung von Jesus Christus zu predigen.«

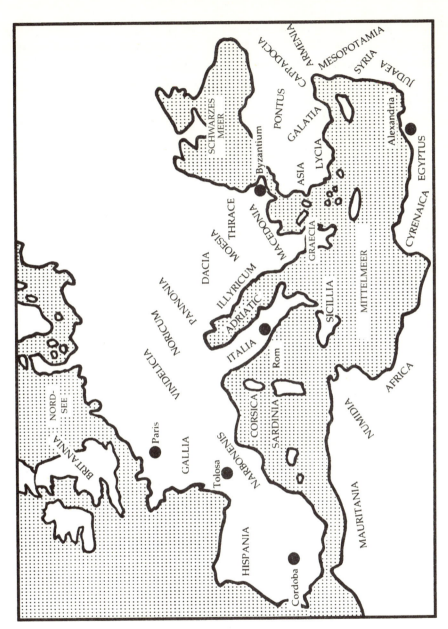

Karte 5: Das römische Imperium

Bei ihrer Ankunft im Westen des Landes wurden Josef und seine
zwölf Missionare von den Briten mit einigem Argwohn betrachtet.
König Arviragus von Siluria, der Bruder von Caractacus, dem Pendragon, bereitete ihnen jedoch einen freundlichen Empfang. In Absprache
mit anderen Herrschern gewährte er Josef zwölf Hufe* Land in der
Nähe von Glastonbury, wo sie eine kleine Kirche aus Flechtwerk nach
dem Vorbild und den Maßen des alten hebräischen Tabernakels errichteten.[3] Diese Ländereien blieben über viele Jahrhunderte hin pachtfrei,
und St. Mary's Chapel bei Glastonbury war bald die erste christliche
Kirche, die über der Erdoberfläche erbaut worden war.[4] (Zu Josefs Zeiten waren die Versammlungsorte der Christen in Rom in den Katakomben der Stadt versteckt gewesen.)

An die Kirche wurde schließlich ein Kloster angeschlossen, und die
Sachsen erneuerten den gesamten Komplex im 8. Jahrhundert. Im Anschluß an eine vernichtende Feuersbrunst im Jahre 1148 gewährte Heinrich II. der Gemeinschaft den Wiederaufbau, und in einem Erlaß dazu
wird Glastonbury als »Mutter und Begräbnisstätte der Heiligen, gegründet von den Jüngern unseres Herrn«[5] beschrieben. Um diese Zeit
wurde eine Steinkapelle errichtet, und später wurde die Anlage zu einer
großen Benediktinerabtei, der zweitgrößten nach Westminster Abbey in
London. Namen wie St. Patrick, der erste Abt im 5. Jahrhundert, und
St. Dunstan, Abt von 940-946, sind mit dieser Abtei verbunden.

Die Geschichte des Josef von Arimathäa wird in einigen englischen
Büchern aus dem fünfzehnten Jahrhundert erzählt, die sich auf ein
Buch beziehen, das Kaiser Theodosius (Reg. 375-395) im Prätorium in
Jerusalem gefunden hatte. Josef war nach der Kreuzigung vom Ältestenrat der Juden inhaftiert worden, konnte jedoch entkommen und
wurde später begnadigt. Einige Jahre später gelangte er zusammen
mit seinem Neffen Josef nach Gallien, wo dieser von Philippus dem
Apostel getauft wurde. Der junge Josef (der zweite Sohn von Jesus und
Maria) wird allgemein als Josefus bezeichnet. Im folgenden werden
wir diese Bezeichnung beibehalten, um ihn von Josef von Arimathäa
unterscheiden zu können.

Viele der wertvollen Manuskripte und Relikte von Glastonbury wurden in dem großen Feuer von 1184 zerstört, andere gingen bei der Auf-

---

* Eine Hufe war im Mittelalter die Menge an bäuerlichem Ackerland, die ausreichend war
  für eine Familie, und entsprach in der Gegend von Glastonbury damals etwa 48,5 ha.

lösung der Klöster durch Heinrich VIII. unter. Doch einige Kopien wichtiger Dokumente konnten gerettet werden, darunter auch eines, das auf Gildas III. zurückgehen soll und Josef von Arimathäa als »nobilis decurio« beschreibt. Auch der Mainzer Erzbischof Hrabanus Maurus hat ihn so genannt. Ein Decurio bezeichnete den Vorsteher einer Zehntschaft, häufig auch den Aufseher von Minen, in denen Metallerze abgebaut wurden. Josef von Arimathäa wird häufig mit dem Zinnhandel in Verbindung gebracht[6], und es ist durchaus wahrscheinlich, daß Josefs Kenntnisse über den Abbau und die Verarbeitung von Metallen einen der Gründe für die Landgabe von König Arviragus[7] darstellten.

DIE GRALSHERRSCHAFT

Der Titel »Josef« wurde jeweils dem ältesten Sohn jeder Generation der davidischen Blutslinie gegeben. Wenn ein dynastischer Sohn des Hauses Juda (gleichgültig, wie sein Name lauten mochte) zum »David« wurde, wurde der älteste Sohn (der Kronprinz) automatisch zum »Josef«. Gab es zu diesem Zeitpunkt keinen Sohn oder war dieser unter sechzehn Jahren alt, so erhielt der nächstälteste Bruder des »David« vorübergehend die Bezeichnung »Josef«.

Wir haben bereits gesehen, daß jedes Mitglied der königlichen und priesterlichen Familien zahlreiche unterschiedliche Titel und Bezeichnungen tragen konnte. So konnte Jakob der Gerechte[8], der Bruder von Jesus, auch unter dem Namen Josef von Arimathäa (*Rama-Theo*) bekannt sein. Zu anderen Zeiten gab es natürlich auch andere Figuren mit der Bezeichnung Josef von Arimathäa, doch geht es uns nur um jenen Mann, der nach Cressys Kirchengeschichte, die sich auf die kirchlichen Aufzeichnungen des Klosters von Glastonbury bezieht, am 27. Juli 82 dort starb.

Das Neue Testament selbst gibt keine näheren Hinweise zu Josefs Verbindung mit Jesu Familie oder auf sein Alter. Gemeinhin wird häufig angenommen, daß es sich bei ihm um Marias Onkel gehandelt habe. Viele Abbildungen und Gemälde zeigen ihn daher bereits zur Zeit der Kreuzigung als älteren Mann. Doch wenn Jesu Mutter Maria etwa um das Jahr 26 v. Chr. geboren wurde, wie man allgemein annimmt, dann war sie zur Zeit von Jesu Geburt etwa 19 und zur Zeit seiner Kreuzigung etwa Mitte Fünfzig. Wäre Josef ihr Onkel gewesen, müßte man nochmals etwa 20 Jahre hinzurechnen, und das würde bedeuten, daß er als etwa Hundertjähriger in den Westen ging und dort 20 Jahre später starb. Das erscheint doch ziemlich unwahrscheinlich. Aus chronologischer Sicht ist es also absolut angebracht, für die Identifizierung dieser Gestalt die erblichen Titel zu Hilfe zunehmen. Wenn wir so vorgehen, dann wird klar, daß der Josef von Arimathäa, der bei der Kreuzigung erwähnt wird, Jesu Bruder Jakob der Gerechte gewesen sein muß, der im Jahre 1 geboren wurde und demzufolge im Alter von etwa 82 Jahren in Glastonbury starb.

Das Neue Testament gibt auch keine Hinweise auf die Geschichte und den Hintergrund der Familie Marias, der Mutter Jesu. Das überrascht kaum, weil die Kirche auch bei ihr von dem Konzept einer jungfräulichen Empfängnis ausgeht. Die Hauptquellen über Maria sind deshalb auch nicht die kanonischen Evangelien, sondern die apokryphen Schriften: das Marienevangelium und das Protevangelium. Viele der großen künstlerischen Darstellungen aus dem Leben Marias und dem ihrer Familie basieren auf den darin enthaltenen Schilderungen, wie zum Beispiel Albrecht Dürers Gemälde *Das Treffen von Anna und Joachim* (Marias Eltern). Als umfangreichstes Werk über Marias Familie gilt *La Leggenda di Sant' Anna Madre della Gloriosa Vergine Maria, e'di San Gioacchino* (Die Geschichte von St. Anna, Mutter der Heiligen Jungfrau Maria, und von Joachim). Hier werden die Eltern Marias mit dem königlichen Haus von Israel in Verbindung gebracht. Es wird dabei kein Josef von Arimathäa als ihr Onkel erwähnt.

Der Gedanke, daß es sich bei Josef von Arimathäa um Marias Onkel handelte, tauchte erst im 9. Jahrhundert auf und wurde durch die Kirche des Ostens verbreitet. Vorher wird er in dieser Rolle nicht erwähnt. Doch diese Idee wurde schnell übernommen, da er hiermit in eine Seitenlinie des davidischen Hauses abgedrängt werden konnte. Die Kirchenkonzile fürchteten wohl, er könne als direktes Mitglied der davidischen Linie die selbsternannte apostolische Hierarchie der römischen Bischöfe gefährden.

Durch diese Strategie wurde auch die Existenz des zweiten Sohnes von Maria und Jesus, Josefus, im Westen geheimgehalten. Häufig wurde er als der Sohn von Josef von Arimathäa oder als sein Neffe gehandelt (was er natürlich auch war). In beiden Rollen stellte er keine

Gefährdung für die orthodoxe Kirche dar, und beide Definitionen seines Verwandtschaftsgrades (Sohn und Neffe) hatten ihre Richtigkeit, denn er war der Nachfolger von Josef von Arimathäa als *Rama-Theo* (Arimathäa). Als Jesus zum »David« wurde, wurde sein Bruder Jakob zum »Josef« (und somit auch zu einem »Josef von Arimathäa«). Dies änderte sich erst, als Jesus der Jüngere alt genug war, um den Titel zu erben. Nach dem Tod von Jesus Christus übernahm sein ältester Sohn Jesus der Gerechte die Rolle des »David«, des davidischen Königs. Jesu jüngerer Sohn Josefus (der Bruder des neuen Davids) wurde damit zum »Josef« und zum Kronprinzen – dem designierten *Rama-Theo* (Arimathäa). Bis dahin jedoch und während sein Bruder Jesus II. Justus (auch Gais oder Gésu in der Gralslegende) in Rom weilte, war sein rechtlicher Vormund und Ziehvater der Onkel Jakob (Josef von Arimathäa).

Später wurde Jesu erstgeborener Sohn, Jesus Justus, Galains genannt (Alain in der Tradition des Grals).[9] Seine Frau, die er im September 73 heiratete, war die Enkelin von Nicodemus. Das Erbe der davidischen Könige (die Herrschaft über den Gral) wurde von Galain angetreten, doch lebte er zölibatär und starb ohne Nachkommenschaft. Somit fiel das Erbe an die Nachkommen des Josefus – an seinen Sohn Josue[10], vom dem die Fischerkönige abstammen.[11]

DER SCHILD DER EHRENWERTEN

Zum Zeitpunkt des Todes von Maria Magdalena im Jahr 63 war ihr Sohn Josefus Bischof von Saraz geworden. In Malorys *Morte d'Arthur* wird Saraz (Sarras) als das Reich von König Evelake beschrieben (in der Geschichte von Lanzelots Sohn Galahad). Die Geschichte beginnt, als Galahad den mit übernatürlichen Kräften ausgestatteten Schild von Jesus Christus erbt und dem geheimnisvollen Weißen Ritter begegnet:

Nach einer Weile gelangte Galahad zu der Einsiedelei, wo er auf den Weißen Ritter traf. Höflich grüßten sie einander.

»Herr«, sagte Sir Galahad, »sind durch diesen Schild nicht viele Wunder geschehen?«

»Herr«, sagte der Ritter, »es begab sich nach dem Jahr 32, daß Josef von Arimathäa, der unseren Herrn vom heiligen Kreuz genommen hat, mit seinen

Leuten von Jerusalem aufbrach und zu einer Stadt kam, die Sarras hieß. Zur gleichen Stunde, da Josef eintraf, befand sich dort der König Evelake in einer erbitterten Schlacht gegen die Sarazenen, besonders gegen einen Sarazenen, den Vetter von König Evelake, selbst ein reicher und mächtiger König, der in dieses Land marschierte, und sein Name war Tolleme le Feintes. An diesem Tag trafen sich beide zur Schlacht …«

Bei Sarras (Saraz) handelte es sich um die Stadt Sahr-Azzah an der Mittelmeerküste[12], besser bekannt als Gaza, das ehemalige Zentrum der Philister, wo Samson seinem Schicksal begegnete.

Über König Evelake existieren keine weiteren Aufzeichnungen, aber bei dem Namen handelt es sich um eine literarische Variante des Titels *Avallach*, der in den Genealogien zahlreicher Herrschaftshäuser und Heiligen auftaucht. Die vielen unterschiedlichen Formen wie *Abalech*, *Arabach* und *Amalach* gehen alle auf das ägyptisch-griechische Wort *Alabarch* zurück, ein Titel, der das Haupt oder den Vorsteher einer Gemeinschaft beschrieb.

Der Weiße Ritter berichtet, daß es sich bei dem Sarazenenfeind Evelakes um Tolleme le Feintes (Ptolemäos den Falschen) handelte, der auch in den *Antiquitates* von Josefus Erwähnung findet. Nach der Schlacht von Saraz wurde er vor den Prokurator von Judäa gebracht, Cuspius Fadus, der Tolleme um das Jahr 45 hinrichten ließ.

Der Weiße Ritter erzählt weiterhin, wie Josef dem König Evelake erklärt, daß er unweigerlich von Tolleme getötet werden würde, wenn er nicht »dem alten Gesetz und Glauben abschwören und sich dem neuen zuwenden würde«. Dann zeigte er ihm den rechten Glauben an die Heilige Dreifaltigkeit. Evelake ließ sich auf der Stelle bekehren, und der »Schild der Ehrenwerten« wurde ihm übergeben, woraufhin er Tolleme in der Schlacht besiegte.[13] Später taufte Josef König Evelake, bevor er daran ging, das Evangelium in England zu predigen.

Die Stärke des weißen Schildes lag in seinem roten Kreuz sowie in einem mystischen Schleier, der das Antlitz Jesu Christi trug. Dies erinnert an die Bekehrung des Sohnes von Kaiser Vespasian, der durch ein himmlisches Tuch mit dem Antlitz des Messias von der Lepra geheilt worden sein soll.[14]

Schließlich berichtet der Weiße Ritter, daß der Schild nach den Anweisungen Josefs bei dem heiligen Eremiten Nacien niedergelegt wurde. Nach seinem Tode wurde er mit ihm in die Abtei gelegt und dort von Sir Galahad gefunden und wieder aufgenommen. In *De Sancto Josef* wird Nacien (oder Nacion) nicht als Eremit beschrieben, sondern als ein Prinz. Historisch war Prinz Nascien von Midi ein Vorfahre der merowingischen Frankenkönige, und zu seinen Nachfahren gehören die Geschlechter der Seneschalle von Dol und Dinan im 11. Jahrhundert. Diese mächtigen Verwalter von England stammten von der Mutter Lancelots, Viviane II. del Acqs ab, dynastische Königin von Avallon, und waren Blutsvorfahren des bedeutendsten aller desposynischen Geschlechter – des königlich-schottischen Hauses der Stewarts.

APOSTOLISCHE MISSIONEN IM WESTEN

Der größte Förderer Maria Magdalenas in der Provence war der enge Freund ihres Mannes, Simon der Zelote, der nicht länger der »Vater« war, sondern den Namen von Abrahams Diener Eliezer (oder Lazarus) angenommen hatte, den Jesus ihm bei seiner »Auferweckung« gegeben hatte. Unter diesem Namen wurde er zum ersten Bischof von Marseille, und eine Statue von ihm findet sich in der Kirche von St. Victor. Dort führt ein Gang vom Hauptschiff der Kirche in eine unterirdische Kapelle, die von cassianitischen Mönchen im 4. Jahrhundert angelegt und bewacht wurde. Lazarus war es, der Maria im Jahre 63 in ihrer ursprünglichen Alabastergruft bestattete. Vorher hatte er sich für eine Weile in Jerusalem und Antiochia aufgehalten, und nach ihrem Tod begab er sich zurück ins Heilige Land nach Jerusalem und Jordanien, bevor er zurückkehrte und sich mit Josef von Arimathäa zusammentat.

In England war Lazarus besser unter seinem apostolischen Namen Simon Zelotes bekannt. Er predigte in Mauretanien und Nordafrika und wurde schließlich von den Römern unter Catus Decianus in Caistor, Lincolnshire, in England gekreuzigt, erschlagen und begraben. Auf eigenen Wunsch des Heiligen wurden seine sterblichen Überreste jedoch später bei denen von Maria Magdalena in der Provence beigesetzt.

Bei den walisischen Chronisten war Josef von Arimathäa (oder St. Jakob der Gerechte) auch als *Ilid* bekannt. Er war der Schutzheilige von

Llan Ilid in Gwent und hatte bei Cor-Eurgain eine Mission gegründet. Der Name Ilid ist vermutlich eine Abwandlung des hebräischen *Eli* (»mein Gott« oder »erhoben«). Das *Achan Sant Prydain* (Genealogie der Heiligen Englands) berichtet: »Es kamen mit Bran dem Gesegneten von Rom nach England Arwystli Hen, Ilid, Cyndaf (ein Ältester) – Männer aus Israel, und Maw oder Mawan, Sohn des Cyndaf.« Die *Iolo-Manuskripte* erzählen, daß Ilid von Eurgain, der Frau von König Caractacus von Camulod, nach England gerufen wurde, und behaupten fernerhin, daß »der gleiche Ilid in anderen Teilen seines Lebens auch Josef geheißen«.

Der silurianische Erzdruide Bran der Gesegnete (Bendigeidfran) war mit Anna (Enygeus), der Tochter von Josef von Arimathäa,[15] verheiratet. Im Jahre 51 wurde er als Gefangener zusammen mit Caractacus dem Pendragon nach Rom gebracht (ein Pendragon war ein Herrscher über das keltische England, worauf wir später noch näher eingehen werden[16]).

In England bestand der Kreis um Josef von Arimathäa im wesentlichen aus zwölf zölibatären Eremiten. Verstarb einer von ihnen, wurde er durch einen anderen ersetzt. In der Gralslegende werden diese Eremiten als »Brüder Alains (Galains)« bezeichnet, da er zu ihnen zählte. Damit waren sie symbolische Söhne von Bran, dem Elias-Patriarchen von Hebron (der »Vater« im alten Sinne – im Gegensatz zum neuernannten Bischof von Rom). Aus diesem Grund wird Alain in der Literatur oft als Sohn von Bran (Bron) bezeichnet. Nach Josefs Tod im Jahre 82 zerfiel die Gruppe – vor allem weil die römische Herrschaft über England die Strukturen des Landes bereits verändert hatte.

Wir haben bereits festgestellt, daß die verschiedenen Namen von Josef in seinen unterschiedlichen Eigenschaften eine Menge Verwirrung angerichtet haben, und es darf nicht verwundern, daß die Folklore ihr übriges getan hat, seine Linie weiter zu verwirren. Zu den entsprechenden Werken gehören zum Beispiel die *Bruts*, die *Triaden*, das *Mabinogion* und der *Zyklus der Könige*. Trotzdem sind sie allesamt von historischer Bedeutung, weil ihr Inhalt in keinem Fall als frei erfunden zu betrachten ist. Viele alte Traditionen basieren naturgemäß auf Fakten. Doch die Geschichten sind meist romantisch verbrämt und ohne genaue Beachtung der Chronologie und Genealogie geschrieben worden. Die *High History of the Holy Grail* (von ca. 1220) behauptet beispielsweise, Perceval (ein Gefolgsmann von König Artus aus dem 6. Jahrhundert) sei der Großneffe des Josef von Arimathäa aus dem 1. Jahrhundert gewesen – der Ursprung dieser Linie ist korrekt, doch der Verwandtschaftsgrad selbst ist natürlich nicht möglich.

KAPITEL 11

Religion und die Blutlinie

KÖNIG LUCIUS

Um die Mitte des 2. Jahrhunderts wurde der Geist der ersten Jünger in England durch König Lucius, den Urenkel von Arviragus, wiederbelebt. Unter der Bevölkerung erhielt er dafür den Titel *Lleiffer Mawr* (»das große Licht«). Seine Tochter Eurgen bildete die erste Verbindung zwischen den beiden davidischen Hauptlinien, der von Jesus und der von Jakob (Josef von Arimathäa), als sie Aminadab heiratete, den Urenkel von Jesus und Maria (aus der Linie von Bischof Josefus).

Lucius bekannte sich im Jahre 156 in Winchester öffentlich zum Christentum. 177 fand eine Massenverfolgung der Christen durch die Römer in Gallien statt, besonders in den alten herodischen Gebieten um Lyon und Vienne, wo dreißig Jahre später der heilige Irenäus und 19 000 weitere Christen getötet wurden. Im Zuge dieser Verfolgungen flohen viele Christen aus Gallien nach England – besonders nach Glastonbury, wo sie König Lucius um Hilfe ersuchten. Dieser entschied sich, Eleutherius, den Bischof von Rom, um Rat zu fragen – dies war noch vor der Existenz der offiziellen römischen Kirche. Lucius bat den Bischof um Anweisungen für eine christliche Regierungsführung.

Der Antwortbrief ist bis heute in Rom erhalten und befindet sich in der *Sacrorum Conciliorium Collectio*. Eleutherius erklärt darin, daß ein guter König jederzeit die Freiheit habe, die Gesetze Roms zurückzuweisen – nicht aber die Gesetze Gottes. Hier ein Ausschnitt in Übersetzung:

> Die Christen müssen wie alle Untertanen des Königreichs als Söhne des Königs betrachtet werden. Sie stehen unter deinem Schutz ... Ein König wird an seiner Fähigkeit zu regieren gemessen, nicht daran, wie er die Macht über

sein Land aufrechterhält. Solange du gut regierst, wirst du König sein. Tust du es nicht, wird der Name des Königs hinfällig sein, und du wirst den Titel des Königs verlieren.[1]

Zusammen mit seiner Anfrage hatte Lucius auch seine beiden Missionare Medway und Elfan nach Rom geschickt. Sie kehrten schließlich mit den Botschaftern des Bischofs, Faganus und Duvanus, zurück, die in den walisischen Annalen als Fagan und Dyfan verzeichnet sind. Die beiden setzten die alte Ordnung der Eremiten in Glastonbury wieder ein und schafften damit zum zweiten Mal ein Fundament für das Christentum in England. Der Ruhm des Lucius verbreitete sich daraufhin über ganz Europa. 167 ließ er den ersten Turm auf dem Glastonbury Tor erbauen, und später wurde ihm, unter dem Namen Lleurwgg der Große, die Kirche von Llandaff gewidmet.[2] Er richtete außerdem das erste Erzbistum in London ein, wie auf einer Gedenktafel in der Kirche von St. Peter in Cornhill, einem alten Stadtteil von London, zu lesen ist.

Der Rat des Eleutherius ist bemerkenswert, denn er entspricht im wesentlichen dem messianischen Gralskodex – dem Prinzip des Dienens durch den Herrscher. Die Könige der Gralsdynastien in Frankreich und England handelten immer als »Väter« ihres Volkes, nicht als Herrscher über die Ländereien (dies war ein späteres feudales und imperialistisches Konzept, das schließlich den Gralskodex unterminierte). Ein »König der Franken« ist etwas ganz anderes als ein König von Frankreich, ebenso wie sich ein »König der Schotten« von einem König von Schottland unterscheidet. Gralskönige gaben ihrem Volk den Vorrang, nicht etwa dem Klerus oder der Politik, sei diese nun durch Parlament oder Kirche vertreten. Die Definition eines Gralskönigs lautete »Beschützer des Reiches«.

DER AUFSTIEG DER RÖMISCHEN KIRCHE

Im Jahre 66 wurde der Hasmonäer Flavius Josephus zum Kommandanten Galiläas. Er war als pharisäischer Priester ausgebildet, nahm jedoch den Militärdienst auf, als die Juden sich gegen ihre römischen Herrscher erhoben. Josephus ist der bekannteste Chronist seiner Zeit, und seine Bücher *De Bello Judaico* und *Antiquitatum Judaicarum Libri* bieten einen anschaulichen Einblick in die lange und komplexe Geschichte dieser Nation von den frühen Patriarchen bis hin zu den

Stammtafel 3: Frühe Kaiser und Bischöfe von Rom, *44 v. Chr.-337 n. Chr.*

Römische Kaiser	Reg.zeit	Bischöfe	Amtszeit
AUGUSTINUS	44 v. Chr.-14 n. Chr.		
TIBERIUS	14-17 n. Chr.		
GAIUS CALIGULA	37-41		
CLAUDIUS	41-54		
NERO	54-68		
GALBA	67-69	Linus *Erster Bischof von Rom* *(ernannt von Paulus vor dem Tod von Petrus)*	58-78
OTHO zusammen mit VITELLIUS	69 69		
VESPASIAN	69-79	Anacletus	78-89
TITUS	79-81		
DOMITIAN	81-96		
NERVA	96-98	Clemens I.	89-98
TRAJAN	98-117	Evaristus	99-106
		Alexander I.	107-115
		Sixtus I.	116-125
HADRIAN	117-138	Telesphorus	125-136
		Hyginus	136-140
ANTONIUS PIUS	138-161	Pius I.	140-154
		Anicetus	155-165
MARCUS AURELIUS	161-180	Soter	165-174
COMMODUS	180-192	Eleutherius	174-189
		VictorI.	189-198
PERTINAX zusammen mit DIDIUS JULIANUS	193 193		
LUCIUS SEVERUS	193-211	Zephyrinus	199-217
CARACALLA	211-217		
MARCRINUS	217	Callixtus I.	217-222
HELIOGABALUS	218-222		

ALEXANDER SEVERUS	222-235	Urban I.	222-230
		Pontianus	230-235
MAXIMINUS	235-238	Anterus	235-236
		Fabian	236-250
GORDIAN I. zusammen mit			
GORDINIAN II.	238		
PUPIENUS zusammen mit			
BALBINUS	238		
GORDIAN III.	238-244		
PHILIP (der Araber)	244-249		
DECIUS	249-251		
GALLUS	251-253	Cornelius	251-253
AEMILIAN	253		
VALERIAN zusammen mit	253-260	Lucius	253-254
GALLIENUS	253-268	Stephan I.	254-257
		Sixtus II:	257-258
		Dionysius	259-268
CLAUDIUS	268-270	Felix I.	269-274
AURELIAN	270-275		
TACITUS	275		
PROBUS	276-282	Eutychianus	275-283
CARUS	282-283		
CARINUS zusammen mit	284	Gaius	283-296
NUMERIANUS	284		
DIOCLETIAN zusammen mit	284-305		
MAXIMIANUS	286-305	Marcellinus	296-304
CONSTANTIUS CHLORUS	305-306		
MAXENTIUS	306-312	Marcellus I.	308-309
		Eusebius	309
		Miltiades	310-314
CONSTANINUS der Große			
Britannien und Gallien	306-		
Westen	312-	Silvester I.	314-335
ganzes Reich	324-337	*Erster Kaiserlicher Bischof von Rom*	

Jahren unter römischer Herrschaft. Es ist bemerkenswert, daß sich in seinem gesamten Werk nur eine einzige Erwähnung von Jesus findet, (3) die ihn in den historischen Zusammenhang stellt, aber keinen Hinweis auf seine Göttlichkeit oder seine Rolle in der Bibel gibt:

> Um diese Zeit tauchte Jesus auf – ein weiser Mann, wenn man ihn einen Mann nennen kann, denn er war ein Wundertäter. Ein Lehrer jener, die die Wahrheit mit Freude empfingen, zählte er neben den Juden auch viele Nichtjuden zu seinen Zuhörern. Er war der Christus, und als Pilatus – auf Empfehlung unserer Ältesten – ihn zur Kreuzigung verurteilte, verließen ihn seine Anhänger nicht, denn er erschien ihnen am dritten Tag in lebender Gestalt – wie es die Propheten über ihn vorausgesagt hatten. Es gibt noch tausend andere wunderbare Dinge über ihn zu berichten, und die Sekte der Christen – nach ihm benannt – existiert noch heute.

Das geschichtliche Werk von Josephus bestand aus über 60 000 Zeilen und wurde in den achtziger Jahren verfaßt, während Josephus in Rom weilte, wo vor kurzem gerade das Markusevangelium erschienen war. Obwohl Petrus und Paulus unter Nero hingerichtet worden waren, sind die Evangelien aus dieser Zeit nicht als antirömisch zu bezeichnen. Die frühen Christen machten eher die Juden als Pontius Pilatus für die Verfolgung von Jesus verantwortlich. Und da der jüdische Aufstand von 66-70 gescheitert war, waren sie der Ansicht, Gott habe seine Präferenzen geändert und befände sich nun auf ihrer Seite und nicht mehr auf Seiten der Juden.

Trotzdem kann man die Position der Christen im römischen Reich als gefährdet bezeichnen, denn sie bildeten eine Minderheit ohne rechtlichen Status. In der Zeit zwischen der Kreuzigung des Petrus unter Nero bis zum Edikt von Milan im Jahre 313 (als das Christentum offiziell anerkannt wurde) gab es in Rom nicht weniger als 30 Bischöfe. Der erste von ihnen wurde im Jahre 58 noch von Paulus selbst ernannt.[4] Es handelte sich um den britischen Prinzen Linus, den Sohn von König Caractacus. (Linus wurde von der Geschichtsschreibung öfter als Sklave dargestellt, doch handelt es sich dabei um eine Verfälschung seitens der Kirche in späteren Jahren.) Bereits im Jahr 120 wurden die Bischöfe nicht mehr von einzelnen ernannt, sondern mehrheitlich von einer Gruppe gewählt, und die Kandidaten mußten Bürger der Stadt Rom sein. Zur Zeit von Bischof Hyginus (136 n. Chr.) gab es kaum noch eine Verbindung zwischen den paulinischen Christen einerseits und den Anhängern der Nazoräer und Jesu jüdischer Lehre

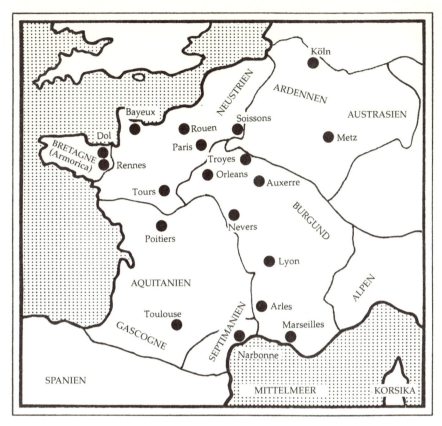

Karte 6: Gallien unter der Herrschaft der Merowinger

auf der anderen Seite. Letztere hatten sich – abgesehen von den Zentren in Gallien und England – vorwiegend in Mesopotamien, Syrien, der Südtürkei und Ägypten angesiedelt. Die römischen Christen waren unterdessen ständigen Repressalien ausgesetzt, weil ihr Glaube die traditionell angenommene Göttlichkeit der römischen Kaiser in Frage stellte. Mit der Zeit nahm die Unterdrückung immer ernstere Formen an, bis sie bald wieder die gleichen Ausmaße wie unter Nero erreichte und zu einer ausgewachsenen Verfolgung wurde.

Die im kaiserlichen Rom vorherrschende Religion war polytheistisch und hatte ihre Wurzeln vorwiegend in der Anbetung von Naturgottheiten, wie zum Beispiel Wasser- oder Waldgöttern. Mit der Ausbreitung Roms wurden außerdem die Götter der benachbarten

Etrusker und Sabiner übernommen. Dazu zählten zum Beispiel Jupiter (der Himmelsgott) und Mars (der Kriegsgott). Hinzu kamen griechische Kulte, und von 204 v. Chr. an tauchten die Orgien der Cybele (asiatische Erdgöttin) sowie die hedonistischen Rituale des Dinoysos/Bacchus (Gott des Weines) auf. Mit der Ausbreitung des römischen Reiches nach Osten wurde auch der Kult der Isis, der universellen Mutter, eingeführt, sowie die geheimnisvolle Anbetung des persischen Mithras (Gott des Lichtes, der Wahrheit und der Gerechtigkeit). Schließlich wurde die syrische Religion des *Sol Invictus* (der uneroberten und uneroberbaren Sonne) zum allumfassenden Glaubenskonzept. Die Vision von der Sonne als ultimativem Lebensspender erlaubte es, alle anderen Kulte darunter zu subsumieren, und außerdem unterstützte sie die Vorstellung vom Kaiser als Inkarnation Gottes.

Mitte des 2. Jahrhunderts waren die ursprünglichen Nazoräer (Anhänger der Lehren Jesu) nicht nur in Rom unbeliebt, sondern wurden auch von den paulinischen Christen angefeindet – besonders von Irenäus, dem Bischof von Lyon. Er verurteilte sie als Gotteslästerer, da sie Jesus als Menschen betrachteten und nicht wie die neue Lehre einen göttlichen Ursprung annahmen. Er behauptete sogar, daß Jesus selbst die falsche Religion praktiziert und sich in seinem Glauben geirrt hätte! Die Nazoräer der desposynischen Kirche dagegen verurteilten Paulus als Verräter und falschen Apostel, dessen gotteslästerliche Schriften völlig zurückzuweisen seien.

Im Jahre 135 n. Chr. wurde Jerusalem erneut von römischen Armeen eingenommen, diesmal unter Hadrian, und die überlebenden Juden wurden in alle Winde zerstreut. Die in Palästina verbleibenden Juden widmeten sich vorwiegend dem rabbinischen Gesetz und seiner Religion. Die paulinische Sekte dagegen, die sich mittlerweile weit von ihren jüdischen Wurzeln entfernt hatte, bereitete den Herrschenden mehr und mehr Schwierigkeiten.

Im Jahre 235 entschied Kaiser Maximinus, daß alle christlichen Bischöfe und Priester festgenommen, ihr persönlicher Besitz konfisziert und ihre Gotteshäuser verbrannt werden sollten. Die Gefangengenommenen wurden zu schweren Strafen verurteilt, unter anderem zum Strafdienst in den Bleiminen Sardiniens. Bei ihrer Ankunft wurde ihnen ein Auge entfernt, der linke Fuß und das rechte Knie wurden zerschlagen, und die Männer wurden kastriert. Als sei dies nicht schon genug, wurden sie auch noch mit der Hüfte an die Fußgelenke gefesselt, so daß es ihnen unmöglich war, aufrecht zu stehen. Die Fesseln waren nicht wieder zu entfernen. So überrascht es nicht, daß die Mehrzahl von ihnen nach wenigen Monaten verstarb. In jenen Tagen war es gefährlich, ein Christ zu sein, und die Anführer der Christen waren permanenter Todesgefahr ausgesetzt.

Unter Kaiser Decius (249 n. Chr.) waren die Christen trotzdem so rebellisch, daß sie zu Kriminellen erklärt und ihre Verfolgung offiziell aufgenommen wurde. Unter Diokletian, der 284 Kaiser wurde, setzte sich diese Praxis fort. Er installierte eine absolute Monarchie, und die Christen wurden gezwungen, dem göttlichen Kaiser Opfer zu bringen. Taten sie dies nicht, mußten sie mit schwersten Strafen rechnen. Sämtliche christlichen Versammlungsstätten wurden zerstört. Trafen sie sich an anderen Stellen, wurden sie zum Tode verurteilt. Das gesamte Eigentum der Kirche wurde beschlagnahmt, und alle Bücher und Schriften, die sich mit ihrem Glauben befaßten, wurden öffentlich verbrannt. Prominente oder hochgeborene Christen durften kein öffentliches Amt bekleiden, und christliche Sklaven hatten keine Hoffnung, jemals die Freiheit zu erlangen. Der Schutz des römischen Rechtes galt für sie nicht, und wer sich darüber beschwerte, wurde bei lebendigem Leibe auf niedriger Flamme geröstet oder in den öffentlichen Arenen von Tieren zerfleischt.

Einer der grausamsten Verfolger unter Diokletian war Galerius, ein Statthalter der östlichen Provinzen. Doch kurz vor seinem Tod im Jahre 311 lockerte er – sehr zur Überraschung aller – die bisherigen Erlasse gegen die Christen und gab ihnen ein allgemeines Versammlungsrecht. Nach zweieinhalb Jahrhunderten der Verfolgung begann eine neue Zeit beschränkter Freiheiten.

Im Jahre 312 wurde Konstantin Kaiser des weströmischen Reiches. Das Christentum hatte sich mittlerweile in England, Deutschland, Portugal, Griechenland, der Türkei und Frankreich ausgebreitet und war auch überall im römischen Reich zu finden. Tatsächlich hatten die christlichen Missionare bei der Befriedung der Barbaren größeren Erfolg als die römischen Legionen – selbst in Persien und Zentralasien. Konstantin erkannte bald, daß die Vereinnahmung des Christentums ihm nur nützlich sein konnte. Er sah es als einigende Kraft für sein Reich, das an allen Ecken und Enden auseinanderzufallen drohte.

In einer Schlacht um die Vorherrschaft im Reich gewann Konstantin schließlich gegen seinen Schwager Maxentius und verkündete, daß er die Vision eines Kreuzes mit den Worten »In diesem Zeichen wirst du siegen« am Himmel gesehen habe. Die Führer der Christen waren beeindruckt von der Tatsache, daß der römische Kaiser unter ihrem Zeichen zum Sieg geritten war.

Konstantin bestellte den alten Bischof Miltiades zu sich. Sein Ziel war dabei nicht, den christlichen Glauben unter dem Bischof von Rom anzunehmen, sondern vielmehr die christliche Kirche vollständig zu übernehmen. Zu seinen ersten Anweisungen gehörte die Anforderung eines Nagels vom Kreuze Christi, den er an seiner Krone befestigte. Er verkündete dem verblüfften Bischof außerdem: »In Zukunft werden Wir, als der Apostel von Christus, den Bischof von Rom mitbestimmen.« Dadurch sollte sich die Struktur des Christentums für immer verändern. Nachdem er sich selbst als Apostel ausgerufen hatte, bestimmte er den Lateran-Palast zum zukünftigen Sitz des Bischofs.

Miltiades war seit langer Zeit der erste Bischof von Rom, der eines natürlichen Todes starb (im Jahre 314 n. Chr.). Das Christentum war mit einem Mal etabliert und sogar als kaiserliche Religion anerkannt.

324 wurde Konstantin Kaiser über das gesamte römische Reich. Als Nachfolger von Miltiades setzte er seinen eigenen Mann, Sylvester, ein und brach so mit der Tradition der Kirche. Dieser wurde mit großem Pomp und Prunk zum ersten kaiserlichen Bischof ernannt – ein weiter Weg von den im Untergrund abgehaltenen Ritualen der christlichen Vergangenheit. Doch der Preis war hoch – er unterstand nun dem Kaiser. Es war genau das geschehen, was die christlichen Vorväter versucht hatten zu verhindern. Die rangniederen Mitglieder der Kirche hatten keine Wahl, den Priestern wurde einfach mitgeteilt, daß ihre Kirche nunmehr offiziell zum römischen Kaiserreich gehöre. Von nun an war sie die Kirche von Rom.

Silvester war anfänglich nicht klar, in welche Falle er die Jünger des Petrus führte; er sah nur die mögliche Sicherheit. Während sie sich nun ungehindert in der Öffentlichkeit bewegen durften, wurde ihre Hierarchie in prunkvollen Gewändern und Juwelen eingekleidet – genau das, was Christus immer abgelehnt hatte. Viele Christen waren empört, daß sich ihre Führer auf diese Weise hatten korrumpieren lassen und erklärten den neuen Status für eine Niederlage – eine Profanisierung aller Prinzipien, die ihnen immer heilig gewesen waren. Nach beinahe drei Jahrhunderten des Ringens und Kämpfens waren die ursprünglichen Ideale Jesu nun vollkommen aufgegeben und seinen Feinden auf einem Tablett überreicht worden.

Abgesehen von ihrem ganz unterschiedlichen Kult und Glauben beteten die Römer ihre Kaiser als Abkömmlinge von Neptun und Jupiter an. Auf dem Konzil von Arles[5] im Jahre 314 sicherte Konstantin seinen eigenen göttlichen Status, indem er den allmächtigen Gott der Christen zu seinem persönlichen Mentor erklärte. Abweichungen in der Lehre beseitigte er, indem er bestimmte Aspekte der christlichen Rituale durch alte heidnische Rituale sowie Lehren syrischen und persischen Ursprungs ersetzte. Mit anderen Worten, die neue römisch-katholische Kirche (katholisch = allgemein) wurde als Mischform konstruiert, die allen einflußreichen Gruppen gefallen sollte. Konstantin strebte eine Weltreligion an – mit ihm selbst an der Spitze.

DIE DESPOSYNI UND DER KAISER

Aus zahlreichen Büchern über die Frühzeit des Christentums könnte man den Eindruck gewinnen, daß es sich bei der römischen Kirche um die wahrhaftige Kirche Jesu handelte, während alle anderen christlichen Glaubensrichtungen von der wahren Lehre abwichen. Dies ist jedoch weit von der Wahrheit entfernt. Viele Zweige des Christentums waren in Wirklichkeit weitaus weniger mit heidnischen Versatzstücken durchsetzt als die politisch geprägte Kirche Roms. Sie wandten sich gegen deren Götzen und die opulente Präsentation der römischen Kirche und wurden dafür durch kaiserlichen Erlaß zu Gesetzlosen und Häretikern erklärt. Besonders die esoterischen Gnostiker, die lehrten, daß der reine Geist gut, die materielle Welt jedoch verunreinigt sei, wurden als Gotteslästerer verdammt. Es verwundert nicht weiter, daß diese Einstellung der materialistisch gesinnten neuen Kirche nicht behagte. Ebenso wurde der Manichäismus (der gnostischen Ursprungs war) dafür verurteilt, daß er den Materialismus für eine bösartige Infiltration des Geistes erachtete.

Daneben gab es immer noch die Anhänger der nazoräischen Tradition, die sich der ursprünglichen Sache Jesu verschrieben hatten und nicht den exzentrisch ausgeschmückten Lehren des Paulus, mit denen Rom nun so freizügig umging. Diese traditionellen jüdischen Christen kontrollierten zur Regierungszeit Konstantins viele der großen Kirchen im Nahen Osten. Und sie wurden geführt von direkten Nachfahren der Familie Jesu– den *Desposyni* (»Erben des Herrn«).

Im Jahre 318 segelte eine Gesandtschaft der Desposyni nach Ostia und reiste von dort weiter nach Rom, wo Bischof Sylvester in seinem neuen Palast residierte. Den Ankömmlingen wurde eine Audienz gewährt. Durch ihren Hauptsprecher Joses (der von Jesu Bruder Judas abstammte) setzte sich die Gruppe vehement dafür ein, daß die Kirche ihren Hauptsitz in Jerusalem und nicht in Rom haben solle. Sie vertraten die Ansicht, daß der Bischof von Jerusalem ein wahrer *Desposynos* sein sollte, während die Bischöfe in den übrigen Zentren wie Alexandria, Antiochia und Ephesus zumindest verwandt sein sollten. Natürlich vergeblich, denn Sylvester verfügte nicht über die notwendige Autorität, um sich den Anordnungen des Kaisers zu widersetzen. Statt dessen informierte er die Delegation, daß es für sie keinen Platz innerhalb der neuen christlichen Ordnung gebe und daß die Kraft der Erlösung nicht von Jesus, sondern von Kaiser Konstantin ausgehe.

Da sich die römischen Kaiser seit Jahrhunderten als Götter in Menschengestalt präsentiert hatten und Konstantin offiziell eine apostolische Abstammung für sich geltend machte, gab es nur noch eine wichtige Tür, die geschlossen werden mußte – und Konstantin erledigte das sehr geschickt beim Konzil von Nicäa im Jahre 325. Er stellte die Frage, ob es sich bei Jesus vielleicht gar nicht um den erwarteten Messias gehandelt habe, da es ihm ja nicht gelungen war, die römische Herrschaft zu überwinden. Und da Konstantin es gewesen war, der den Christen die Freiheit gebracht hatte, konnte nicht auch er als ihr Erlöser betrachtet werden und nicht etwa Jesus? Stammte seine Mutter Helena nicht aus dem arimathäischen Geschlecht? Natürlich wußte der Kaiser, daß Jesus von Paulus als Sohn Gottes verehrt worden war, aber für derartige Unterscheidungen war jetzt kein Raum mehr. Jesus und Gott mußten zu einer Einheit verschmelzen, damit der Sohn mit dem Vater gleichgesetzt werden konnte. Während des Konzils von Nicäa im Jahre 325 wurde Gott offiziell als drei Wesenheiten in einer definiert: eine Gottheit aus drei gleichberechtigten und ewigen Bestandteilen – dem Vater, dem Sohn und dem Heiligen Geist. Diese drei Aspekte (Personen) der Heiligen Dreifaltigkeit besaßen eine auffallende Ähnlichkeit mit dem Konzept von Vater, Sohn und Geist, das die Essener von Qumran vor so langer Zeit verwendet hatten.[6]

Einige der Bischöfe wandten sich allerdings gegen dieses neue Dogma, besonders ein älterer lybischer Priester aus Alexandria namens Arius. Als er sich während des Konzils zu Wort meldete, schlug Nikolaus von

Myra ihn nieder und beendete damit die Opposition. So kam es, daß Gott zum Vater und Sohn wurde und Jesus durch diese Einheit der Personen jede praktische Bedeutung und historische Signifikanz genommen wurde. Der Kaiser war nun der göttliche Messias – und nicht nur von diesem Moment an, sondern in einer angeblich für ihn reservierten Erbfolge »vom Anbeginn der Zeit«. Damit schien die römische Kirche sicher vor dem Auftauchen eines neuen christlichen Führers. Nachdem der historische Jesus erfolgreich ad acta gelegt worden war, sollte selbst die Bezeichnung Christentum nicht länger von Jesus Christus abstammen, sondern von einem Mann namens Chrestus, der im Jahre 49 einen Aufstand anführte, in dessen Verlauf eine große Anzahl von Juden aus Rom ausgewiesen wurden. Es gab jetzt nur noch zwei offizielle Objekte der Verehrung: die Dreifaltigkeit und den Kaiser – der sich als neuer Retter der Welt feiern ließ. Jeder, der dies anzweifelte, wurde der Gotteslästerung bezichtigt.

Bis dahin war es üblich gewesen, daß der Bischof von Rom seinen eigenen Nachfolger bestimmte. Dies änderte sich, als Konstantin sich als neuer »Apostel Gottes« das Recht nahm, aus den Kandidaten einen auszuwählen. Auf den Straßen Roms kam es daraufhin im Zuge der Wahlen zu Blutvergießen unter den Anhängern der verschiedenen Kandidaten. Schließlich wurde es üblich, daß die Bischöfe von Rom praktisch nur noch unter den Kandidaten des Kaisers bestimmt wurden.

Nachdem diese Form römischen Christentums als neue kaiserliche Religion etabliert war, erließ Kaiser Theodosius der Große (379-395) ein noch totalitäreres Dekret. Noch immer gab es Diskussionen über die Gottessohnschaft Jesu, und die Anhänger des Arius verkündeten weiterhin, daß Jesus von Gott geschaffen worden war. Um dieses Konzept endgültig zu unterbinden, verbot er jede abweichende Religion und jede Versammlung unorthodoxer Christen unter Androhung der Todesstrafe. Seine Autorität wurde in der mazedonischen Hafenstadt Thessalonika auf die Probe gestellt, wo er 7000 Menschen willkürlich verurteilen und töten ließ. Von nun an gab es keinen Disput mehr: Gott war der Vater, der Sohn und der Heilige Geist.

DER UNTERGANG DES KAISERREICHS

All diese Zeit über hatten die Nazoräer es geschafft, ihre Tradition unter der Führung der *Desposyni* am Leben zu erhalten, vor allem in Mesopotamien, dem östlichen Teil Syriens, der Südtürkei und Zentralasien. Immer noch waren sie die reinsten Vertreter der ursprünglichen Lehren Jesu. Für sie war Gott Gott und Jesus ein Mann aus der messianischen Erbfolge des davidischen Geschlechts. Behauptungen, daß Jesu Mutter Maria eine physische Jungfrau gewesen sei, wiesen sie mit allem Nachdruck zurück.

Mitte des 5. Jahrhunderts dominierte die römische Kirche im Westen, während die östliche orthodoxe Kirche sich von ihren Zentren in Konstantinopel, Alexandria, Antiochia und Jerusalem ausbreitete. Die Debatte über die Heilige Dreifaltigkeit hatte einen beträchtlichen Keil zwischen die beiden Kirchen getrieben, und jede von ihnen behauptete, den wahren Glauben zu vertreten.

Während die römische Kirche eben von einem neu eingesetzten Gremium von Kardinälen umstrukturiert wurde, zerbrach das römische Reich und wurde von den Westgoten und Vandalen zerstört. Der letzte weströmische Kaiser Romulus Augustulus wurde von dem germanischen Heerführer Odoaker abgesetzt, der im Jahre 476 König von Italien wurde. In Ermangelung eines Kaisers wurde der verbleibende Oberbischof Leo I.[7] zum *Pontifex Maximus*. Das byzantinische Reich dagegen hielt sich noch weitere tausend Jahre lang.

Mit dem Untergang des römischen Reiches begann auch das römische Christentum an Bedeutung zu verlieren. Die Kaiser, die sich mit dem christlichen Gott identifiziert hatten, hatten versagt. Ihre religiöse Macht war auf den obersten Pontifex übergegangen, doch stand er nur noch einer Minderheitenreligion vor, die von anderen im Christentum verwurzelten Religionen umgeben war, unter anderem Gnostikern, Arianern, Nazoräern und der neu auftauchenden keltischen Kirche.

DIE MEROWINGISCHEN MAGIERKÖNIGE

Die größte Bedrohung für die römische Kirche kam gegen Ende des Imperiums von einer desposynischen Linie in Gallien, der merowingischen Dynastie – männlichen Nachfahren der Fischerkönige und einer weiblichen Linie der Sugambrer. Die Sugambrer waren nach Cambra, einer Stammeskönigin um das Jahr 380 v. Chr., benannt. Ursprünglich stammten sie aus Skythien, nördlich des Schwarzen Meers.

In der Pariser Nationalbibliothek findet sich ein Faksimilie von *Fredegars Chronik* (aus der Feder des Mönches Lucerius) – ein erschöpfendes historisches Werk aus dem 7. Jahrhundert, an dessen Zusammenstellung der Mönch fünfunddreißig Jahre gearbeitet haben soll. Eine spezielle Ausgabe dieses Manuskriptes war am Hof der legendären Nibelungen überreicht worden und wurde von der Obrigkeit als offizielle Chronik der historischen Ereignisse anerkannt. Fredegar (der im Jahre 660 verstarb) war ein Schriftgelehrter aus Burgund, und seine Chronik deckte den Zeitraum von den frühesten hebräischen Patriarchen bis hin zu den Königen der Merowinger ab. Er zitierte und verwies auf zahlreiche Quellen, unter anderem die Schriften des heiligen Jerome (lateinischer Übersetzer des Alten Testaments), des Erzbischofs Isidor von Sevilla (Autor einer Enzyklopädie des Wissens) und des Bischofs Gregor von Tours (Verfasser einer Geschichte der Franken).

Um eine möglichst große Genauigkeit zu erreichen, bediente sich Fredegar, der enge Verbindungen zum Königshof von Burgund unterhielt, einer ganzen Reihe von kirchlichen und staatlichen Annalen. Er berichtet darüber, wie die sugambrische Linie der »Franken« – von denen Frankreich seinen Namen erhielt – nach ihrem Oberhaupt Francio benannt wurde, der ein Nachfahre von Noah war und im Jahre 11 v. Chr. starb. Francios Rasse stammte aus dem alten Troja (in der heutigen Westtürkei), nach dem die französische Stadt Troyes benannt ist, so wie Paris nach dem Prinzen Paris, dem Sohn des Königs Priamos von Troja, benannt ist, dessen Liaison mit Helena von Sparta den trojanischen Krieg auslöste.

Im 4. Jahrhundert kamen die sugambrischen Franken unter ihren Häuptlingen Genobaud, Marcomer und Sunno aus Pannonien und siedelten sich im Rheinland an. In der Gegend von Köln ließen sie sich nieder, und im Laufe des nächsten Jahrhunderts drangen ihre Armeen in das römische Gallien vor und überrannten das heutige Belgien und Nordfrankreich. Zu dieser Zeit heiratete Genobauds Tochter Argotta den Fischerkönig Faramund (auch als Pharamond bekannt), der von 419-430 regierte und oft als der wahre Urvater der französischen Monarchie bezeichnet wird. Faramund war der Enkel von Boaz (Anfortas –

Stammtafel 4: Die sugambrischen Franken und die ersten Merowinger, *4.-6. Jh.*

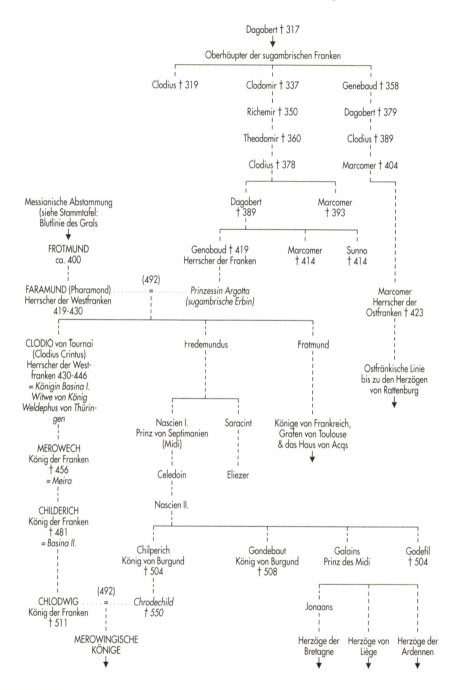

über den noch zu sprechen sein wird), in direkter messianischer Folge von Josues Sohn Aminadab (christliche Linie), der Eurgen, die Tochter von König Lucius (arimathäische Linie), ehelichte.

Faramund war nicht der einzige Ehepartner, der auf ein messianisches Erbe verweisen konnte. Argotta selbst stammte von König Lucius' Schwester Athildis ab, die den sugambrischen Häuptling Marcomer (Achter in der Reihe nach Francio) ungefähr im Jahr 130 geheiratet hatte. Die merowingische Linie, die mit Faramund und Argotta begann, ist also gleich von beiden Seiten desposynisch zu nennen.

Argottas Vater Genobaud, König der Franken, war der letzte männliche Vertreter seiner Linie; so wurde der Sohn von Faramund und Argotta, Chlodio, zum nächsten Vertreter der Erbfolge unter den fränkischen Herrschern Galliens.

Chlodios Sohn Merowech (Meroveus) wurde 448 in Tournai zum König ausgerufen, und nach ihm wurde die bis heute geheimnisumwitterte Dynastie der Merowinger benannt, die die Frankenkönige stellen sollte. Sie wurden nicht durch Krönung inthronisiert, sondern stammten aus einer alten, akzeptierten Linie, die sich direkt aus der messianischen Tradition ableitete.

Trotz der sorgfältig erstellten Stammtafeln der damaligen Königshäuser liegt die Herkunft der Merowinger immer noch weitgehend im dunkeln. Obwohl Merowech der rechtmäßige Sohn von Chlodio war, erzählt der Historiker Priscus die Geschichte, daß er von einem Seeungeheuer gezeugt worden sein soll, der *Bistea Neptunis* (siehe folgendes Kapitel). Offenbar war seine Person von einem Geheimnis umgeben, und seinen priesterlichen Nachkommen wurde besondere Verehrung zuteil. Sie waren bekannt für ihr esoterisches Wissen und ihre okkulten Fähigkeiten.[8] Im 6. Jahrhundert schreibt Gregor von Tours, daß die Frankenkönige in der sugambrischen, weiblichen Linie ihrer Herkunft nicht eben für ihre asketische Kultur bekannt waren, doch hielt sich diese Dynastie aus »der obersten und nobelsten Linie ihrer Rasse« (als Nachfahren von Argotta und Faramund) an die Tradition der alten Nasiräer, und sie wurden als die »langhaarigen Magierkönige« bekannt.

Im Alten Testament (Numeri 6,1-13) werden Nasiräer als Juden wie Samson und Samuel beschrieben, die sich für bestimmte Zeiträume an strikte Gelübde gebunden hatten:

Wenn ein Mann oder eine Frau etwas Besonderes tun will und das Nasiräergelübde ablegt ... dann soll er auf Wein und Bier verzichten ... Solange das
Nasiräergelübde in Kraft ist, soll auch kein Schermesser sein Haupt berühren,
bis die Zeit abgelaufen ist, für die er sich dem Herrn als Nasiräer geweiht hat.
Er ist heilig, er muß sein Haar ganz frei wachsen lassen ... Das ist das Nasiräer-
gesetz.

In der Tradition der Essener kam zu dem Gelübde noch ein absolutes
Zölibat. Das Oberhaupt der Nasiräer war üblicherweise der davidische Kronprinz, der in feierliches Schwarz gekleidet ging. Jesu Bruder,
Jakob der Gerechte, war einmal ihr Oberhaupt gewesen, und die folgenden Kronprinzen *de jure* behielten den Status und die damit ver-
bundene Verantwortung bei.

Unabhängig von ihrer jüdischen Abstammung waren die Merowinger keine praktizierenden Juden. Das galt aber auch für andere
nichtrömische Christen, deren Glauben jüdischen Ursprungs war. Der
katholische Bischof Gregor von Tours beschreibt die Merowinger als
Götzenanbeter, doch konnte man die Priesterkönige der Merowinger
beim besten Willen nicht zu den Barbaren rechnen. Ihre spirituelle Praxis ähnelte der der Druiden, und sie wurden als esoterische Lehrer,
Richter, Heiler und Hellseher geachtet und verehrt. Obwohl sie dem
Haus von Burgund sehr nahe standen, waren die Merowinger nicht
durch den Arianismus beeinflußt. Ihre Kultur war weder gallisch-
römisch noch teutonisch zu nennen. Sie galt als etwas »vollkommen
Neues« und schien wie aus dem Nichts aufgetaucht zu sein.

Die Merowingerkönige regierten nicht das Land und waren auch
politisch nicht aktiv; die Regierungsgeschäfte überließen sie ihren
»Hausmeiern« (obersten Ministern). Die Könige beschäftigten sich
dagegen mehr mit militärischen und sozialen Belangen. Zu ihren
Interessen gehörten Bildung, Agrarkultur und der Handel zur See. Ihr
Vorbild war König Salomo[9], der Sohn Davids, und ihre Lebensge-
wohnheiten bezogen sich weitgehend auf das Alte Testament – auch
wenn die römische Kirche sie als gottlos bezeichnete.

Die Merowinger hatten noch andere Gemeinsamkeiten mit den
frühen Nasiräern. In der Tradition der Essener wurden Jungen im
Alter von zwölf Jahren symbolisch »wiedergeboren«. Anläßlich dieser
Zeremonie der »Zweiten Geburt« wurden sie in ihre Stellung innerhalb der Gemeinde eingeführt. Die merowingischen Könige folgten
einer ähnlichen Praxis: Den Söhnen des Königs wurde an ihrem zwölf-

ten Geburtstag durch Initiation das ererbte Recht auf die dynastische Königswürde übertragen. Somit bestand kein Bedarf für eine spätere Krönungsfeierlichkeit. Die Dynastie bestand also nicht aus ernannten Königen, sondern aus natürlichen Königen, deren Recht auf die Krone einer heiligen Erbfolge entsprang. Wie wir bereits gesehen haben, waren die Merowinger nicht nur christlicher Abstammung, sondern stammten durch die Schwester und die Tochter von König Lucius[10] auch direkt von Jakob (Josef von Arimathäa) ab.

Der essenische Brauch der »Zweiten Geburt« findet sich auch in den Evangelien, wenn auch stark verschlüsselt, und wurde in der Übersetzung völlig falsch interpretiert. Bei Lukas 2,1-12 wird die »Zweite Geburt« von Jesus chronologisch mit dem Zeitpunkt seiner wirklichen Geburt vertauscht.[11] Wie die anderen Evangelien legt auch Lukas den Geburtstag von Jesus in die späte Regierungszeit von Herodes dem Großen, der im Jahre 4 v. Chr. starb. Aber Lukas schreibt auch, daß Quirinius zu dieser Zeit Statthalter von Syrien war und daß der Kaiser Augustus eine landesweite Volkszählung befohlen hätte. In Wirklichkeit war Quirinius zu Lebzeiten von Herodes nie Statthalter von Syrien. Er trat erst im Jahre 6 n. Chr. sein Amt an, als er – nach den Aufzeichnungen von Josephus – in Judäa auf Anordnung des Kaisers eine Volkszählung durchführen ließ. Zu Herodes Zeiten gab es keine Volkszählung. Sie wurde zwölf Jahre nach der physischen Geburt von Jesus durchgeführt – exakt im Jahr seiner »Zweiten (initiatorischen) Geburt«.

Diesem Irrtum ist auch die chronologische Verwirrung um den Tempelbesuch von Jesus und seinen Eltern in Jerusalem (Lukas 2,41-50) zuzuschreiben. Angeblich soll diese Geschichte sich zugetragen haben, als Jesus zwölf Jahre alt war – in Wirklichkeit handelte es sich um das zwölfte Jahr nach seiner Geburt in die Gemeinde. An jenem Paschafest war Jesus 24 (oder 23, da sein »offizieller« Geburtstag ja erst im September war). Zu diesem Zeitpunkt wurde sein Übertritt vom Initianden zum Mann vollzogen, und anstatt seine Eltern zu den anschließenden Feierlichkeiten zu begleiten, blieb er zurück, um die »Geschäfte seines Vaters« zu besprechen. Der »Vater« war zum damaligen Zeitpunkt Eleazer Hannas.

Während seiner gesamten Kindheit war Jesus mit brillanten Gelehrten und Astronomen in Verbindung – besonders mit den philosophischen Magiern, die von den Merowingern so sehr verehrt wurden. Die drei weisen Magier, die Jesus bei seiner Geburt besuchten, wurden zu

Stammtafel 5: Die merowingischen Könige, *5.-8. Jh.*

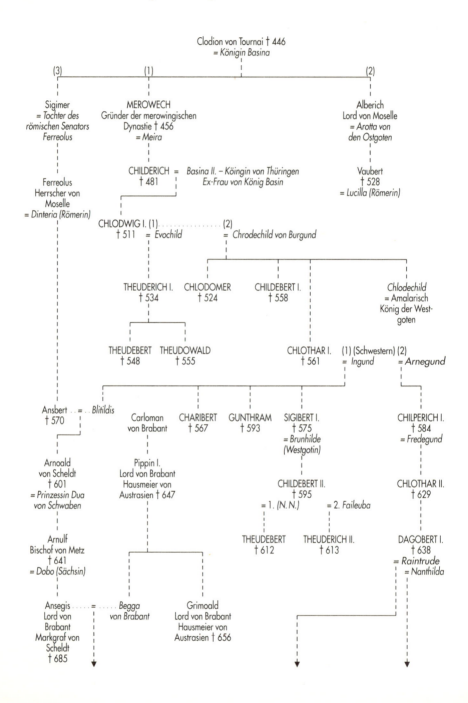

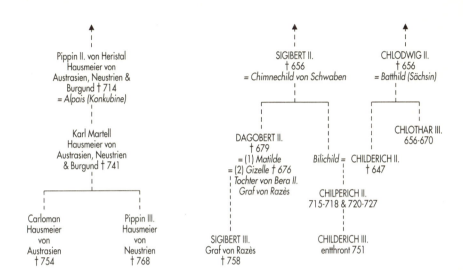

den Schutzheiligen der Stadt Köln, wobei man ihnen allerdings die völlig frei erfundenen Namen Kaspar, Melchior und Balthasar gab.

Die merowingischen Könige waren bekannte Zauberer in der Tradition der samaritischen Magier und glaubten an die verborgene Kraft der Bienenwabe. Da diese aus hexagonalen Prismen besteht, wurde sie von Philosophen als die Manifestation göttlicher Harmonie in der Natur betrachtet.[12] Ihr Aufbau wurde mit Erkenntnis und Weisheit identifiziert – wie im Buch der Sprichwörter (24,13-14) zu lesen ist: »Iß Honig, mein Sohn, denn er ist gut, Wabenhonig ist süß für den Gaumen. Wisse: Genauso ist die Weisheit für dich. Findest du sie, dann gibt es eine Zukunft, deine Hoffnung wird nicht zerschlagen.«

Für die Merowinger stellte die Biene eines der heiligsten Geschöpfe dar. Das heilige Emblem der ägyptischen Königshäuser wurde zum Symbol der Weisheit. Mehr als 300 kleine Goldbienen wurden auf dem Gewand Childerichs I., dem Sohn von Merowech, gefunden, als man im Jahre 1653 sein Grab öffnete. Napoleon ließ sie 1804 an seinem Krönungsgewand befestigen. Sein Anrecht darauf leitete er ab aus seiner Abstammung von James de Rohan-Stuardo, dem ehelichen Sohn von Charles II. Stuart von England und Marguerite, Gräfin von Rohan. Die

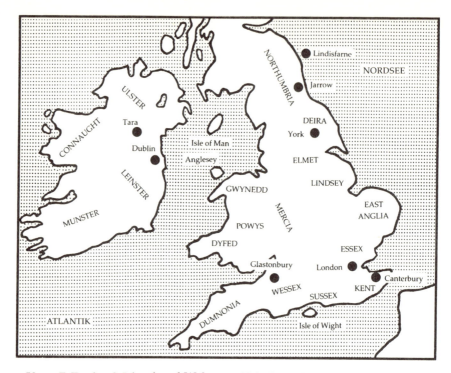

Karte 7: England, Irland und Wales zur Zeit der Kelten und Angelsachsen

Stuarts und die mit ihnen verwandten Grafen der Bretagne waren Nachfahren von Chlodios Bruder Fredemund – damit stammten auch sie (wie das Geschlecht der Merowinger) über Faramund von den Fischerkönigen ab. Die merowingischen Bienen wurden von den exilierten Stuarts in Europa übernommen, und man findet sie auch immer noch auf einigen jakobitischen Glasarbeiten.

Als Childerich 481 starb, folgte ihm sein Sohn Chlodwig nach, der bekannteste aller Merowingerkönige und der wahre Begründer der französischen Monarchie. Seine Mutter war die ehemalige Königin von Thüringen, Basina. Im Alter von 15 Jahren übernahm er von seinem Vater die Region um Tournai. Er beseitigte die Reste der römischen Herrschaft in Gallien, machte sich zum Alleinherrscher der Franken, unterwarf die auf dem Boden Galliens siedelnden Westgoten und wurde so zur einflußreichsten Figur der westlichen Hemisphäre.

Die römisch-katholische Kirche hatte zu dieser Zeit große Angst vor dem zunehmenden Einfluß des Arianismus in Gallien. Der Arianismus gehörte zu den zahlreichen »häretischen« Glaubenslehren der damaligen Zeit. Er leitet sich von dem Presbyter Arius ab,[13] der ca. 318 in Alexandria wirkte und von der Prämisse ausging, daß es sich bei Jesus in jeder Hinsicht um einen Sterblichen und nicht um ein göttliches Wesen gehandelt habe. Im Westen Europas war die Mehrheit der Bistümer arianischen Glaubens, und der Katholizismus war in Gefahr, vollkommen unterzugehen. Chlodwig war weder katholisch noch arianisch. Durch seine Hochzeit mit der burgundischen Prinzessin Chrodechild kam er der katholischen Kirche jedoch unfreiwillig zu Hilfe.

Obwohl das burgundische Herrschaftshaus traditionell eher arianischen Glaubens war, gehörte Chrodechild dem katholischen Glauben an, und im Jahre 496 gelang es ihr, ihren Ehemann dazu zu bekehren. König Chlodwig befand sich in der Nähe von Köln in starker Bedrängnis durch ein Heer der Alamannen, und zum ersten Mal sah es so aus, als könne der siegreiche Merowinger eine Schlacht verlieren. In einem Augenblick großer Verzweiflung soll er Christus angerufen haben, gerade als der König der Alamannen in der Schlacht fiel. Die Alamannen verloren daraufhin den Mut und zogen sich zurück. Chrodechild behauptete, daß Jesus für den Sieg der Merowinger verantwortlich sei, und bestellte Remigius, den Bischof von Reims, um Chlodwig taufen zu lassen.[14]

Die Hälfte aller Gefolgsleute folgen ihrem Führer an das Taufbecken, und eine ganze Welle von Konvertierungen in Westeuropa folgte, die die katholische Kirche vor ihrem Zusammenbruch bewahrte. Hätte sich Chlodwig nicht taufen lassen, so wäre die vorherrschende Religion in Westeuropa nicht der Katholizismus, sondern der Arianismus geworden. Die königliche Unterwerfung war jedoch nicht völlig zu Chlodwigs Schaden, bekannte sich die Kirche von Rom doch zu ihm und seinen Nachkommen und wollte mit den Merowingern ein »heiliges Kaiserreich« aufbauen. Er hatte keinen Grund, an der Aufrichtigkeit dieses Versprechens zu zweifeln, wurde so jedoch unfreiwillig zum Instrument einer bischöflichen Verschwörung gegen die messianische Blutlinie. Mit dem Segen der Kirche konnte Chlodwig nun seine Truppen nach Burgund und Aquitanien führen und die Arianer dazu zwingen, sich zum katholischen Glauben zu bekehren. Doch die römische Kirche hatte noch einen längerfristigen Plan im Hinterkopf: Im Laufe der Zeit würde man die Merowinger strategisch ausschalten, um den Bischof von Rom als alleinigen Herrscher Galliens zu etablieren.[15]

Nach einer Reihe militärischer Erfolge starb Chlodwig im Alter von 45 Jahren in Paris. Seine Söhne Theuderich, Chlodomer, Childebert und Chlothar traten sein Erbe an und teilten das merowingische Reich im Jahre 511 in vier unabhängige Königreiche. Theuderich regierte von Metz aus den östlichen, austrasischen Reichsteil (von Köln bis Basel). Von Orléans in Burgund aus überwachte Chlodomir das Loiretal und den Westen Aquitaniens in der Gegend von Toulouse und Bordeaux. Childebert regierte das Gebiet von der Seine über Neustrien bis zur Bretagne und machte Paris zu seiner Hauptstadt. Und Chlothar erbte das Königreich zwischen der Scheldt und der Somme, mit seinem Zentrum in Soissons. Ihre Zeit der gemeinsamen Herrschaft war turbulent; es gab weiterhin territoriale Konflikte mit den gotischen Stämmen, und schließlich drangen die Merowinger in den Osten Aquitaniens ein, und auch Burgund ging völlig in merowingischer Herrschaft auf.

Chlothar starb als letzter der Brüder im Jahre 561, nachdem er zum Herrscher über alle vier Reiche geworden war. Seine Söhne Sigibert und Chilperich folgten ihm nach, und die Linie führte schließlich über vier Generationen zu Dagobert II., der im Jahre 674 zum Herrscher Austrasiens wurde. Zu diesem Zeitpunkt hatte bereits ein Bischofskonzil die Befugnisse der Kirche erweitert und die Steuer- und Regierungsrechte des Königshauses beschnitten. Die Hauptprovinzen des merowingischen Reichs befanden sich nun unter der unmittelbaren Machtbefugnis der Hausmeier, die in enger Verbindung mit den katholischen Bischöfen standen. Die Zerstörung der merowingischen Vorherrschaft durch die römische Kirche hatte begonnen.

KAPITEL 12

Elemente der Artussage

ANFORTAS, DER HEILIGE MICHAEL UND GALAHAD

Die sugambrischen Franken, aus deren weiblicher Linie die Merowinger hervorgingen, waren vor ihrer Abwanderung in das Rheinland mit dem griechischen Arkadien verbunden. Sie nannten sich die *Newmage* – »das Volk des Neuen Bundes«, ein Name, unter dem auch die alten Essener von Qumran einst bekannt gewesen waren.[1] Dieses arkadische Erbe bildet auch den Hintergrund für die Sage um das mysteriöse Seeungeheuer – *Bistea Neptunis* –, den symbolischen Ursprung des Merowingergeschlechtes.[2] Der entsprechende Seegott aus dem alten Arkadien hieß König Pallas, und sein Vorfahre war der große Oceanus.

Dieser unsterbliche Seegott sollte sich in einer Dynastie alter Könige inkarnieren, deren Emblem der Fisch war – so wie auch Jesu Symbol der Fisch war. Die frühen hellenistischen Juden verwendeten für »Fisch« das griechische Wort *ichthys*. Dieses Bild wurde als leicht erinnerliches Akronym zur Darstellung von **Iesus Christos Theos** (»Jesus, der Christus und Gott«) benutzt. (Im Griechischen und Lateinischen ist der Buchstabe I gleichbedeutend mit J.)

Neben dem Löwen von Juda verwendeten die Merowingerkönige auch den Fisch als Emblem. Die *fleur-de-lys* wurde im späten 5. Jahrhundert durch König Chlodwig ebenfalls zur Kennzeichnung der königlichen Blutlinie Frankreichs eingeführt. Bis dahin hatte das jüdische Kleeblatt für den Bund der Beschnittenen gestanden. Löwe wie auch *fleur-de-lys* wurden später ins Wappen des königlichen Hauses von Schottland aufgenommen. Wie sich an mittelalterlichen Siegeln und Wasserzeichen erkennen läßt, wurden Löwe und Fisch häufig mit der *fleur-de-lys* verschmolzen, um die vereinigten königlichen Linien von Frankreich und Juda zu symbolisieren. Im Umfeld von König Artus wurde die davidische Königslinie durch die Fischerkönige der Gralsfamilie repräsentiert, und die Linie der Patriarchen wurde mit dem symbolischen Namen Anfortas bezeichnet (vom lateinischen *In fortis* = in Stärke). Die hebräische Bezeichnung dafür lautet Boas, der Name des Urgroßvaters von David, der auch in der modernen Freimaurerei auftaucht und »in Ihm ist Stärke« bedeutet.

Boas war auch der Name der linken Säule im Tempel König Salomos. Die Kapitelle, auch die der rechten Säule Jachin (»er wird gründen«), waren mit Granatäpfeln aus Bronze verziert, ein Symbol männlicher Fruchtbarkeit, wie im Hohelied Salomos (4,13) erwähnt. Es ist kein Zufall, daß Botticellis berühmte Gemälde *Die Madonna mit dem Granatapfel* sowie *Die Madonna der Herrlichkeit* das Kind Jesus mit einem reifen Granatapfel in der Hand zeigen.[3] Botticelli (eigentlich Alessandro di Mariano Filipepi) war nämlich von 1483 bis 1510 Großmeister des Ordens von *Notre Dame de Sion*, einer esoterischen Gesellschaft mit Verbindungen zum Gral. In der Gralstradition der Zeit Botticellis galt König Pelles als Manifestation des arkadischen Seegottes Pallas. Seine Tochter Elaine war die Gralsträgerin von Corbenic, der Gralsburg (von Cors Beneicon, »der gesegnete Körper«), und die Mutter Galahads, der von Lancelot del Acqs gezeugt wurde.

Die Kapelle des heiligen Michael in Glastonbury wurde von König Lucius auf dem Boden einer alten heidnischen Kultstätte errichtet. Zu diesem Ort verläuft die Michael-Kraftlinie, beginnend beim Berg des heiligen Michael in Marazion, durch die Kirche des heiligen Michael in Brentor, die Michaelskirche in Burrowbridge Mump und die in Othery bis nach Stoke St. Michael.[4]

Michael war keiner von den zahlreichen Heiligen und Märtyrern der katholischen Kirche, sondern repräsentiert den Erzengel Michael, der im Neuen Testament nur ein einziges Mal erwähnt wird (Offenbarung 12,7). In *De Bello Judaico* bestätigt Flavius Josephus im 1. Jahrhundert, daß die Essener von Qumran gelobt hatten, die Namen der Engel innerhalb ihrer priesterlichen Hierarchie weiterzuführen.[5] Der Zadok-Priester war der Träger des himmlischen Titels »Michael«. Zur Zeit Jesu war Johannes der Täufer, der das Amt von seinem Vater Zacharias geerbt hatte, der »Michael«, in Abstammung von dem ursprünglichen Zadok zur Zeit König Davids.[6]

Bis dahin war der rechtmäßige König der davidischen Linie immer außerhalb der priesterlichen Linien von Michael, Gabriel, Sariel und Raphael gestanden. Die zadokische wie auch die davidische Linie waren jedoch streng dynastisch, und als Johannes der Täufer starb, hinterließ er keine Nachkommen. Jesus hatte mehrere Male versucht, Anerkennung als Priester zu erlangen – anläßlich der »Verklärung« hatte er sogar ganz offensichtlich solch eine Rolle eingenommen.[7] Doch erst seine »Himmelfahrt« (der Aufstieg in das »himmlische Königreich«, das Hochkloster) machte ihn zu einem Hohenpriester des Ordens von Melchisedek (Hebräer 6,20). Seine dynastische Rolle war nun gleich zweifach messianisch – er wurde zum Priesterkönig (in der Gralssage »Fischerkönig« genannt). Zum erstenmal seit den Tagen Davids und Zadoks hatte man den königlichen und den himmlischen Titel vereint: Jesus war »David« und »Michael« in einer Person.

Das unter den Schriftrollen am Toten Meer gefundene Fragment der Melchisedek-Abhandlung deutet an, daß Melchisedek und Michael identisch waren. In diesem Sinne ist auch die Darstellung in den Offenbarungen zu verstehen, derzufolge der Erzengel Michael (die Zadok-Linie des Messias) mit dem Drachen der römischen Unterdrückung kämpft.

Von nun an lag die dynastische Folge Melchisedeks (Melchi-Zadoks) in der Linie der männlichen Nachkommenschaft von Jesus und setzte sich durch die Fischerkönige (Priesterkönige) fort. Dies war die Linie des davidischen Sang Réal – des königlichen Blutes von Juda, auch bekannt als die Gralsfamilie. In den Frühzeiten waren sie keine gekrönten (de facto) Monarchen, sondern nur rechtmäßige (de jure) Priesterkönige. Erst im 5. Jahrhundert, als Faramund aus der Linie der Fischerkönige die Prinzessin Argotta, die Erbin der sugambrischen Franken, heiratete, gelangte diese Linie zu Bedeutung. Es ist also kein bloßer Zufall, daß die Anwesenheit des heiligen Michael in Cornwall um das Jahr 495 und in Gallien um das Jahr 580 verzeichnet wurde, denn der jeweils älteste Abkömmling der Gralslinie war der dynastische »Michael«.

Innerhalb der traditionellen Gralsgeschichten existierten immer jüdische Namen oder Namen mit jüdischen Implikationen wie Josefus,

Lot, Elinant, Galahad, Bron, Urien, Hebron, Pelles, Joses, Jonas, Ban und so fort. In allen Schilderungen der Legenden treffen wir immer wieder auf Abschweifungen, die uns von den Fischerkönigen berichten. Außerdem existieren viele Hinweise auf Josef von Arimathäa, König David und König Salomo. Selbst Judas Makkabäus (der im Jahre 161 v. Chr. starb) kommt vor. Seine hasmonäischen Krieger beschützten Jerusalem vor den Syrern. Es ist doch zumindest etwas merkwürdig, daß dieser jüdische Held in der scheinbar christlichen Gralssage mit so hohem Ansehen bedacht wird.[8]

Es ist bekannt, daß einige der Ritter, die in der Sage dem Hof von König Artus zugeordnet werden, tatsächlich existierenden Personen entsprachen – im besonderen Lanzelot, Bors de Ganis und Lionel, die aus dem Zweig der Acqs innerhalb der Gralsfamilie stammten. Auch bei anderen gibt es zahlreiche Hinweise auf historische Gestalten, wenn auch nicht aus den Zeiten von Artus. Zur Zeit der Niederschrift der wichtigsten Gralsmythen erfreuten sich die Juden in Europa keiner besonderen Beliebtheit. Nach ihrer Vertreibung aus Palästina hatten sie sich in vielen Teilen Westeuropas niedergelassen, besaßen jedoch kein Land und wandten sich deshalb dem Handel und Bankgeschäften zu. Den Christen mißfiel dies, deshalb wurde der Geldverleih von der römischen Kirche untersagt, und König Eduard I. ließ 1209 alle Juden außer den ausgebildeten Ärzten aus England vertreiben. Daraus läßt sich schließen, daß die mittelalterlichen Autoren (ob in England oder auf dem Kontinent) kaum aus einer Laune heraus den Helden, Rittern und Königen ihres Landes jüdisch klingende Namen gegeben hätten, wenn sie nicht auf tatsächliche Gestalten zurückzuführen gewesen wären. Und die Namen blieben erhalten, von den frühen Protagonisten wie Josefus bis zu dem späteren Galahad.

In den frühen Gralsgeschichten wurde Galahad noch mit dem hebräischen Namen Gilead bezeichnet. Gilead war ursprünglich ein Sohn Michaels, des Ururenkels von Nahor, dem Bruder Abrahams, gewesen (1 Chronik 5,14). Gilead bedeutet »Hügel des Zeugnisses«; der Berg Gilead war der »Berg der Weisheit« (Genesis 31,21-25), und Gal-Ed war der Steinhügel des Jakob, der »Zeugenhügel« (Genesis 31,46-48). Christliche Autoren hätten keine Figuren jüdischer Herkunft zu Männern von hohem Rang innerhalb des Rittertums gemacht, wenn ihre Namen nicht bereits bekannt und etabliert gewesen wären.

Die Gestalten waren also offensichtlich real, auch wenn die Charaktere für die Geschichten aus ihrem jeweiligen zeitlichen Bezugsrahmen gelöst und neu um Artus gruppiert wurden.

CAMELOT UND DIE PENDRAGONS

Ungefähr ab dem Jahr 700 v. Chr. begannen keltische Stämme (*keltoi* bedeutet »Fremde«) aus Mitteleuropa sich in England anzusiedeln. Im Verlauf des Eisenzeitalters entwickelte sich ihre Kultur so weit, daß sie schließlich den gesamten Süden Englands beherrschten (die *Lowlands*). In den folgenden Jahrhunderten gesellten sich immer neue Einwanderungswellen europäischer Kelten zu ihnen. Zu den letzten Siedlern gehörten die belgischen Stämme, die sich im Südosten niederließen. Die vorherigen Bewohner breiteten sich nach Norden und Westen aus und gründeten Ortschaften wie Glastonbury in Somerset und Maiden Castle in Dorset. Als später die Römer eintrafen, wurden die Kelten im allgemeinen weiter nach Westen abgedrängt, obwohl sie unter ihren streitbaren Führern wie Caractacus und Boudicca (Victora) ständig Widerstand leisteten. Die Römer nannten die alten Briten *Pretani*, abgeleitet aus der cymrischen Sprache des alten Wales, in der die gesamte Hauptinsel *B'rith-ain* genannt wurde – »das Land des Bundes«.[9]

Die Römer hatten bei der Eroberung Englands beträchtlichen Erfolg, aber die Kelten Kaledoniens im fernen Norden des Landes konnten sie nicht besiegen. Kaiser Hadrian (Reg. 117-138) ließ deshalb einen großen Wall durch das ganze Land ziehen, der die Kulturen trennen sollte. Die Mehrheit der Kelten auf der südlichen Seite des Walles übernahm den römischen Lebensstil, doch ihre wilden Vettern im Norden des Landes gaben sich nicht geschlagen. Das bergige Hochland und die kaledonischen Inseln wurden von den Pikten (lateinisch *picti*, »die bemalten Männer«) bevölkert.

Die frühen Herrscher von Powys und Gwynedd in Wales stammten von Avallach ab, aus der Linie von Beli Mawr. Beli der Große (Mawr) – ein Führer der Briten aus dem 1. Jahrhundert v. Chr. – ist ein gutes Beispiel für einen realen Charakter, der infolge der Legenden, die sich um ihn rankten, oft in einen falschen zeitlichen Rahmen gestellt wird. Sein Enkel war der Erzdruide Bran der Gesegnete (Schwiegersohn von

Stammtafel 6: Die heiligen Familien Britanniens, *1.-6. Jh.*

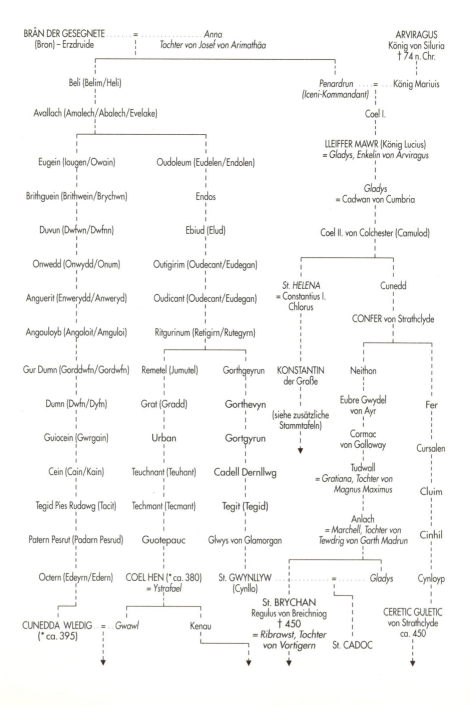

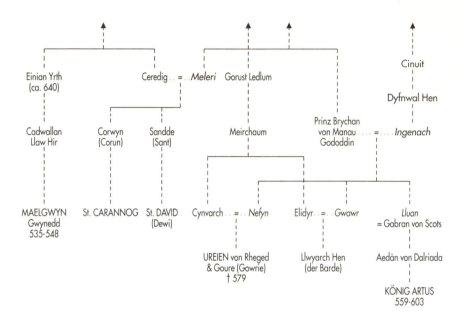

Jakob/Josef von Arimathäa). Durch ihre historische Assoziation werden Beli und Bran häufig mit den früheren Brüdern Belinus und Bren-
nus (Söhne des Porrex) verwechselt, die sich um das Jahr 390 v. Chr.
um die Macht in Nordengland stritten und in der alten keltischen Tradition als Götter verehrt wurden.

Verwirrend tritt hinzu, daß Bran der Gesegnete oft als Vater des
Caractacus genannt wird. Obwohl sie tatsächlich beide Zeitgenossen
im 1. Jahrhundert n. Chr. waren, ist der Vater von Caractacus in Wirklichkeit Cymbeline von Camulod. Die Namen von Bran und Caractacus tauchten allerdings im 3. und 4. Jahrhundert in der Erbfolge von
König Lucius wieder auf und trugen zur Verwirrung ebenso bei wie
die Tatsache, daß der Erzdruide Bran ein designierter patriarchiali-
scher »Vater« war. Symbolisch hätte Bran deshalb sehr wohl der
»Vater« von Caractacus sein können, genau wie Hannas und Simon
Zelotes die spirituellen Väter von Jesus in Judäa gewesen waren.

Der Nachfahre Belis, Avallach, war der Enkel von Josef von Arima-
thäas Tochter Anna, der Frau des Erzdruiden Bran des Gesegneten.

Die Frau von Josef hieß ebenfalls Anna.[10] Wie bereits erwähnt, handelte es sich bei dem Namen Avallach in Wirklichkeit um einen Titel[11], genau wie bei Beli, der einen obersten Herrscher bezeichnete. Ein weiterer Abkömmling von Beli Mawr war König Llud (nach dem Ludgate in London benannt wurde). Er war der Vorläufer der königlichen Häuser von Colchester, Siluria und Strathclyde, und seine Familie hatte einige wichtige eheliche Verbindungen mit der Linie von Josef von Arimathäa. Von den walisischen Prinzen aus der arimathischen Erbfolge stammen die ersten Herrscher der Bretagne (Brittany = Little Britain), eine fränkische Region, die zuvor unter dem Namen Armorica (der See zugewandtes Land) bekannt gewesen war. Eine weitere frühe davidische Linie, die sich durch Ugaine Már (4. Jahrhundert v. Chr.) fortsetzte, hielt die Herrschaft über Irland. Sie waren die Hochkönige (Ard Rí) von Tara.

Der Enkel von König Llud, der mächtige Cymbeline, war zu Lebzeiten Jesu der Pendragon der britischen Insel. Der Pendragon (*Pen Draco Insularis,* »Oberdrache der Insel«) war der oberste König und »Hüter der keltischen Insel«. Dieser Titel war nicht dynastisch; der Pendragon wurde durch ein Konzil der Druidenältesten aus den keltischen Königsgeschlechtern ausgewählt. Cymbeline regierte die belgischen Stämme der Catuvellauni und Trinovantes von seinem Sitz in Colchester aus – der beeindruckendsten Befestigung des Eisenzeitalters. Colchester hieß damals Camulod (auf römisch Camulodunum) – von dem keltischen *camu lot* (gekrümmtes Licht). Diese befestigte Siedlung wurde später zum Vorbild für das Camelot der Artussage.[12]

Das Konzept des Drachens innerhalb der keltischen Mythologie läßt sich direkt auf das heilige Krokodil (das *Messeh*) der alten Ägypter zurückverfolgen.[13] Die Pharaonen wurden mit Krokodilfett gesalbt und erhielten dadurch die Kraft des Messeh (daher das Wort *Messias* – der Gesalbte). Das Bild des unerschrockenen Krokodils wurde zum Drachen, welcher wiederum zum Abbild mächtiger Herrschaft wurde. Das kaiserliche Rom trug einen purpurnen Drachen auf seinen Standarten, und eben dieses Symbol taucht in der Offenbarung 12,3 auf, als Michael auf den siebenköpfigen Drachen trifft. Wie wir bereits gesehen haben[14], handelte sich bei dem Drachen in diesem Fall um Rom – die Stadt der sieben Könige (oder Köpfe – die Anzahl der Herrscher vor der Gründung der Republik).

Die keltischen Könige in England wurden in der alten Tradition des Messeh als »Drachen« bezeichnet – unerschrockene Wächter. Allerdings existierten zu jener Zeit viele unterschiedliche Königshäuser in England. Deshalb war es notwendig, einen obersten König zu bestimmen – einen Hochkönig, der über allen stand und im Kriegsfall die vereinten Kräfte der unterschiedlichen Stämme führen konnte. Der erste Pendragon (Hochkönig) war Cymbeline.

Nach dem Rückzug der Römer aus Britannien im Jahre 410 fiel die Führung der einzelnen Regionen wieder an die Stammeshäuptlinge zurück. Einer von ihnen war Vortigern von Powys in Wales, dessen Frau die Tochter des vormaligen römischen Statthalters Magnus Maximus war. Nachdem er im Jahre 418 die volle Herrschaft über ganz Powys angetreten hatte, wurde er 425 zum Pendragon der Insel gewählt und trug von nun an das Emblem des Drachen – das zum roten Drachen auf der Flagge von Wales werden sollte.

Unterdessen hatten sich einige königliche Zweige der arimathischen Linie (von Anna und Bran abstammend) etabliert. Zu ihnen gehörten Cunedda, der Herrscher über das nördliche Manau an der Mündung des Forth (Firth of Forth). Einem Parallelzweig entsprang der weise Coel Hen, der die »Männer des Nordens« (die *Gwyr-y-Gogledd*) anführte. In Kinderreimen wird er als *Old King Cole* bezeichnet, der von seinem kumbrischen Sitz in Carlisle aus über den Norden von Rheged regierte. Ein weiterer bekannter Führer war Ceretic, ein Nachkomme von König Lucius.[15] Von seinem Hauptsitz in Dumbarton regierte er über die Gegend um Clydesdale. Gemeinsam mit Vortigern waren diese drei Könige die mächtigsten Herrscher im England des 5. Jahrhunderts. Aus ihren Familien entstammten auch die berühmtesten Heiligen der Kelten, und sie waren als die »Heiligen Familien von Britannien« bekannt.

Nach der Invasion durch germanische Sachsen und angelsächsische Stämme wurde der Hauptteil Britanniens in England (*Angle-land*) umbenannt, und die neuen Bewohner nannten den verbliebenen keltischen Westteil Wales (*Weallas* – »Land der Fremden«).

Da Irland durch das Meer von den Ereignissen auf der Hauptinsel abgetrennt war, wurde es zu einem sicheren Hafen für Mönche und Gelehrte – angeblich bedeutet der Name *Eireland* »Land des Friedens«. Wahrscheinlich stammt der Name jedoch von Eire-amhon, dem Vater Eochaids I. von Tara, der die Tochter König Zedekias von Judäa heiratete (ca. 586 v. Chr.) Durch die Isolation der Insel konnte sich dort in der

Stammtafel 7: Die Herrscher von Wales und der Bretagne
Arimathäische Abstammung, 1.-10. Jh.

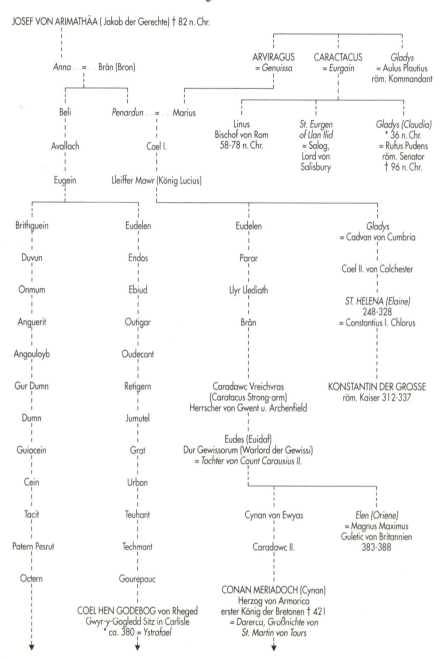

JOSEF VON ARIMATHÄA (Jakob der Gerechte) † 82 n. Chr.

Anna .. = .. Brân (Bron)

ARVIRAGUS
= Genuissa

CARACTACUS
= Eurgain

Gladys
= Aulus Plautius
röm. Kommandant

Beli

Penardun .. = .. Marius

Linus
Bischof von Rom
58-78 n. Chr.

St. Eurgen
of Llan Ilid
= Salog,
Lord von
Salisbury

Gladys (Claudia)
* 36 n. Chr.
= Rufus Pudens
röm. Senator
† 96 n. Chr.

Avallach

Coel I.

Eugein

Lleiffer Mawr (König Lucius)

Brithguein

Eudelen

Eudelen

Gladys
= Cadvan von Cumbria

Duvun

Endos

Parar

Coel II. von Colchester

Onmum

Ebiud

Llyr Llediath

ST. HELENA (Elaine)
248-328
= Constantius I. Chlorus

Anguerit

Outigar

Brân

Angouloyb

Oudecant

Gur Dumn

Retigern

Caradawc Vreichvras
(Caratacus Strong-arm)
Herrscher von Gwent u. Archenfield

KONSTANTIN DER GROSSE
röm. Kaiser 312-337

Dumn

Jumutel

Guiocein

Grat

Eudes (Euidaf)
Dur Gewissorum (Warlord der Gewissi)
= Tochter von Count Carausius II.

Cein

Urban

Tacit

Teuhant

Cynan von Ewyas

Elen (Oriene)
= Magnus Maximus
Guletic von Britannien
383-388

Patern Pesrut

Techmant

Caradawc II.

Octern

Gourepauc

CONAN MERIADOCH (Cynan)
Herzog von Armorica
erster König der Bretonen † 421
= Darerca, Großnichte von
St. Martin von Tours

COEL HEN GODEBOG von Rheged
Gwyr-y-Gogledd Sitz in Carlisle
* ca. 380 = Ystrafael

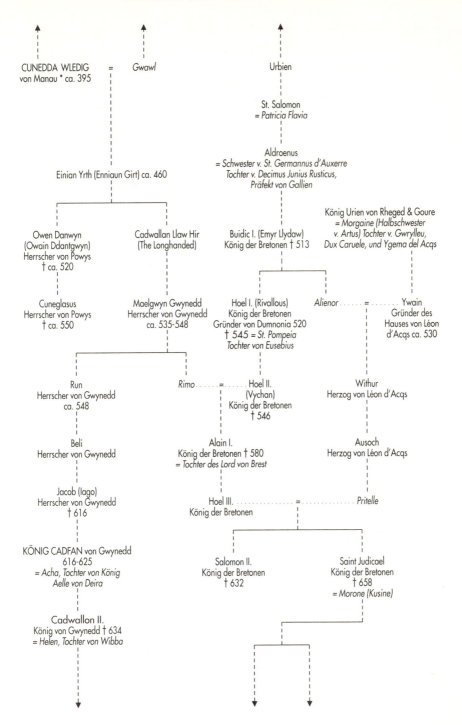

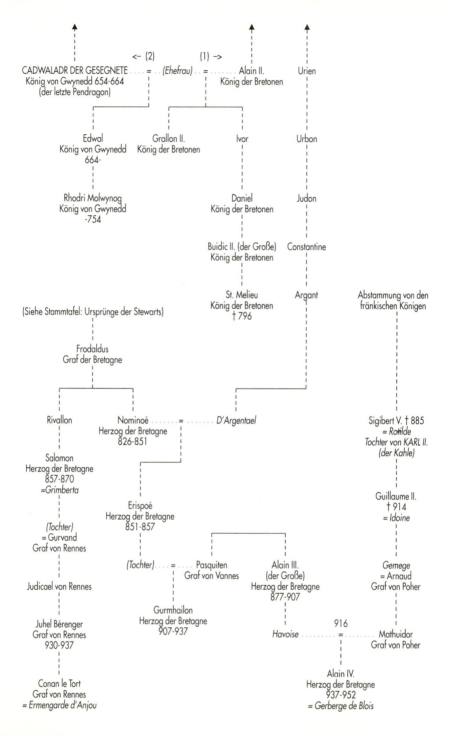

← (2)   (1) →

CADWALADR DER GESEGNETE . . . . = . . (Ehefrau) . . = . . Alain II.   Urien
König von Gwynedd 654-664   König der Bretonen
(der letzte Pendragon)

Edwal   Grallon II.   Ivor   Urbon
König von Gwynedd   König der Bretonen
664-

Rhodri Molwynog   Daniel   Judon
König von Gwynedd   König der Bretonen
-754

                    Buidic II. (der Große)   Constantine
                    König der Bretonen

(Siehe Stammtafel: Ursprünge der Stewarts)   St. Melieu   Argant   Abstammung von den
                                              König der Bretonen   fränkischen Königen
                                              † 796

Frodaldus
Graf der Bretagne

Rivallon   Nominoé . . . . = ... D'Argentael   Sigibert V. † 885
                Herzog der Bretagne   = Rotilde
                826-851   Tochter von KARL II.
                                                                     (der Kahle)

Salomon
Herzog der Bretagne
857-870
=Grimberta

                Erispoé   Guillaume II.
                Herzog der Bretagne   † 914
                851-857   = Idoine

(Tochter)
= Gurvand
Graf von Rennes

                (Tochter) . . . . = . . . Pasquiten   Alain III.   Gemege
Judicael von Rennes   Graf von Vannes   (der Große)   = Arnaud
                                                             Herzog der Bretagne   Graf von Poher
                                                             877-907

Juhel Bérenger   Gurmhailon   916
Graf von Rennes   Herzog der Bretagne   Havoise . . . . = ... Mathuidor
930-937   907-937   Graf von Poher

Conan le Tort   Alain IV.
Graf von Rennes   Herzog der Bretagne
= Ermengarde d'Anjou   937-952
                                           = Gerberge de Blois

Karte 8: Frühes Schottland – Kaledonien, Dalriada und Gwyr-y-Gogledd

Form des keltischen Christentums eine einmalige Kultur entwickeln. Sie stammte vorwiegend aus Ägypten, Syrien und Mesopotamien, und ihre Vorläufer waren eindeutig nazoräisch. Die Liturgie war größtenteils alexandrisch, und da die Lehren Jesu die Grundlage für den Glauben bildeten, erhielt sich auch der mosaische Inhalt des Alten

Testaments. Die alten jüdischen Hochzeitsgesetze wurden beachtet, ebenso der Sabbat und Pascha, während das römische Dogma der Heiligen Dreifaltigkeit und der Göttlichkeit Jesu keine Rolle spielte. Die keltische Kirche hatte keine Diözesan-Bischöfe, sondern unterstand im allgemeinen der Aufsicht von Äbten (Klosterältesten). Die Struktur entsprach eher der eines Klans, und die Schwerpunkte lagen auf Bildung und Gelehrsamkeit.

Nach Vortigerns Tod im Jahre 464 wurde Cunedda in Nordwales zum Pendragon und zum obersten Feldherrn über die Briten – dem *Guletic*. Nach Cuneddas Tod wurde Vortigerns Schwiegersohn Brychan von Brecknock zum Pendragon und Ceretic von Strathclyde zum *Guletic*. Unterdessen kehrte Vortigerns Enkel Aurelius aus der Bretagne zurück, um dem Land gegen die Invasion der Sachsen zu helfen. In seiner Eigenschaft als Druidenpriester war er der designierte »Prinz des Heiligtums«, einer heiligen Kammer mit Namen *Ambrius*, einer symbolischen Nachbildung des alten hebräischen Tabernakels (Exodus 25,8 »Macht mir ein Heiligtum! Dann werde ich in eurer Mitte wohnen.«). Die Wächter des Ambrius wurden *Ambrosius* genannt und trugen scharlachrote Umhänge. Von seiner Befestigung in Snowdonia aus verteidigte Aurelius Ambrosius weiterhin den Westen. Nach dem Tode Brychans wurde er zum *Guletic* ernannt.

ST. COLUMBA UND MERLIN

Columba wurde 521 aus königlich-irischem Geblüt geboren, schlug jedoch sein Erbe aus, um Mönch zu werden. Er wurde in der kirchlichen Schule von Moville im County Down ausgebildet. Anschließend gründete er Klöster in Derry und Umgegend, doch seine größte Leistung sollte ihn in das westliche Hochland und auf die Inseln von Dalriada führen, nachdem er 563 aus Irland verbannt worden war. Columba hatte eine Armee gegen den ungerechten König von Sligo ins Feld führen wollen und war dafür in Tara inhaftiert und schließlich des Landes verwiesen worden. Im Alter von 42 segelte er mit zwölf seiner Anhänger nach Iona und gründete dort das berühmte Columba-Kloster. Später und weiter oben im Norden Kaledoniens wurde seine königliche Abstammung durch König Bruide von den Pikten anerkannt, und Columba wurde als Staatsmann und Mitglied des Druidenrates bekannt. Mit einer ganzen Flotte ausgestattet besuchte er außerdem die Isle of Man und Island und errichtete Schulen und Kirchen, nicht nur in Kaledonien und auf den Inseln, sondern auch in Northumbrien (Saxonia).

Zu dieser Zeit war das schottische Tiefland (unterhalb des Forth) in dreizehn Königreiche aufgeteilt. Im Süden grenzten sie an das northumbrische Gebiet und im Norden an das Reich der Pikten. Obwohl sie geographisch nicht mit Wales verbunden waren, wurden Galloway, Lothian, Tweeddale und Ayrshire von walisischen Prinzen regiert. Eines dieser dynastischen Gebiete oberhalb des Hadrianswalls war das der Gwyr-y-Gogledd (der Männer des Nordens), deren Häuptling König Gwenddolau war.

Kurz vor der königlichen Ordination von Aedàn durch Columba hatte König Rhydderch von Strathclyde König Gwenddolau in einer Schlacht bei Carlisle geschlagen. Das Schlachtfeld lag zwischen dem Esk und Liddel Water, nördlich des Hadrianswalls, wo auch die Begegnung von Fergus mit dem Schwarzen Ritter in der Artussage stattfindet. Der oberste Berater (der *Merlin*) von Gwenddolau war Emrys von Powys, Sohn des Aurelius. Nach dem Tod von Gwenddolau floh der Merlin nach Hart Fell Spa im kaledonischen Waldgebiet und suchte dann Zuflucht am Hofe von König Aedàn in Dunnad.

Der Titel »Merlin« – Seher des Königs – hatte bereits eine lange druidische Tradition. Vor Emrys war der Barde Taliesin, Ehemann von Viviane I. del Acqs, der Merlin gewesen. Nach seinem Tod im Jahre 540 wurde der Titel an Emrys von Powys übertragen, bei dem es sich auch um den berühmten Merlin aus der Artussage handelt. Emrys war ein älterer Vetter von König Aedàn und konnte deshalb vom König Rache am Mörder Gwenddolaus verlangen. Aedàn zerstörte daraufhin Rhydderchs Hof Alcut in Dumbarton.

In jenen Tagen hieß das wichtigste städtische Zentrum im Norden Englands Carlisle – eine bekannte ehemalige römische Garnisonsstadt, die ab 369 eine der fünf britischen Provinzhauptstädte bildete. In seinem Buch *Das Leben des Heiligen Cuthbert* spricht Bede von einer christlichen Gemeinschaft in Carlisle, lange bevor die Angelsachsen in diese Gegend eindrangen. Ein kleines Stück südlich von Carlisle, in der Nähe von Kirkby Stephen in Cumbria, stehen die Ruinen von Pendragon Castle. Carlisle wurde zur Zeit von Artus auch Cardeol oder Caruele genannt, und hier siedelten die Gralsdichter wie Chrétien de

Troyes auch den zweiten Hof von Artus an. *The High History of the Holy Grail* bezieht sich ausdrücklich auf den Hof von Artus in *Cardoil*. Carlisle wird auch im französischen *Suit de Merlin* und in den britischen Sagen *Sir Gawain and the Carl of Carlisle* und *The Avowing of King Arthur* erwähnt.

Das oberste Amt des Pendragon bestand noch weitere 650 Jahre; doch in all den Jahren gab es keinen Uther Pendragon, den legendären Vater von König Artus – obwohl der Vater von Artus tatsächlich ein Pendragon war, wie wir gleich sehen werden.

DER HISTORISCHE KÖNIG ARTUS

Oft wird behauptet, die erste schriftliche Erwähnung von König Artus stamme aus der Feder des walisischen Mönches Nennius im 9. Jahrhundert, dessen *Historia Brittonum* ihn in Zusammenhang mit zahlreichen nachweisbaren Schlachten nennt. Doch Artus wurde lange vor Nennius bereits in dem Werk *Das Leben des Heiligen Columba* erwähnt und ebenso in dem keltischen Gedicht *Gododdin*, das um das Jahr 600 entstand.

Als König Aedàn von Dalriada (westliches Hochland) im Jahr 574 durch Columba ordiniert wurde, hieß sein ältester Sohn und Erbe (geb. 559) Artus. In *Das Leben des Heiligen Columba* berichtet Abt Adamnan von Iona (627-704), wie der Heilige prophezeit hatte, daß Artus sterben würde, bevor er das Erbe seines Vaters würde antreten können. Adamnan bestätigt auch, daß diese Prophezeiung eintraf, da Artus kurz nach dem Tode des heiligen Columba im Jahre 597 in der Schlacht fiel.

Der Name Artus ist keltischer Abstammung und leitet sich aus dem irischen Artúr ab. Die Söhne des Königs Art im 3. Jahrhundert hießen Cormac und Artúr. Irische Namen wurden nicht durch die Römer beeinflußt, und die Wurzeln des Namens Artus lassen sich bis ins 5. Jahrhundert v. Chr. zurückverfolgen, als Artu mes Delmann König von Lagain war.

Nennius erwähnt im Jahr 858 mehrere Schlachten, aus denen Artus siegreich hervorging. Die Schlachtfelder lagen im kaledonischen Wald nördlich von Carlisle (*Cat Coit Celidon*) und bei Mount Agned – dem Fort von Bremenium in Cheviots, wo die Angelsachsen abgewehrt wurden. Nennius erwähnt auch den Fluß Glein (Glen) in Northumbrien, die »Stadt der Legion«, Carlisle, und den Distrikt Linnuis, die Gegend nördlich von Dumbarton, wo sich der Ben Arthur am nördlichen Ende Loch Longs über den Arrochar erhebt.

Um Artus in einem korrekten Zusammenhang zu sehen, müssen wir uns vor Augen führen, daß Namen wie Pendragon und Merlin in Wirklichkeit Titel waren, die im Laufe der Zeit mehrere Personen bezeichneten. Der Vater von Artus, König Aedàn, Sohn des Gabràn von Schottland, wurde als Enkel von Prinz Brychan zum Pendragon. In dieser Linie stammte Aedàns Mutter Lluan von Brecknock von Josef von Arimathäa ab. Einen Uther Pendragon gab es dagegen nie. Er wurde im 12. Jahrhundert von dem britischen Romancier Geoffrey von Monmouth (später Bischof von St. Asaph) erfunden. Das gälische Wort *uther* (oder *uthir*) ist ein Adjektiv, das »schrecklich« bedeutet. Der einzige Artus, der je Sohn eines Pendragons war, war Artus, der Sohn von Aedàn von Dalriada.

An seinem sechzehnten Geburtstag im Jahre 575 wurde Artus zum obersten Guletic. Die keltische Kirche akzeptierte seine Mutter, Ygerna del Acqs, als wahre Hochkönigin der keltischen Königreiche. Ihre eigene Mutter (in der Erbfolge von Jesus) war Viviane I., dynastische Königin von Avallon. Deshalb salbten die Priester Artus zum Hochkönig der Briten, nachdem sein Vater bereits zum König der Schotten gekrönt worden war.[16] Als Ygerna (manchmal Igraine genannt) Artus empfing, war sie noch mit Gwyr-Llew, dem Dux von Carlisle, verheiratet. In der *Historia Regum Britanniae* (Geschichte der britischen Könige) von Geoffrey von Monmouth wurde Gwyr-Llew in den Südwesten versetzt und zu Gorlois, Duke von Cornwall, gemacht.[17] Diese historische Unkorrektheit darf nicht verwundern, da Monmouths Werk mit normannischem Geld finanziert wurde und er die Auflage hatte, Artus möglichst schnell in eine englische Tradition einzubauen. Das Werk von Monmouth gilt deshalb in vielerlei Hinsicht als unzuverlässig.

Daneben gab es auch einen walisischen Artus, der im 15. Jahrhundert im *Roten Buch von Hergest* (eine Sammlung walisischer Volksmärchen) mit dem schottischen Artus verschmolzen wurde.

Den *Annales Cambriae* (Annalen von Wales) zufolge verstarb Artus bei der Schlacht von Camlann. Abt Adamnan berichtet, daß im späten 5. Jahrhundert der schottische König Aedàn den heiligen Columba konsultiert hatte, um seinen Nachfolger unter den drei Söhnen Artus, Eochaid Find und Domingart festzulegen. Columba erwiderte, daß keiner der drei Söhne zum Herrscher werden könne, weil sie allesamt

Stammtafel 8: Die Herrscher von Dalriada (Argyll), *500-841 n. Chr.*

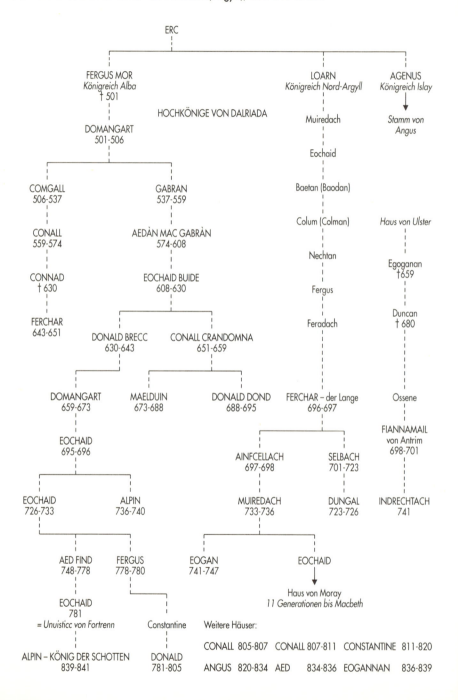

vorher von Feinden erschlagen würden. Ein jüngerer Sohn jedoch sei
in der Lage, das Erbe anzutreten. Daraufhin bestellte der König seinen
vierten Sohn mit Namen Eochaid Buide zu Columba, der ihn segnete
und zu Aedàn sagte:»Dieser wird überleben.«Adamnans Bericht fährt
fort:»Und so kam es, daß sich bald darauf ihr Schicksal erfüllte, Arthur
und Eochaid Find wurden kurze Zeit später in der Schlacht gegen die
Miathi erschlagen. Domingart wurde in Saxonia getötet, und Eochaid
Buide übernahm nach seinem Vater das Königreich.«

Bei den von Adamnan erwähnten Miathi handelte es sich um einen
Stamm von Briten, die sich in zwei unterschiedlichen Gruppen nördlich des Hadrianswalls niederließen. Dieser erstreckte sich quer durch
die Ebene zwischen der Mündung des Solway und Tynemouth. Im
Jahr 559 hatten die Angeln Deira (Yorkshire) in Besitz genommen und
die Miathi nach Norden vertrieben. Bis 574 waren die Angeln sogar bis
ins northumbrische Bernicia vorgedrungen. Einige der Miathi hatten
sich entschlossen, in der Nähe des Walles zu bleiben und das Beste aus
ihrer Situation zu machen, während andere nach Norden weiterzogen.

Die Hauptniederlassung der Miathi im Norden lag in Dunmyat, wo
sie sich mit den irischen Siedlern verbündet hatten, was sie unter den
Walisern und Schotten nicht gerade populär machte.

575 zogen die guletischen Armeen zum zweitenmal in Ulster gegen
die Iren zu Felde. Dieser zweite Angriff bei Dun Baedan wird von Nennius erwähnt, der dabei auch auf die Anwesenheit von Artus hinweist.
Nennius gesteht Artus in diesem Falle allerdings etwas mehr Ehre zu,
als er es verdient, denn die Schotten wurden geschlagen und der Vater
von Artus mußte sich Prinz Baedan bei Loch Belfast unterwerfen.[18]

Nach dem Tod von König Baedan im Jahre 581 gelang es Aedàn
schließlich, die Iren aus Manau und aus der Gegend um den Forth zu
vertreiben. 596 vertrieb die Kavallerie von Artus die Iren aus Brecknock. König Aedàn war bei diesen Schlachten anwesend, doch Artus'
Brüder Bran und Domingart wurden bei Brechin auf der Ebene von
Circinn getötet.

Im Laufe ihrer kriegerischen Begegnung mit den Iren bei Manau
mußten die guletischen Truppen sich auch den Miathi stellen. Dabei
gelang es ihnen, eine große Anzahl von ihnen in ihren Lebensraum im
Süden zurückzudrängen. Die Zurückgebliebenen mußten sich nach
Abzug der Truppen mit den Pikten herumschlagen, die sich eilends in
den Freiraum drängten. Gegen Ende des Jahrhunderts hatten sich Pik-

Stammtafel 9: Die Linie von König Artus

Die Häuser von Siluria, Camulod, Dalriada und Gwynedd

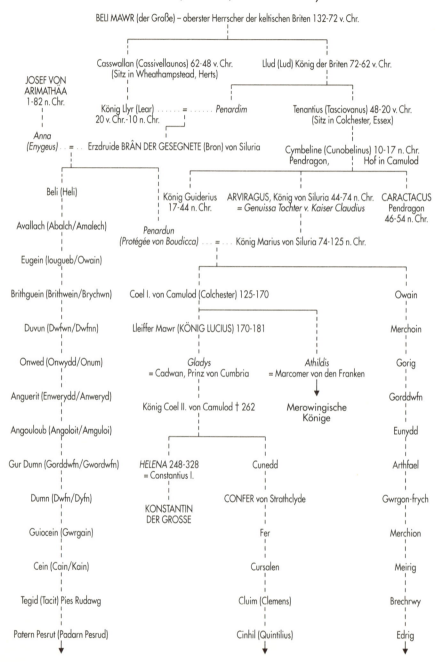

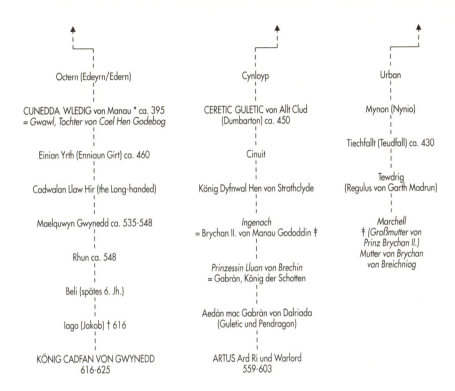

ten und Miathi gegen die Schotten verbündet, denen sie sich in der Schlacht von Camelon stellten. Wieder einmal gewannen die Schotten, und die Pikten wurden nach Norden abgedrängt. Eine Schmiede in der Nähe des Schlachtfeldes mit Namen *Furnus Arthuri* (Artus' Esse) erinnerte noch bis zu ihrem Abbruch zu Beginn der industriellen Revolution im 18. Jahrhundert an die Schlacht und war eine vielbesuchte Attraktion.

MODRED UND DIE KELTISCHE KIRCHE

Es ist an dieser Stelle wichtig festzuhalten, daß König Aedàn ein Christ der Heiligen Bruderschaft von St. Columba war. Tatsächlich wurden die Schotten von Dalriada häufig mit der Bruderschaft in Verbindung

Stammtafel 10: Artus und das Haus von Avallon del Acqs
Merlin, Vortigern und Aurelius, 4.-6. Jh.

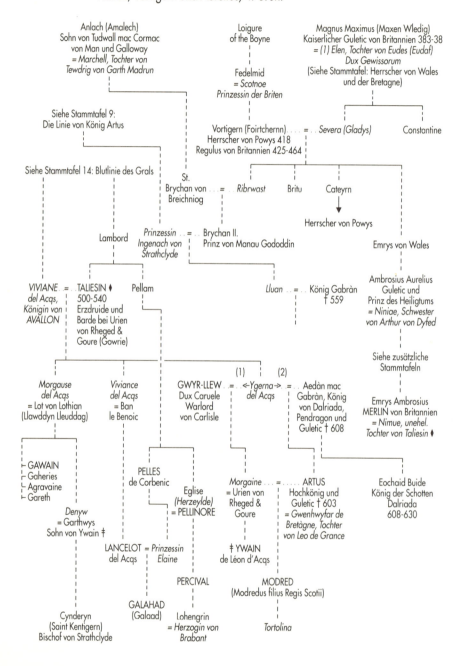

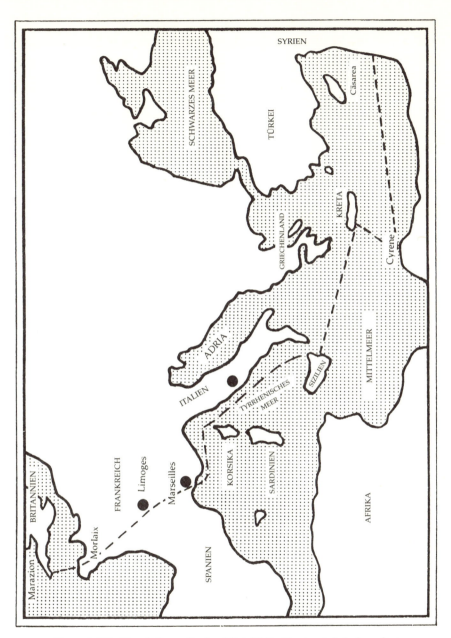

Karte 9: Die Handelsstraße der Metallhändler im 1. Jahrhundert

Stammtafel 11: Die Herrscher von Strathclyde und Gwyr-y-Gogledd

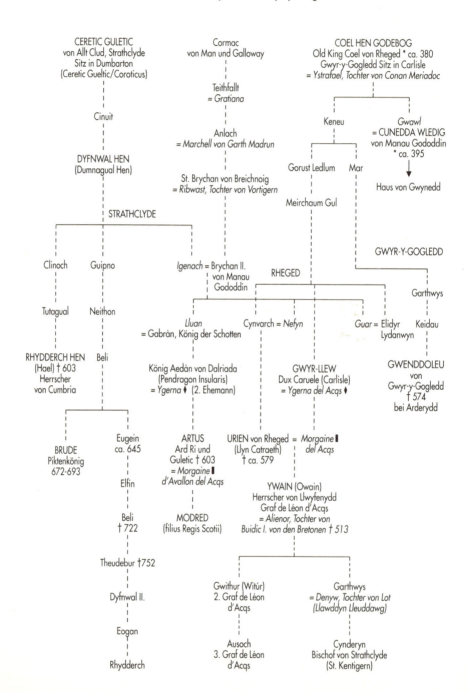

gebracht, die einerseits tief in der nazoräischen Tradition verwurzelt
war, zum anderen jedoch auch einige druidische Rituale integriert hatte.

Artus allerdings schien besessen vom Christentum der Römer – so
sehr, daß er seine Kavallerie, die er als Guletic befehligte, als Heilige
Armee zu betrachten begann. Dies führte innerhalb der keltischen Kirche zu beträchtlichen Störungen – immerhin war Artus der zukünftige
König der Schotten. Die Ältesten waren besonders besorgt, daß er ver-
suchen könne, ein romanisiertes Königreich in Dalriada zu etablieren.
Über dieser Frage verfeindete sich Artus sogar mit seinem Sohn
Modred, einem Erzpriester der Heiligen Bruderschaft.[19] Modred hatte
enge Beziehungen zum Sachsenkönig Cerdic von Elmet, der wiederum
mit Aethelfrith von Bernicia verbündet war. Es war daher nicht weiter
schwierig, Modred dazu zu bringen, daß er auf dem Schlachtfeld
gegen seinen Vater antrat, um das druidische Erbe des schottischen
Königreiches zu verteidigen. So kam es, daß bei der Schlacht von Camlanna Aedàn und Artus auch gegen Prinz Modred kämpften.

Die Schlacht begann in Camlanna und endete in Dawston. Sie gilt als
eine der bittersten Schlachten in der Geschichte der Kelten. Die Annalen von Tigernach berichten, daß an diesem Tag die Hälfte aller schottischen Männer fiel. Obwohl Aethelfrith gewann, mußten alle Beteiligten schwere Verluste hinnehmen. Seine Brüder Theobald und Eanfrith
wurden mit all ihren Männern erschlagen, und König Aedàn floh,
nachdem er zwei seiner Söhne verloren hatte, Artus und Eochaid Find,
ebenso wie seinen Enkel, den Erzpriester Modred.

Aethelfrith gelangte nie nach Strathclyde, doch durch seinen Erfolg
bei Dawston dehnte sich das northumbrische Territorium nach Norden bis zum Firth of Forth aus. Zehn Jahre später belagerte Aethelfrith
Chester und brachte Cumbria vollends unter die Kontrolle der Angeln.

Die ehemals vereinigten keltischen Reiche von Wales, Strathclyde
und Dumnonia (Devon und Cornwall) waren nun vollständig voneinander isoliert, und die Bruderschaft des Heiligen Columba gab Artus
die alleinige Schuld daran. Er hatte als Hochkönig und als Guletic versagt und damit Britannien endgültig den Angelsachsen ausgeliefert.
Sein Vater starb fünf Jahre nach dem Desaster von Camlanna. Die Zeiten keltischer Vorherrschaft waren vorüber, und nach einer über sechs-
hundertjährigen Tradition war Cadwaladr von Wales (26. in der Linie
nach Josef von Arimathäa) der letzte Pendragon.

Die alten Königreiche des Nordens existierten nicht mehr. Die Schotten, räumlich getrennt von ihren ehemaligen Verbündeten in Wales, suchten ihre Rettung in einem Bündnis mit den kaledonischen Pikten. Dies erreichten sie 844, als Aedàns berühmter Nachfahre, König Kenneth Mac Alpin, die Pikten und Schotten zu einer Nation vereinte.[20] Kenneth stammte in direkter Linie von den Königinnen von Avallon ab.

Hätte Modred überlebt, so wäre er ohne Zweifel der nächste Pendragon geworden, denn er wurde von den Druiden und den Vertretern der keltischen Kirche favorisiert. Die Mutter von Artus, Ygerna, war die ältere Schwester von Morgause, die Lot, den König von Lothian und Orkney, geheiratet hatte. Lot und Morgause waren die Eltern von Gawain, Gaheris und Gareth. Wie Ygerna war auch Morgause eine jüngere Schwester von Viviane II., der Gemahlin von König Ban le Benoic[21] (Ban vom Gesegneten Körper) – einem desposynischen Nachfahren von Faramund und den Fischerkönigen. Viviane und Ban waren die Eltern des Lancelot del Acqs. Nach dem Tode ihres ersten Ehemannes, dem Dux von Carlisle, ehelichte Ygerna Aedàn von Dalriada und stellte damit Artus' Legitimation sicher, noch bevor er seine Titel erhielt. Durch diese Vereinigung wurden die Linien von Jesus und Josef von Arimathäa zum ersten Mal seit ungefähr 350 Jahren in einem Menschen, nämlich Artus, vereint.

Die Großmutter von Artus mütterlicherseits, Viviane I., war die dynastische Königin von Avallon, eine Verwandte der merowingischen Könige. Seine Tante Viviane II. war die offizielle Hüterin des keltischen Mystizismus, und dieses Erbe fiel Ygernas Tochter Morgaine[22] zu. Artus war mit Gwenhwyfar von Britannien verheiratet, doch sie gebar ihm keine Kinder. Mit seiner Halbschwester Morgaine hatte er jedoch Modred gezeugt. Nach Familienchroniken wie dem *Promptuary of Cromarty* hatte Artus noch eine Tochter namens Tortolina, doch handelte es sich dabei in Wirklichkeit um die Tochter seines Sohnes Modred. Morgaine, auch als Morganna oder Morgan le Faye bekannt, war mit König Urien von Rheged und Gowrie[23] verheiratet, der in der Artussage Urien von Gore genannt wird. Ihr Sohn war Ywain, der Gründer des Hauses von León d'Acqs (unter dem Titel eines Grafen). Morgaine selbst war eine Heilige Schwester von Avallon und eine keltische Hohepriesterin.

Einige Autoren haben die Beziehung von Artus mit seiner Halbschwester als inzestuös bezeichnet, doch wurden derartige Verbindungen im keltischen Britannien anders bewertet. Dort herrschte immer noch die Vorstellung einer zweigeschlechtlichen Göttlichkeit[24] wie

auch das Prinzip der »Schwester und Braut«, das im alten Mesopotamien verehrt worden war. So begann das Gebet der Kelten auch mit
den Worten »Unsere Vater-Mutter im Himmel«, und es wurden spezi-
ell festgelegte Rituale abgehalten, die die sterblichen Inkarnationen der
»männlich-weiblichen Gottheit« involvierten. Als irdische Manifestation der Göttin Cerridwin (Ceridwen) repräsentierte Morgaine den
weiblichen Aspekt dieser Dualität. Artus war ihr männliches Gegenstück in der königlichen Tradition der Pharaonen.[25] Beim Festival von
Beltane (der Tagundnachtgleiche im Frühjahr) wurde Artus als Gott in
Menschengestalt betrachtet und mußte an einem Ritual heiligen
Geschlechtsverkehrs mit dem Zwillingsaspekt der inkarnierten Göttin
teilnehmen. In Anbetracht der göttlichen Stellung von Morgaine und
Artus während dieses Rituals wurde jeder männliche Nachkomme aus
dieser Vereinigung als der »keltische Christus« bezeichnet und als solcher gesalbt. Auch wenn Artus zum Hauptgegenstand der späteren
romantischen Geschichten wurde, war es also eigentlich sein Sohn
Modred, der die höchste spirituelle Position innehatte. Er war der designierte Christus von Britannien, der ordinierte Erzpriester der Heiligen
Bruderschaft und ein gesalbter Fischerkönig.

Der Erzpriester Modred hatte versucht, die alten keltischen Lehren
mit denen der christlichen Kirche zu verbinden und dabei Druiden
und christliche Priester als Gleichgestellte zu behandeln. Artus dagegen setzte sich für die Traditionen der römischen Kirche ein. Dieser
Gegensatz trieb den Vater gegen den Sohn und sorgte dafür, daß Artus
seinen keltischen Schwur und die religiöse Toleranz des Gralskönigs
verriet. Als Hochkönig der Briten hätte er ein Verteidiger des Glaubens
sein müssen, doch statt dessen versuchte er seinem Volk bestimmte
Rituale aufzuzwingen. Als er und Modred, der die wahre Natur der
Gralskönige aufrechtzuerhalten suchte, im Jahre 603 starben, wurde
der Tod von Artus von der keltischen Kirche nicht betrauert. Doch er
wird niemals vergessen werden. Sein Königreich fiel, weil er den
Kodex der Loyalität und des Dienens verraten hatte. Seine Nachlässig-
keit bereitete den Boden für den endgültigen Sieg der Sachsen, und
seine Ritter werden durch die Einöde streifen, bis der Gral heimge-
führt ist. Entgegen allen Mythen und Legenden war es der sterbende
Erzpriester Modred, und nicht Artus, der von den Heiligen Schwestern seiner Mutter Morgaine vom Schlachtfeld getragen wurde.

DIE INSEL VON AVALON

Traditionell wird die Insel Avalon mit der magischen Anderswelt der Kelten in Verbindung gebracht. Hier soll der Artus der Legenden weilen. Morgan versprach, ihn von seinen tödlichen Wunden zu heilen, wenn er für immer auf der Insel verbleiben würde. Von seinem Tod wird nichts berichtet – daher die Implikation, daß Artus eines Tages von dort zurückkehren könne.

Als Geoffrey seine Geschichte schrieb, war ihm nicht klar, für welchen Aufruhr diese Möglichkeit sorgen würde. Nicht nur, daß die Geschichte eine Unzahl von Unkorrektheiten aufwies, sie ließ auch die »Wiederauferstehung des Königs« möglich erscheinen. Dies wie auch die Kräfte, die der Autor den Frauen zuschrieb, waren für die römische Kirche inakzeptabel. In späteren Darstellungen, wie bei Thomas Malory, wurde der verwundete Artus daher lediglich von einem Boot voller Frauen nach Avalon übergesetzt.

Obwohl Geoffreys Avalon auf der Anderswelt (*A-val* oder *Avilion*) der keltischen Tradition beruhte, entsprach seine Darstellung eher den klassischen Schilderungen der Inseln der Glückseligen, wo paradiesisch-schlaraffenlandähnliche Zustände herrschen und die Menschen unsterblich sind. In der Mythologie lagen diese Orte immer »jenseits der westlichen See«, doch niemals benannte einer der Autoren ihre genaue Lage in dieser Welt. Ihr Zauber war der eines immerwährenden Paradieses.

All dies veränderte sich im Jahre 1191, als die Insel Avalon plötzlich mit Glastonbury in Somerset gleichgesetzt wurde. Diese Vorstellung stammte nicht von ungefähr, denn die drei Hügel südlich und südwestlich vom Stadtkern, Tor, Chalice Hill und Wearyall Hill, formten tatsächlich eine Insel inmitten einer ausgedehnten See- und Sumpflandschaft. 1191 bedienten sich die Mönche von Glastonbury der Artussage auf eine Art und Weise, die selbst heutigen Marketingexperten alle Ehre machen würde, wobei nicht ganz klar ist, ob die Mönche selbst irregeführt worden waren oder ob sie einen mutwilligen Betrug begingen. Nach der Verwüstung ihrer Abtei durch ein Feuer im Jahre 1184 und dem Verlust der zur Wiederherstellung notwendigen Gelder durch die Kreuzzüge Richards II. hatten der Abt und seine Mönche keinen Pfennig mehr. Was lag also näher, als zwischen einigen Sachsengrabsteinen südlich der Lady Chapel ein Loch zu graben und dort (zu aller Erstaunen) auf die sterblichen Überreste von König Artus und Königin Guinevere zu stoßen!

In etwa drei Meter Tiefe stießen sie auf einen Baumsarg mit einem weiblichen und einem männlichen Skelett, und im Deckel des Sargs befand sich ein Kreuz mit der Aufschrift: *Hic Iacet Sepultus Inclytus Rex Arthurius In Insula Avallonia Cum Uxore Sua Secunda Wenneveria* (Hier liegt der berühmte König Artus mit seiner zweiten Frau Guinevere auf der Insel Avalon begraben.) Sie waren nicht nur auf das Grab von Artus gestoßen, sondern hatten auch den Beweis dafür gefunden, daß Glastonbury mit der Insel Avalon identisch war!

Die Kirche war nicht allzu glücklich darüber, daß Guinevere als des Königs »zweite Frau« bezeichnet wurde, deshalb betrachtete man die Inschrift als falsch.[26] Kurz darauf tauchte die Legende erneut auf, doch diesmal war Guinevere gänzlich verschwunden, und die Inschrift lautete nur noch: *Hic Iacet Sepultus Inclitus Rex Arturius In Insula Avalonia* (Hier liegt der berühmte König Artus auf der Insel Avalon begraben).

Außer der Inschrift auf dem Bleikreuz gab es für die Mönche keinen Anhaltspunkt dafür, daß es sich bei den Knochen um die sterblichen Überreste von Artus handelte. Doch das Latein der Inschrift stammte eindeutig aus dem Mittelalter und unterschied sich vom Latein aus Artus' Zeiten etwa so, wie sich unser heutiges Deutsch vom Althochdeutsch unterscheidet.

Bald darauf pilgerten jedoch Tausende nach Glastonbury und bereicherten die Abtei mit ihren Spenden, so daß der Komplex wie geplant wieder aufgebaut werden konnte. Die Knochen des angeblichen Königspaares wurden vor dem Hochaltar in zwei bemalte Särge gelegt und in einer schwarzen Marmorgruft verschlossen.

Die Überreste erwiesen sich als eine derart populäre Attraktion, daß die Mönche beschlossen, ihre Touristenfalle noch ein wenig auszubauen. Deshalb gruben sie an anderer Stelle und konnten bald den Fund der Knochen des heiligen Patrick und des heiligen Gildas verkünden, zusammen mit den Überresten von Erzbischof Dunstan, von dem allerdings beinahe jeder wußte, daß er seit zweihundert Jahren in der Kathedrale von Canterbury begraben lag!

Als Heinrich VIII. schließlich die Klöster auflöste, konnte sich die Abtei von Glastonbury einer ganzen Reihe von Reliquien rühmen, darunter ein Faden vom Gewand Marias, ein Span vom Stab des Aaron, und ein Stein, den Jesus nicht in Brot hatte verwandeln wollen.

Mit der Auflösung der Klöster waren die Tage der Abtei jedoch gezählt, und die erwähnten Reliquien verschwanden spurlos. Seitdem gibt es auch keine Spur mehr von den angeblichen Gebeinen König Artus' und seiner Frau; einzig eine Inschrift an der Seite der Gruft ist geblieben. Für viele Menschen ist Glastonbury trotzdem immer noch gleichbedeutend mit Avalon. Einige bevorzugen Geoffreys Idee von Tintagel, andere Bardsey oder die Heilige Insel. Abgesehen davon, daß es einen tatsächlichen Ort namens Avallon in Burgund gibt, liegt es jedoch auf der Hand, daß die keltische »Anderswelt« ein mythisches Reich ist und auf eine Tradition aus uralter Zeit zurückblickt.

Sollte die sagenhafte Insel tatsächlich eine Entsprechung in der Welt der Sterblichen gehabt haben, dann entsprach sie vermutlich dem ewigen Paradies Arúnmore der Fir-Bolg, eines Stammes aus Irland, die ihren König Oengus mac Umóir in alter Zeit auf der zeitlosen Insel plazierten. Diese verzauberte Insel sollte zwischen Antrim und Lethet (zwischen dem Clyde und dem Forth) im Meer liegen. Arúnmore war die Insel von Arran, die ursprüngliche Heimat von Manannan, dem Seegott. Arran wurde auch Emain Ablach (der Ort der Äpfel) genannt[27], und diese Verbindung findet sich auch in *Das Leben von Merlin*, das sich ausdrücklich auf die *Insula Pomorum* (die Insel der Äpfel) bezieht.

MORGAN UND DIE KIRCHE

In Geoffrey von Monmouths *Historia* war Morgan die Oberste von neun Heiligen Schwestern, die die Hüterinnen der Insel Avalon waren. Bereits im 1. Jahrhundert hatte der Geograph Pomponius Mela über neun mysteriöse Priesterinnen geschrieben, die unter einem Keuschheitsgelübde auf der Insel Sein vor der bretonischen Küste in der Nähe von Carnac lebten. Mela berichtete davon, daß die Frauen über Heilkräfte verfügten und die Zukunft voraussagen konnten – genau wie Morgan del Aqs als Hohepriesterin der Kelten über diese Gaben verfügte. Die katholische Kirche duldete keine derartigen Attribute bei Frauen, weshalb die Zisterziensermönche die Schilderung Morgan le Fays im arturischen Vulgate-Zyklus verändern mußten.

Die Zisterzienser standen in enger Verbindung mit den Tempelrittern von Jerusalem, und Teile der Gralslegende stammen direkt aus dem Umfeld der Templer. Die Grafen von Elsaß, Champagne und Léon (mit denen wiederum bekannte Autoren wie Chrétien de Troyes in enger Verbindung standen) gehörten ebenfalls zu diesem Umfeld, doch die katholische Kirche beherrschte die öffentliche Meinung und den Inhalt der Publikationen in Europa. Bücher wie *Die Prophezeiungen des Merlin* wurden ausdrücklich indiziert und vom Konzil in Trier im Jahre 1545 schließlich verboten. Frauen hatten schon lange kein Recht mehr auf geistliche Würden oder Funktionen in der Öffentlichkeit. Deshalb wurde Morgan von der Mitte des 12. Jahrhunderts an als Morganna, die böse Zauberin, porträtiert und nicht länger als dynastische Erbin und Heilige Schwester des keltischen Avalon. In dem englischen Gedicht *Gawain und der Grüne Ritter* (um 1380) ist die eifersüchtige Morganna diejenige, die Sir Bercilak in den Grünen Riesen verwandelt, um Guinevere zu ängstigen.

Ähnlich wie bei den Pikten wurde die avalonische Dynastie Morgaines durch die weibliche Linie transferiert und weitergegeben. Die Töchter der Königinnen hielten höhere Ämter als die Söhne, so daß die Ehre dem Konzept nach ewig weiblich war.

KAPITEL 13

Intrigen gegen die Blutlinie

DAS ZEITALTER DER HEILIGEN

Betrachtet man die zahlreichen unterschiedlichen religiösen Strömungen Europas im 6. und 7. Jahrhundert, so wird schnell deutlich, daß die katholische Kirche weit davon entfernt war, eine eindeutige Vormachtstellung im westlichen Teil Europas einzunehmen. Der Katholizismus war von verschiedenen anderen Formen des Christentums umgeben, von denen sich jedoch die meisten auf jüdische Traditionen beriefen und nicht auf das paulinische Konzept, das Rom sich zu eigen gemacht hatte. Mit Ausnahme einiger esoterischer Fraktionen innerhalb der Bewegung der Gnostiker orientierte sich ihr Glaube an der Tradition der *Desposyni* und den nazoräischen Lehren von Jesus, und nicht an einem Kult um seine Person.

Parallel zur fortschreitenden zeremoniellen Entwicklung der katholischen Kirche bildete sich eine weitere Sekte am Rande des Katholizismus heraus. Es handelte sich um eine klösterliche Bewegung, die sich gegen das bischöfliche System wandte und deren Lehren auf alten ägyptischen und östlichen Glaubenslehren beruhten, die denen der Gemeinschaft der Essener in Qumran und in den Wüstengebieten Palästinas ähnelten. Sie pflegten die gleiche asketische und zurückgezogene Lebensweise und widmeten sich dem Studium und der Kontemplation.

Aus dieser Bewegung gingen zahlreiche Heilige wie der heilige Martin (ca. 316-397) oder der heilige Patrick von Irland hervor, der Sohn eines Dekans der keltischen Kirche, der als Kind von Piraten gefangengenommen wurde und einige Zeit als Sklave verbrachte, bevor er nach Gallien fliehen konnte. In den Klöstern von Lérins und Auxerre wurde er zum Missionar ausgebildet. Im Jahr 431 kehrte er nach Britannien zurück, begann seine Mission in Northumbrien und wurde später zum ersten irischen Bischof.

Seine Lehren unterschieden sich in vielerlei Hinsicht von denen Roms und weisen besonders einen Hang zu den arianischen und nestorischen Traditionen des Christentums auf. Innerhalb der katholischen Kirche war er alles andere als beliebt, obwohl seine Lehren ausschließlich auf den biblischen Schriften beruhten. Allerdings kümmerte sich Patrick wenig um die erzwungene Autorität der römischen Bischöfe und engagierte sich mehr für die Orden der keltischen Kirche.

Der heilige Benedikt (ca. 480-544) war eine der wichtigsten Figuren beim Aufbau der europäischen Klöster. Er wurde als Sohn wohlhabender Eltern in Spoleto in Italien geboren und zog sich anfangs in eine Waldhöhle in der Nähe von Rom zurück. Später fand er auf dem Monte Cassino, einem bekannten Hügel zwischen Rom und Neapel, einen Wohnsitz, der ihm besser zusagte. Der katholischen Kirche mißfiel zwar der Ort, an dem früher ein apollinischer Tempel gestanden hatte, doch Benedikt war bald von einer ganzen Schar von Schülern umgeben, aus der später Gregor der Große, der Bischof von Rom (590-604), hervorging.[1] Innerhalb kurzer Zeit gewannen die Benediktiner beträchtlichen Einfluß auf das politische Geschehen, besonders in der Sache der Versöhnung der Goten mit den kriegerischen Langobarden Italiens.

Der Orden des heiligen Benedikt stand für fromme Andacht, die strikte Beachtung festgelegter Gebetszeiten und gemeinsamen Besitz in einer Atmosphäre der Arbeit und des Studiums unter der Leitung eines Abtes. Benedikt gründete innerhalb kurzer Zeit zwölf Klöster mit jeweils zwölf Mönchen und gilt allgemein als »Vater der Klöster« im westlichen Christentum. Aus dem Benediktinerorden gingen äußerst gebildete Mönche hervor, und wundervolle Beispiele geistlicher Kunst und Musik wanderten von dort durch ganz Europa.

Das Entstehen des Benediktinerordens markiert den Beginn einer Ära, die oft als das Zeitalter der Heiligen bezeichnet wird – eine Zeit, während der sich die römisch-katholische Tradition noch nicht vollends entwickelt hatte. Doch während sich die römische Kirche vorwiegend mit der Schaffung und Einhaltung von Dogmen sowie einer geistlichen Hierarchie befaßte, zeigte die keltische Kirche in England ein stärkeres Interesse an dem Wohlergehen der einfachen Leute. Bis zum Jahr 597 hatte sich das keltische Christentum derart verbreitet, daß der römische Bischof Gregor den Benediktinermönch Augustinus nach England entsandte, um die katholische Kirche dort stärker zu etablieren. Kurz vor seiner Ankunft war der keltische Heilige Columba, der »Vater der Heiligen Bruderschaft«, gestorben, doch alle Versuche von Augustinus, der 601 zum Erzbischof von Canterbury wurde, sich auch zum Oberhaupt der keltischen Kirche zu machen, scheiterten ebenso wie sein Versuch, die keltische Kirche und ihre nazoräische Elite, die von Rom mehr oder weniger zu Gotteslästerern erklärt worden war, in der katholischen Kirche aufgehen zu lassen.

Erst im Jahre 664 errang Rom bei der Synode von Whitby im Norden der Grafschaft Yorkshire einen ersten doktrinären Sieg über die keltische Kirche. Hauptgegenstand der Debatte war das Datum des Osterfestes, welches nach Meinung der katholischen Kirche nicht länger mit dem jüdischen Paschafest in Verbindung stehen sollte. Obwohl das englische Osterfest keine Paschafeierlichkeit im jüdischen Sinne darstellte und auch nichts mit der Person Jesu zu tun hatte, sondern seinen Namen von der keltischen Frühlingsgöttin *Eostre* ableitete und bereits lange vor der Verbindung zum Christentum gefeiert wurde, gewann die katholische Kirche den Disput. Die jüdisch-keltischen Verbindungen waren damit für immer unterbrochen.

Im Anschluß an die Synode verstärkte die katholische Kirche ihre Präsenz in Britannien, doch die keltische Kirche in Irland konnte nicht ohne massiven Zwang unterdrückt werden. Allerdings waren die Tage des römischen Imperialismus für immer vorüber, und die Streitkräfte, die dem Ruf der katholischen Kirche gefolgt wären, hätten bei weitem nicht ausgereicht, um die wilden Truppen der irischen Könige zu schlagen. Aus diesem Grund blieb die keltische Kirche in Britannien äußerst aktiv, und die Heilige Bruderschaft des Columba wurde zur spirituellen Grundlage der Könige von Schottland.

Das größte Problem der Bischöfe von Rom bestand darin, Macht über die Königshäuser des keltischen Britanniens zu erlangen. Artus war zwar bekehrt worden, doch sein Halbbruder und Nachfolger, Eochaid Buide, war wie seine späteren Erben ein fester Vertreter des nazoräisch-druidischen Erbes der Kelten. Kurz nach Eochaids Krönung im Jahr 610 führte Bischof Bonifatius IV. den neuen römischen Titel des Papstes (*papa*) ein, ein Versuch, dadurch die alte keltische Tradition des »Vaters« aus den Zeiten der Essener und Nazoräer zu ersetzen. Die Kelten weigerten sich jedoch, eine derartige Autorität anzuerkennen. Ein keltischer Brief des Abtes von Iona aus dem Jahre 634 bezeichnete vielmehr den heiligen Patrick, den amtierenden »Vater«, als »unseren Papst«.[2]

DIE SPALTUNG DES CHRISTENTUMS

Der endgültige Bruch Roms mit der östlichen orthodoxen Kirche erfolgte im Jahr 867, als letztere verkündete, daß sie über die wahre apostolische Erbfolge verfüge. Das erste vatikanische Konzil bestritt dies, und so exkommunizierte Photios, der Patriarch von Konstantinopel, den Papst Nikolaus I.

Es folgte ein vordergründiger Disput über die wahre Natur der Heiligen Dreifaltigkeit, hinter dem sich jedoch eine Auseinandersetzung darüber verbarg, ob die Kirche von Rom oder von Konstantinopel aus gelenkt werden würde. Ergebnis dieses Streites war, daß die ursprüngliche christliche Kirche in zwei voneinander unabhängige Kirchen geteilt wurde.[3]

Die orthodoxe Kirche unterlag im Laufe der Zeit relativ wenigen Veränderungen. Seit ihren frühen Tagen in Konstantinopel hielt sie sich weiterhin strikt an die Schriften der Bibel, und das Zentrum ihres Gottesdienstes wurde die eucharistische Kommunion (Abendmahl) mit Brot und Wein.

Der Katholizismus auf der anderen Seite durchlief eine Vielzahl von Veränderungen. Neue Dogmen wurden hinzugefügt, alte Konzepte verändert oder erhärtet. So wurde zum Beispiel das Konzept des Fegefeuers eingeführt, ein Ort oder Zustand, in dem die Seelen vor ihrem Eintritt in den Himmel gereinigt werden. Die Dauer der Zeit im Fegefeuer stand in direktem Zusammenhang mit dem Gehorsam der betreffenden Person gegenüber der Kirche und ihren Einrichtungen – Ungehorsame wurden unweigerlich in die Hölle verdammt. Ab dem 12. Jahrhundert wurden die sieben Sakramente als Verkörperung der Gnade Gottes im Leben eines Menschen eingeführt (auch wenn nicht alle zur Erlösung notwendig waren): die Taufe, die Heilige Kommunion, die Konfirmation, die Beichte, das Ordinat, die kirchliche Trauung sowie die Salbung der Schwerkranken und Sterbenden

(Letzte Ölung). Es wurde außerdem bestimmt, daß Brot und Wein bei der Eucharistiefeier durch die Weihe in den Körper und das Blut von Jesus Christus verwandelt werden (die Lehre von der Transsubstantiation).

So wie die römische Kirche Konstantins bereits als eine Mischung begonnen hatte, veränderten sich die Bestandteile des Katholizismus über die Jahre weiterhin. Man führte neue Methoden und Ideologien ein, um die Kontrolle über die Gläubigen innerhalb der wachsenden Gemeinde auch aus der Ferne ausüben zu können. Viele der heute seit ewigen Zeiten etabliert scheinenden Dogmen, wie zum Beispiel das der »Unbefleckten Empfängnis«, wurden erst im neunzehnten Jahrhundert offiziell postuliert. Mariä Himmelfahrt wurde erst in den fünfziger Jahren unseres Jahrhunderts von Pius XII. eingeführt, und Papst Paul VI. erklärte sie erst 1964 zur Kirchenmutter.

Derartige Veränderungen und Anordnungen wurden durch die Doktrin der päpstlichen Unfehlbarkeit ermöglicht, die seit dem Mittelalter immer ausdrücklicher anerkannt und beim 1. Vatikanischen Konzil 1870 als ein Dogma eingeführt wurde, das keine Opposition mehr zuließ.

DIE KONTROLLE DER RELIGIÖSEN KUNST

Doch die Kontrollversuche der Kirche beschränkten sich nicht nur auf historische Dokumente[4] und erzählende Literatur.[5] Die Bischöfe betrachteten alles mit Argwohn, was ihren dogmatischen Vorstellungen widersprach, und so wurde auch der kulturelle Bereich durch die Kirche kontrolliert. Daß die Madonna nur in den Farben Blau und Weiß abgebildet werden durfte,[6] haben wir bereits erwähnt, doch es gab noch andere Regeln, mit deren Hilfe die Inhalte und Darstellungsweisen religiöser Kunst kontrolliert wurden. Einigen Künstlern, wie Botticelli und Poussin, gelang es, symbolische Elemente in ihre Werke einzuarbeiten, die der Uneingeweihte nicht verstehen konnte. Größtenteils aber wurde die Kunst Europas durch strikte Richtlinien des Vatikans bestimmt.

Die Kirche legte fest, wer wie in der Kunst porträtiert werden durfte.[7] Anna, die Mutter Marias, war zum Beispiel auf den meisten Gemälden nicht mit ihrer Tochter zu sehen, da eine derartige Abbil-

Ausschnitt aus Taddeo Gaddis Gemälde *Joachim wird aus dem Tempel verwiesen*

dung vom göttlichen Stand Marias abgelenkt hätte. Wenn tatsächlich beide gleichzeitig auftauchen, ist Anna in einer deutlich untergeordneten Position zu finden, wie zum Beispiel in Francesco da San Gallos *Die Heilige Anna und die Madonna*, wo die Mutter hinter der Tochter sitzt, oder in Cesis *Die Vision der heiligen Anna*, wo sie kniend eine Vision Marias empfängt.

Marias Ehemann Josef und ihr Vater Joachim blieben grundsätzlich auf den Bildhintergrund beschränkt. Beide Personen bereiteten der

Ausschnitt aus Lorenzo di Credis Gemälde *Die Geburt Jesu*

Kirche große Probleme, da sie als väterliche Figuren in Gegensatz zum Konzept der Unbefleckten Empfängnis und der Jungfräulichen Geburt standen. Bereits der Freskenmaler Taddeo Gaddi (gest. 1366) reduzierte die Rolle von Joachim auf die eines Mannes, der vom Hohenpriester Issakar aus dem Tempel gewiesen wird, weil er ein Opferlamm darbot, ohne jedoch den dazu notwendigen Status des Vaters erreicht zu haben. In Michelangelos *Die Heilige Familie* wird Maria auf einem Thron in der Mitte des Bildes dargestellt, während ihr Ehemann an eine Balustrade im Hintergrund gelehnt steht und die ganze Angelegenheit eher teilnahmslos an sich vorübergehen läßt.

Gern hätte die Kirche behauptet, daß Maria nie geheiratet habe, doch die Künstler kamen nicht gänzlich am Inhalt der Evangelien vorbei. Josefs unumgängliche Anwesenheit bei der Geburt stellte eine Schwierigkeit für alle Künstler dar, die sich dieser Szene annahmen. Jedoch wurde dem Gedanken an einen körperlichen Kontakt zwischen Maria und Josef keinerlei Platz eingeräumt. Aus diesem Grund bildete man Josef generell als älteren Mann ab, der glatzköpfig war und wenig Interesse an seiner Familie bekundete, wie in Ghirlandaios *Anbetung der Hirten* (ca. 1485). Das berühmte Rundbild der *Madonna Doni* von Michelangelo (1504) zeigt ebenfalls einen kahlen Josef mit weißem Bart, wie auch Caravaggios *Rast auf der Flucht nach Ägypten*. In der Tat wurde Josef häufig als gebrechlicher Mann porträtiert, der sich auf eine Krücke stützen muß, während Maria immer schön und heiter ist, wie in Paolo Veroneses *Heilige Familie*. Teilweise wurde er auch schlafend gezeigt, wie auf Lorenzo di Credis Gemälde.

Als Josef im 16. Jahrhundert selbst heilig gesprochen wurde, begann man ihn etwas vorteilhafter darzustellen. Trotzdem blieb es auf subtile Weise bei seiner Präsentation als Jesu Ziehvater, der als Zeichen der Reinheit seiner Beziehung zu Maria eine weiße Lilie hält.

Auf alle Fälle wurde dieser Sohn königlicher Abstammung aus dem Hause Davids nach und nach zu einem unbeteiligten Zuschauer reduziert (wie in Hans Memlings *Anbetung der Magier*) und spielte nur selten eine relevante Rolle.

VON DEN MEROWINGERN ZU DEN KAROLINGERN

Im Jahr 655 befand sich die römische Kirche in einer Position, die es ihr gestattete, die merowingische Thronfolge in Gallien zu unterbrechen. Zu dieser Zeit befand sich der Hausmeier (ein Amt ähnlich dem des Premierministers) des austrasischen Teilreiches fest unter päpstlicher Kontrolle. Als König Sigibert III. starb, war sein Sohn Dagobert erst fünf Jahre alt – weshalb Hausmeier Grimoald einschritt und Dagobert erst einmal entführen und nach Irland transportieren ließ. In der Annahme, daß niemand den jungen Erben je wieder zu Gesicht bekommen würde, berichtete Grimoald Königin Chimnechild, daß ihr Sohn gestorben sei.

Prinz Dagobert wurde im Kloster von Slane in der Nähe von Dublin aufgezogen und heiratete mit fünfzehn die keltische Prinzessin Matilda. Danach begab er sich unter die Schirmherrschaft des heiligen Wilfrid von York, doch Matilda starb, und Dagobert beschloß, nach Frankreich zurückzukehren – wo er sehr zum Erstaunen seiner Mutter auch auftauchte. Unterdessen hatte Grimoald seinen eigenen Sohn auf dem austrasischen Thron plaziert, doch Wilfrid von York und andere machten den Verrat publik, und das Haus Grimoald geriet dadurch in starken Verruf. Nach seiner Heirat mit Gizelle de Razès, einer Nichte des Königs der Westgoten, bestieg Dagobert 674, nach einer Abwesenheit von fast 20 Jahren, den Thron. Für kurze Zeit sah es so aus, als wäre die römische Intrige gebannt.[8]

Die Regierungszeit Dagoberts läßt sich als kurz aber effektiv bezeichnen: Sein Haupterfolg bestand in der Zentralisierung der merowingischen Oberherrschaft. Doch die Katholiken setzten alles daran, seine messianische Abstammung in Frage zu stellen, weil sie in direktem Widerspruch zur Allmacht des Papstes stand. Unter den eifersüchtigen Feinden Dagoberts waren der neustroburgundische Hausmeier Ebroin sowie Pippin der Mittlere. Zwei Tage vor Weihnachten 679 befand sich Dagobert in der Nähe von Stenay in den Ardennen auf der Jagd, als er einem Mordanschlag »durch die Tücke von Herzögen mit Zustimmung von Bischöfen« zum Opfer fiel. Pippin erlangte nach einigen Wirren 687 das Hausmeieramt für das gesamte Frankenreich und wurde nach seinem Tod im Jahre 714 von seinem unehelichen Sohn Karl Martell (»der Hammer«) abgelöst, der im Jahre 732 die arabische Invasion bei Poitiers zurückschlug. Als Martell 741 starb, war der einzige Merowinger von Bedeutung Childerich III., ein Neffe Dagoberts II. Martells Sohn, Pippin der Kurze, war der Hausmeier des neustroburgundischen Reichs. Bis zu diesem Zeitpunkt hatte sich die merowingische Monarchie streng dynastisch fortgesetzt, und die Erbfolge war ein heiliges Recht, eine Angelegenheit, in der die Kirche keinerlei Mitspracherecht hatte. Dies änderte sich, als die römische Kirche die Gelegenheit ergriff, Könige durch päpstliche Autorität zu nominieren und einzusetzen. Im Jahre 751 sicherte sich Pippin der Kurze durch Papst Zacharias den Segen für seine eigene Krönung und wurde an Childerichs Stelle König der Franken. Das langersehnte Ziel der katholischen Kirche war endlich in greifbare Nähe gerückt: Von nun an wurden Könige ausschließlich durch die selbsternannte Autorität der römisch-katholischen Kirche ernannt und eingesetzt.

So wurde Pippin mit dem vollen Segen des Papstes zum König gekrönt und Childerich abgesetzt. Der Bündnisschwur, den die römische Kirche 496 an König Chlodwig und seine Nachkommen gegeben hatte, war gebrochen. Nach zweieinhalb Jahrhunderten war die Kirche bereit, die uralte Blutlinie der Merowinger abzusetzen und das fränkische Reich unter ihre Kontrolle zu bringen. Childerich wurde durch die Bischöfe öffentlich gedemütigt, indem man ihm die Haare stutzte, die er nach nazoräischer Tradition lang trug, und ihn in einem Kloster gefangenhielt, wo er fünf Jahre später starb.

Damit begann eine neue Dynastie fränkischer Könige, die der Karolinger – so benannt nach Pippins Vater, Karl (Carolus) Martell.[9]

Die offizielle Geschichtsschreibung jener Zeit wurde selbstverständlich von der katholischen Kirche in Rom oder von dem Vatikan nahestehenden Personen zusammengestellt. Auf diese Weise wurden die Berichte über das Leben Dagoberts der Öffentlichkeit für über tausend Jahre vorenthalten. Erst dann fand man heraus, daß er einen Sohn namens Sigibert hatte, der 679 aus den Fängen der Hausmeier gerettet wurde. Nach der Ermordung seines Vaters wurde er in die Heimat seiner Mutter, nach Rennes-le-Château im Languedoc, gebracht. Zur Zeit der Absetzung Childerichs war Sigibert zum Grafen von Razès geworden, in Nachfolge seines Großvaters mütterlicherseits, dem Westgoten Bera II. In den folgenden Jahrhunderten brachte die abgesetzte merowingische Blutlinie von Sigibert unter anderem den berühmten Kreuzritter Gottfried de Bouillon hervor, den »Vogt des Heiligen Grabes«.

DER KÖNIG DER JUDEN

Nach ihrer Niederlage gegen Karl Martell zogen sich die Araber in die Stadt Narbonne im Süden Frankreichs zurück, wo sie ihre militärische Präsenz weiter ausbauten. Sie bildeten ein hartnäckiges und langwieriges Problem für Pippin den Kurzen, der schließlich die Hilfe der in Narbonne lebenden Juden suchte. Sie wurde ihm zugestanden, unter der Bedingung, daß Pippin ihnen die Schaffung eines jüdischen Königreiches innerhalb der Grenzen Burgunds garantierte: ein Königreich, an dessen Spitze ein anerkannter Nachfolger aus dem königlichen Hause Davids stehen sollte.[10]

Pippin stimmte der Bedingung zu, und es gelang den Juden, die Araber zu schlagen und aus der Stadt zu vertreiben. Das jüdische Königreich von Septimanien (Midi) wurde 768 gegründet und erstreckte sich von Nimes bis zur spanischen Grenze. Die Hauptstadt war Narbonne. Der bisherige Herrscher über die Region, Theuderich IV., den Karl Martell 737 aus dem neustroburgundischen Reich vertrieben hatte, war mit Pippins Schwester Alda verheiratet, und ihr Sohn Graf Wilhelm von Toulouse wurde 768 zum König von Septimanien.

Stammtafel 12: Die Karolinger
Das Haus von Karl dem Großen (Charlemagne), 8.-10. Jh.

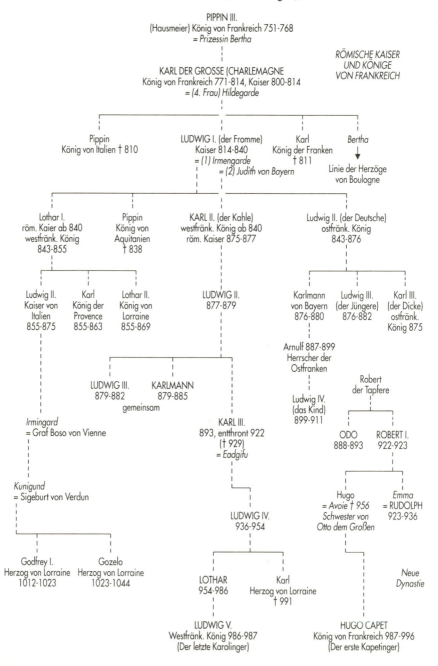

PIPPIN III.
(Hausmeier) König von Frankreich 751-768
= *Prizessin Bertha*

*RÖMISCHE KAISER
UND KÖNIGE
VON FRANKREICH*

KARL DER GROSSE (CHARLEMAGNE
König von Frankreich 771-814, Kaiser 800-814
= (4. Frau) Hildegarde

Pippin
König von Italien † 810

LUDWIG I. (der Fromme)
Kaiser 814-840
= (1) Irmengarde
= (2) Judith von Bayern

Karl
König der Franken
† 811

Bertha
↓
Linie der Herzöge
von Boulogne

Lothar I.
röm. Kaier ab 840
westfränk. König
843-855

Pippin
König von
Aquitanien
† 838

KARL II. (der Kahle)
westfränk. König ab 840
röm. Kaiser 875-877

Ludwig II. (der Deutsche)
ostfränk. König
843-876

Ludwig II.
Kaiser von
Italien
855-875

Karl
König der
Provence
855-863

Lothar II.
König von
Lorraine
855-869

LUDWIG II.
877-879

Karlmann
von Bayern
876-880

Ludwig III.
(der Jüngere)
876-882

Karl III.
(der Dicke)
ostfränk.
König 875

Irmingard
= Graf Boso von Vienne

LUDWIG III.
879-882

KARLMANN
879-885
gemeinsam

Arnulf 887-899
Herrscher der
Ostfranken

Ludwig IV.
(das Kind)
899-911

Robert
der Tapfere

KARL III.
893, entthront 922
(† 929)
= *Eadgifu*

ODO
888-893

ROBERT I.
922-923

Kunigund
= Sigeburt von Verdun

LUDWIG IV.
936-954

Hugo
= *Avoie* † 956
Schwester von
Otto dem Großen

Emma
= RUDOLPH
923-936

Godfrey I.
Herzog von Lorraine
1012-1023

Gozelo
Herzog von Lorraine
1023-1044

LOTHAR
954-986

Karl
Herzog von Lorraine
† 991

*Neue
Dynastie*

LUDWIG V.
Westfränk. König 986-987
(Der letzte Karolinger)

HUGO CAPET
König von Frankreich 987-996
(Der erste Kapetinger)

Stammtafel 13: Wilhelm von Gellone und Gottfried von Bouillon
Merowingische Linie, 7.-12. Jh.

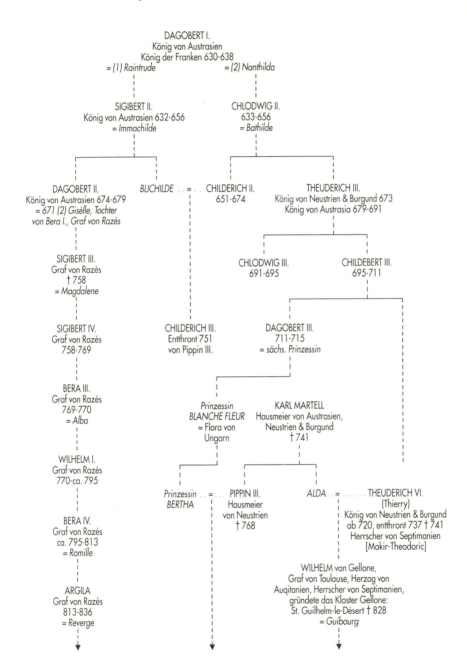

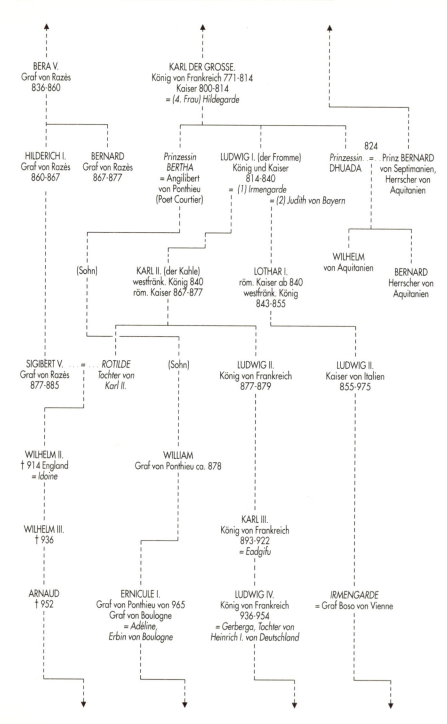

BERA V.
Graf von Razès
836-860

KARL DER GROSSE.
König von Frankreich 771-814
Kaiser 800-814
= (4. Frau) Hildegarde

HILDERICH I.
Graf von Razès
860-867

BERNARD
Graf von Razès
867-877

Prinzessin
BERTHA
= Angilibert
von Ponthieu
(Poet Courtier)

LUDWIG I. (der Fromme)
König und Kaiser
814-840
= (1) Irmengarde
= (2) Judith von Bayern

824

Prinzessin = *Prinz* BERNARD
DHUADA von Septimanien,
Herrscher von
Aquitanien

(Sohn)

KARL II. (der Kahle)
westfränk. König 840
röm. Kaiser 867-877

LOTHAR I.
röm. Kaiser ab 840
westfränk. König
843-855

WILHELM
von Aquitanien

BERNARD
Herrscher von
Aquitanien

SIGIBERT V. ... = ... *ROTILDE*
Graf von Razès   *Tochter von*
877-885   *Karl II.*

(Sohn)

LUDWIG II.
König von Frankreich
877-879

LUDWIG II.
Kaiser von Italien
855-975

WILHELM II.
† 914 England
= *Idoine*

WILLIAM
Graf von Ponthieu ca. 878

WILHELM III.
† 936

KARL III.
König von Frankreich
893-922
= *Eadgifu*

ARNAUD
† 952

ERNICULE I.
Graf von Ponthieu von 965
Graf von Boulogne
= *Adéline,*
Erbin von Boulogne

LUDWIG IV.
König von Frankreich
936-954
= *Gerberga, Tochter von*
Heinrich I. von Deutschland

IRMENGARDE
= *Graf Boso von Vienne*

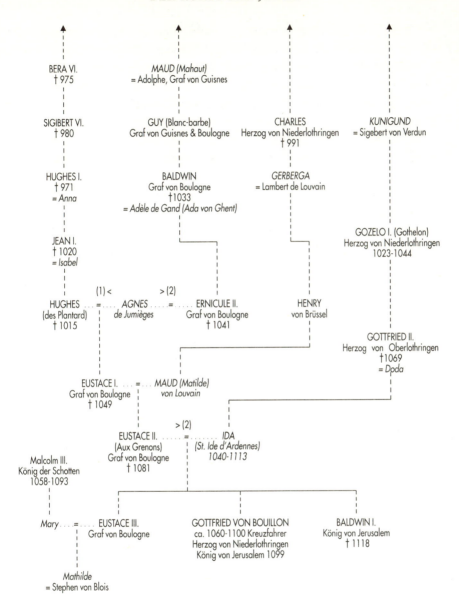

BERA VI.
† 975

SIGIBERT VI.
† 980

HUGHES I.
† 971
= Anna

JEAN I.
† 1020
= Isabel

(1) <   > (2)
HUGHES ....=.... AGNES .....=..... ERNICULE II.
(des Plantard)   de Jumièges   Graf von Boulogne
† 1015   † 1041

EUSTACE I. .... =.... MAUD (Matilde)
Graf von Boulogne   von Louvain
† 1049

> (2)
EUSTACE II. ...... =....... IDA
(Aux Grenons)   (St. Ide d'Ardennes)
Graf von Boulogne   1040-1113
† 1081

Malcolm III.
König der Schotten
1058-1093

Mary . . . . =. . . . EUSTACE III.
                      Graf von Boulogne

Mathilde
= Stephen von Blois

MAUD (Mahaut)
= Adolphe, Graf von Guisnes

GUY (Blanc-barbe)
Graf von Guisnes & Boulogne

BALDWIN
Graf von Boulogne
†1033
= Adèle de Gand (Ada von Ghent)

GOTTFRIED VON BOUILLON
ca. 1060-1100 Kreuzfahrer
Herzog von Niederlothringen
König von Jerusalem 1099

CHARLES
Herzog von Niederlothringen
† 991

GERBERGA
= Lambert de Louvain

HENRY
von Brüssel

BALDWIN I.
König von Jerusalem
† 1118

KUNIGUND
= Sigebert von Verdun

GOZELO I. (Gothelon)
Herzog von Niederlothringen
1023-1044

GOTTFRIED II.
Herzog von Oberlothringen
†1069
= Doda

Wilhelm war nicht nur merowingischer Abstammung, sondern auch ein anerkannter Herrscher des Hauses Juda, der den Titel »Isaak« trug.

Karl der Große, der Sohn Pippins III., wurde 771 zum König der Franken und von 800 an zum Kaiser des Westens. Er wie auch der Kalif von Bagdad und Papst Stefan in Rom erkannten Wilhelm als König des Hauses von Juda und echten Vertreter der Blutlinie Davids an. Wilhelm besaß großen Einfluß am karolingischen Hof und verfolgte eine glänzende militärische Karriere. Trotz seiner einflußreichen und prominenten Stellung ließ er sich stark von der klösterlichen Askese des heiligen Benedikt beeinflussen und gründete in Gellone schließlich sein eigenes Kloster. Im Jahre 791 rief er die berühmte jüdische Akademie von St. Wilhelm ins Leben und wurde später zum Gegenstand der Literatur des Chronisten Wolfram von Eschenbach, der sich besonders der Gralslegende verschrieben hatte.

Noch dreihundert Jahre später war die Erbfolge Davids im Midi präsent, und Narbonne wurde als »uralte Stadt der Tora« bezeichnet, auch wenn das Königreich als solches nicht länger existierte.[11]

DAS HEILIGE RÖMISCHE REICH

Karl der Große dehnte das fränkische Territorium beträchtlich aus, und durch kontinuierliche militärische Anstrengungen gelang es ihm schließlich, auch noch König der Langobarden zu werden. Im Jahre 800 wurde er von Papst Leo III. zum Kaiser gekrönt, wodurch die katholische Kirche großen Einfluß über die wesentlichen Teile West- und Mitteleuropas gewann. Karls Nachfolger war Ludwig I., nach dessen Tod das Kaiserreich unter seinen drei rebellischen Söhnen zerfiel. Nach dem Abkommen von Verdun im Jahr 843 war das Reich nun in drei Bereiche aufgeteilt. Das mittlere Königreich bestand aus Italien, Lorraine und der Provence. Im Westen war Frankreich, und im Osten Deutschland.

Abgesehen von Karl dem Großen, der Frankreich als eine bedeutende imperiale und kulturelle Macht etablierte, kann man die Karolinger im großen und ganzen nur als inkompetente Herrscher bezeichnen. Der letzte Karolingerkönig war Ludwig V. Ihm folgte im Jahre 987 Hugo Capet als König von Frankreich. Damit begann die Dynastie der Kapetinger, die bis zum Jahre 1328 die Herrschaft behalten sollte. Als

die Kapetinger den französischen Thron bestiegen, wurde der Kaiser-
titel an die deutschen Könige sächsischer Abstammung übertragen,
und vom 11. Jahrhundert an handelte es sich bei den Kaisern vorwiegend um Männer aus dem Geschlecht der Staufer, die bald mit dem
Papsttum um die Vorherrschaft in Europa konkurrierten (Investitur-
streit).

Im Verlauf des langwierigen Kampfes gegen die Vorherrschaft des
Vatikans wurden die Anhänger der anti-römischen Staufer in Italien
unter dem Namen Ghibellinen (nach dem Schloß der Staufer in Waib-
lingen) bekannt. Die päpstlich gesinnten Gegner des Kaisertums
waren als Guelfen bekannt (nach Welf, dem Herzog von Bayern). Die
Ghibellinen hielten ihre Stellung, bis die Staufer 1268 durch päpstliche
Truppen militärisch geschlagen wurden. Von diesem Zeitpunkt an
wurde das Kaiserreich zum Heiligen Römischen Reich, und die folgenden Kaiser waren ausnahmslos Habsburger – eine Familie, die aus
der Schweiz stammte. Von 1278 an herrschten die Habsburger über
Österreich, und von 1516 an erbten sie auch die spanische Krone.

Für die Dauer von fünf Jahrhunderten waren sie das bekannteste
aller europäischen Häuser und regierten das Heilige Römische Reich
beinahe ohne Unterbrechung bis zu seiner Abschaffung im Jahr 1806.

KAPITEL 14

Der Gralstempel

Von allen Themenkreisen der Artussage ist der um den Heiligen Gral mit Sicherheit der abenteuerlichste. Wegen seiner langen Tradition dürfte es allerdings schwierig sein, dem Gral einen bestimmten zeitlichen Platz zuzuordnen. Er taucht im 1. Jahrhundert n. Chr. ebenso auf wie zur Zeit von König Artus und im Mittelalter, ist also im wesentlichen zeitlos.

Der Gral wurde in unterschiedlichster Weise dargestellt: als Teller oder Pokal, als Stein oder Schatulle, als Aura, als Edelstein oder sogar als Rebstock. Von so manchen wird er gesucht, von einigen wird er gesehen. Manchmal ist er physisch faßbar, von Gralswächtern und jungfräulichen Trägerinnen umgeben. Oft ist er jedoch ätherischer Natur und taucht in unterschiedlichen Gestalten auf, sogar als Christus persönlich. In jedem Fall erfüllt er einen ernsthaften Zweck, und immer ist er verbunden mit dem Erbe der Gralsfamilie. Der Gral wird häufig von einer Lanze mit blutiger Spitze begleitet. Zu seinen Kräften gehören die der Verjüngung, der Weisheit und der Nahrungsbeschaffung; ebenso wie Jesus als Heiler, Lehrer und Versorger beschrieben wird, ist auch der Gral mit diesen Eigenschaften ausgestattet. Die Schreibweise seines Namens lautet *Graal, Saint Graal, Seynt Grayle, Sangréal, Sankgreal, Sangrail, Sank Ryal, Holy Grail* oder der Heilige Gral – doch wie immer er auch definiert sein mag, immer stehen seine spirituellen Qualitäten im Mittelpunkt.

Das Erbe des Grals stammt aus den Frühzeiten des jüdischen Christentums, doch die christliche Kirche hat sich immer geweigert, diese

Tatsache anzuerkennen. Trotz des sakralen Hintergrundes wird die Gralslegende zumindest inoffiziell als Häresie betrachtet. Sie wird mit heidnischen Traditionen, Blasphemie und unheiligen Mysterien in Verbindung gestellt. Mehr noch, die römische Kirche hat den Gral wegen seiner starken weiblichen Konnotationen offiziell verurteilt – besonders wegen seiner Assoziation mit dem mittelalterlichen Ethos der Minne (*Amour Courtois*). Die romantischen Ideen des Rittertums und die Lieder der Troubadoure waren der römischen Kirche ein Dorn im Auge, weil sie die Weiblichkeit im Gegensatz zur katholischen Lehre erhöhten und verehrten. Noch entscheidender bei der Ablehnung der Gralstradition durch die Kirche war jedoch die messianische Blutlinie der Gralsfamilie.

Karte 10: Frankreich im Mittelalter

Am bekanntesten dürfte der Gral wohl als jener Kelch sein, den Jesus beim Abendmahl verwendete. Nach der Kreuzigung wurde er angeblich durch Josef von Arimathäa mit Jesu Blut gefüllt. Diese Idee tauchte zuerst im 12. Jahrhundert auf, ihre Verbreitung geschah jedoch weitgehend durch Alfred Tennysons Buch *Holy Grail*, das 1859 erschien, sowie durch Richard Wagners Oper *Parzival*. Sir Thomas Malory war es, der im 15. Jahrhundert zum ersten Mal die Worte *Holy Grayle* in einer Adaption des französischen *le Saint Graal* benutzte. In seinem Werk sprach er von einem »heiligen Gefäß«, schrieb aber auch, daß der *Sankgreal* das »gesegnete Blut Christi« sei. Beide Definitionen tauchen in ein und derselben Geschichte auf. Abgesehen davon lieferte Malory keine Beschreibung des Grals – nur daß er auf Camelot in weiße Seide gehüllt auftauchte. Lanzelot sah ihn in einer Vision, und Galahad gelang es schließlich, ihn zu finden. Nach Malorys Darstellung handelte es sich bei den Helden des Grals um Bors, Parzival, Lanzelot und seinen Sohn Galahad. Letzterer wird als junger Ritter königlicher Herkunft beschrieben, der von Josef von Arimathäa abstammte und der Enkel von König Pelles war.

Mittelalterlichen Berichten zufolge wurde der Gral durch Josef von Arimathäa nach Britannien gebracht. Noch frühere europäische Sagen erzählen, wie Maria Magdalena den Sangréal in die Provence brachte. Bis zum 15. Jahrhundert stammten die meisten Gralslegenden aus dem kontinentalen Europa. Selbst Sagen wie das walisische *Peredur* stammen von europäischen Texten ab. Die keltischen Legenden aus Irland und Wales berichteten von Kesseln mit magischen Eigenschaften, und es liegt zum Teil an diesen Gefäßen, daß man begann, den Gral als Becher oder Pokal darzustellen. Diese Idee war gar nicht so abwegig, da das königliche Blut schließlich in irgendeinem Gefäß aufgefangen worden sein mußte.

Die erste schriftliche Erwähnung des Grals stammt aus dem Jahr 717, als einem britischen Eremiten namens Waleran eine Vision von Jesus und dem Gral erschien. Heliand, ein französischer Mönch der Abtei von Fromund, bezog sich um das Jahr 1200 auf dieses Manuskript – wie auch John von Glastonbury in seiner *Cronica sive Antiquitates Glastoniensis Ecclesie* und später Vincent von Beauvais in seinem 1604 erschienenen *Speculum Historiale*. Jeder dieser Texte berichtet davon, wie Jesus ein Buch in Walerans Hände legte. Es begann mit den Worten:

Dies ist das Buch eurer Abstammung;
Hier beginnt das Buch des Sangréal.

Einer breiteren Öffentlichkeit wurde der Gral erst um das Jahr 1180 in
Schriftform zugänglich. Bei dieser Gelegenheit wird er jedoch lediglich als *graal* beschrieben, nicht als heilige Reliquie oder in Verbindung
mit dem Blut Jesu. In seinem Buch *Perceval, der Waliser oder Die Erzählung vom Gral* berichtet Chrétien de Troyes von einer Dame, die mit beiden Händen einen Gral hält. Als sie den Raum betritt, strahlt er so hell,
daß das Kerzenlicht verblaßt. Hinter ihr kam eine Dame, die einen Teller aus Silber hielt. Der Gral, der ihr vorausging, war aus feinem Gold
und reich mit vielen kostbaren Edelsteinen besetzt ... Der Junge (Perceval) sah zu, wie sie vorbeigingen, doch wagte er nicht, nach dem
Gral zu fragen und wem er diente.

Im Verlauf dieser ersten Erwähnung des Grals im Schloß des verwundeten Fischerkönigs wird der Gral nicht als Schale oder Becher
beschrieben und auch nicht mit dem Blut Jesu in Verbindung gebracht.
Später in der Geschichte erklärt Chrétien jedoch:

> Denkt nicht, daß der Fischerkönig einen Hecht oder ein Neunauge oder einen
> Lachs daraus hervorholt, der heilige Mann erhält und erfrischt seine Lebens-
> kraft mit einer einzigen Meßoblate. Derartig heilig ist der Gral, und er selbst so
> spirituell, daß er für seinen Erhalt nicht mehr braucht als eine Hostie, die
> durch den Gral kommt.

Wenn Chrétiens Gral groß genug war, um einem großen Fisch Platz zu
bieten, dann handelte es sich in diesem Zusammenhang wohl weniger
um eine Schale als um eine Terrine. Das Geheimnis lag in der Tatsache,
daß er eine einzige Hostie kredenzt. An anderer Stelle erwähnt
Chrétien, daß »einhundert Wildschweinköpfe auf Gralen serviert werden«, und der Abt von Froidmont beschreibt den Gral um das Jahr
1215 als einen tiefen Teller, der von den Reichen benutzt wird.

Bis zu diesem Zeitpunkt gab es keine Verbindung zwischen dem
Gral des Fischerkönigs und dem traditionellen *Sangréal*. Dies änderte
sich jedoch um das Jahr 1190, als der burgundische Autor Robert de
Boron seinen Versroman *Joseph d'Arimathie – Roman de l'Estoire dou
Saint Graal* veröffentlichte. Er identifizierte Chrétiens verwundeten
Fischerkönig (bisher ein Zeitgenosse von König Artus) als Bron, einen
angeheirateten Verwandten Josefs von Arimathäa, und deklarierte den
Gral als das Gefäß, in dem das Heilige Blut aufgefangen worden war.

Stammtafel 14: Die Blutlinie des Grals. *Die messianische Linie in Britannien und Europa, 1.-7. Jh.*

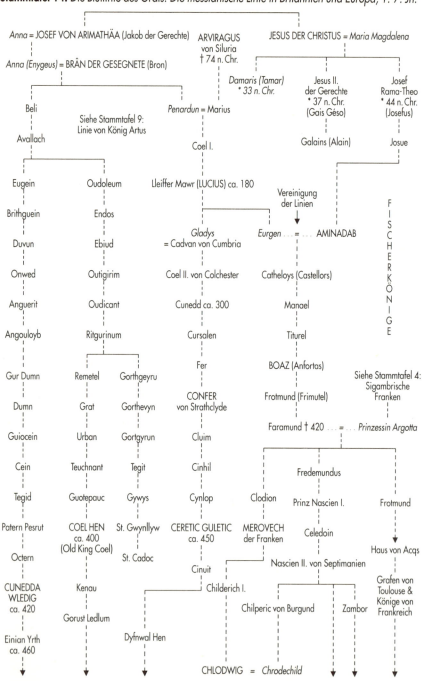

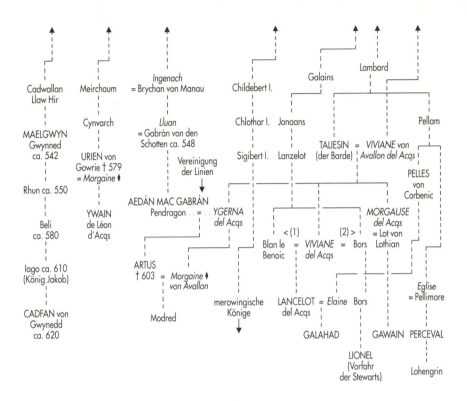

Nach Borons Schilderung hatte Josef die Paschaschale von Pilatus erhalten und darin das Blut aufgefangen, als er Jesus vom Kreuz nahm. Er war von den Juden gefangengenommen worden, hatte es aber geschafft, die Schale seinem Schwager Hebron zu übergeben, der zu den »Tälern von Avaron« reiste. Hier wurde er zu Bron, dem »reichen Fischer«. Bron und seine Frau Enygeus (Josefs Schwester) hatten zwölf Söhne, von denen elf heirateten, während der zwölfte, Alain, zölibatär lebte. Unterdessen traf Josef auf seine Familie in England und erschuf einen Tisch zu Ehren des Grals. An diesem Tisch gab es einen besonderen Platz mit Namen *Siege Perilous* oder *Perilous Seat* (»heimtückischer Stuhl«), der Judas Iskariot repräsentierte und Alain vorbehalten war. In späteren Darstellungen ist es Galahad, für den dieser Platz an der Tafelrunde Camelots reserviert war.

Zur gleichen Zeit wie Borons *Joseph d'Arimathie* erschien ein weiteres Werk über den Gral von einem Autor, der sich Wauchier nannte. Dabei handelte es sich in vielerlei Hinsicht um eine Fortführung der Darstellung Chrétiens, doch dient der Gral hier zur Beschaffung großer Nahrungsmengen. In gewisser Weise verband Wauchiers Fassung die Geschichten Chrétiens und Borons. Die Ritter von Artus waren in ihr ebenso vorhanden wie die Tradition Josefs von Arimathäa.

Eine weitere Geschichte ist unter dem Titel *Perlesvaus* oder *The High History of the Holy Grail* bekannt. Dieses französisch-belgische Werk, das ungefähr um das Jahr 1200 entstand, nahm es mit der Herkunft des Grals und dem Gralsgeschlecht sehr genau und wiederholt damit das dynastische Prinzip Walerans aus dem 8. Jahrhundert. Im *Perlesvaus* ist der Gral kein Gegenstand, sondern eine mystische Aura, wobei sich unterschiedliche christliche Bilder miteinander verbinden. In bezug auf den Symbolismus des Grals sagt das *Perlesvaus*: »Sir Gawain starrte auf den Gral, und ihm schien, als befinde sich dort ein Kelch, obwohl dort zur selben Zeit keiner war.«

Neben Gawain kommen auch Lanzelot und Perceval im *Perlesvaus* vor, und die Hauptfrage lautet: »Wem dient der Gral?« Nur durch das Stellen dieser Frage kann Perceval die Lendenwunde des Fischerkönigs heilen und das Ödland wieder fruchtbar werden lassen. Im *Perlesvaus* heißt der Fischerkönig (Priesterkönig) *Messios* – ein Hinweis auf seinen messianischen Rang. Andere Darstellungen bezeichnen den Fischerkönig als Anfortas (von der Bedeutung her der gleiche Name wie Boas, »in Stärke« – kennzeichnet somit die davidische Linie). Manchmal wurde der Fischerkönig auch Pelles genannt (von Pallas, der uralten *Bistea Neptunis* aus der Geschichte der Merowinger).[1]

Im *Perlesvaus* wird außerdem auf die Tempelritter verwiesen. Auf der »Insel der Alterslosen« trifft Perceval in einer Halle aus Glas auf zwei Meister. Einer bezeugt sein Wissen um die königliche Abstammung Percevals. Mit einem Klatschen ihrer Hände rufen die Meister daraufhin 33 weitere in weiß gekleidete Männer, von denen jeder ein rotes Kreuz auf der Brust trägt. Auch Perceval trägt das rote Kreuz der Templer auf seinem Schild. Die Geschichte ist im Grunde arturianisch, spielt jedoch zu einem Zeitpunkt, als sich das Heilige Land in der Hand der Sarazenen befindet.

Anfang des 13. Jahrhunderts entstand auch eine andere wichtige Gralsdichtung, der *Parzival* des fränkischen Dichters Wolfram von

Eschenbach. Wieder wird die Verbindung zu den Templern deutlich, denn sogenannte *Templeisen* werden als Wächter des Gralstempels porträtiert, der sich auf dem Berg der Erlösung (*Munsalvaesche*) befindet. Hier hält der Fischerkönig die Gralsmesse ab und wird ausdrücklich als Priesterkönig im Sinne Jesu, der Merowinger und der schottischen Könige dargestellt. Seit langem wird *Munsalvaesche* mit der Bergfestung von Montségur in der Gegend des Languedoc in Südfrankreich in Verbindung gebracht.

Wolfram behauptet, daß Chrétiens Gralsgeschichte falsch sei. Als seine eigene Quelle benannte er Kyot le Provenzale, einen Diplomaten der Templer, der von einem frühen Gralsmanuskript arabischer Abstammung berichtete, das der gelehrte Flegetanis, ein Nachkomme Salomos, verfaßt hatte. Auch Eschenbach legt großen Wert auf die Blutlinie des Grals. Er stellt außerdem den Sohn Percevals vor, Lohengrin, den Ritter des Schwans. In der Lothringer Tradition handelte es sich bei Lohengrin um den Ehemann der Herzogin von Brabant. Eschenbach erklärt, daß es sich bei dem Vater Percevals um Gahmuret (im Gegensatz zu Guellans bei Wauchier) gehandelt habe und daß der Fischerkönig zu Percevals Zeit Anfortas, Sohn von Frimutel und Enkel von Titurel, gewesen sei. Die Schwester des Fischerkönigs, Herzelyde, war die Mutter Percevals – traditionell eine Witwe. Eschenbach widmet den magischen Attributen des Grals breiten Raum und nennt Repanse von Schoye, die Königin der Gralsfamilie, als die Trägerin des Grals:

> Sie war in die Seide Arabiens gekleidet und trug in ein grünes Seidentuch geschlagen das vollkommene Paradies auf Erden, mit Wurzeln wie Zweigen, einen Gegenstand, den die Menschen den Gral nennen und der jedes irdische Ideal übertrifft.

Trotz der Erwähnung von Wurzeln und Zweigen wird der Gral hier auch als »Stein der Jugend und Verjüngung« bezeichnet. Er wird *Lapsit Exillis* genannt, eine Variante von *Lapis Elixir*, dem alchemistischen Stein der Weisen. Wolfram von Eschenbach erklärt:

> Durch die Macht dieses Steins verbrennt der Phönix zu Asche, doch die Asche läßt ihn schnell wieder auferstehen. So mausert sich der Phönix und wechselt sein Gefieder, wonach er so hell strahlt wie zuvor.

Bei dem eucharistischen Sakrament des Fischerkönigs zeichnet der Stein die Namen all jener auf, die zu seinem Dienst berufen sind. Doch ist es nicht allen möglich, diese Namen zu entziffern:

Am Rande des Steines nennt eine Inschrift die Namen und die Herkunft jener, mögen es Jungen oder Mädchen sein, die berufen sind, die Reise zum Gral anzutreten. Niemand braucht diese Inschrift unlesbar zu machen, denn sobald sie gelesen wurde, verlöscht sie von selbst.

Auf ähnliche Weise berichtet das Neue Testament in der Offenbarung des Johannes (2,17):

Wer siegt, dem werde ich von dem verborgenen Manna geben. Ich werde ihm einen weißen Stein geben, und auf dem Stein steht ein neuer Name, den nur der kennt, der ihn empfängt.

Wolfram von Eschenbach (der auch über Guilhelm de Gellone, den König von Septimanien, schrieb) behauptete außerdem, daß das Originalmanuskript von Flegetanis sich im Besitz des Hauses Anjou befinde und daß Perceval selbst angevinisches Blut habe. In seinem *Parzival* liegt der Hof von Artus in der Bretagne; in einem anderen seiner Werke verlegt er das Gralsschloß in die Pyrenäen. Auch erwähnt er die Gräfin von Edinburgh (Tenabroc) als Gefolgsfrau der Gralskönigin.

Der »Vulgate-Zyklus« der Zisterzienser, ungefähr aus dem Jahr 1220, besteht aus der *Estoire del Graal*, der *Queste del Saint Graal* und den *Livres de Lanzelot* sowie weiteren Sagen über Artus und Merlin. Der Gral wird hier zum wundersamen *escuele* (Teller), auf dem das Paschalamm serviert wurde. Das Gralsschloß wird symbolisch als »le Corbenic« (der gesegnete Körper) bezeichnet.[2] Die *Queste* identifiziert Galahad als Abkömmling der »hohen Linie König Davids« und als Nachkomme König Salomos.

In den drei Büchern über Lanzelot wird Galahad als Sohn von Lanzelot und der Tochter von Pelles dargestellt. Sie ist die Gralsprinzessin, Elaine le Corbenic. Auch hier ist Pelles der Sohn des verwundeten Fischerkönigs (in Malorys später erschienenem Werk dagegen ist Pelles selbst der König).

Obwohl Artus auch in der frühen Gralsliteratur erwähnt ist, wird er doch erst im 13. Jahrhundert durch den »Vulgate-Zyklus« vollständig in der Gralssage etabliert. Nachdem das Heilige Land 1291 in die Hände der Heiden fiel, verschwand die Grallegende allerdings langsam aus dem Interesse der Öffentlichkeit. Erst im 15. Jahrhundert wurde sie durch Sir Thomas Malory und seine Sage *Der Sangréal – das geweihte Blut Unseres Herrn Jesus Christus* wiederbelebt.

DIE DRUIDISCHE TRADITION UND DER STEIN
DER WEISEN

Wir haben bereits gesehen, daß der jüngere Sohn von Jesus und Maria, Josefus, an einer druidischen Schule ausgebildet wurde[3]. In Europa befanden sich etwa 60 derartige Schulen und Universitäten mit insgesamt mehr als 60 000 Studenten und Schülern. Die druidischen Priester gehörten nicht zur keltischen Kirche, sondern bildeten ein eigenes, etabliertes Element innerhalb der keltischen Gesellschaft in Gallien, Britannien und Irland. Der Schreiber Strabo beschrieb sie im 1. Jahrhundert v. Chr. als »Studenten der Natur und Ethik«[4]:

> Sie gelten als die gerechtesten unter den Männern, deshalb obliegen ihnen Entscheidungen, die einzelne betreffen, ebenso wie die, die die Gemeinschaft angehen. Früher schlichteten sie in Kriegsfällen und vermochten selbst noch auf dem Schlachtfeld die Gegner zu Verhandlungen zu bewegen. Mordfälle wurden meist ihrer Entscheidungsgewalt anvertraut.

Ein anderer Schreiber aus dieser Zeit, der Sizilianer Diodorus, beschrieb die Druiden als »große Philosophen und Theologen, denen besondere Ehren zuteil werden«.

Die Druiden galten außerdem als außergewöhnliche Politiker und göttliche Seher[5]:

> Die Druiden sind Männer der Wissenschaft ebenso wie Männer Gottes. Sie genießen eine direkte Verbindung zu den Göttern und sind in der Lage, in ihrem Namen zu sprechen. Sie sind ebenfalls in der Lage, das Schicksal zu beeinflussen, indem sie jene, die sie konsultieren, zur Befolgung positiver Gesetze oder ritueller Tabus anhalten, oder die besten oder kritischen Tage zur Durchführung einer gewünschten Handlung nennen.

Besonders in späteren Jahren ließ die katholische Kirche keine Gelegenheit aus, die Druidenpriester und die Mönche der keltischen Kirche zu diskreditieren. Selbst ihrer Haartracht haftete das Mal der Sünde an, denn Priester wie Mönche trugen langes, frei fallendes Haar am Hinterkopf, während das Haar über den Schläfen abrasiert wurde. Manchmal ließen sie dabei einen vereinzelten Haarstreifen über der Stirn stehen. Für die katholische Kirche, die sich als Haartracht für den Klerus die Tonsur, ein symbolisches Abbild der Heiligen Krone, erwählt hatte, stellte die keltische Haartracht eine häretische Referenz

an die Magier alter Tage dar. So verurteilte sie die Frisur als »die Tonsur des Simon Magus«.[6]

Astronomie und Kalender waren für die Druiden von besonderer
Bedeutung, und sie glaubten an die Reinkarnation der menschlichen
Seele. Das katholische Modell einer flachen Erde, die den Mittelpunkt
des Universums darstellen sollte, war für die frühen Druiden mit ihren
umfangreichen astronomischen Kenntnissen schlichtweg undenkbar.

Ebenso wie die samaritischen Magier aus Qumran praktizierten die
Druiden Numerologie und waren begabte Heiler. Zur Zeit der Entstehung der Evangelien waren die Essener von Qumran besonders an der
Wissenschaft der Mathematik und der pythagoräischen Denkschule
interessiert, die sie zur Erklärung astronomischer Regelmäßigkeiten her-
anzogen. Dieses Wissen war ihnen zum Großteil durch die westmanassi-
schen Magier vermittelt worden – eine im Jahr 44. v. Chr. von Menachem
gegründete Sekte. Wie wir wissen, war einer seiner Nachfolger Simon
Zelotes, dessen Gnostiker über ein einzigartiges und verborgenes Wissen verfügt haben sollen, das jenes der Christen transzendierte.

Für die Gnostiker bestand das Himmelsgefüge aus streng abge-
grenzten Räumen um die Erde, die Planeten und die Sternen. Auch
wenn sie ihre eigene Himmelsmythologie besaßen, hatte doch das
logische Verständnis der Gnostiker wenig mit der kosmologischen
Doktrin der späteren römisch-katholischen Kirche zu tun. Ein gnosti-
sches Dokument, das bei Chenoboskion in Ägypten gefunden und als
Abhandlung des Hermes Trismegistos bekannt wurde, besagt: »So
wird der Adept nach und nach den Pfad der Unsterblichkeit betreten
und das Ogdoad wahrnehmen, welches wiederum das Ennead ent-
hüllt.«

Das Ogdoad (»Achtfache«) bezieht sich auf den Sternenhimmel
außerhalb der Planeten, während das Ennead (»Neunfache«) sich auf
den großen äußeren Himmel des Universums bezog. Der Himmel
über der Erde wurde das Hebdomad (»Siebenfache«) genannt.

Hermes Trismegistos lautete der Name der griechischen Neuplatoniker[7] für Thoth, den ägyptischen Gott, der als Begründer der Alchemie und der Geometrie galt. An den Lehren Platos (429-347 v. Chr.) ori-
entiert, behaupteten die Neuplatoniker, daß der menschliche Verstand
nicht mit der materiellen Welt zusammenhing und daß die Spiritualität des einzelnen sich in dem Maße entwickele, wie seine Verachtung
für irdische Güter zunehme. Das Wissen des Hermes stand für »die

verlorene Weisheit des Lamech« (der siebte Nachkomme nach Kain – Genesis 4,17-22). Genau wie Noah verschiedene Lebensformen vor den Fluten rettete, haben die drei Söhne des Lamech, Jabal, Jubal und Tubal, die alten Weisheiten der kreativen Wissenschaften bewahrt und auf zwei Steinmonumenten – den Säulen von Antediluvia – verewigt. Einer der Söhne war Mathematiker, der zweite Maurer, und der dritte ein Metallarbeiter. Hermes entdeckte eine der Säulen und übertrug das auf ihr verewigte Wissen über die Heilige Geometrie auf eine Smaragdtafel, die später in den Besitz des Pythagoras gelangte, der seinerseits die zweite Säule entdeckte.

Die Assoziation kosmischen Wissens mit einer Smaragdtafel erinnert an Wolfram von Eschenbachs *Parzival*, wo der Gral als Stein beschrieben und mit einem »smaragdenen Juwel« verglichen wird. Eine der Inschriften auf den Smaragdtafeln des Hermes findet sich auch auf einigen Versionen der Tarotkarte XIV (Mäßigkeit/Kunst): *Visita Interiora Terrae; Rectificando Invenies Occultum Lapidem* (»Untersuche die inneren Bereiche der Erde; durch Reinigung wirst du den verborgenen Stein finden«).

Durch diese Assoziation mit dem geheimnisvollen Stein kam der Gral in Verbindung zur Alchemie – der Wissenschaft von der Konzentration von Lebensströmen und –kräften. Zur Zeit der katholischen Inquisition mußten die Alchemisten ihre Kunst hinter Begriffen aus der Metallurgie verbergen und behaupten, daß sie damit beschäftigt seien, unedle Metalle in Gold zu verwandeln. In philosophischer wie auch in metaphysischer Hinsicht waren die Alchemisten allerdings eher damit befaßt, den weltlichen Menschen (Blei) in ein erleuchtetes spirituelles Wesen (Gold) zu verwandeln. Genau wie Gold im Feuer getestet wird, wird auch der menschliche Geist in den Wirren und Mühen des Lebens getestet – und der Vermittler dieser Erleuchtung wurde als der Heilige Geist gesehen.[8]

Es verwundert nicht weiter, daß diese Lehre von der menschlichen Vervollkommnung durch »Erleuchtung« von seiten der Kirche als gotteslästerlich eingestuft wurde, da sie mit deren Lehren konkurrierte. Obwohl die Tradition des Grals auf einem jüdisch-christlichen Fundament basierte, wurde sie mit der Alchemie gleichgesetzt und ebenfalls für häretisch erklärt.

Wie der alchemistische Stein der Weisen wurde auch der Gral als Schlüssel zu allem Wissen und als Summe aller Dinge bezeichnet. In seiner Form als *Graal* ist seine etymologische Wurzel in dem keltischen Wort *gar* = »Stein« zu finden; ein *gar-al* ist dementsprechend ein »Becher aus Stein«.[9]

Wie wir bereits gesehen haben, war Jesus ein Priester nach der Ordnung Melchisedeks (Hebräer 5,6-7)[10], der im Nordportal der Kathedrale von Chartres, dem Tor der Initiierten, als Gastgeber Abrahams mit einem Becher abgebildet ist, der das verborgene Manna (spirituelle Nahrung/tägliches Brot) des heiligen Steins enthält.

Die Mitglieder der Maurergilde, die die Kathedrale von Chartres und andere französische Kathedralen erbaute, nannten sich »die Kinder Salomos«. Hiram Abiff, der Architekt von Salomos Tempel, war ein Alchemist der hermetischen Schule, der als »kunstfertig mit den Metallen« galt. Sein Vorgänger in Urzeiten war Tubal-Kajin (Genesis 4,22), der Sohn Lamechs und der Lehrer aller nach ihm. In der Freimaurerei wird Hiram Abiff als »Sohn der Witwe« bezeichnet – in der Gralssage trägt Perceval die gleiche Bezeichnung.

Das grundlegende Prinzip bei Hermes Trimegistos lautet: »Wie oben, so unten«, was die Harmonie irdischer Proportionen als Sinnbilder ihrer universellen Gegenstücke beschreibt – mit anderen Worten: die irdischen Proportionen sind das vergängliche Abbild kosmologischer Strukturen.[11] Von der kleinsten Zelle bis zur ausgedehntesten Galaxie herrscht ein sich immer wiederholendes geometrisches Gesetz. Dies wußte die Menschheit von ihren ersten Tagen an.

DAS GEFÄSS UND DER WEINSTOCK DES SANGRÉAL

In seiner Darstellung als Stein oder Juwel ist der Heilige Gral ein Gefäß spiritueller Weisheit und kosmologischen Wissens. Als Gralsplatte oder -terrine trägt er die Hostie des Abendmahls und verkörpert das Ideal des Dienens. Seine Identität als Kelch, der das Blut Jesu enthält, stellt ein eindeutig weibliches Bild dar, welches durch das Zeichen V beschrieben wird. Obwohl der Gral einem christlichen Ideal dient, war es das Konzept vom Gral als heiligem Gefäß, das dafür sorgte, daß die Gralslegende aus dem Mittelpunkt des christlichen Glaubens verschwand. Für die katholische Kirche besaßen heilige Gefäße eindeutig eine heidnische Konnotation, weshalb die Symbolik des Grals bald in die Seitenbereiche der Mythologie abgeschoben wurde.

Innerhalb der heidnischen Tradition entsprach der Gral den geheimnisumwitterten Kesseln der keltischen Folklore – den Füllhörnern, die die Geheimnisse der Versorgung und der Wiedergeburt bargen. Der Vater der irischen Götter, Dagda von den Tuatha Dé Danaan, verfügte über einen Kessel, der nur für Helden kochte. Das Horn von Caradoc kochte ebenfalls kein Fleisch für Feiglinge. Der Kessel der Göttin Ceridwen enthielt einen starken Wissenstrank, und die walisischen Gottheiten Matholwch und Bran besaßen ähnliche Gefäße.[12]

Im Griechenland der Antike wurde das geheimnisvolle Gefäß als *Krater* bezeichnet (im alltäglichen Gebrauch eine Steinschale zum Weinmischen).[13] Im philosophischen Zusammenhang enthielt der Krater die Elemente des Lebens; Plato erwähnt einen Krater, der das Licht der Sonne enthielt. Die Alchemisten verfügten ebenfalls über ein besonderes Gefäß, aus dem Mercurius, der *filius philosophorum* (Sohn der Philosophen), geboren wurde, ein göttliches Kind, das »die Weisheit des *vas-uterus*« symbolisierte, während das hermetische Gefäß selbst als »Schoß des Wissens« bezeichnet wurde. Dieser gebärmutterhafte Aspekt des mysteriösen Gefäßes ist in der Gralsforschung von überaus großer Bedeutung. In der mittelalterlichen Literatur, wie in der Litanei des Loretto, finden sich Beschreibungen der Mutter Jesu als *vas spirituale*, als spirituelles Gefäß. In esoterischen Lehren wurde die Bauchhöhle mit dem »Gefäß des Lebens« gleichgesetzt und durch das weibliche Symbol V – den Kelch – dargestellt. Prähistorische Anbetungsstätten von vor 3500 v. Chr. bringen das Symbol V mit der Muttergöttin in Verbindung.[14] Das umgekehrte männliche Symbol war das der Klinge oder des Horns, gewöhnlich durch ein Schwert gekennzeichnet, wobei aber seine kraftvollste Darstellung in der Mythologie des Einhorns zu finden sein dürfte. Zusammen mit dem Löwen von Juda ist das sagenumwobene Einhorn ein Kennzeichen für die königliche gesalbte Linie von Juda – und sollte später in den Wappen Schottlands wieder auftauchen.

Der Heilige Gral wurde in der Darstellung zu einem Gefäß, weil er angeblich das heilige Blut Jesu aufgefangen haben soll. Genau wie die Krater und Kessel ihre Geheimnisse enthalten hatten, war es im Falle des Grals das Sangréal. Der Kelch (V) Maria Magdalenas jedoch trug das Sangréal *in utero*. Sie war es, die die Inspiration für die *Dompna* (die große Herrin) der Troubadoure geliefert hatte, die von der Inquisition so herzlos behandelt wurden. Von ihnen wurde sie als der »Gral der Welt« bezeichnet.

In *Parzival* wird von der Gralskönigin gesagt, daß sie »das vollkommene Paradies auf Erden, mit Wurzeln und mit Zweigen« in sich trug. Im Johannesevangelium (15,5) sagt Jesus. »Ich bin der Weinstock, ihr seid die Reben.« In den Psalmen (80,9) heißt es: »Du hobst in Ägypten einen Weinstock aus, du hast Völker vertrieben, ihn aber eingepflanzt.«

Der Stammbaum der Merowinger wurde als »der Weinstock« bezeichnet. Die Bibel bezeichnet die Kinder Israels als »Rebstock«, die Linie Judas als »Gottes geliebtes Gewächs«. Einige mittelalterliche Porträts von Jesus zeigen ihn in einer Kelter, zusammen mit der Inschrift: »Ich bin der wahre Weinstock.« Einige Gralsembleme und Wasserzeichen zeigen einen Kelch mit Weintrauben – den Früchten des Weinstocks.[15] Von den Trauben stammt der Wein des Abendmahls – das ewige Symbol für das Blut Jesu.

Unabhängig von der materiellen Beschaffenheit des Grals liegt seine eigentliche Bedeutung in seiner Definition als *Sangréal* – königliches Blut. Über die Zwischenstufen *San Gréal – San Graal – Saint Grail* wurde daraus die Bezeichnung *Heiliger Gral*. Das königliche Blut aber bezieht sich auf den Sohn, der im Kelch der Gebärmutter Maria Magdalenas getragen wurde. Wie in der Literatur des Mittelalters deutlich zu sehen ist, wurde der Gral mit einer Familie und einer Dynastie identifiziert. Es war der *desposynische* »Weinstock aus Juda«, der sich im Westen durch das Blut des Messias ausbreitete. Zur Blutlinie von Jesus gehörten die Fischerkönige und Lancelot del Acqs. Spätere Nachfahren sind die merowingischen Könige von Frankreich und die Stewart-Könige in Schottland ebenso wie so bekannte Persönlichkeiten wie Wilhelm de Gellone und Gottfried von Bouillon.

Abstammend von Jesu Bruder Jakob (Josef von Arimathäa), begründete die Gralsfamilie das Haus Camulod (Colchester) und das Prinzenhaus von Wales. Zu den bekannten Persönlichkeiten dieser Linie gehörten König Lucius, Coel Hen, Kaiserin Helena, Ceredic Gwledig und König Artus. Das göttliche Erbe des Sangréal tauchte in vielen hohen Königs- und Adelshäusern in England und Europa auf und ist auch heute noch dort zu finden.

Anhand von Ahnentafeln und Stammbäumen läßt sich feststellen, daß die messianische Blutlinie des Sangréal im 1. Jahrhundert n. Chr.

von Gallien nach Britannien (genannt »Gottes Weinberg«) gelangte.
Aus dieser Linie ging das Prinzengeschlecht von Wales hervor, und
aus seinen tiefsten Wurzeln stammen die Herrscher der *Gwyr-y-Gogledd* der nördlichen Regionen.

Ein anderer Zweig verband sich mit den großen Königen von Camu-
lod und Siluria. Es war kein Zufall, daß Prinz Linus, der Sohn des
Caractacus, zum ersten Bischof von Rom wurde. Ebenso war es keine
Laune des Augenblicks, daß Helena (Prinzessin Elaine von Camulod,
Tochter des britischen Königs Coel II.), Kaiser Constantius ehelichte.[16]
Durch diese Allianzen blieb Rom genau mit jener königlich-jüdischen
Erbfolge verbunden, die es für so lange Zeit hatte unterdrücken wollen. Konstantin der Große, Helenas Sohn, versäumte es auch nicht,
sich selbst zum wahren Messias zu erklären, obwohl seine Vorfahren
väterlicherseits die christliche Bewegung lange Zeit grausam verfolgt
hatten.

DIE HEILIGTÜMER DES GRALS UND DAS TAROT

Die mysteriöse Lanze mit der blutigen Spitze, die häufig zusammen
mit dem Gral auftaucht, soll den Fischerkönig an der Hüfte verletzt
haben. Sie soll auch dem biblischen Longinus gehört haben, der Jesus
verletzte. Die Lanze bildete zusammen mit dem Kelch, einem Schwert
und einem Teller die Heiligtümer des Gralsschlosses.[17] Im Anschluß
an die erste Inquisition der katholischen Kirche durch Papst Gregor IX.
im Jahre 1231 wurden alle Grallegenden von der Kirche unterdrückt.
Als Folge davon verlagerte sich die Sage von diesem Zeitpunkt an auf
einen geheimen Symbolismus, der besonders gut an den Tarotkarten
zu sehen ist.[18] Diese tauchten in Norditalien, Marseilles und Lyon um
1300 zum ersten Mal auf. Die amerikanische Autorin Margaret Starbird hat in ihren Büchern immer wieder auf den Zusammenhang zwischen der Gralslegende und den kleinen und großen Arkana des
Tarots hingewiesen. Auch die heutigen Spielkarten und ihre vier Farben lassen noch die Heiligtümer des Gralsschlosses erkennen, wenn
auch in abgewandelter Form. Ursprünglich war Pik ein Schwert, das
männliche Symbol (umgekehrtes V); Herz war der Kelch (das weibliche Symbol V); Karo war ein kostbarer fünfeckiger Teller, und die
Farbe Kreuz der Stab des Josef (ein Symbol für die Fortsetzung der

davidischen Blutlinie). Dieser christliche Untergrund, der im Verborgenen mit der alten Symbolik arbeitete, obwohl die Kirche diese ebenso verbot wie das ursprüngliche, aus dem Zeichen für das Weibliche und das Männliche (V und umgekehrt Λ) zusammengesetzte Kreuz X, war im Mittelalter weit verbreitet. Besonders die 22 Trumpfkarten des Tarot, die auch »Das Buch des Thoth« genannt wurden – eine Anspielung auf das in ihnen verborgene alte Wissen –, wurden von der Kirche als blasphemisch verurteilt. Der Gebrauch des Tarots zum Wahrsagen, vornehmlich durch die Zigeuner, entsprach nicht dem ursprünglichen Zweck der Spielkarten, wurde aber von der Kirche dazu verwendet, das Tarot als teuflisches Machwerk zu verdammen.

Unsere heutigen Spielkarten enthalten immer noch eine Karte des Tarots – den Joker. Er ist ein Narr und sticht trotzdem jede andere Karte. Die Figur des Narren findet sich auch in der Geschichte von Perceval, dem einfachen Mann, der dort Erfolg hat, wo die Weisen versagen.

Eine weitere Tarotkarte, die Eingang in die allgemeine Kultur gefunden hat, ist das weibliche Symbol für die Gerechtigkeit (Karte XI), die Sternenjungfrau *Virgo* mit ihrem beidschneidigen Schwert und der Waage der *Libra*. Die Originalkarte zeigte in diesen beiden Symbolen die heikle Position der Gralskirche gegen die Macht des Schwertes durch die Inquisition der römischen Kirche und war unter dem Namen »Magdalenenkarte« bekannt.

Andere mit Maria Magdalena assoziierte Karten waren der Turm (XVI), die Welt (das Universum, XXI) und die Kraft (VIII). In der Tradition des Grals stand der Turm (oder das »Haus Gottes«) für den *Magdal-eder* (den »Turm für die Herde«, wie in Micha 4,8). Oft wurde er von einem Blitz getroffen dargestellt und symbolisierte das Leid der esoterischen Kirche gegenüber dem gnadenlosen römischen Establishment.

Der Geist Marias zeigte sich auch in der Karte der Welt (XXI), wo sie in einem ovalen Kranz steht oder tanzt und, manchmal nackt und manchmal bekleidet, ein Zepter oder ein anderes Herrschaftszeichen trägt.

Die Karte der Kraft (VIII) zeigt gewöhnlich eine Frau, die einen Löwen bei sich hat oder einen zerbrochenen Pfeiler stützt. Manche Karten zeigen beide Bilder. Der Löwe ist der Löwe von Juda, und der

Tarotkarten – Die Welt und Der Turm

Pfeiler der Pfeiler von Boas (»in Stärke«) im Tempel Salomos. Die Frau steht dabei immer für die Gewährleistung der königlichen Erbfolge. In einigen frühen Kartendecks wurde das Abbild des Grals in diese Karte integriert und die Frau als Maria Magdalena identifiziert – als Symbol für die Fortsetzung der Blutlinie Davids wie in Psalm 89,5: »Deinem Haus gebe ich auf ewig Bestand, und von Geschlecht zu Geschlecht richte ich deinen Thron auf.«

KAPITEL 15

Die Hüter des Grals

DIE KREUZRITTER

Zur Zeit der Eroberung Britanniens durch die Normannen im Jahr 1066 war das Geschlecht der Merowinger in Frankreich seit über 300 Jahren aus praktisch allen öffentlichen Funktionen entfernt. Sie waren zwar nicht ausgestorben, doch zumindest soweit es die Kirche und deren loyale Geschichtsschreiber betraf, völlig von der Bildfläche manövriert worden. Während der Zeit ihrer Herrschaft war es ihnen jedoch gelungen, eine Reihe von Traditionen zu etablieren, die selbst nach Einführung der Feudalherrschaft noch Bestand hatten. Dazu zählte ein System der regionalen Herrschaft durch sogenannte *Comites* (Herzöge), die als Stellvertreter des Königs die Position von Kanzlern, Richtern und militärischen Führern einnahmen, ähnlich wie die *Earls* des keltischen Britanniens. Zur Zeit der Feudalherrschaft veränderte sich ihre Stellung, und beide Gruppen wurden zu Landbesitzern.

Im 11. Jahrhundert traten die Herzöge von Flandern und Boulogne an der Spitze der flämischen Gesellschaft hervor. Zieht man Gottfried von Bouillons davidisches Erbe durch seine merowingische Abstammung in Betracht, so war es überaus angemessen, daß er nach dem ersten Kreuzzug zum designierten König von Jerusalem wurde.[1] Dieser erste Kreuzzug wurde 1095 durch die moslemische Übernahme Jerusalems ausgelöst, besonders aber durch einen gewissen Peter von Amiens, genannt der Eremit. Amiens stand an der Spitze eines unglücklichen Bauernkreuzzuges inklusive Frauen und Kindern, der durch ganz Europa zog, um das Heilige Land zurückzugewinnen. Die meisten Kreuzzügler erreichten jedoch niemals ihr Ziel, da sie vorher von Gesetzlosen und marodierenden Soldaten des byzantinischen Kaiserreiches massakriert wurden.

Angesichts dieses Unglücks gelang es Papst Urban II., eine ansehnliche Armee auf die Beine zu stellen, die von den besten Rittern Europas angeführt wurde. Sie wurden von Adhemar, dem Bischof von Le Puy, geleitet, und mit ihm an der Spitze befanden sich Robert, Herzog der Normandie, gemeinsam mit Stephan, Graf von Blois, und Hugo, Graf von Vermandois. Das flämische Kontingent wurde geleitet von Robert, Graf von Flandern, und mit ihm zogen Eustace, Graf von Boulogne, mit seinen Brüdern Gottfried von Bouillon und Baldwin. Der Süden war repräsentiert von Raymond de Saint Gilles, Graf von Toulouse.

Gottfried hatte sein gesamtes Erbe und seine Ländereien in Niederlothringen an den Bischof von Liège verpfändet, um diesen Kriegszug ins Heilige Land zu finanzieren. Als der erste Kreuzzug sich endlich in Richtung Jerusalem in Gang gesetzt hatte, war Gottfried zum Anführer avanciert, und nach dem Erfolg des Kreuzzuges im Jahre 1099 wurde er zum König von Jerusalem ausgerufen. Er selbst zog allerdings den Titel »Vogt des Heiligen Grabes« vor.

Von den acht Kreuzzügen, die sich bis ins Jahr 1292 in Ägypten, Syrien und Palästina fortsetzten, kann nur der erste unter Gottfrieds Führung als erfolgreich bezeichnet werden. Aber auch dieser litt unter den Exzessen einiger unverantwortlicher Truppen, die ihren Sieg mißbrauchten, um wahllos Moslems in den Straßen Jerusalems abzuschlachten. Jerusalem war mittlerweile nicht nur für die Juden und die Christen ein wichtiger Ort, nach Mekka und Medina war es auch zur dritten Heiligen Stadt des Islam geworden.

Ab dem Jahr 1291 befanden sich Palästina und Syrien fest in moslemischer Hand, und die Kreuzzüge waren vorüber – nachdem Ludwig VIII., der deutsche Kaiser Konrad III. und selbst Richard Löwenherz im Heiligen Land gescheitert waren.

Zur Zeit der Kreuzzüge entstanden verschiedene Ritterorden, zu den auch der von Gottfried von Bouillon im Jahre 1099 gegründete Orden von Sion[2] zählte, des weiteren der Orden vom Heiligen Grab und der Templerorden.

Gottfried von Bouillon starb 1100, kurz nach seinem Triumph in Jerusalem. Ihm folgten sein jüngerer Bruder Baldwin von Boulogne und ab 1118 sein Cousin Baldwin II. du Bourg. Der herkömmlichen

Geschichtsschreibung nach wurde der Orden der Tempelritter in diesem Jahr unter dem Namen »Die Arme Ritterschaft Christi vom Salomonischen Tempel« gegründet, angeblich durch eine Gruppe von
neun französischen Rittern, die ein Gelübde von Armut, Keuschheit
und Gehorsam ablegten und schworen, das Heilige Land zu schützen.

Der fränkische Historiker Wilhelm von Tyrus schrieb zum Höhepunkt der Kreuzzüge (um das Jahr 1180), daß die Funktion der Templer darin bestand, eine sichere Passage für die Pilger zu gewährleisten.
In Anbetracht des Ausmaßes eines solchen Unterfangens erscheint es
allerdings etwas unwahrscheinlich, daß dies allein von neun Männern
unternommen wurde, ohne daß sie vor ihrer Rückkehr nach Europa
im Jahre 1128 weitere Männer angeheuert hätten. In Wirklichkeit gibt
es über die Tempelritter noch einiges mehr zu sagen, als dieser Historiker uns glauben machen will. Der Orden existierte bereits einige
Jahre, bevor er, angeblich von Hugo von Payens, gegründet wurde,
und seine Aufgabe war ganz gewiß nicht die der Straßenbewachung.
Die Templer arbeiteten in erster Linie als Diplomaten des Königs in
einem vorwiegend moslemischen Umfeld und traten in dieser Funktion für Wiedergutmachungen an jenen Untertanen des Sultans ein,
die zu Opfern übereifriger Kreuzzügler geworden waren. Bereits 1114
hatte der Bischof von Chartres die Templer als *Milice du Christi* (Soldaten Christi) bezeichnet. Zu diesem Zeitpunkt hatten die Templer
bereits ihren Sitz im Palast Baldwins, der sich in einer Moschee auf
dem ehemaligen Gelände von Salomos Tempel befand. Als Baldwin
schließlich die Zitadelle des Turmes von David bezog, blieb der Palast
komplett den Templern überlassen.

Hugo von Payens, der erste Großmeister der Templer, war ein Cousin und Vasall des Grafen der Champagne. Sein Stellvertreter war
der flämische Ritter Gottfried Saint Omer. Ein weiteres Mitglied war
André de Montbard, ein Verwandter des Herzogs von Burgund. Im
Jahr 1120 trat der Herzog von Anjou (der Vater von Geoffrey Plantagenet) dem Orden bei, und ihm folgte 1124 Hugo, Graf der Champagne. Wir können also davon ausgehen, daß die Ritter alles andere als
arm waren, und es existieren keinerlei Aufzeichnungen darüber, daß
sie sich auf beduinenbelagerten Straßen als Ordnungshüter betätigt
hätten. Die Aufgabe, sich um die Pilger zu kümmern, oblag vielmehr
den Mitgliedern des Johanniterordens. Die Templer waren ein streng
exklusiver Orden auserwählter Männer, die einen besonderen Gehor

samsschwur geleistet hatten – nicht dem König oder ihrem Anführer, sondern dem Zisterzienserabt Bernhard von Clairvaux (gest. 1153).[3] Dieser war verwandt mit dem Grafen der Champagne, und über ihn auch mit Hugo von Payens. Auf dem Land des Grafen ließ Bernhard 1115 auch das Zisterzienserkloster von Clairvaux erbauen. Bernhards Mutter war Aleth, die Schwester von André von Montbard, und bei den anderen Ordensrittern handelte es sich um von ihm selbst hand-verlesene Flamen, darunter Archambaud von Saint Amand, Geoffrey Bisol, Rosal, Gondemare sowie Gottfried und Payen de Montdidier.

Bernhard von Clairvaux war es auch, der die keltische Kirche Schott-lands vor ihrem Untergang bewahrte und das Kloster von Columba auf Iona[4] wieder aufbaute. Er übersetzte als erster (1128) die »heilige Geometrie« der Baumeister König Salomos, und er rief in Vézelay vor Ludwig VII. und einer Versammlung von hunderttausend Menschen zum zweiten Kreuzzug auf. In Vézelay stand die große Basilika der heiligen Maria Magdalena, und der Schwur von Bernhards Templern verlangte den »Gehorsam von Betanien – gegenüber der Burg von Maria und Marta«.[5]

Es ist kein Zufall, daß Chrétien von Troyes' Werk aus dem 12. Jahr-hundert, *Le Conte del Graal*, dem Grafen von Flandern, Philippe d'Al-sace, gewidmet war. Ebensowenig wie es ein Zufall war, daß der Autor bei seiner Arbeit von Gräfin Marie und dem Hof der Champa-gne unterstützt wurde. Die Gralslegenden entstanden aus diesem Umfeld der frühen Templer, und der *Perlesvaus* beschreibt die Temp-ler als die Bewahrer eines großen und heiligen Geheimnisses, wäh-rend Wolfram von Eschenbach sie als die Hüter der Gralsfamilie bezeichnete.

DIE GEHEIMNISSE DER BUNDESLADE

Tief unter dem Tempel von Jerusalem befand sich der Stall König Salo-mos, der seit biblischen Zeiten versiegelt und unberührt dort lag. Die-ser riesige unterirdische Schutzraum wurde von einem Kreuzritter beschrieben als »ein Stall von solch wundersamem Umfang, daß er mehr als 2000 Pferde beherbergen kann«.[6] Die ursprüngliche und geheime Aufgabe der Tempelritter bestand darin, diesen weitläufigen Lagerraum zu finden und zu öffnen, denn Bernhard wußte, daß sich dort die Bundeslade befand, die wiederum die *Tafeln der Bundesurkunde* enthalten sollte.[7]

Man fragt sich zu Recht, aus welchem Grund diese Relikte aus den Zeiten Mose Gegenstand einer derartig geheimen Mission sein sollten, geleitet von einem Zisterzienserabt und der Blüte des flämischen Adels. Die Schriften der Kirche besagen, daß diese Tafeln die Zehn Gebote Gottes trugen – doch deren Inhalt war ja kein Geheimnis. Die von den Tempelrittern gesuchten Tafeln enthielten jedoch etwas ganz anderes als die bekannten Gebote. Auf den Tafeln der Bundesurkunde stand die Kosmische Gleichung: das göttliche Gesetz der Zahlen, Maße und Gewichte. Die geheimnisvollen Inschriften konnten mit Hilfe des kryptischen Systems der Kabbala entschlüsselt werden.

Die Zehn Gebote sind davon getrennt zu sehen, wie bei Exodus 24,12 nachzulesen ist: »Der Herr sprach zu Mose: Komm herauf zu mir auf den Berg, und bleib hier! Ich will dir die Steintafeln übergeben, die Weisung und die Gebote, die ich aufgeschrieben habe. Du sollst das Volk darin unterweisen.« Hier ist die Rede von drei verschiedenen Dingen, die Mose dem Volk der Israeliten am Berg Sinai bringen soll: die Steintafeln, eine Weisung und die Gebote. Später sagt Gott zu Mose (Exodus 34,1): »Hau dir zwei steinerne Tafeln zurecht wie die ersten! Ich werde darauf die Worte schreiben, die auf den ersten Tafeln standen, die du zerschmettert hast.« Gott wiederholte daraufhin die Zehn Gebote und wies Mose an, sie niederzuschreiben, was er auch tat, »… er schrieb die Worte des Bundes, die zehn Worte, auf Tafeln« (Exodus 34,28).

Hier wird eine klare Unterscheidung gemacht zwischen den von Gott beschriebenen Tafeln und den Zehn Geboten, die Mose anschließend aufschrieb. Im Lauf der Jahrhunderte hat die Kirche es geschickt verstanden, die Zehn Gebote zur wesentlichen Botschaft Gottes am Berg von Sinai zu machen, Gottes Tafeln der Bundesurkunde jedoch wurden geflissentlich ignoriert.

Ab Exodus 25 werden präzise Anweisungen für die Konstruktion der Bundeslade gegeben, für ihren Transport wie auch für die Bekleidung ihrer Träger und Wächter. Ebenso werden das Aussehen und die Materialien für den Tabernakel beschrieben, in dem die Lade aufbewahrt werden sollte, genauso wie die Beschaffenheit des Altars in Inneren des Tabernakels. Bei Exodus 37 bis 40 wird beschrieben, wie diese Anweisungen ausgeführt wurden, und dabei wird jedes Detail noch einmal wiederholt. Mit den Bauarbeiten wurde Bezalel, der Sohn Uris, des Sohnes Hurs, vom Stamm Juda, beauftragt (Exodus 35,30).

Folgt man den Anweisungen, so stellt man fest, daß es sich bei der Lade nicht einfach um eine elaborat gestaltete Truhe handelte, sondern eher um einen elektrischen Kondensator aus harzigem Holz, der innen und außen mit Gold verkleidet war. Wissenschaftler wie Theologen sind sich in diesem Punkt seit langer Zeit einig. Wenn die Platten entsprechend negativ und positiv aufgeladen werden, können sie eine Spannung von mehreren hundert Volt erzeugen, genug, um einen Menschen zu töten – wie Usa feststellen mußte, als er die Lade berührte (2 Samuel 6,6-7 und 1 Chronik 13,9-10). Die Lade mit ihren beiden magnetischen Kerubim und der Deckplatte in der Mitte scheint außerdem zur Klangübertragung verwendet worden zu sein. Von der Deckplatte aus kommunizierte Moses mit Gott (Exodus 25,22).

Im Gegensatz zu den Zehn Geboten sind die Tafeln der Bundesurkunde nie öffentlich diskutiert oder dargestellt worden. Es gehörte zu den Aufgaben der Leviten, diese kostbaren Aufzeichnungen in der geschützten Lade zu bewachen. Nach dem dramatischen Transport der Lade über den Jordan und durch Palästina (Josua und 1. Buch Samuel) wurde sie von David nach Jerusalem gebracht. Sein Sohn, König Salomo, ließ von dem Baumeister Hiram Abiff einen Tempel erbauen, und die Lade wurde dort im Allerheiligsten aufbewahrt. Zutritt gab es nur anläßlich einer rituellen Inspektion des Hohenpriesters, die einmal im Jahr stattfand. Nach dieser Beschreibung verliert sich die biblische Spur der Bundeslade. Selbst nach der Zerstörung des Tempels durch Nebukadnezar (ungefähr 586 v. Chr.) wird sie nicht als Beutegut erwähnt.

Die Suche der Tempelritter nach der Lade war im Jahr 1127 beendet. Damals fanden sie nicht nur die Lade samt Inhalt, sondern auch eine enorme Menge an Goldbarren und anderen versteckten Schätzen, die lange vor der Zerstörung und Plünderung Jerusalems durch die Römer im Jahre 70 n. Chr. sicher unter der Erdoberfläche verstaut worden waren. Es sollte allerdings noch über achthundert Jahre dauern, bis dieser Fund im Jahre 1956 an der Universität von Manchester offiziell bestätigt werden konnte. In diesem Jahr wurde die Kupferrolle von Qumran entziffert, die bestätigte, daß unermeßliche Schätze unter dem Tempel verborgen waren.

Das Kreuz der Tempelritter

Die Tempelritter machten sich mit ihrem Fund auf den Weg zurück nach Europa, wo sie 1128 beim Konzil von Troyes empfangen wurden. Bernhard von Clairvaux wurde zum offiziellen Schutzherrn des Ordens, der im selben Jahr von der Kirche bestätigt wurde.[8] Hugo von Payens wurde zum ersten Großmeister. Als besondere Auszeichnung erhielten die Mitglieder das Recht, sich als Kriegermönche zu bezeichnen und den weißen Umhang der Reinheit zu tragen, ein Privileg, das keiner anderen militärischen Gruppe zustand. Sie ließen sich Bärte wachsen, um sich von anderen Bruderschaften zu unterscheiden, in denen die Ritter glattrasiert sein mußten. Im Jahr 1146 wurde den Templern ihr berühmtes Blutkreuz durch den Zisterzienserpapst Eugen III. verliehen.

Der Aufstieg der Templer verlief in ganz Europa mit bemerkenswerter Geschwindigkeit. Überall in der westlichen Welt wurden sie diplomatisch und politisch tätig und arbeiteten als Berater von Königen und Regierungen. Nur elf Jahre später gestand ihnen Papst Innozenz (ein weiterer Zisterzienser) internationale Unabhängigkeit von allen Instanzen mit Ausnahme der päpstlichen zu. Bereits vorher waren ihnen riesige Ländereien überall zwischen England und Palästina überschrieben worden. Der spanische König Alfonso von Aragon vermachte dem Orden ein Drittel seines Königreiches.

DIE GOTISCHEN NOTRE-DAME-KATHEDRALEN

Trotz des unermeßlichen Reichtums ihres Fundes in Jerusalem erhielten die Templer also großzügige Spenden aus allen Himmelsrichtungen. Kein Preis schien zu hoch, um mit dem Orden der Tempelritter in

Verbindung gebracht zu werden, und innerhalb eines Jahrzehnts nach ihrer Rückkehr aus Jerusalem waren sie zu einer der einflußreichsten Gruppen in Europa geworden. Trotz des Reichtums des Ordens waren die einzelnen Ritter jedoch immer noch einem Armutsgelübde unterworfen und hatten etwaige Besitztümer dem Orden zu überschreiben. Dies galt selbst für den Großmeister Hugo von Payens. Trotzdem hatte der Orden stetigen Zulauf aus dem Adel, wobei die Mitglieder entwe-

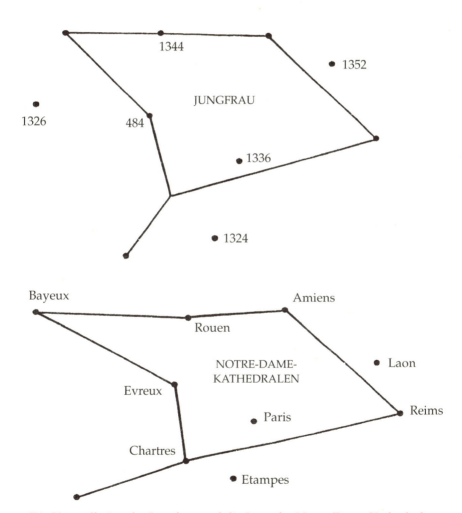

Die Konstellation der Jungfrau und die Lage der Notre-Dame-Kathedralen
(nach einem Diagramm von Louis Charpentier)

der als Kreuzritter oder als reisende Botschafter und politische Berater dienten. Finanziell derartig abgesichert, gründeten die Ritter das erste internationale Bankhaus und finanzierten schließlich die Levante und praktisch jedes Königshaus in Europa.

Parallel zu den Templern wuchs auch das Ansehen und Vermögen der Zisterzienser. Im Jahre 1115 hatte der heilige Bernhard das Kloster von Clairvaux gegründet, und im folgenden Jahrzehnt noch einige weitere Zisterzienserklöster. Fünfundzwanzig Jahre nach dem Konzil von Troyes waren es bereits mehr als 300 Klöster, die den Zisterziensern unterstanden.

Wichtiger noch war, daß die Silhouetten der französischen Städte sich zu verändern begannen, während die großen Notre-Dame-Kathedralen mit ihren majestätischen Bögen allmählich aus der Erde wuchsen. Die Architektur war phänomenal – unmöglich sogar, wie einige meinten. Die gotischen Spitzbögen erreichten unglaubliche Höhen und überspannten bisher unüberbrückbare Räume. Alles deutete in die Höhe, und trotz Tonnen üppig dekorierten Gesteins überwog der Eindruck einer selbst für die heutige Zeit magischen Schwerelosigkeit.

Die gotischen Kathedralen waren das Ergebnis der Anwendung der Tafeln der Bundesurkunde mit ihren kosmischen Gesetzen und ihrer heiligen Geometrie durch die Baumeister der Tempelritter. Damit errichteten sie die glorreichsten Monumente, die jemals die christliche Welt geziert hatten. Am nördlichen Portal der Notre-Dame-Kathedrale in Chartres (dem Tor der Initiierten) befindet sich eine Reliefdarstellung der Bundeslade bei ihrem Transport. Die Inschrift lautet: *Hic amititur Archa cederis* – »Hier nehmen die Dinge ihren Lauf – du mußt durch die Bundeslade arbeiten.«[9]

Konzept wie auch Bauweise dieser Kathedralen entstammten den Köpfen der Templer und Zisterzienser, und die Bezeichnung »gotisch« in diesem Zusammenhang hat nicht das mindeste mit den Goten zu tun, sondern leitet sich aus dem griechischen *goetik* = »magische Handlung« ab und ist möglicherweise auch mit dem keltischen *goatic* (Pflanzenkunde) verwandt. Sämtliche Kathedralen Frankreichs wurden ungefähr zur gleichen Zeit errichtet, auch wenn es manchmal mehr als hundert Jahre dauerte, bis die Bauarbeiten abgeschlossen waren.[10] Die Arbeiten in Paris wurden 1163 aufgenommen, in Chartres 1194, in Reims 1211 und in Amiens im Jahre 1221. Im gleichen Zeitraum entstanden die Kathedralen von Bayeux, Abbeville, Rouen, Laon, Evreux und Etampes. In Übereinstimmung mit dem hermetischen Prinzip »Wie oben, so unten«[11] entsprach die Verteilung der Notre-Dame-Kathedralen dem Sternbild der Jungfrau.[12]

Von allen Kathedralen soll die Notre Dame von Chartres auf einem der bedeutendsten Kraftplätze Frankreichs stehen, der bereits zur Zeit der Druiden als Kultstätte diente. So sehr wurde dieser Platz verehrt, daß in der Kathedrale nicht ein einziger König, Bischof oder Kardinal begraben liegt, wie es sonst überall üblich war. Als heidnische Kultstätte war der Ort der Muttergöttin geweiht, und sie war eine Pilgerstätte lange vor den Tagen von Jesus. Der ursprüngliche Altar war über der *Grotte der Druiden* errichtet worden, in der sich ein geweihter Dolmen[13] befand und die als »Schoß der Erde« bezeichnet wurde.

Eines der größten Geheimnisse der zisterziensisch-gotischen Architektur bilden die farbigen, in Blei gefaßten Kirchenfenster, die zum ersten Mal im frühen 12. Jahrhundert auftauchten und in der Mitte des 13. Jahrhunderts unvermittelt wieder verschwanden.[14] Ihre einmalige Leuchtkraft und Lichtdurchlässigkeit stellt jede andere Glasart bei weitem in den Schatten. Selbst bei schwachem Licht oder ungünstigen Lichtverhältnissen bleibt das Kirchenschiff gleichmäßig beleuchtet. Gotisches Kirchenfensterglas verfügt auch über die besondere Eigenschaft, schädliche ultraviolette Strahlen in unschädliches Licht zu verwandeln. Das seiner Herstellung zugrunde liegende Geheimnis ist nie gelüftet worden, obwohl bekannt ist, daß diese Glaskunst ebenfalls das Produkt der hermetischen Alchemie war. Selbst mit modernen wissenschaftlichen Methoden ist es bisher nicht gelungen, dieses Geheimnis aufzudecken. Zur Herstellung des Glases waren persische Mathematiker mit philosophischem Hintergrund wie zum Beispiel Omar Khayyam zu Rate gezogen worden, und die Adepten der Zeit behaupteten, daß diese sich zur Herstellung ihres Glases des *Spiritus Mundi* – des kosmischen Atems des Universums – bedient hätten.

Es ist sicher bemerkenswert, daß sich unter den zahlreichen Darstellungen biblischer Geschichten in Stein und Glas in und an den Kathedralen keine einzige Kreuzigungsszene findet, die aus der gotischen Periode stammt. Nach dem Studium der Dokumente, die sie in Jerusalem gefunden hatten, erkannten die Tempelritter die Kreuzigungsszene, wie sie im Neuen Testament beschrieben wird, nicht an, und aus diesem Grund wurde sie nie abgebildet.

Neben dem Schatz von Jerusalem waren die Tempelritter vor Ort auch auf eine Vielzahl alter Bücher und Manuskripte in hebräischer und syrischer Sprache gestoßen – viele von ihnen älteren Ursprungs als die Evangelien und zum Teil Augenzeugenberichte jener Ereignisse, die später von Geistlichen verfälscht und zensiert wurden. Es war allgemein bekannt, daß die Ritter über ein Wissen verfügten, das weit über jenes des orthodoxen Christentums hinausreichte und das es ihnen gestattete, die Unbefleckte Empfängnis und die Wiederauferstehung als Fehlinterpretationen der wirklichen Ereignisse zu betrachten. Trotzdem wurden sie als heilige Männer verehrt und standen in enger Verbindung mit den Zisterzienserpäpsten ihrer Zeit.

Die Inquisition des 14. Jahrhunderts durch die Dominikaner sorgte allerdings dafür, daß auch die Templer verfolgt wurden. Die letzte Domäne freien Denkens innerhalb des Christentums verschwand, und mit ihr verschwanden beinahe alle Hinweise auf den weiblichen Aspekt des Christentums. Lediglich Maria, die Mutter Jesu, blieb als Vertreterin des weiblichen Geschlechts übrig, doch ihr halb himmlischer, jungfräulicher Madonnenstatus hatte so wenig mit der Realität der Frauen ihrer Zeit gemein, daß sie eigentlich niemanden mehr repräsentierte. Einzig in den Notre-Dame-Kathedralen schien das weibliche Licht weiter – der jahrhundertealte Kult um Maria Magdalena, die Verkörperung der *Pistis Sophia*, stellt hier ein zentrales Thema dar, und das wunderschöne Magdalenenfenster in Chartres trägt eine Inschrift mit den Worten: »Gestiftet von den Wasser-Trägern.« Maria war die Trägerin des Heiligen Grals, und sie wird im gegenwärtigen Zeitalter des Wassermanns (des Wasser-Trägers) weithin als Quelle der Inspiration für unvoreingenommenes Denken, Weisheit und das kosmische Gesetz der Bundeslade an Bedeutung gewinnen.

DIE BRUDERSCHAFT DES DRITTEN GRADES

Die Notre-Dame-Kathedralen sowie die anderen wichtigen gotischen Bauwerke wurden zum Großteil von den *Kindern Salomos* errichtet – eine Baumeistergilde, die durch den Zisterzienserorden des heiligen Bernhard ausgebildet worden war. Bernhard hatte die geheime Geometrie der Baumeister König Salomos ins Französische übertragen. Unter ihrem Meister Hiram Abiff galten sie als die Elite der Baukunst.[15]

Er war für den Bau des Tempels von Jahwe verantwortlich und wurde dadurch später auch zu einer Symbolfigur der Freimaurer.

Weitere Baumeister-Bruderschaften, die unter der Inquisition zu leiden hatten, waren die *Kinder von Vater Soubise* und die *Kinder von Vater Jacques*.[16] Jeder, der die Kunst des Kathedralenbaus verstand, war im Besitz privilegierter Informationen, die in drei verschiedene Grade eingeteilt wurden: der Lehrlingsbruder, der Gesellenbruder und der Meisterbruder. Noch heute verwenden die Freimaurer drei Grade zur Strukturierung ihrer Logen. Aus diesem Grund wird seit der Inquisition ein strenges Verhör zur Sicherstellung der geheimsten Informationen oft als »Verhör dritten Grades« bezeichnet.

Auch wenn gemeinhin angenommen wird, daß die Freimaurer ihre Wurzeln im mittelalterlichen Europa haben, stammt ihre Kunst doch ursprünglich aus dem alten Ägypten. Der Ururgroßvater von Mose, Tutmoses III. (ca. 1468-1436 v. Chr.),[17] gilt als Begründer einer einflußreichen Geheimgesellschaft von Gelehrten und Philosophen, deren Aufgabe darin bestand, die heiligen alten Geheimnisse zu bewahren. Die samaritischen Magier, die mit den ägyptischen Therapeutaten, einer Asketengemeinde in Qumran, in Verbindung standen, waren später ebenfalls Mitglieder des Ordens. Aus Ägypten stammen auch die Konzepte der Priesterschaft und der Anbetung im Tempel, die Moses den Israeliten brachte.[18] Bis dahin hatten diese für ihre Opferbräuche und Andachten lediglich Steinaltäre verwendet, wie Noah und Abraham sie errichtet hatten.

Obwohl Hiram Abiffs Tempel dem männlichen Gott Jahwe gewidmet war und sein Hauptzweck darin bestand, die Bundeslade aufzubewahren, verbanden sich in ihm weibliche und männliche Aspekte geometrischer Energien. Der Tempel wurde innerhalb von sieben Jahren fertiggestellt. Danach wurde Hiram ermordet und verscharrt, angeblich weil er sich weigerte, Laienarbeitern die innersten Geheimnisse mitzuteilen. Heute noch ist die Ermordung Hirams Teil eines symbolischen Rituals der Freimaurer. Im Ritual des Dritten Grades wird der Kandidat niedergeschlagen und aus der Dunkelheit seines Grabes mit Hilfe eines Geheimgriffes des Meisters wiedererweckt. Das Freimaurersymbol der Kelle wurde auch von Pythagoräern und Essenern verwendet und findet sich ebenfalls in den Katakomben Roms, wo in den Grüften der verfolgten *Innocenti* Initiationsrituale der Meisterzunft auf die Wände gemalt sind.

DIE KATHARER DES LANGUEDOC

Nordwestlich von Marseilles, am Golfe du Lion, erstreckt sich die alte Provinz Languedoc, wo Papst Innozenz III. im Jahr 1208 die Bevölkerung wegen unchristlichen Verhaltens rügte. Im darauffolgenden Jahr fiel ein päpstliches Heer von über 30 000 Soldaten unter dem Kommando von Simon von Montfort in die Region ein. Sie trugen das rote Kreuz der heiligen Kreuzfahrer, doch ihre Aufgabe war eine gänzlich andere. Sie waren gekommen, um die asketische Sekte der Katharer (»die Reinen«) auszulöschen, die im Languedoc beheimatet war, weil es sich bei ihnen nach Auffassung des Papstes und König Philipps II. von Frankreich um Häretiker handelte. Das Abschlachten währte ganze 35 Jahre, forderte Zehntausende von Leben und kulminierte 1244 in dem grauenhaften Massaker von Montségur, wo mehr als 200 Geiseln bei lebendigem Leib verbrannt wurden.[19]

Unter religiösen Gesichtspunkten handelte es sich bei den Lehren der Katharer im wesentlichen um eine gnostische Philosophie, nach der der Geist rein und die Materie befleckt ist. Doch am Ende war weniger die religiöse Ausrichtung der Katharer für ihre Verfolgung verantwortlich als das Gerücht, daß sie sich im Besitz eines heiligen und umfangreichen Schatzes befanden, der in Verbindung mit einem phantastischen, uralten Wissen stehen sollte. Die Gegend von Languedoc war fast das gleiche Gebiet, das im 8. Jahrhundert als Septimanien unter der Herrschaft von Wilhelm von Gellone ein jüdisches Königreich gebildet hatte. Die gesamte Region von Languedoc und Provence war den frühen Traditionen von Lazarus (Simon der Zelote) und Maria Magdalena verhaftet, und die Einheimischen betrachteten Maria als die Gralsmutter des wahren westlichen Christentums.[20]

Wie die Templer zeichneten sich auch die Katharer durch ausdrückliche Toleranz gegenüber der jüdischen und moslemischen Kultur aus und hielten sich an die Gleichberechtigung der Geschlechter.[21] Natürlich wurden sie von der katholischen Inquisition (die 1233 formal eingesetzt wurde) unterdrückt und von ihr mit allen Formen der Blasphemie belegt. Im Gegensatz zu den erhobenen Vorwürfen sprachen die bestellten Zeugen von den Katharern jedoch nur als von einer Kirche der Liebe und von ihrer innigen Hingabe an die Lehren Jesu. Sie glaubten an Gott und den Heiligen Geist, beteten das Vaterunser und führten eine exemplarische Gemeinde mit eigenem Wohlfahrtssystem,

Schulen und Krankenhäusern. Die Katharer hatten sogar die Bibel in ihre eigene Sprache (*langue d'óc*) übersetzen lassen – und selbst der nichtkatharische Teil der Bevölkerung profitierte von ihren altruistischen Bestrebungen.

Natürlich handelte es sich bei den Katharern weniger um Häretiker als um einfache Nonkonformisten, die ohne Erlaubnis predigten und keine Notwendigkeit zur Ernennung von Priestern und zur Errichtung opulenter Kirchengebäude sahen, wie sie ihre katholischen Nachbarn hatten. Der heilige Bernhard hatte von ihnen gesagt: »Keine Predigten sind christlicher als die ihren, und ihre Moral ist makellos.« Trotzdem trafen die päpstlichen Armeen mit der angeblich heiligen Mission ein, ihre Gemeinde von der Landkarte zu tilgen.

Das Auslöschen der Katharer bezog sich nicht nur auf die Mystiker selbst, sondern auch auf jene, die sie unterstützten, was beinahe für alle Menschen galt, die in jener Region lebten. Um die Vorwürfe der Inquisition noch zu erhärten, legten die Dominikanermönche den Anwohnern der Region zur Last, daß sie unnatürliche Sexualpraktiken pflegen würden, wobei es sich aber um nichts anderes als Methoden der Geburtenkontrolle handelte.

Das Languedoc gehörte zu jener Zeit nicht zu Frankreich, sondern war ein unabhängiger Staat, der politisch eher mit Nordspanien assoziiert war und vom Grafen von Toulouse beherrscht wurde – eine Reminiszenz an das septimanische Königreich. Die Erziehung im Languedoc galt als vorbildlich für die Mitglieder beider Geschlechter und die Kultur der Region als eine der hochstehendsten und weltoffensten Europas. Die Gegend war wohlhabend und prosperierte – was sich allerdings nach dem sogenannten Albigenser-Kreuzzug gegen die Katharer im Jahre 1209 grundlegend ändern sollte.[22]

Die Katharer waren vor allem als Hüter eines Geheimwissens und Adepten eines okkulten Symbolismus bekannt, der sich auf die jüdische Kabbala bezog. Dies hätte natürlich den Templern von großem Nutzen sein können. Man nahm deshalb an, daß sie die Bundeslade und den Schatz von Jerusalem ins Languedoc transportiert hatten. Hinzu kam die Tatsache, daß die Katharer als Besitzer eines weiteren Schatzes galten, der historisch noch bedeutender sein sollte als die Wurzeln des Christentums. Rom gelangte zu dem Schluß, daß die Tafeln der Bundesurkunde und die Manuskripte von Jerusalem aus der Zeit der Entstehung der Evangelien im Languedoc versteckt sein müßten.

Hinzu kam, daß die Blutlinie des Grals seit dem 1. Jahrhundert in der Provence weitergeführt worden war. Die Kirche von Rennes-le-Châteaux war Maria Magdalena gewidmet, und die Einwohner der Region erklärten, genau wie die Templer und die Katharer, daß Jesus nicht am Kreuz gestorben sei. Die katholische Kirche war der Ansicht, daß sich im Languedoc genügend Wissen verbarg, um einige ihrer fundamentalsten Konzepte umzuwerfen. Ihre desperate und fanatische Lösung bestand in der Ausgabe des berühmten Schlachtrufes: »Tötet sie alle, der Herr wird die Seinen schon erkennen!«

Menschen wurden zu Tausenden abgeschlachtet, ihre Städte verwüstet, doch die Schätze wurden nie gefunden. Die Kirche fragte sich, ob sie im Laufe der Brandschatzungen an einen anderen Ort geschafft worden waren oder ob sie sich immer noch dort befanden. Ihr bedrohlicher Fluch hing jedoch weiterhin über dem Haupt des Papstes, und die Gefahr des unorthodoxen Wissens war bei weitem nicht gebannt. Die Templer wurden als Mitwisser vermutet, und so wandte sich die römische Kirche nach dem Gemetzel im Languedoc bald auch ihnen zu.

DIE VERFOLGUNG DER TEMPLER

Der »Albigenser-Kreuzzug« endete im Jahr 1244, doch es sollte noch 62 Jahre dauern, bevor Papst Klemens V. und König Philipp IV. von Frankreich auf ihrer Suche nach dem obskuren Schatz den Tempelrittern nachstellen konnten. Im Jahr 1306 war der Orden so mächtig geworden, daß Philipp begann, ihn angstvoll zu beäugen. Er schuldete den Rittern sehr viel Geld, war selbst jedoch beinahe bankrott und fürchtete sich vor dem politischen und esoterischen Einfluß der Ritter, der seinen bei weitem übertraf. Mit Unterstützung des Papstes gelang es König Philipp schließlich, die Templer in Frankreich zu verfolgen und an ihrem Verbot in anderen Ländern zu arbeiten. In England wurden viele Templer verhaftet, in Schottland jedoch hatte die päpstliche Bulle keine Wirkung, weil Robert Bruce und die gesamte schottische Nation exkommuniziert worden waren, nachdem sie ihre Waffen gegen den Schwiegersohn von Philipp, König Eduard II. von England, erhoben hatten.[23]

Bis zum Jahr 1306 hatten die Templer immer ohne Intervention durch päpstliche Instanzen agieren können, doch Philipp sorgte dafür, daß dies sich änderte. Nach einem Edikt des Vatikans, das es ihm untersagte, den Klerus zu besteuern, ließ der König Papst Bonifatius VIII. gefangennehmen und ermorden. Sein Nachfolger, Benedikt XI., starb bald darauf unter ungeklärten Umständen und wurde durch Philipps eigenen Kandidaten, Bertrand de Goth, Erzbischof von Bordeaux, ersetzt, der zu Papst Klemens V. wurde. Mit Hilfe dieses neuen Papstes, der wegen seiner Schulden an ihn unter seiner Kontrolle stand, ging er nun daran, die Beschuldigungen gegen die Templer zu Papier zu bringen. Am naheliegendsten schien zu diesem Zweck der Vorwurf der Häresie, denn es war bekannt, daß die Templer den orthodoxen Standpunkt der katholischen Kirche in einigen Punkten, unter anderem dem der Kreuzigung, nicht teilten und sich weigerten, das lateinische Kreuz zu tragen. Es war ebenfalls bekannt, daß die Templer diplomatische und geschäftliche Beziehungen zu Juden, Gnostikern und Moslems unterhielten.

Am Freitag, dem 13. Oktober 1307, schlugen Philipps Gefolgsleute zu. Überall in Frankreich wurden Tempelritter festgenommen, verhört, gefoltert und verbrannt. Bestochene Zeugen sagten gegen den Orden aus und bezichtigten seine Mitglieder der Nekromantie, Homosexualität, Abtreibung, Blasphemie und der Ausübung der Schwarzen Künste. Nachdem sie ihre Aussagen gemacht hatten, verschwanden die bezahlten Zeugen spurlos. Doch alle Bemühungen, den Schatz aufzufinden, blieben erfolglos. Während die Handlanger des Königs in der Champagne und im Languedoc suchten, war er in den Schatzkammern der Templer in Paris verborgen.

Der damalige Großmeister des Ordens, Jacques von Molay, war sich im klaren darüber, daß es sich bei Papst Klemens V. um eine Marionette des Königs handelte, und ließ den Templerschatz heimlich von Rochelle aus mit einer Flotte von achtzehn Schiffen nach Schottland bringen.[24] Zwei Jahre später wurde Molay auf dem Scheiterhaufen verbrannt.

In Schottland hatten die Templer traditionell eine starke Stellung. Bereits 1128 hatte sich Hugo von Payens kurz nach dem Konzil von Troyes mit König David I. von Schottland getroffen, der den Rittern die Ländereien um Ballantradoch an der Mündung des Forth (jetzt die Ortschaft Temple) überließ, wo sie ihren Hauptsitz einrichteten.

Auch von den nachfolgenden Königen wurden die Templer unterstützt, insbesondere von Wilhelm dem Löwen. Ein großes Kontingent der Templer kämpfte 1314 bei Bannockburn, und seit Robert
Bruce war jeder Erbe der Familien Bruce und Stewart von Geburt an
ein Tempelritter. Die königliche schottische Linie hat deshalb nicht
einfach nur Priesterkönige, sondern ritterliche Priesterkönige hervorgebracht. Unter dem Namen *The Chivalric Military Order of Jerusalem* sind die Templer auch heute noch in Europa und Schottland vertreten.

DAS HAUS DER STEWARTS

Seit den Tagen der Merowinger gilt das königliche Haus der Stewarts
als wichtigster Träger der desposynischen Folge. Seine Wurzeln liegen
in Schottland und in der Bretagne, und einer ihrer wichtigsten Vertreter war Banquo, der Thane von Lochaber im 11. Jahrhundert.

Seit der Vereinigung der Schotten und der Pikten durch Kenneth
MacAlpin im Jahre 844 erbten die schottischen Könige ihre Krone nach
dem Prinzip der tanistischen Abstammung, wie es bei den Pikten
Brauch war. Während die Schotten ihr Königtum durch die männliche
Linie weitergaben, war die piktische Tradition matrilinear. Deshalb
einigte man sich darauf, daß die Prinzessinnen der Pikten jeweils
schottische Könige heiraten sollten. Dadurch wurde die Erbfolge der
männlichen Linie bewahrt, wobei der König nicht unbedingt aus einer
direkten Familienlinie stammen mußte. Solange er aus der Linie von
König Kenneth kam, konnte es sich auch um einen Neffen oder Cousin
des amtierenden Königs handeln. Anhand der Stammtafel auf Seite 257
(*Frühe Könige der Schotten*) läßt sich verfolgen, wie das tanistische
System funktionierte, wobei die Königsschaft zwischen den Linien
wechselte. Der große Vorteil dieser selektiven Methode bestand darin,
daß niemals Minderjährige zu Königen wurden, wie es nach der
Abschaffung dieses System zum Leidwesen der Schotten öfter geschah.

Der Name der Stewarts stammt von der Berufsbezeichnung *Steward*, der im Schottland des 13. Jahrhunderts gebräuchlich war. Ein
früher Stewart wurde im Jahr 1371 zum König von Schottland. Später
verwendeten einige Zweige auch die französische Bezeichnung

Stammtafel 15: Frühe Könige der Schotten, *8.-10. Jh.*

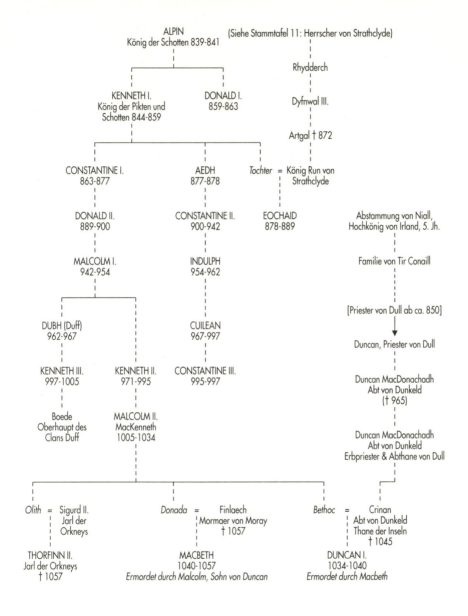

ALPIN
König der Schotten 839-841

(Siehe Stammtafel 11: Herrscher von Strathclyde)

Rhydderch

KENNETH I.
König der Pikten und
Schotten 844-859

DONALD I.
859-863

Dyfnwal III.

Artgal † 872

CONSTANTINE I.
863-877

AEDH
877-878

Tochter = König Run von
Strathclyde

DONALD II.
889-900

CONSTANTINE II.
900-942

EOCHAID
878-889

Abstammung von Niall,
Hochkönig von Irland, 5. Jh.

MALCOLM I.
942-954

INDULPH
954-962

Familie von Tir Conaill

[Priester von Dull ab ca. 850]

DUBH (Duff)
962-967

CUILEAN
967-997

Duncan, Priester von Dull

KENNETH III.
997-1005

KENNETH II.
971-995

CONSTANTINE III.
995-997

Duncan MacDonachadh
Abt von Dunkeld
(† 965)

Boede
Oberhaupt des
Clans Duff

MALCOLM II.
MacKenneth
1005-1034

Duncan MacDonachadh
Abt von Dunkeld
Erbpriester & Abthane von Dull

Olith = Sigurd II.
Jarl der
Orkneys

Donada = Finlaech
Mormaer von Moray
† 1057

Bethoc = Crinan
Abt von Dunkeld
Thane der Inseln
† 1045

THORFINN II.
Jarl der Orkneys
† 1057

MACBETH
1040-1057
Ermordet durch Malcolm, Sohn von Duncan

DUNCAN I.
1034-1040
Ermordet durch Macbeth

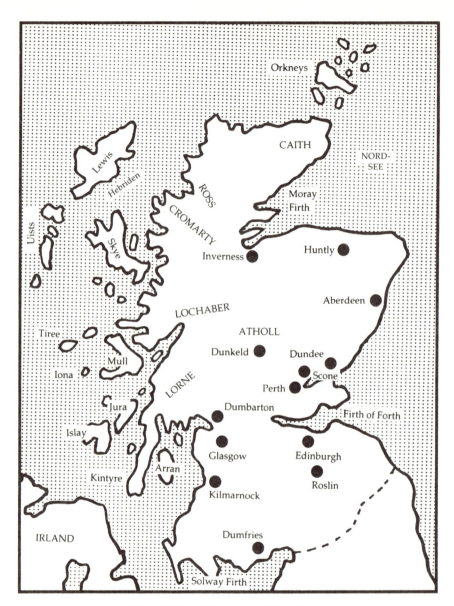

Karte 11: Landkarte von Schottland

Stammtafel 16: Die Ursprünge der Stewarts
Schottische und bretonische Linien

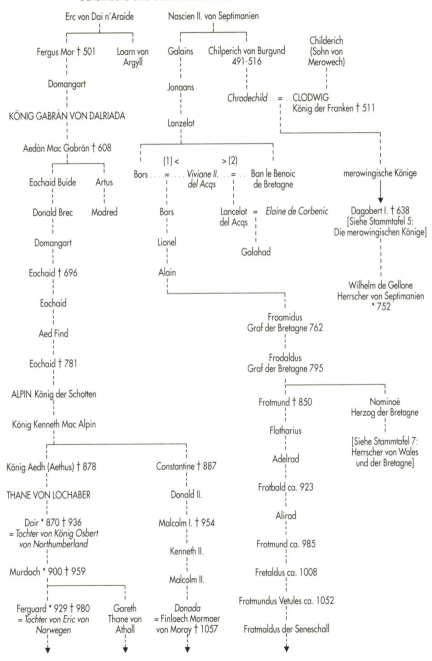

Erc von Dai n'Araide

Fergus Mor † 501 | Loarn von Argyll

Nascien II. von Septimanien

Galains | Chilperich von Burgund 491-516

Childerich (Sohn von Merowech)

Domangart

Jonaans

KÖNIG GABRÀN VON DALRIADA

Chrodechild ... = ...CLODWIG
König der Franken † 511

Lanzelot

Aedàn Mac Gabràn † 608

(1) <   > (2)

Bors .... = .. *Viviane II. ... = ... Ban le Benoic*
del Acqs   de Bretagne

merowingische Könige

Eochaid Buide | Artus

Donald Brec | Modred

Bors

Lancelot = *Elaine de Corbenic*
del Acqs

Dagobert I. † 638
[Siehe Stammtafel 5:
Die merowingischen Könige]

Domangart

Lionel

Galahad

Eochaid † 696

Alain

Eochaid

Aed Find

Eochaid † 781

Wilhelm de Gellone
Herrscher von Septimanien
* 752

Froamidus
Graf der Bretagne 762

Frodaldus
Graf der Bretagne 795

ALPIN König der Schotten

König Kenneth Mac Alpin

Frotmund † 850

Nominoé
Herzog der Bretagne

König Aedh (Aethus) † 878 | Constantine † 887

Flotharius

[Siehe Stammtafel 7:
Herrscher von Wales
und der Bretagne]

THANE VON LOCHABER

Donald II.

Adelrad

Doir * 870 † 936
= *Tochter von König Osbert
von Northumberland*

Malcolm I. † 954

Frotbald ca. 923

Kenneth II.

Alirad

Murdoch * 900 † 959

Malcolm II.

Frotmund ca. 985

Fretaldus ca. 1008

Ferguard * 929 † 980
= *Tochter von Eric von
Norwegen*

Gareth
Thane von
Atholl

Donada
= Finlaech Mormaer
von Moray † 1057

Frotmundus Vetules ca. 1052

Fratmaldus der Seneschall

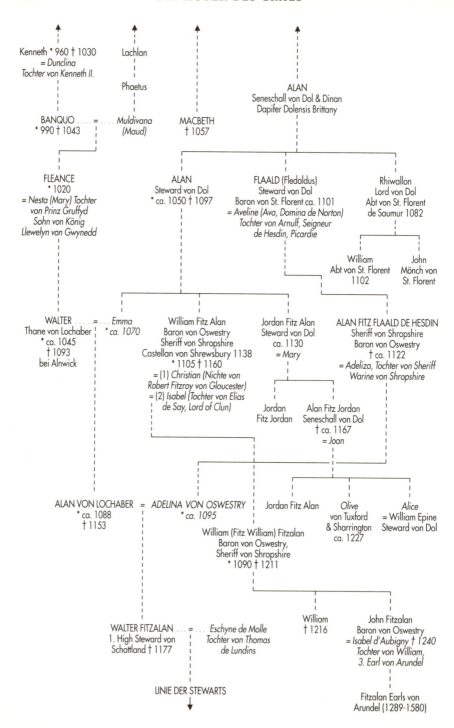

Stuart. Es ist bekannt, daß die Stewarts nicht nur von Banquo von Lochaber, sondern auch von den Seneschallen der Bretagne abstammen, so daß also ihre schottische Linie direkt auf Josef von Arimathäa und ihre bretonische Linie über die Fischerkönige auf Christus selbst zurückgeht.

Am 26. März 1371 wurde das königliche Haus der Stewarts durch Robert II. gegründet. Zum ersten Mal seit den Zeiten von König Artus im 6. Jahrhundert waren die Hauptblutlinien des Grals im schottischen Königsthron unter den Stewarts vereinigt.

KAPITEL 16

Das Zeitalter der Ritterlichkeit

KRIEGE UND DER SCHWARZE TOD

Das 14. Jahrhundert war für England und Europa eine Zeit der Kriege und Seuchen, die in England fast ein Drittel der Bevölkerung dahinrafften. 1348, das Jahr der großen Pest in England, war jedoch auch das Geburtsjahr des Zeitalters der Ritterlichkeit. Als König Eduard III. bemerkte, daß seine Höflinge über ein in ihrer Gegenwart verlorenes Strumpfband der Gräfin von Salisbury lachten, soll er es aufgenommen und mit den berühmten Worten: »*Honi soit qui mal y pense*« (»Ein Schelm, wer Böses dabei denkt«), an seinem Bein befestigt haben. Aus dieser Begebenheit bildete sich angeblich der Hosenbandorden. Eduard wählte vierundzwanzig Ritter aus, die den Orden unter seinem Motto vertraten, und beraumte Turniere an. Sein Vorbild war die Tafelrunde von König Artus, und Eduard erschuf einen ritterlichen Ehrenkodex, nach welchem die Ritter Gott und dem König zu dienen hatten und für die Unbescholtenheit ihres Namens sowie die Ehre ihrer Damen kämpfen mußten.

Der älteste Sohn von Eduard III. war Eduard, Prinz von Wales (wegen der Farbe seiner Rüstung später als der »Schwarze Prinz« bezeichnet). In der Schlacht von Crécy trug er drei Federn und das Motto *Ich dien*, die seitdem zu den Wahrzeichen des Prinzen von Wales wurden.

ARTUS-LEGENDEN

Wie wir bereits gesehen haben, hat der legendäre Artus mit dem historischen Artus aus dem 6. Jahrhundert wenig gemein.[1] Jedoch sorgte die Gralssage dafür, daß Artus und seine Ritter im Mittelalter in den Mittelpunkt öffentlichen Interesses rückten. Mit der Gründung des Strumpfbandordens avancierten Artus und die Ritter der Tafelrunde zu galanten Kämpfern in Rüstung. Diese Darstellung von Artus, die so maßgeblich für das Zeitalter der Ritterlichkeit war, begann ungefähr im Jahr 1147 mit Geoffrey von Monmouths *Historia Regum Britanniae*, einer literarischen Auftragsarbeit für den normannischen Earl von Gloucester. Geoffrey verlegte den keltischen Artus in den Westen des Landes, erfand einige Figuren wie Uther Pendragon und führte einige Themen neu ein, um den feudalen Ansprüchen des Auftraggebers zu genügen. Eines davon war *Caliburn*, das magische Schwert des Artus, das auf der Insel Avalon geschmiedet worden war.

Im Jahr 1155 schrieb der Poet Robert Wace aus Jersey *Roman de Brut* (Die Legende von Brutus), eine poetische Version von Geoffreys Werk, die auf der Annahme beruhte, daß die britische Zivilisation ungefähr 1130 v. Chr. durch Brutus[2] und eine Kolonie trojanischer Exilanten begründet worden sei. Eine Abschrift dieses Gedichtes, in dem die erste Erwähnung der Ritter der Tafelrunde zu finden ist, wurde Eleonore von Aquitanien überreicht. Geoffreys Königin Guanhumara[3] tauchte hier richtigerweise als Gwynefer auf (vom keltischen Gwen-hwyfar = »lichter Geist«), und Artus' Schwert wurde *Excalibur* genannt.[4]

Ungefähr um das Jahr 1190 stellte der Priester Layamon aus Worces-tershire eine englische Version des Gedichtes zusammen, doch vorher tauchte noch eine weitaus interessantere Legende aus Frankreich auf. Ihr Autor war Chrétien von Troyes, und seine Mentorin war Marie, Gräfin der Champagne. Er transformierte die bereits farbenprächtige Artustradition in eine ganz und gar fiktive Legende und gab Gwyne-fer den poetischeren Namen Guinevere. Seine fünf zusammen-hängenden Geschichten erschienen um 1175, und in der Geschichte Lanzelots – *Le Chevalier de la Charrette* – tauchte zum ersten Mal Came-lot als Königshof auf. Chrétien bewegte sich in aristokratischen Krei-sen, und Geschichten wie *Yvain – le Chevalier au Lion* basierten auf einer Reihe adliger Charaktere der Geschichte Léons aus dem 6. bis 11. Jahr-hundert.

Ungefähr zu dieser Zeit begannen auch andere Autoren in Europa mit der Verschmelzung der Artussage und der Gralsgeschichte, unter ihnen der Dichter Robert de Boron, zu dessen Versen aus dem letzten

Jahrzehnt des 12. Jahrhunderts auch *Joseph d'Arimathie – Le Roman de l'Estoire del Graal* gehört. Aus der gleichen Periode stammt der *Perlesvaus* von einem anonymen Autor aus dem Umfeld der Templer; er machte Josef von Arimathäa zu Percevals Onkel. Um das Jahr 1200 tauchte der *Parzival* auf, und etwa dreißig Jahre später der von Zisterziensermönchen verfaßte *Vulgate-Zyklus*, dessen fünf Episoden sich mit Lanzelots Sohn Galahad beschäftigen, bei dessen Mutter es sich um die Fischerkönigstochter Elaine le Corbenic handelte. Der berühmteste Ritter aus der Tafelrunde, Perceval, spielt hier ebenfalls eine bedeutende Rolle. Excalibur ist auch in diesem Werk der Name von Artus' Schwert, und zum ersten Mal erhält er es aus den Händen der Dame vom See. Die Version, daß er sein Schwert aus einem Steinblock oder einem Amboß gezogen habe, entstammt einem anderen Vorfall in Robert de Borons *Merlin* und wurde erst im Laufe des 19. Jahrhunderts miteinander in Verbindung gebracht.

In Britannien hatte die Artussage zu dieser Zeit keine sonderliche Bedeutung, sieht man von einigen kurzen Erwähnungen in walisischen Büchern wie dem *Schwarzen Buch von Carmarthen* einmal ab. Das englische Gedicht *Arthour and Merlin* tauchte erst Ende des 13. Jahrhunderts auf, und aus Wales kam um die gleiche Zeit das *Buch von Taliesein*, in welchem Artus in der übernatürlichen Anderswelt dargestellt wird. Er tauchte auch im *Weißen Buch von Rhydderch* (ca. 1325) und dem *Roten Buch von Hergest* (ca. 1409) auf. Die walisischen *Triaden* enthielten einige Hinweise auf Artus, ebenso die *Vier Zweige des Mabinogi*, die im 19. Jahrhundert unter dem Titel *Das Mabinogion* erschienen.

Erst im 15. Jahrhundert – rund achthundert Jahre nach der Geburt des historischen Artus – verbanden sich all diese Legenden zu der Sage, wie wir sie heute kennen. 1485 wurde sie unter dem Titel *Le Morte d'Arthur* (Der Tod des Artus) von Sir Thomas Malory aus Warwickshire veröffentlicht. Das Werk war von Margaret Beaufort von Somerset, der Mutter des späteren Königs Heinrich VII., in Auftrag gegeben worden und reine Fiktion. Zur gleichen Zeit tauchten auch die Namen Uther und Artus in neu erstellten Ahnentafeln auf, die beweisen sollten, daß Heinrich aus dem noblen Haus der Prinzen von Wales stammte. In Malorys Werk liegt Camelot bei Winchester in der Grafschaft Hampshire. Zusätzlich zu den alten Geschichten tauchen zahlreiche neue auf, darunter die Liebesbeziehung zwischen Lanzelot und Guinevere. Obwohl Malory selbst ein ausführliches Strafregister vorweisen konnte – er saß unter anderem wegen Diebstahls, Vergewaltigung, Viehdiebstahls und eines Mordversuchs am Herzog von Buckingham ein –, liegt die Betonung seines Buches doch ganz auf dem Aspekt der edlen Ritterlichkeit. Sein Artus lebt im Mittelalter und hat die keltische Tracht gegen eine glänzende Rüstung eingetauscht.

Von nun an war die Artuslegende fester Bestandteil des britischen Kulturgutes und erlebte durch den Romantizismus des 19. Jahrhunderts einen großen Aufschwung, der vor allem auf die Sehnsucht der viktorianischen Zeit nach dem Goldenen Zeitalter zurückzuführen war. Artusmotive finden sich in großer Zahl auch in den Gemälden der präraffaelitischen Maler.

SCHOTTLAND UND DER GRAL

Viele der angeblich von Normannen abstammenden Schotten sind in Wirklichkeit flämischer Herkunft.[5] Im 12. und 13. Jahrhundert wurden sie durch die schottischen Könige David I., Malcom IV. und Wilhelm den Löwen zur Einwanderung nach Schottland ermutigt, da die Flamen über ein umfangreiches Wissen in bezug auf Handel, Agrarkultur und Stadtplanung verfügten – ganz im Gegensatz zu den normannischen Invasoren Englands.

Eine dieser Familien, die in Schottland zu großem Ansehen gelangten, waren die St. Clairs. Henri de St. Clair war gemeinsam mit Gottfried von Bouillon Kreuzritter im Heiligen Land gewesen, und mehr als zwei Jahrhunderte später war ein andrer Henri de St. Clair Kommandant der Tempelritter bei der Schlacht von Bannockburn. Die St. Clairs, aus denen später die Sinclair Earls von Caithness wurden, stammten auf beiden Seiten von den Wikingern ab. Nach der Inquisition der Tempelritter siedelten sie wie viele andere Templer nach Schottland über und wurden dort als Botschafter in England und Frankreich tätig. Die Tochter von Henri dem Kreuzfahrer heiratete in die Familie der de Chaumonts ein, Verwandte von Hugo von Payens, dem ursprünglichen Großmeister der Templer.[6]

Von Malcolm III. erhielten die St. Clairs 1057 die Baronie von Roslin, wo sie im folgenden Jahrhundert darangingen, ihr eigenes Schloß zu erbauen. Darunter soll sich immer noch ein Teil des Templerschatzes verbergen, der während der französischen Inquisition[7] über Irland und die westlichen Inseln nach Schottland gebracht worden war.[8] Einige der Schiffe fuhren damals auch nach Portugal, wo sich die Templer unter dem Namen der *Ritter Christi* neu formierten. Zu ihnen gehörte auch der berühmte portugiesische Seefahrer Vasco da Gama, der im Jahr 1497 zum ersten Mal die Kaproute nach Indien befuhr. Zuvor war bereits Heinrich der Seefahrer (1394-1460), der portugiesische Infant, Großmeister des Ordens gewesen.

Schottland nahm auch die aus England geflüchteten Templer auf, die ihr Hauptquartier bis dahin in London, in Temple, südlich der Fleet Street, gehabt hatten. Noch heute findet sich dort die Rundkirche der Templer aus dem 12. Jahrhundert. Temple Bar, das Westminstertor in die Stadt, stand zwischen Fleet Street und Strand.

Die Barone von Roslin aus der Familie der St. Clairs gehörten von Anfang an zum schottischen Hochadel und waren enge Vertraute des Königs. Nach dem Tod von Robert Bruce im Jahre 1329 versuchte Sir William von St. Clair, der Bischof von Dunkeld, zusammen mit drei anderen Rittern das Herz des Königs in einer silbernen Schatulle nach Jerusalem zu bringen[9], wurde jedoch in Spanien von den Mauren erschlagen. Diese waren aber so beeindruckt von der Tapferkeit der Ritter, daß sie die Schatulle nach Schottland zurücksandten, wo sie in Melrose Abbey, einer alten Templer- und Zisterzienserabtei, beigesetzt wurde.

Die Sinclairs, wie sich die St. Clairs seit dem Ende des 14. Jahrhunderts nannten, galten als Hüter des Sangréal (des königlichen Blutes) in Schottland. 1398 machte sich eine Flotte unter dem Kommando der Sinclairs auf, um den Atlantik zu überqueren – lange bevor Amerika angeblich von Christoph Kolumbus entdeckt wurde. William Sinclair wurde von König James II. zum Schutzherrn der schottischen Baumeister berufen und hatte so Zugang zu den besten Architekten, Mathematikern und Steinmetzen seiner Zeit. Die 1450 begonnene und 1486 beendete Rosslyn Chapel mit ihren Hunderten von Reliefarbeiten an Wänden und Decke zeigt zahlreiche biblische Geschichten, aber auch Symbole der Baumeister und Templerzeichen sowie unterschiedliche Abbildungen des Tempels von König Salomo. Abgesehen von den jüdischen, esoterischen und christlichen Motiven finden sich in der Kapelle auch islamische Spuren, und das Ganze ist miteinander verbunden durch einen bemerkenswerten heidnischen Rahmen aus

Schlangen, Drachen und Waldbäumen. Das wilde Gesicht des Grünen Mannes starrt von zahlreichen Steinsäulen und Bögen auf den Betrachter herab – ein Symbol für das beständige Wirken der Kräfte der Erde und den Lebenszyklus –, umgeben von einer Vielzahl von Früchten, Kräutern, Blättern, Gewürzen, Blumen, Ranken und den emblematischen Pflanzen des Gartens Eden. Rosslyn ist vermutlich die am extravagantesten ausgeschmückte Kirche Englands, wobei alle Ornamente miteinander in Verbindung stehen und aufeinander verweisen. Das Ergebnis ist eine beinahe magisch zu nennende Harmonie in Stein.

Vor allem aber ist Rosslyn die Kapelle des Heiligen Grals, und in ihren Bildern ist die mystische Suche dargestellt. Die Tempelritter waren Hüter der Gralsfamilie, und das Wappen der St. Clairs zeigte ein gezacktes schwarzes Kreuz auf Silber, um den Träger als Ritter des Grals zu kennzeichnen. Der Name Saint-Clair leitet sich von dem lateinischen *Sanctus Clarus* ab und bedeutet »Heiliges Licht«. Das gezackte Kreuz steht für die Heilige Zeugung, denn es besteht aus einer Sequenz von weiblichem Kelch (V) und männlichem Schwert (Λ).

Im Gralssymbolismus wird die messianische Linie immer durch ein zweifaches Emblem dargestellt, den weiblichen Kelch gepaart mit dem männlichen Schwert. In Rosslyn wie auch in anderen Teilen Schottlands tragen die Grüfte und Wandreliefe der Gralsritter dieses Symbol. Im Inneren des Kelchs sehen wir das Rosenkreuz (mit seinem *fleur-de-lys*-Design) als Symbol für den *vas-uterus*, der das Blut Jesu enthält.

DER STEIN DES SCHICKSALS

Die Gralsritter und die Templer waren nicht nur zu Hütern des Sangréal der Stewarts in Schottland bestimmt worden, sondern auch zu den Hütern des Steins des Schicksals (der Stein von Scone). Dieser heiligste der schottischen Schätze war durch Fergus Mór mac Erc, den ersten König von Dalriada, im 5. Jahrhundert von Irland nach Schottland gebracht worden und soll ursprünglich 586 v. Chr. aus Judäa nach Irland gekommen sein.

Bei dieser verehrten Reliquie soll es sich um den Stein des Bundes gehandelt haben, der auch als »Jakobs Kissen« bekannt ist (Genesis

Das gezackte Kreuz der St. Clairs

28,18-22) und auf dem Jakob ruhte, als ihm die Leiter in den Himmel erschien. Von dieser Leiter herab versprach Gott Jakob, daß aus seinem Samen die Könige der Zukunft stammen würden – die Linie, die später zur davidischen Blutlinie wurde.

Als die Juden von Nebukadnezar aus Babylon verfolgt wurden, wurde Mattaniah, der Sohn von König Joschija (und ein direkter Nachkomme Davids), zum Herrscher von Juda. Unter dem Namen Zidkija bestieg er im Jahre 598 v. Chr. den Thron in Jerusalem. Zwölf Jahre später fiel die Stadt, und er wurde von Nebukadnezar nach Babylon verschleppt und geblendet. Seine Söhne wurden getötet, aber seine Tochter Tamar wurde vom Propheten Jeremia über Ägypten und Spanien nach Irland gebracht. Dieser war es auch, der den Stein des Bundes mit sich brachte, der als *Lia Fáil* (Stein des Schicksals)[10] bekannt wurde. Auf lateinisch nannte man ihn den *Saxum Fatale*.

Von Prinzessin Tamar stammt der Name Tara für den Sitz der Hochkönige Irlands, denn sie heiratete den Ard Rí (Hochkönig) Eochaid, den Vorfahren von Ugaine Már. Über einen Zeitraum von beinahe eintausend Jahren wurden die Nachfolger Eochaids auf dem Heiligen Stein gekrönt. Das irische Erbe setzte sich nach Schottland fort, wo der Stein zum Synonym für die Könige von Dalriada wurde. Bis zur Zeit Wilhelms des Löwen (um 1214) war der Stein ein stummer Zeuge von über einhundert Krönungen geworden.

Als Eduard I. sich 1296 zum Herrscher über Schottland aufschwang, wurde der Stein durch den Zisterzienserabt von Scone versteckt und blieb bis heute verschwunden, auch wenn ein Stück Sandstein unter

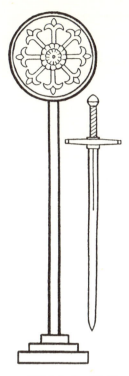

Schwert und Kelch des Heiligen Grals

dem Krönungsstuhl in der Westminster Abbey als das Original ausge-
geben wird. In den Legenden um Columba wird davon berichtet, daß
jener Abt prophezeite, daß »der Michael« eines Tages zurückkehren
und sein Erbe antreten würde. Auch in diesem Fall ist der Erzengel
Michael gleichbedeutend mit einem Repräsentanten der hohen
Zadok-Priester aus dem Alten Testament, deren Erbe sich in der messianischen Linie fortsetzt. Einige sind selbst heutzutage noch der Meinung, daß der Stein erst dann wieder auftauchen wird, wenn Schottland seine Unabhängigkeit zurückgewinnt.

KAPITEL 17

Häresie und Inquisition

DER HEXENHAMMER

Nach der Verfolgung der Tempelritter und ihrer Verbündeten setzte die Inquisition ihre Arbeit hauptsächlich in Frankreich und Italien fort. Bei den durch den Papst ernannten Inquisitoren handelte es sich im wesentlichen um Franziskaner- und Dominikanermönche, deren Macht beträchtlich war und die wegen ihrer Grausamkeit einen schrecklichen Ruf hatten. Seit 1252 war die Folter von päpstlicher Seite sanktioniert, und sämtliche Verhandlungen wurden unter Ausschluß der Öffentlichkeit abgehalten. Opfer, die eine Gotteslästerung gestanden, wurden inhaftiert und verbrannt; jene, die kein Geständnis ablegten, erlitten dafür in etwa die gleiche Strafe.

Zu Beginn des 15. Jahrhunderts hatte die Inquisition etwas den Schwung verloren, doch in Spanien entstand bald eine neue Welle, als die Spanier sich von 1480 an vor allem gegen die Juden und Moslems wandten. Der damalige spanische Großinquisitor war der berüchtigte Dominikaner Thomás de Torquemada, Beichtvater von Ferdinand II. und Königin Isabella. Einige Jahre nach seinem Amtsantritt warf die Inquisition ihre suchenden Augen jedoch auf einen weiteren Renegatenkult. Die daraus resultierende Unterdrückung sollte zwei Jahrhunderte andauern – nicht nur in Spanien, sondern im gesamten christlichen Europa. Die arglosen Opfer wurden als die diabolischsten Häretiker bezeichnet, die jemals versucht hatten, sich gegen die römisch-katholische Kirche zu verschwören.

1484 veröffentlichten die beiden Dominikaner Heinrich Krämer und Jakob Sprenger ein Buch mit dem Titel *Malleus maleficarum* (»Der

Hexenhammer«). Dieses bösartige, aber phantasievolle Buch lieferte die vollständigen Einzelheiten über die schreckliche neue Bedrohung durch die Anwender satanischer Magie. Immerhin war dieses Buch so überzeugend, daß Papst Innozenz III. zwei Jahre später eigens eine Bulle erließ, nach der diese blasphemische Sekte offiziell bekämpft werden konnte.[1] Bis zu diesem Zeitpunkt hatte der Hexenkult keine Bedrohung für andere dargestellt. Er beruhte hauptsächlich auf einer Fortführung heidnischer Rituale und Fruchtbarkeitsriten innerhalb der Bauernklasse. Bei Tageslicht betrachtet, handelte es sich um nicht viel mehr als die Anerkennung göttlicher Kräfte in der Natur, die in Form des Gottes Pan – dem mutwilligen arkadischen Gott der Schäfer – angebetet wurden. Traditionell besaß Pan die Beine, Ohren und Hörner einer Ziege, aber die kreativen Dominikanermönche hatten eine andere Vorstellung von dem flötenspielenden Gehörnten. Sie verdunkelten sein Bild, um ihn im wahrsten Sinne des Wortes zu verteufeln, und dann bezogen sich die heiligen Brüder auf eine Passage bei Exodus (22,17-18), die besagt: »Eine Hexe sollst du nicht am Leben lassen. Jeder, der mit einem Tier verkehrt, soll mit dem Tod bestraft werden.«

Anschließend gingen sie daran, die Anhänger des Pankultes zuerst als Hexen und dann als Sodomisten zu diffamieren. Da es sich bei den Inquisitoren ausschließlich um Männer handelte, wurde beschlossen, daß es sich bei der Hexerei um eine Form der Dekadenz handeln mußte, die in engem Zusammenhang mit der unersättlichen Lüsternheit des weiblichen Geschlechtes stand.

Unvermeidlich fingen sich auch zahlreiche Außenseiter und Nonkonformisten in den immer weiter ausgeworfenen Netzen der Inquisition, und die Anklage wegen Hexerei wurde zu einem gebräuchlichen Ersatz für eine Anklage wegen krimineller oder politischer Vergehen. Die sehr weit gefaßte und flexibel gehandhabte Anklage wurde oft nur verwendet, um einen öffentlichen Prozeß zu vermeiden. Davon abgesehen, wurden gegen die wehrlosen Mitglieder der bäuerlichen Klasse regelrechte Hexenjagden veranstaltet. Die unglücklichen Opfer wurden entweder erwürgt, ertränkt oder bei lebendigem Leibe verbrannt, nachdem man sie der Teilnahme an nächtlichen Teufelsorgien und des Verkehrs mit bösen Geistern für schuldig befunden hatte. Die Mitglieder der privilegierten Klassen, die wirklich über esoterische Kenntnisse und hermetisches Wissen verfügten, mußten ihren Geschäften derweil innerhalb ihrer geheimen Logen und Clubs nachgehen.

DIE PROTESTANTISCHE REVOLUTION

Seit Jahrhunderten hatten die katholischen Geistlichen und Mönche unter einer zunehmend habgierigen und korrupten Hierarchie gelitten. Zwar hatte es immer wieder Reformbestrebungen gegeben, doch im großen und ganzen war der Klerus loyal gegenüber dem Vatikan geblieben. Als jedoch Papst Leo X. den Ablaßhandel forcierte, um für den Bau des Petersdoms Geld in die Kassen der Kirche zu wirtschaften, gab es bald massiven Widerstand. Ablässe sind durch kirchliche Autorität gewährte Nachlässe der zeitlichen Sündenstrafen und traditionell durch Bußübungen wie Fasten und Beten zu erwirken, wurden nun aber für bares Geld verkauft. In Deutschland war es vor allem der Dominikaner Johannes Tetzel, der in seinen Ablaßpredigten zu finanziellen Abgaben aufforderte. Dies war der äußere Anlaß, der dazu führte, daß Martin Luther im Oktober 1517 seine Thesen an der Kirche von Wittenburg veröffentlichte, was schließlich mit der Teilung der Kirche in Katholiken und Protestanten endete.

Luther wurde vom Papst mit dem Bann belegt, doch die Reformbewegung wuchs und setzte sich durch, so daß bald eine alternative christliche Kirche außerhalb der Kontrolle des Vatikans entstand. In vielen europäischen Ländern wurde Luther von einflußreichen Feinden der katholischen Kirche unterstützt, zu denen auch die Tempelritter und andere hermetische Gesellschaften gehörten, deren esoterisches Wissen von der Kirche verdammt worden war. In Wahrheit gewann Luther nicht so sehr die Unterstützung anderer, sondern war vielmehr Sprachrohr und Instrument einer bereits aktiven Bewegung, die daran arbeitete, die rigide internationale Vorherrschaft des Papstes zu brechen.

Die Trennung von der römisch-katholischen Kirche führte vielerorts zu einem demokratischen, freidenkerischen Klima, das mit den kulturellen und intellektuellen Idealen der Renaissance (einer wahren »Wiedergeburt« der Zivilisation) harmonierte. Die Renaissance bildete den perfekten Hintergrund für Luthers Kampf gegen die politisch motivierten Bischöfe. Dies war das Zeitalter des Individuums und der menschlichen Würde; die Zeit, als Leonardo da Vinci, Raffael und Michelangelo die Harmonie klassischer Kunst zu ihrer höchsten Form entwickelten; ein Zeitalter, in dem heidnisch orientierte Lehren in einer farbenprächtigen Explosion wieder auftauchten, um die Grenzen von Wissenschaft, Architektur und Design zu sprengen. Vor allem aber vereitelte die Reformation den Versuch, die uneingeschränkte Herrschaft des kaiserlichen Roms wieder einzuführen.

Seit die katholische Kirche im 8. Jahrhundert die Merowinger abgesetzt hatte, hatte es ständige Versuche gegeben, die alte Glorie des Heiligen Römischen Imperiums wiederzubeleben. Die Reformation sorgte jedoch dafür, daß sich beinahe alle Nationen Europas polarisierten. Deutschland zum Beispiel teilte sich in einen protestantischen Norden und einen katholischen Süden. Als Resultat weitete die spanische Kirche ihre Inquisition gegen Juden und Moslems nun auch auf die Protestanten aus. Im Jahr 1542 verkündete Papst Paul III. offiziell die Inquisition gegen alle Protestanten. Diese griffen daraufhin zu den Waffen.

Die mächtigen katholischen Habsburger, die über Spanien und das Kaiserreich herrschten, erlitten eine heftige Niederlage, als die Armada Philipps II. im Jahr 1588 in alle Winde zerstreut wurde. In den Niederlanden wurden sie seit 1568 durch die Protestantenaufstände geplagt, in Deutschland brach kurz darauf der Dreißigjährige Krieg aus, und bald stand ein großer Teil des Habsburgerreichs im Glaubenskrieg.

Jahrhundertelang hatte das Papsttum es geschafft, alle mächtigen Institutionen, die ihm gefährlich werden konnten, aus dem Weg zu räumen. Nun war es jedoch mit einem ganz neuen und unvermuteten Gegner konfrontiert – einer reformierten und damit für viele akzeptableren Gegenkirche, angeführt von den bisher verfolgten Opfern, die die Kirche ein für allemal unterdrückt geglaubt hatte. Sie fanden sich zusammen unter dem Banner des Roten (Rosen-) Kreuzes – ein Emblem, das auch in das persönliche Wappen Luthers Eingang fand.

Die Rosenkreuzer, wie sie genannt wurden, predigten Freiheit, Brüderlichkeit und Gleichheit und sollten sich als konsequente Herausforderer tyrannischer Unterdrückung erweisen. Später spielten sie eine bedeutende Rolle bei der amerikanischen und der Französischen Revolution. Wie schon die Katharer und die Templer vor ihnen, schienen auch die Rosenkreuzer über ein Geheimwissen zu verfügen, das im Gegensatz zum offiziellen Kirchenwissen stand und mehr Substanz versprach als die Lügen des Klerus.

Die katholische Kirche reagierte erwartungsgemäß mit ihren üblichen Beschuldigungen wegen Gotteslästerung und mit der Androhung von Gewalt gegen jeden, der sich der katholischen Lehre verweigerte. Der Vorwurf der Gotteslästerung verschärfte sich bald zu dem der Teufelsanbetung, und die Protestanten wurden anhand des Hexenhammers als Mitglieder einer von Hexen und Zauberern geleiteten Verschwörung verfolgt. Da niemand wußte, wie diese angeblichen Hexen oder Zauberer aussahen, erfand man lächerliche Testverfahren und unterzog die Verdächtigen grausamen Prozeduren. Die englischen Puritaner übernahmen währenddessen die Strategien der katholischen Kirche und veranstalteten ihre eigenen Hexenjagden. Über einen Zeitraum von etwa 250 Jahren fanden ungefähr eine Million Männer, Frauen und Kinder durch das Verdienst sogenannter Hexenjäger den Tod.

DER ORDEN DER ROSENKREUZER

In den Jahren 1614 und 1615 tauchten in Deutschland zwei Traktate auf, die als Manifeste der Rosenkreuzer bekannt wurden. Das eine hieß *Fama Fraternitatis* und das andere *Confessio Fraternitatis*. 1616 folgte eine weitere Schrift mit dem Titel *Die chymische Hochzeit* aus der Feder des lutherischen Pastors Johann Valentin Andreae. Die beiden anderen Manifeste stammen möglicherweise ebenfalls aus der Feder Andreaes, der ein hohes amtierendes Mitglied des Ordens Notre Dame de Sion war. Die Veröffentlichungen verkündeten ein neues Zeitalter der Erleuchtung und der hermetischen Befreiung, in dessen Zug bestimmte universelle Geheimnisse offenbart werden würden. Im Mittelpunkt der Schriften standen die Reisen und Lehrjahre von Christian Rosencreutz, dem legendären Begründer der Rosenkreuzer-Bruderschaft, der das Gewand der Templer trug.

Die Handlung der *Chymischen Hochzeit* findet im magischen Schloß der Braut und des Bräutigams statt – ein Palast voller Löwenbilder, in dem die Höflinge Plato studieren. In einer Umgebung, die jeder Darstellung der Gralssage angemessen wäre, werden alle Anwesenden auf einer Waage gewogen, während eine Uhr die Himmelsbewegungen anzeigt und den Gästen das Goldene Vlies gezeigt wird. In einer kultivierten Atmosphäre residieren Ritter des heiligen Ordens, und unterhalb des Schlosses befindet sich eine mysteriöse Grabkammer mit seltsamen Inschriften. Draußen im Hafen liegen zwölf Schiffe des Goldenen Steins, die alle jeweils ein Zeichen des Tierkreises auf ihrer Flagge tragen. Vor dem Hintergrund dieses merkwürdigen Empfangs wird ein phantastisches Theaterstück aufgeführt, in dem eine namenlose Prinzessin, die in einer Holzkiste angeschwemmt wurde, einen Prinzen von ebenso fragwürdiger Herkunft ehelicht und damit dafür sorgt, daß eine bisher unterdrückte königliche Blutlinie wieder etabliert wird.

In Kombination mit den beiden früheren Publikationen lag die Anspielung der *Chymischen Hochzeit* auf die Gralsgeschichte auf der Hand. Die Kirche verdammte die Manifeste natürlich mit aller Macht. Die Atmosphäre der Schriften mochte mythischer Natur sein, doch die Beschreibungen des Schlosses waren eindeutig die des Schlosses von Heidelberg, Heimat des Löwen von der Pfalz – Wohnstätte von Prinz Friedrich und seiner Frau Elisabeth von Stuart, der Tochter von König Jakob VI. von Schottland (Jakob I. von England).

Die Bruderschaft des Rosenkreuzer-Ordens konnte zum Zeitpunkt ihrer Einflußnahme auf die Reformation bereits auf eine lange Geschichte zurückblicken, die bis zu den Mysterienschulen von Pharao Tutmoses III. (ca. 1468-1436 v. Chr.) zurückreicht.[2] Die alten Lehren (dokumentiert in den Schriften von Lamech und den Tafeln des Hermes) wurden von Pythagoras und Plato aufgegriffen und weitergeführt. Durch die ägyptischen Therapeutaten von Qumran fanden sie ihren Weg nach Judäa, zu den samaritischen Magiern von West-Manasse, deren Kopf der Gnostiker Simon Zelotes war, ein lebenslanger Verbündeter Maria Magdalenas. Die samaritischen Magier, deren Abgesandte Jesus kurz nach der Geburt besuchten, wurden 44 v. Chr. von dem Essener Menachem gegründet, der auch der Großvater Maria Magdalenas war. Menachem stammte von den Hasmonäerpriestern ab – der Familie des Judas Makkabäus, der in der Artussage so verehrt wird.

Der »geliebte Jünger«, Johannes Markus (Sponsor des Johannesevangeliums, auch als Bartholomäus bekannt), war ein versierter Heilkundiger, der ebenfalls zu den Therapeutaten gehörte. Das Symbol der therapeutatischen Heiler war die Schlange, wie sie, gemeinsam mit dem rosenkreuzerischen Gralssymbol, auch im Rosslyn-Hay-Manus-

kript des René von Anjou zu finden ist. Die gnostische Schlange der
Weisheit wird auch heute noch als Symbol der Medizin verwendet,
zusammen mit dem Caduceus, dem Heroldsstab des altrömischen
Gottes Merkur.[3]

Zu den berühmtesten Großmeistern der Rosenkreuzer zählte unter
anderem der italienische Dichter und Philosoph Dante Alighieri.[4]
Einer seiner Schüler war Christoph Columbus, der auch von Leonardo
da Vinci gefördert wurde, einem Mitglied des Ordens von René von
Anjou. Der englische Astrologe, Mathematiker, Geheimdienstler und
Berater von Königin Elisabeth I., John Dee, gehörte ebenso dazu wie
der Philosoph Sir Francis Bacon, der unter Jakob VI. (Stuart) zum
Lordkanzler wurde.

Zur Zeit der Stuarts wuchs der Orden der Rosenkreuzer eng mit den
frühen Freimaurern und der englischen *Royal Society* zusammen. Er
widmete sich vor allem humanistischen und wissenschaftlichen Idealen und setzte sich ganz im Sinne der ägyptischen Therapeutaten für
eine medizinische Versorgung der Armen ein. Es ist kein Zufall, daß
das größte internationale Hilfswerk noch heute unter dem Zeichen des
Roten Kreuzes arbeitet.

Mit der zunehmenden Machtergreifung der Puritaner etablierte sich
unter Elisabeth I. jedoch eine protestantische Macht, die in ihrer Unterdrückung der Katholiken in Irland den vorherigen religiösen Macht-
habern nicht viel nachstand. Als Charles I. (Reg. 1625-1649) an die
Macht gelangte, war die Einstellung der anglikanischen Kirche bereits
völlig intolerant gegenüber allen Andersdenkenden. Während die
Katholiken mit ihrer Verehrung der Mutter Jesu wenigstens noch ein
bescheidenes weibliches Element duldeten, vernichteten die Protestanten jede Spur von Weiblichkeit in ihrem Glauben. In einer gera-
dezu ironischen Wiederholung der Templergeschichte wurden nun
rosenkreuzerische Wissenschaftler, Astrologen, Mathematiker, Seefahrer und Architekten zu Opfern des protestantischen Establishments.
Die Anglikaner beschimpften und verfolgten sie als Heiden, Okkulti-
sten und Häretiker, genau wie es vorher die römische Kirche getan
hatte. Und die extremste Gruppe, die der Puritaner, stand der katholischen Inquisition an Grausamkeit, Fanatismus und Intoleranz in
nichts nach. So war die englische Royal Society in den Jahren von Oliver Cromwells brutalem Protektorat gezwungen, als »Unsichtbare
Universität« in den Untergrund zu gehen. Erst nach der Stuart-Restau-

ration unter Charles II. im Jahre 1660 tauchten die Rosenkreuzer wieder auf, wobei der König als Patron und Förderer des Ordens auftrat. Bis dahin hatte die puritanische Armee jedoch bereits Tausende von unschuldigen Bürgern, besonders in Irland, getötet und einen Bürgerkrieg ausgelöst.

KAPITEL 18

Das Haus der Einhörner

DIE VEREINIGUNG DER KRONEN

Das königliche Haus der Stewarts von Schottland hat seinen Ursprung in der Vereinigung der Blutlinien Jesu und seines Bruders Jakob – aus dem Geschlecht der Merowinger auf der einen Seite und dem der keltischen Könige Britanniens auf der anderen Seite. Damit sind die Stewarts eine wahre Gralsdynastie, die lange als das »Haus der Einhörner« bezeichnet wurde. Wir haben bereits an früherer Stelle gesehen, daß das »Horn« des Einhorns dem Symbol des Schwertes in der Gralssage entsprach und beide für das Männliche in der Welt standen.

Zusammen mit dem davidischen Löwen von Juda und der fränkisch-jüdischen *fleur-de-lys* war das desposynische Einhorn Teil des königlichen Wappens von Schottland. Es stand für die Kraft Jesu und bezog sich auf die messianische Salbung. Das mythologische Tier gehörte auch zu den wichtigsten Symbolen der Katharer, und in der Mythologie des Mittelalters stand es für Fruchtbarkeit und Heilung – sein Kopf liegt im Schoß der Braut.

Die Katharer glaubten, daß einzig das getaufte Horn des Einhorns imstande war, die falschen Lehren Roms zu reinigen, weshalb das Tier oft mit seinem Horn in einem Springbrunnen oder einem fließenden Gewässer abgebildet wurde. Die sieben flämischen Wandteppiche *Die Jagd auf das Einhorn* aus dem 16. Jahrhundert, die sich jetzt im Metropolitan Museum in New York befinden, zeigen, wie das Einhorn gejagt, gefangen und geopfert wird. Anschließend taucht es lebendig im Garten der Braut wieder auf, was natürlich eine Allegorie auf die Geschichte Jesu ist.

DIE RESTAURATION

Als Oliver Cromwell im Jahr 1658 starb, atmete die Bevölkerung auf. Er hatte das Parlament abgesetzt und sich selbst als »Lord Protector« eingesetzt, der nur durch militärische Stärke regierte. Auf seine Anweisung hin wurden selbst das anglikanische Gebetbuch sowie alle Feierlichkeiten zu Ostern und Weihnachten verboten. Eigentum wurde beschlagnahmt, die Bildung beschnitten und das Recht auf freie Meinungsäußerung aufgehoben. Auf Ehebruch stand die Todesstrafe, und alleinstehende Mütter wurden inhaftiert. Sport und Unterhaltung galten als Gotteslästerung, Gasthäuser wurden geschlossen, Treffen verboten, und die Strafen wurden durch seine Soldaten willkürlich verhängt.

Sein Sohn Richard übernahm das despotische Erbe seines Vaters jedoch nicht, so daß es nicht lange dauerte, bis Charles II. wieder in sein Königreich zurückkehrte. Die »Restauration« von Charles Stuart (Karl II.) erfolgte 1660, elf Jahre nach der Exekution seines Vaters durch die Puritaner. Er erwies sich als populärer König, der die anglikanische Kirche reformierte und für eine Gesellschaft eintrat, in der alle Religionen ihren Platz hatten. Die anglikanischen Geistlichen und Politiker hatten jedoch durchaus nicht die Absicht, Andersgläubigen, insbesondere Juden und Katholiken, eine gleichberechtigte Rolle innerhalb der englischen Gesellschaft zuzugestehen, und so wurden 1673 und 1678 die sogenannten Test Acts erlassen, nach denen niemand, der nicht der anglikanischen Kirche angehörte, ein öffentliches Amt bekleiden durfte.

DIE UNSICHTBARE UNIVERSITÄT

Es ist kein Geheimnis – wenn auch vielleicht nicht überall bekannt –, daß die frühen Baumeisterlogen in Britannien in enger und direkter Verbindung mit dem Haus Stuart standen. Um 1640, unter Charles I., entstanden daraus die ersten Freimaurerlogen, denen es vor allem darum ging, esoterisches Wissen, das in Schottland durch die Templer und Zisterzienser bewahrt worden war, strukturiert zu vermitteln und zu lehren.

Die ersten Freimaurer waren Philosophen, Astronomen, Physiker, Chemiker, Architekten und andere gebildete Männer. Viele waren Mit-

glieder der wichtigsten wissenschaftlichen Akademie des Landes, der
Royal Society, die nach ihrem durch Oliver Cromwell erzwungenen
Abtauchen in den Untergrund in »Die Unsichtbare Universität« umbe-
nannt wurde.[1] Diese Gesellschaft wurde 1645 durch Charles I. gegrün-
det und 1662 nach der Restauration durch Charles II. unter den Schutz
einer Royal Charter gestellt. Zu den frühen Mitgliedern zählten Robert
Boyle, Isaac Newton, Robert Hooke, Christopher Wren und Samuel
Pepys.

Alle dieser Männer waren besondere Wissensträger ihrer Zeit. Boyle
(1627-1691) war ein bekannter Alchemist und eine führende Autorität
auf dem Gebiet der Gralsforschung. Er unterstützte wie der Astrologe,
Astronom und Mathematiker Galileo Galilei das neu postulierte helio-
zentrische Bild des Sonnensystems nach Kopernikus. Er machte zahlreiche Entdeckungen über die Eigenschaften der Luft; nach ihm ist
unter anderem das Boyle-Mariotte-Gesetz benannt.[2] Der Physiker
Robert Hooke erfand die Haarfeder, die Doppelluftpumpe, die Was-
serwaage und ein Marinebarometer. Zu den Mitgliedern der Bruderschaft zählte auch der Astronom Edmund Halley, der die Bewegungen
von Himmelskörpern beobachtete und das regelmäßige zukünftige
Erscheinen des Halleyschen Kometen korrekt berechnete.

Isaac Newton (1642-1727) zählt wohl zu den bedeutendsten Wissen-
schaftlern aller Zeiten und ist besonders bekannt für seine Formulie-
rung der Gravitationsgesetze und seine Definitionen der Orbitalkräfte.
Er war ein bekannter Alchemist, entwickelte die Differentialrechnung
und die Axiome der Mechanik und war unter anderem Erfinder des
Spiegelfernrohrs. Newton war aber auch ganz besonders an den Strukturen der alten Königreiche interessiert, und er betrachtete das jüdische Erbe als eine herausragende Quelle esoterischen Wissens sowie
der Numerologie. Newton galt als ausgesprochen bewandert in bezug
auf kosmische Gesetze, heilige Geometrie und gotische Architektur.
Obwohl sein Denken zutiefst christlich war, wies er das Dogma der
Heiligen Dreifaltigkeit und der Göttlichkeit Jesu öffentlich zurück. Er
war der Ansicht, daß das Neue Testament vor seiner Veröffentlichung
durch die Kirche entstellt worden war. Newton war nicht nur Präsident der Royal Society, sondern auch Großmeister des Ordens Notre
Dame de Sion.

Dieser Orden war ursprünglich von den Templern ins Leben gerufen worden, um für Juden und Moslems einen Platz innerhalb ihrer

Organisation zu schaffen, und bis zum Jahr 1188 hatten sie denselben Großmeister. Obwohl die frühen Templer eindeutig Christen waren, war eines ihrer hervorstechendsten Merkmale ihre religiöse Toleranz. Dies gestattete es ihnen auch, in jüdischen und moslemischen Gemeinden erfolgreich als Diplomaten zu arbeiten. Im Jahr 1306 wurden diese Verbindungen von der katholischen Kirche jedoch zur Häresie erklärt, und dies war schließlich ausschlaggebend für die Exkommunikation und Verfolgung der Ritter.[3]

Nach 1188 wurde der Orden von Sion neu strukturiert und entwickelte sich von da an zu einer Vereinigung, die besonderen Wert auf ihre Loyalität zur merowingischen Linie Frankreichs legte. Die Templer auf der anderen Seite unterstützten die eben auftauchende Linie der Stewarts. In der Praxis waren beide Vereinigungen eng miteinander verbunden, denn sie fühlten sich den Wurzeln ein und derselben Blutlinie verpflichtet.

Ein weiteres prominentes Mitglied der Royal Society war Sir Christopher Wren (1632-1723), der Architekt der St.-Pauls-Kathedrale in London, des Observatoriums in Greenwich und zahlreicher anderer Kirchen, Gebäude und Monumente. Er war auch ein bekannter Mathematiker und Professor der Astronomie. Wren war einer der Großmeister des esoterischen Ordens der Rosenkreuzer, ebenso wie Boyle und Sir Francis Bacon. Weitere Großmeister waren Benjamin Franklin (1706-1790) und Thomas Jefferson, der dritte Präsident der Vereinigten Staaten.

Die modernen Historiker beschreiben zwar gern die Leistungen dieser herausragenden Männer, doch ignorieren sie dabei in der Regel die Wurzeln ihres Wissens und ihrer Erkenntnisse. Sie werden als Wissenschaftler, Künstler oder Politiker bezeichnet, doch von Leonardo bis Newton und von Newton bis Franklin waren sie alle Schüler der hermetischen Alchemie und der esoterischen Wissenschaften, und viele ihrer Entdeckungen waren lediglich Wiederentdeckungen oder Produkte ihrer Studien der kosmischen Gesetze uralten Ursprungs. So mag die Geschichte von Newton und seiner Entdeckung der Schwerkraftgesetze durch einen fallenden Apfel als humoristische Fußnote der Wissenschaft ihre Berechtigung haben, er selbst gab jedoch zu, daß er zu dieser Entdeckung von Pythagoras' »Sphärenmusik« inspiriert wurde – einer Idee aus dem 6. Jahrhundert vor Christus.

In Britannien standen die Stuartkönige an vorderster Front der schottischen Freimaurer, die sich dem ältesten Geheimwissen und den kosmischen Gesetzen verpflichtet hatten. Ihr bretonisches Erbteil stand in enger Verbindung mit den Familien von Boulogne und Jerusalem, und ihr Hintergrund gilt als templerfreundlich. Es überrascht daher nicht, daß die »Unsichtbare Universität« unter der Herrschaft von Karl I. und Karl II. auftauchte (und den dogmatischen Puritanern und der anglikanischen Kirche schweres Kopfzerbrechen bereitete) und daß während der kurzen Zeit der Schirmherrschaft durch die Stuarts einige der größten wissenschaftlichen Entdeckungen aller Zeiten aus ihr hervorgingen.

EINE VERLEUMDUNGSKAMPAGNE

Unter religiösen Gesichtspunkten dürfte es schwierig sein, die frühen Stuarts eindeutig einer Glaubensrichtung zuzuordnen; sie waren im weitesten Sinne jedoch Christen. König James VII., der Bruder und Nachfolger von Charles II., war wohl der toleranteste König in der Geschichte Britanniens. Am 4. April 1687 rief er als erster die völlige Religionsfreiheit für alle seine Untertanen aus und führte den Gralskodex des dienenden Herrschers wieder ein. Er übersah dabei allerdings, daß weder er noch seine Untertanen wirkliche Entscheidungsfreiheit in dieser Angelegenheit hatten. Zu diesem Zeitpunkt hatten sich in Westminster bereits zwei einflußreiche politische Gruppen gebildet, die sich gegenseitig durch Spitznamen zu denunzieren versuchten. Dies waren die *Whigs* (Viehdiebe) und die *Tories* (Diebe) – letztere waren die Vertreter der königlichen Position. Die Whigs vertraten weitgehend die Interessen der wohlhabenden Landbesitzer und waren zur Zeit der Veröffentlichung der Erklärung von James VII. in der Überzahl. Sie verurteilten den König nicht nur, sondern sorgten auch dafür, daß er offiziell abgesetzt wurde, weil er es gewagt hatte, andere Religionen und Glaubensrichtungen wie das Judentum, den Katholizismus oder das Quäkertum anzuerkennen und zu tolerieren.

Für die meisten Menschen in Britannien bildete die *Declaration of Liberty of Conscience* eine willkommene Erneuerung, doch was folgte, war eine vorwiegend durch die Whigs betriebene Verleumdungskampagne gegen König James und die Stuarts, die sich fast ausschließlich auf persönlicher Ebene abspielte. Die schottischen Stuartkönige wurden als ausschweifende Alkoholiker, Lüstlinge oder Frauenhasser bezeichnet und ihre Nachfahren aus den englischen Geschichtsbüchern entfernt.

Bis heute wird Prinz Charles Edward Stuart, der 1788 verstarb und beim Volk als *Bonnie Prince Charlie* bekannt war, in einer Vielzahl von Biographien entwürdigt, die im wesentlichen auf Informationen aus dem Haus von Hannover zurückgehen. In Schottland wird er dagegen weiterhin verehrt. Die Familienregister Europas deuten jedenfalls darauf hin, daß Charles Edward durchaus legitime Nachfahren hat, die in ununterbrochener Folge von seiner königlichen Blutlinie abstammen, aber von der britischen Regierung bis vor kurzer Zeit geheimgehalten wurden.

Der aus dieser Zeit stammende Konflikt zwischen Schottland und England ist in jüngster Zeit durch die schottischen Unabhängigkeitsbestrebungen wiederbelebt worden und wird spätestens dann wieder aufbrechen, wenn der derzeitige Prinz Charles, der Prinz von Wales aus dem Hause Windsor, dem schottischen Volk als König Charles III. vorgestellt wird. Die Schotten hatten in Bonnie Prince Charlie bereits ihren Charles III., der ein Großmeister des Ordens vom Tempel in Jerusalem war und für die schottische Unabhängigkeit in die Schlacht von Culloden zog, wo er durch König Georg II. und den Herzog von Cumberland am 16. April 1746 vernichtend geschlagen wurde. Die Schotten wußten damals nichts von der Panik, die das Haus von Hannover in London bereits befallen hatte. Dort war man schon dabei, die Kronjuwelen auf Schiffe zu verladen, um damit nach Deutschland zurückzukehren. Wäre es den Schotten gelungen, nach London durchzumarschieren, wäre heute vermutlich ein Stuart König von Schottland und England.

KAPITEL 19

Der Sangréal heute

DIE BLUTLINIENVERSCHWÖRUNG

Heutzutage besteht ein allgemeiner Konsens darüber, daß die offizielle Geschichtsschreibung zum großen Teil das Ergebnis einseitiger, propagandamäßiger Aufzeichnungen ist und eher der Erfüllung politischer Bedürfnisse diente als der exakten Darstellung tatsächlicher Ereignisse. Heute sind Einsprüche gegen Geschichtsklitterungen an der Tagesordnung – früher wurden sie häufig mit Gefängnis oder sogar dem Tode bestraft, denn es gab keine Rede- oder Meinungsfreiheit.

Ebenso wie die Geschichte wurden auch die Ahnentafeln im Verlauf des letzten Jahrhunderts einer Revision unterzogen, in deren Verlauf zahlreiche Irrtümer sowie wissentliche Fehlinterpretationen aufgedeckt wurden.[1] So wurde durch das Haus von Hannover (zu gregorianischen wie viktorianischen Zeiten) offiziell immer behauptet, daß die Blutlinie der Stuarts ausgestorben sei, während Charles Edward Stuart sich im Exil befand. Man behauptete, daß er zum Zeitpunkt seines Todes weder eine Frau noch einen männlichen Nachfahren gehabt habe, doch beide Behauptungen sind falsch, und die Ahnenregister des europäischen Festlandes erzählen eine gänzlich andere Geschichte.

Der offiziellen britischen Literatur zufolge handelt es sich bei dem augenblicklichen Nachfolger des Königlichen Hauses von Stuart um Prinz Albrecht von Bayern, dessen Linie angeblich durch das Testament und den letzten Willen von Charles Edwards jüngerem Bruder, Kardinal Henry, *de jure* Graf von York, dazu ernannt wurde. Fraglicher letzter Wille setzte angeblich Charles Emmanuel IV. von Sardinien als

Stammtafel 17: Die Grafen von Albany *(Schottland)*

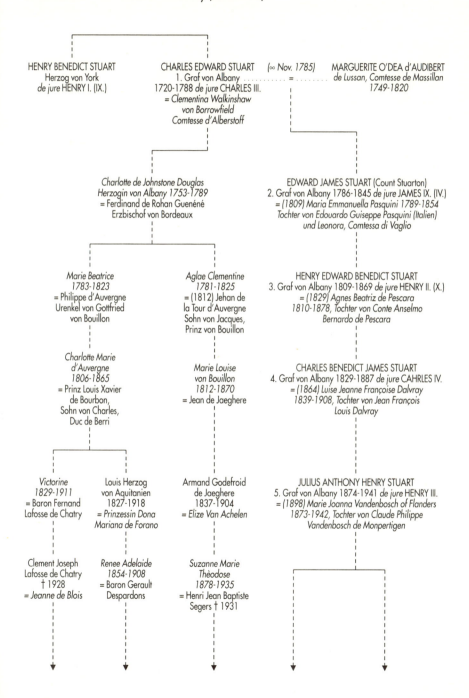

HENRY BENEDICT STUART
Herzog von York
de jure HENRY I. (IX.)

CHARLES EDWARD STUART
1. Graf von Albany . . . . =
1720-1788 *de jure* CHARLES III.
= *Clementina Walkinshaw
von Borrowfield
Comtesse d'Alberstoff*

(∞ Nov. 1785)

MARGUERITE O'DEA d'AUDIBERT
*de Lussan, Comtesse de Massillan
1749-1820*

*Charlotte de Johnstone Douglas
Herzogin von Albany 1753-1789
= Ferdinand de Rohan Guenéné
Erzbischof von Bordeaux*

EDWARD JAMES STUART (Count Stuarton)
2. Graf von Albany 1786-1845 *de jure* JAMES IX. (IV.)
= *(1809) Maria Emmanuella Pasquini 1789-1854
Tochter von Edouardo Guiseppe Pasquini (Italien)
und Leonora, Comtessa di Vaglio*

*Marie Beatrice
1783-1823
= Philippe d'Auvergne
Urenkel von Gottfried
von Bouillon*

*Aglae Clementine
1781-1825
= (1812) Jehan de
la Tour d'Auvergne
Sohn von Jacques,
Prinz von Bouillon*

HENRY EDWARD BENEDICT STUART
3. Graf von Albany 1809-1869 *de jure* HENRY II. (X.)
= *(1829) Agnes Beatriz de Pescara
1810-1878, Tochter von Conte Anselmo
Bernardo de Pescara*

*Charlotte Marie
d'Auvergne
1806-1865
= Prinz Louis Xavier
de Bourbon,
Sohn von Charles,
Duc de Berri*

*Marie Louise
von Bouillon
1812-1870
= Jean de Jaeghere*

CHARLES BENEDICT JAMES STUART
4. Graf von Albany 1829-1887 *de jure* CAHRLES IV.
= *(1864) Luise Jeanne Françoise Dalvray
1839-1908, Tochter von Jean François
Louis Dalvray*

*Victorine
1829-1911
= Baron Fernand
Lafosse de Chatry*

*Louis Herzog
von Aquitanien
1827-1918
= Prinzessin Dona
Mariana de Forano*

*Armand Godefroid
de Jaeghere
1837-1904
= Elize Van Achelen*

JULIUS ANTHONY HENRY STUART
5. Graf von Albany 1874-1941 *de jure* HENRY III.
= *(1898) Marie Joanna Vandenbosch of Flanders
1873-1942, Tochter von Claude Philippe
Vandenbosch de Monpertigen*

*Clement Joseph
Lafosse de Chatry
† 1928
= Jeanne de Blois*

*Renee Adelaide
1854-1908
= Baron Gerault
Despardons*

*Suzanne Marie
Théodose
1878-1935
= Henri Jean Baptiste
Segers † 1931*

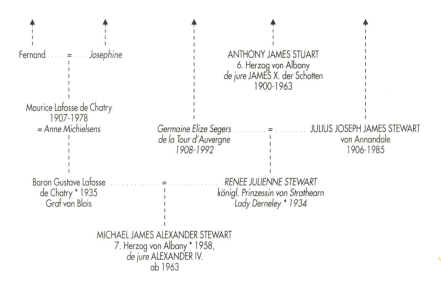

Nachfolger der Stuarts ein. Prinz Albrecht von Bayern ist ein indirek-
ter Verwandter von Henrietta, einer Tochter von Charles I. In Wirklichkeit nannte der letzte Wille von Kardinal Henry Stuart jedoch nicht
Charles Emmanuel als seinen Nachfolger. Es handelt sich vielmehr um
eine manipulierte Auslegung eines 1789 verfaßten Testaments, das
einem 1802 verfaßten Willen vorgezogen wurde. Dadurch war es
König Georg und dem britischen Parlament möglich, das Erbe der
Stuarts auf Charles Emmanuel IV., den ehemaligen König von Sardinien zu legen, anstatt es dem rechtmäßigen Erben Prinz Edward
James, auch bekannt als Herzog Stuarton, zukommen zu lassen. Charles Emmanuel IV. war zur Zeit der Auslegung des Testamentes gerade
im Begriff, einem Jesuitenorden beizutreten – würde also aller Wahrscheinlichkeit nach keine Nachfolger haben.

Charles Emmanuel selbst lehnte die Nominierung offiziell ab. Er
wußte, daß die Blutlinie der Stuarts weiterhin existierte, hatte er doch
selbst Marguerite Marie Thérèse O'Dea d'Audibert de Lussan, die
letzte Ehefrau von Charles Edward Stuart, und ihren Sohn Edward
bei sich in Sardinien und zuletzt in seinem Haus in Rom zu Gast
gehabt. Sein Schreiben wurde in Westminster ignoriert, und die

Geschichtsschreibung geht heute von einer Erbfolge aus, die sich über Sardinien nach Modena und schließlich nach Bayern fortsetzte. In Wirklichkeit lebt ein legitimer Nachfolger des Hauses Stuart noch heute.

Im Jahre 1809 erhob sich ein Disput zwischen zwei Söhnen Georgs III., der als »Krieg der Brüder« in die Geschichte einging und in dem es zunächst um Loyalitätsfragen zu gehen schien. Prinz Edward, Graf von Kent (der Vater von Königin Viktoria), war ein Freimaurer, während sein Bruder Prinz August Frederick, Graf von Sussex, den Templern angehörte. Edwards Problem bestand darin, daß die Templerkollegen seines Bruders das Haus Stuart unterstützen, während seine Loyalität dem amtierenden Haus von Hannover gehörte. Vergeblich versuchte er die Templer auf die Seite des Königshauses zu ziehen und schuf schließlich unter dem Protektorat von Kent einen templerähnlichen Zweig innerhalb der existierenden Struktur der Freimaurer, der dem englischen *York Rite* folgte. Die Templer dagegen folgten unter dem Protektorat von Prinz Edward James Stuart, dem zweiten Grafen von Albany (Schottland), dem *Scottish Rite*, einem anspruchsvolleren, den anderen Freimaurerlogen in vielerlei Hinsicht überlegenen Orden, den die Stuarts auch in ihr Exil nach Frankreich und Italien mitnahmen. In England boten die Logen einen perfekten Nährboden und Unterschlupf für geheime Intrigen gegen die Whigs und gegen das deutsche Königshaus, das sich seit dem Ersten Weltkrieg in Windsor umbenannt hatte. Die jakobitischen Gesellschaften und die Tory-Logen wurden daher zu einem beliebten Ziel des Geheimdienstes der Whigs, der versuchte, die Bruderschaften zu infiltrieren. In späteren Jahren enthielt sich die englische Freimaurerei dagegen aller politischen Einflußnahme und verlegte sich mehr auf philosophische Spekulationen und die Ideale von brüderlicher Liebe, Glauben und Wohltätigkeit.

1817 erstand Dr. Robert Watson in Rom für 23 Pfund Sterling einige Dokumente aus dem Besitz von Kardinal Henry, die sich mit der Dynastie der Stuarts befaßten und die er veröffentlichen wollte. Bevor er sein Vorhaben in die Tat umsetzen konnte, wurden die Papiere von der Polizei des Vatikans beschlagnahmt und nach London transportiert. Einige Zeit später enthielt der Doktor eine Entschädigung aus Westminster für den Verlust seines Eigentums. Watson wollte sich damit nicht zufriedengeben und bestand auf seinem Recht, seine

Papiere zurückzuerhalten. Angeblich hat er im Jahr 1838 Selbstmord begangen. Die Papiere sind nie wieder aufgetaucht.

Ebenso wie im Falle von Kardinal Henry verschwand eine weitere Anzahl von Dokumenten über die Dynastie der Stuarts, die Abbé Waters im Namen von Charlotte von Albany verwaltet hatte. Als er sein Vermögen verlor, wurde ihm von der britischen Regierung eine Leibrente ausgesetzt, wofür er die Papiere abliefern mußte. Einige der Dokumente lagern bis heute im Windsor Castle, viele sind einfach verschwunden.

Mit dem Verschwinden dieser amtlichen Stammtafeln und Dokumente war es bald ein Einfaches, Prinz Edward James völlig aus den historischen Aufzeichnungen Großbritanniens zu tilgen. In Europa waren die Nachkommen der Stuarts dagegen im Lauf der letzten zwei Jahrhunderte in ihrer alten Funktion als Regierungsberater und im diplomatischen Dienst aktiv. Immer vertraten sie dabei die Ideale öffentlichen Dienens und religiöser Toleranz.

Als der Enkel von Prinz Edward, Charles Benedikt James Stuart, der Vierte Graf von Albany, 1888 Britannien besuchen sollte, um der großen Ausstellung über die Stuarts in der New Gallery in London beizuwohnen, wurde er vorher in Italien unter ungeklärten Umständen tot aufgefunden.

Einige Mitglieder der königlich schottischen Familie, die die Originalschreibweise ihres Namens im Jahr 1892 wieder einführten, waren während des Zweiten Weltkrieges im belgischen Widerstand aktiv. Bis zum Jahr 1968 lebten sie im Château du Moulin in den belgischen Ardennen. Das Schloß war ihnen im Jahr 1692 von König Ludwig XIV. geschenkt worden.

Heute existieren zahlreiche Linien, die von Prinz Edward James, Zweiter Graf von Albany, abstammen. Am direktesten ist wohl die von Prinz Michael James Alexander Stewart, Herzog von Aquitanien, Graf von Blois, Oberhaupt der Bruderschaft des Heiligen Columba und Präsident des Europäischen Fürstenrats. Seine Blutlinie reicht zurück bis zum Vater von König Artus, König Aedàn von Schottland, auf der einen Seite und zu Prinz Nascien von Septimanien Midi auf der anderen. Die schottische Abstammung läßt sich noch weiter zurückverfolgen, bis hin zu König Lucius von Siluria und Bran dem Gesegneten sowie zu Joseph von Arimathäa, während die Blutlinie von Midi aus dem Merowingergeschlecht über die

Fischerkönige bis hin zu Jesus und Maria Magdalena zurückreicht und damit in direkter Linie auf das Königshaus von Juda und König David.

DER GRUNDSATZ DES SANGRÉAL

In den Katakomben unter den Straßen Roms finden sich die sterblichen Überreste von mehr als 6 Millionen Christen. Würde man sie alle in einer Reihe aneinander legen, so ergäbe dies eine Strecke von ungefähr 880 Kilometern. Es mutet ironisch an, daß die Inquisition im Namen dieser Christen später selbst eine Million Menschen umbringen ließ, angeblich weil sie *keine* Christen waren. Im Lauf der Jahrhunderte wurden Millionen von Juden ermordet als Resultat eines Antisemitismus, der aus der frühen christlichen Kirche stammt – angeblich, weil sie den Sohn eines Gottes getötet hatten. Zehn Millionen Menschen mußten unter Stalins Regime ihr Leben lassen, unter anderem auch, weil dort die Ausübung jeder Religion verboten war. Ethnische Säuberungen und Inquisitionen im Namen Gottes sind weltweit und selbst im heutigen Europa noch an der Tagesordnung.

Der Traum vom Kommunismus zerfiel unter der Riesenmaschinerie militärischer Unterdrückung. Der Kapitalismus gibt sich nicht weniger rücksichtslos in seiner Bevorzugung von Gewinntabellen vor menschlichem Wohlergehen; als Resultat sterben Millionen von Menschen weltweit an Hunger, während sich in den reichen Ländern die Nahrungsberge häufen. In den USA verschanzen sich die Reichen in privaten Wohnvierteln, während die Wohlfahrtsstaaten des Westens immer weiter zerfallen und auf den Bankrott zusteuern. Die Geschichte hat ausreichend Beispiele dafür geliefert, daß absolute Monarchien und Diktaturen ein Weg in soziales Chaos sind. Doch die demokratische Alternative einer gewählten Regierung hat sich ebenfalls häufig als unzureichend erwiesen, wenn Parlamente egoistisch und diktatorisch die angeblichen Interessen jener verwalten, denen sie eigentlich dienen sollten. Wahre Demokratie bedeutet Regierung des Volkes im Interesse des Volkes, entweder direkt oder in repräsentativer Form, ohne Klassenschranken und tolerant gegenüber Minderheiten und ihren Ansichten. Die amerikanische Verfassung hat sich ein Ideal für ihre Form der Demokratie gesucht, die diesem Anspruch hätte gerecht werden sollen, und trotzdem wird ein Großteil der Menschen dort nicht von den Machthabenden oder der Regierungspartei vertreten.

Da Präsidenten und Premierminister politisch gebunden und verpflichtet sind, und weil sich politische Parteien bei ihrer Regierungstätigkeit abwechseln, kommt es zu einer Unterbrechung der Kontinuität für die Nation wichtiger Vorgänge. Es gibt keine verläßlichen Organisationen, die sich um Freiheiten und Bürgerrechte der Mitglieder einer Gesellschaft kümmert. Ideal wäre vielleicht eine Institution, die über die Einhaltung der Verfassung wacht und von der Mehrheit des Volkes eingesetzt wird. Durch seine Erbfolge könnte dieser Mensch auf eine derartige Aufgabe vorbereitet werden und eine Kontinuität auch unter wechselnden Regierungen gewährleisten. Ein ähnliches Konzept der moralischen Staatsführung befindet sich im Herzen des Gralskodexes und wäre für jede zivilisierte Nation eine denkbare Alternative.

Ein führender britischer Politiker behauptete kürzlich, es gehöre nicht zu seinen Aufgaben, beliebt zu sein! Dem ist nicht so – ein beliebter Minister ist ein Minister, dem das Volk innerhalb des demokratischen Prozesses vertraut. Kein Vertreter der Regierung kann ernsthaft und ehrlich für ein Ideal der Gleichberechtigung eintreten, wenn er gleichzeitig über eine erhobene Stellung innerhalb der Gesellschaft verfügt. Eine Klassengesellschaft wird immer von oben strukturiert, niemals von unten. Jesus fühlte sich nicht im mindesten erniedrigt, als er die Füße seiner Jünger wusch; er war in der Tradition der wahren Gralskönige aufgewachsen – der Tradition der Gleichheit und des königlichen Dienens. Dies ist der ewige Grundsatz des Sangréal, und er wird in der Gralssage mit aller Deutlichkeit vertreten: Einzig durch die Frage: »Wem dient der Gral?« wird der verwundete Fischerkönig geheilt und das Ödland wieder fruchtbar werden.

Anmerkungen

Kapitel 1: Die Ursprünge der Blutlinie

1 Vergleiche auch Hugh Schonfield, *The Passover Plot*, Element Books, Shaftesbury 1985, S. 245.

2 Eusebius von Cäsarea, *Ecclesiastical History*, George Bell, London 1874, III, S. 11.

3 Malachi Martin, *The Decline and Fall of the Roman Church*, Secker and Warburg, London 1982, S. 43.

4 Melville Henry Massue, 9. Marquis von Ruvigny und Raineval, *The Jacobite Peerage, Baronetage, Knightage, and Grants of Honour*, 1904, Einleitung.

5 Das Datum 4004 wurde von Erzbischof James Ussher von Armagh in seinen *Annales Veteris Testamenti* im Jahre 1650 errechnet. Von anderer Seite war die Schöpfung Adams aus alexandrinischen Texten auf 5503 v. Chr. und basierend auf der griechischen Septuaginta auf 5411 festgelegt worden. Die Septuaginta ist eine griechische Übersetzung der Texte des Alten Testaments von ca. 270 v. Chr. Das jüdische Standarddatum für die Schöpfung (auf das sich der jüdische Kalender bezieht) ist das Jahr 3760 v. Chr. Usshers Datum liefert einen akzeptablen Mittelwert und wird häufig in Chroniken zitiert. Der Fehler der *Universal History* lag darin, daß man die Geburt Adams mit der Erschaffung der Welt verwechselte (siehe Anm. 7).

6 Vor Darwins Veröffentlichung des Werkes *Die Abstammung des Menschen* wurde bereits 1859 *Die Abstammung der Arten* publiziert.

7 Wäre Adam irgendwann um 4004 v. Chr. geboren, wie Ussher behauptet (siehe Anm. 5), dann hätte er in der Bronzezeit vermutlich als Mitglied eines Stammes gelebt. Sumer war zu diesem Zeitpunkt bereits seit mindestens 2000 Jahren zivilisiert. Seit 6000 v. Chr. existierten Dörfer und organisierte bäuerliche Gemeinschaften. Ab 5000 v. Chr. gab es stadtähnliche Siedlungen inklusive Stadtregierung in Tel Halaf. Jericho war ein städtisches Zentrum um das Jahr 6000 v. Chr., und in China war das Tal des Yangtse zur gleichen Zeit in ähnlicher Weise besiedelt. Zur Zeit von Adam waren also der Pflug, das Rad und das Segelschiff bereits erfunden und weit verbreitet.

8 Als die ersten fünf Bücher des ersten Testaments verfaßt wurden, verfügte die hebräische Sprache nicht über unterschiedliche Vergangenheitsformen. Es existierte lediglich eine einzige Vergangenheitsform, die sämtliche vergangenen Möglichkeiten beschrieb. Aus linguistischer Sicht gab es deshalb keinen Unterschied zwischen Ereignissen, die vor tausend Jahren, und solchen, die gestern geschehen waren. Außerdem wurden die hebräischen Worte für »Tag« und »Jahr« nicht einheitlich verwendet, was die Übersetzung in Sprachen mit konkreteren Zeitkonzepten sehr erschwerte. Siehe dazu auch Mary Ellen Chase, *Life and Language in the Old Testament*, Collins, London 1956, S. 32-39.

9 Ein wahrscheinlicher Ursprung des Namens Israel ist die Kombination von *ysra* (»Herrscher«, »Herr«) mit dem Wortteil *El* (»Gott«), der sich auch in vielen Vornamen wie Michael und Elisabeth findet – also »Gott ist der Herrscher«. Siehe dazu Ahmed Osman, *Wer war Jesus wirklich?*, Droemer Knaur, München 1994, aber auch die folgende Anmerkung.

10 Nach seinem »Kampf« mit Gott wurde Jakob in Israel umbenannt (Genesis 32,28, 35,10), denn das Wort Israel bedeutet auch »Gotteskämpfer«. Die Nachfahren Jakobs wurden als Israeliten bezeichnet.

11 *Oxford Concordance to the Bible*, siehe unter Ramses (2).

12 Siehe Ahmed Osman, *Wer war Jesus wirklich?*

13 Der Tabernakel der Gemeinde (auch als Versammlungszelt übersetzt) bestand aus einem rechteckigen Zelt aus Tuch oder Häuten auf einem Holzrahmen. Es wurde als transportabler Ort der Anbetung während der Wanderungen durch die Wildnis verwendet. (Siehe *Oxford Concordance to the Bible*).

Kapitel 2: Der Anfang

1 Dieses Thema wird erschöpfend behandelt in Dr. Raphael Patais Buch *The Hebrew Goddess*, Wayne State University Press, Detroit 1967.

2 Einige Texte des Alten Testaments stammen allerdings direkt von dem »Gesetzbuch« ab, das ungefähr fünfunddreißig Jahre vor dem babylonischen Exil während der Regierungszeit König Joschijas von Juda (640-609 v. Chr.) im Tempel von Jerusalem entdeckt wurde (Buch der Könige 22,8-13). Der bestehende hebräische Text des Alten Testamentes entspricht der Ausgabe der masoretischen Gelehrten um das Jahr 900 n. Chr. (auch wenn es auf viel früheren Manuskripten, zum Teil aus dem ersten Jahrhundert v. Chr., beruht).

3 Eridu (heute Abu Schachrein) war die geheiligte Stadt des alten Mesopotamiens, eine Oase inmitten grüner und fruchtbarer Ländereien, die den Ein-

wohnern des kargen Kanaan buchstäblich wie ein Paradies erschienen sein muß. Wegen ihrer üppigen Vegetation wurde die Stadt der Wassergottheit Enki (auch Enkidu oder Ea) geweiht und oft als Garten Eden bezeichnet.

4 Nach den Angaben von Sir Charles Leonard Woolley (ehemaliger Direktor des Britischen Museums und Leiter der Archäologischen Expedition der Universität von Pennsylvania nach Mesopotamien), Autor von *Ur of the Chaldees*, fand die Sintflut vor der Regierungszeit von Sargon dem Großen von Mesopotamien (ca. 2372-2326 v. Chr.) statt. Tafeln mit Keilschriften, die die Geschichte Sumers ab 3000 v. Chr. berichten und in Nuffar gefunden wurden, scheinen dies zu bestätigen.

5 Der Turm zu Babel, ein riesiger Zikkurat, war auf der babylonischen Ebene von Schinar errichtet. Solch ein reich geschmückter, mehrstöckiger Zikkurat (babylonisch für »hoher Ort« oder »Turm«) war ein fester Bestandteil sumerischer Städte; jeder von ihnen war von einem kleinen Tempel zu Ehren der Hauptgottheit der jeweiligen Gegend gekrönt. Der Große Zikkurat stand in der Stadt Uruk (von der Irak seinen Namen hat), und sein Tempel war der Göttin Ischtar geweiht.

6 Die Unterwelt der Juden wird Scheol genannt. Sie entspricht dem griechisch-römischen Hades, ein Gebiet, in dem die Seelen getrennt von ihren Körpern in trauriger Dunkelheit hausen.

7 Die fünf Bücher des Mose (auch *Pentateuch* genannt) entsprechen den ersten fünf Büchern des Alten Testaments: Genesis, Exodus, Levitikus, Numeri, Deuteronomium.

8 Die Bücher der Propheten wurden von den oder über die jüdischen Propheten verfaßt und sind nach ihnen benannt, im Gegensatz zu den Büchern über die Geschichte der Israeliten.

9 Weitere heilige Schriften der jüdischen Religion sind der Talmud und die Mischna. Die Mischna (»Wiederholung«) ist eine Zusammenfassung des jüdischen Gesetzes, die auf früheren Zusammenstellungen beruht und in Palästina zu Beginn des 3. Jahrhunderts n. Chr. herausgegeben wurde. Sie beschreibt die traditionellen Gesetze (*Halakah*) in zahlreichen Lebensbereichen, die zum Teil Gewohnheitsrecht und zum Teil aus den biblischen Gesetzen (*Tannaim*) abgeleitet waren, wie sie von Rabbis (Lehrern) interpretiert wurden.

Der Talmud ist im Grunde ein Kommentar zur Mischna, der ursprünglich in Hebräisch und Aramäisch verfaßt war und aus zwei unterschiedlichen Strömungen der jüdischen Tradition stammt, der babylonischen und der palästinensischen.

10 Siehe auch John Fleetwood, *The Life of Our Lord and Saviour Jesus Christ*, William MacKenzie, Glasgow, ca. 1900.

11 Die Hasmonäer waren eine angesehene Priesterfamilie in Jerusalem im 2. Jahrhundert v. Chr. Zur Zeit von Antiochos IV. initiierte der Familienvorstand Mattatias die jüdische Revolte. Kurz vor seinem Tod bestimmte er seinen dritten Sohn Judas (Spitzname Makkabäus, »der Ernannte« oder auch »der Hämmerer«) zum militärischen Führer der Bewegung. Judas' Nachfolger waren seine Brüder Jonatan und Simon, und nicht nur sie, sondern alle ihre Nachfahren wurden später als Makkabäer bezeichnet.

12 Siehe Baigent, Leigh und Lincoln, *Der Heilige Gral und seine Erben*, Lübbe, Bergisch Gladbach 1984.

13 Siehe Baigent, Leigh, *Verschlußsache Jesus*, Droemer Knaur, München 1991.

14 Zwölf weitere Werke aus der Zeit beziehen sich ebenfalls auf das Alte Testament und sind unter dem Namen Apokryphen (»verborgene Schriften«) bekannt. Obwohl sie im griechischen Septuagint zu finden sind, tauchen sie in der hebräischen Sammlung nicht auf. Sie stammen aus dem hellenistischen Judentum in Alexandria, werden jedoch von orthodoxen Juden nicht akzeptiert. In der lateinischen *Vulgata* von Hieronymus (ca. 385 n. Chr.) sind sie als Anhang zum Alten Testament enthalten und werden von der römisch-katholischen Kirche anerkannt (als deuterokanonische Bücher), obwohl sie in beinahe allen protestantischen Bibeln fehlen, da Martin Luther sie überging und mit ihm auch die meisten folgenden Übersetzer. Die zwölf Bücher sind: Esra, Judit, Teile des Buches Ester, die Weisheit Salomos, Ecclesiasticus, Baruch, das Lied der drei heiligen Kinder, die Geschichte der Susanna, Bel und der Drache, das Gebet von Manasse und die beiden Bücher der Makkabäer.

15 J. T. Milik, *Ten Years of Discovery in the Wilderness of Judaea*, SCM Press, London 1959.

16 Siehe auch James Robinson und sein Projekt der koptischen Evangelien, *The Nag Hammadi Library*, E. J. Brill, Leiden, Niederlande 1977.

17 Arabisch *bedu* heißt »Wüste«, und die *bedu'een* sind »das Volk der Wüste«.

18 Josephus, *Antiquitatum Judaicarum Libri*, XV, Kap. 5.

19 J. T. Milik, *Ten Years of Discovery in the Wilderness of Judaea*, S. 51-53.

20 John M. Allegro, *Die Botschaft vom Toten Meer: Das Geheimnis der Schriftrollen*, Fischer, Frankfurt am Main 1957, Kap. 5.

21 Ebenda.

22 Siehe Barbara Thiering, *Jesus von Qumran: sein Leben – neu geschrieben*, Gütersloher Verlagshaus, Gütersloh 1993.

23 Eschatologie: Zweig der Theologie, der sich mit den letzten Dingen beschäftigt.

24 John Allegro, *Die Botschaft vom Toten Meer*, Kap. 6.

25 *Pesharim*: Interpretationen, Kommentare; Singular *pesher*.

26 Siehe Barbara Thiering, *Jesus von Qumran*.

27 Ebenda, Anhang 3.
28 Josephus, *De Bello Judaico*, II, Kap. 8.
29 Siehe Barbara Thiering, *Jesus von Qumran*, Kap. 12 und Anhang III.
30 In der Frühphase der polytheistischen Religionen wandelte Zarathustra
    seinen ursprünglichen Glauben ab und etablierte den ersten dualistischen
    Glauben. Er wurde zum Oberpriester und Propheten von Ahura Masda,
    dem Gott des Lebens und Lichts, dem Ahriman, der böse Herr des Todes
    und der Dunkelheit, gegenüberstand. Diese alten Gottheiten befinden sich
    in permanentem Krieg miteinander, bis das Licht in einer letzten Schlacht
    gegen die Dunkelheit am Tag des Jüngsten Gerichts gewinnt. An diesem
    Tag soll Ahura Masda die Toten wiederauferstehen lassen, um ein Paradies
    auf Erden zu errichten. Trotz leichter Veränderung der Tradition durch
    unterschiedliche kulturelle Einflüsse blieb diese Legende in den folgenden
    Jahrhunderten weitgehend erhalten. Zur Zeit der Essener in Qumran (kurz
    vor Christi Geburt) war dieser Glaube noch sehr lebendig, obwohl er meist
    als Allegorie auf den erhofften Sieg über die römischen Besatzer betrachtet
    wurde. Im christlichen Glauben hielt sich das Konzept des Jüngsten
    Gerichts bis zum heutigen Tage.

Kapitel 3: Jesus, Menschensohn

1 John Fleetwood, *The Life of Our Lord and Saviour Jesus Christ*, S. 21-22.
2 Es gibt die Ansicht, daß der erste Teil des Wortes Immanuel ägyptischen
   Ursprungs ist und sich auf den Gott Amun (»der Verborgene«) bezieht, so
   daß sich in dem Namen hebräische und ägyptische Elemente verbinden:
   Amun-u-El = »Amun ist Gott« (oder »der Verborgene ist Gott«). Siehe
   Ahmed Osman, *Wer war Jesus wirklich?*, Kap. 31.
3 Siehe Andrew N. Wilson, *Der geteilte Jesus: Gotteskind oder Menschensohn*,
   Bertelsmann, München 1993.
4 Siehe auch Nancy Qualls-Corbett, *The Sacred Prostitute*, Inner City Books,
   Toronto 1988.
5 Das Konzept von Maria als ewiger Jungfrau entstand auf dem Konzil von
   Trullo im Jahre 692.
6 A. N. Wilson, *Der geteilte Jesus*, Kap. 4.
7 Am Rand der Gemeinde von Qumran befand sich ein alter Klosterkomplex. In einem der dazugehörigen Häuser wurden die unehelichen Kinder
   der Essener geboren. Die Gemeinschaft nannte das Haus »Betlehem in
   Judäa« (im Gegensatz zur Stadt Betlehem südlich von Jerusalem). Matthäus weist darauf hin (2,5), daß Jesus in »Betlehem in Judäa« geboren
   wurde. Siehe auch Thiering, *Jesus von Qumran*, Kap. 9.

 8 Siehe Ahmed Osman, *Wer war Jesus wirklich?*, Kap. 5. *Robinson's Bible Researches* nennen als arabischen Namen allerdings En-Nusara (siehe auch John Fleetwood, *The Life of Our Lord and Saviour Jesus Christ*, S. 10).

 9 Das Alte Testament erwähnt die Stadt Nazaret ebensowenig wie der Talmud oder der Historiker Josephus. Nazaret wurde erst ab dem 6. Jahrhundert n. Chr. zu einem Wallfahrtsort (siehe Ahmed Osman, *Wer war Jesus wirklich?*, Kap. 5).

10 Siehe John Fleetwood, *The Life of Our Lord and Saviour Jesus Christ*, a.a.O. und *Dr. Smith's Bible Dictionary*. Beide bestätigen die Information, daß der Name Gabriel in diesem Zusammenhang einem »himmlischen« Titel entspricht.

11 Josephus, *De Bello Judaico*, II, Kap. 8.

12 Barbara Thiering, *Jesus von Qumran*, Anhang III. Der Name Gabriel bedeutet »Mann Gottes«.

13. Barbara Thiering, *Jesus von Qumran*, Anhang III. Der Name Michael bedeutet »der Gott gleicht«.

14 Lukas 1,5: Elisabet selbst stammte aus der Priesterfamilie des Aaron.

15 Lukas 2,25.

16 Siehe John Fleetwood, *The Life of Our Lord and Saviour Jesus Christ*, Seite 10-11.

17 Siehe Barbara Thiering, *Jesus von Qumran*, Anhang I.

18 Josephus, *De Bello Judaico*, II, Kap. 8.

19 Barbara Thiering, *Jesus von Qumran*, Kap. 7 und Anhang I.

Erst im Jahr 314 n. Chr. legte Konstantin der Große das Geburtsdatum von Jesus auf den 25. Dezember, den gleichen Tag wie das heidnische Sonnenfest (siehe auch Kap. 7 und Kap. 11 in diesem Buch).

Einige der Ereignisse aus dem Neuen Testament im vorliegenden Buch folgen nicht der allgemein üblichen Zeitrechnung. Das Geburtsjahr von Jesus wird oft als 5 v. Chr. angegeben, hier ist es 7 v. Chr. Das Datum der Kreuzigung wird häufig auf 30 n. Chr. gelegt, hier ist es 33 n. Chr. Die erste Veröffentlichung einer zeitlichen Abfolge biblischer Daten erschien im Jahr 526 und basierte auf den Berechnungen des Mönches Dionysius Exiguus. Nach seiner Rechnung wurde Jesus im römischen Jahr 754 AUC (*Anno Urbis Conditae* = »Jahre nach der Gründung der Stadt Rom«) geboren – gleichbedeutend mit dem Jahr 1 unserer Zeitrechnung. Doch Herodes der Große starb vier Jahre vor diesem Datum, im Jahr 750 AUC (4 v. Chr.). Da bekannt ist, daß Herodes zur Zeit der Geburt Jesu noch am Leben war, wurden die Berechnungen des Mönches einfach etwas verändert, um ein Geburtsjahr vor dem Tode des Herodes zu erreichen, das Jahr 749 AUC (5 v. Chr.). Dies wurde zum allgemein akzeptierten Datum, und der restliche Zeitrahmen des Neuen Testaments wurde dementsprechend geändert. In jüngster Zeit stammen die genauesten Berechnungen der Zeitabläufe im Neuen Testament von Dr. Barbara Thiering. Der Autor von *A Test of Time*, David Rohl, hat interessante Entdeckungen auf diesem Feld in bezug auf das Alte Testament gemacht.

20 Matthäus und Lukas stimmen in der Frage der Genealogie Jesu nicht genau überein. Matthäus zeigt eine direkte Abstammung von König David, während Lukas seine Abstammung von einem anderen Sohn Davids, Natan, betont. Matthäus nennt 22 Vorfahren, Lukas nur 20. Beide Listen stimmen jedoch bei Zerubbabel, dem direkten Nachfolger und Erben Schealtiels, wieder überein.

Jesu Großvater väterlicherseits hieß nach Matthäus 1,16 Jakob, bei Lukas 3,23 wird sein Name mit Heli bezeichnet. Beide Fassungen sind allerdings korrekt, da Josephs Vater Heli in seiner Eigenschaft als Patriarch den Titel des »Jakob« führte (siehe Thiering, *Jesus the Man*, S. 29).

21 Barbara Thiering, *Jesus von Qumran*, Anhang III.

22 Ebenda, Kap. 12 und Anhang I.

23 Der ursprüngliche Zadok war jener Hohepriester, der Davids Sohn, König Salomo, um das Jahr 1015 v. Chr. salbte (1. Buch der Könige 1,38-40).

Kapitel 4: Die frühe Mission

1 Barbara Thiering, *Jesus von Qumran*, Anhang II.

2 Ebenda, Anhang I.

3 John Fleetwood, *The Life of Our Lord and Saviour Jesus Christ*, sowie *Dr. Smith's Bible Dictionary*.

4 Siehe Kap. 2, Das Erbe des Messias.

5 Die Samariter glaubten, daß Simon (der Zelote) Magus die »Kraft Gottes« repräsentierte (Apostelgeschichte 8,9-10).

6 Steve Richards, *Die Kunst des Levitierens*, Silberschnur, Güllesheim 1993, Kap. 5.

7 Barbara Thiering, *Jesus von Qumran*, Kap. 15.

8 Judas von Galiläa starb im Jahr 6 n. Chr.

9 Das syrisch-semitische Verb *skariot* entsprach dem heutigen hebräischen Verb *sikkarti* = ausliefern. Einige sind der Ansicht, daß Judas Iskariot eigentlich »Judas der Auslieferer« bedeutet, weil er Jesus verraten hat (siehe auch Ahmed Osman, *Wer war Jesus wirklich?*, Kap. 15).

10 Jakob ist synonym mit Jakobus und mit dem englischen James. Die Nachfolger des Stuartkönigs James VII. von Schottland (James/Jakob II. von England) wurden deshalb auch als Jakobiten bezeichnet.

11 Siehe Barbara Thiering, *Jesus von Qumran*, Kap. 5.

12 Trotz seines religiösen Hintergrundes wurde Matthäus von den Pharisäern
    angefeindet. Als orthodoxe Juden achteten sie extrem auf die Einhaltung
    der Gesetze im Buch Mose, so daß sie der Ansicht waren, Israel könne nicht
    gerettet werden, bevor nicht alle Juden gereinigt seien. Diese Reinigung
    war inkompatibel mit Geldangelegenheiten oder politischen Affären.
    Jemand, der in beides verwickelt war, mußte demnach als Sünder gelten.

13 Proselyten sind Nichtjuden, die zum jüdischen Glauben konvertiert sind.

14 Shem war ein Sohn Noahs und ein Vorfahr Abrahams: Er repräsentiert die
    uralte Linie des semitischen Volkes.

15 Der Name Bartholomäus stammt von Bar-Ptolemäus (aramäisch: »Diener
    des Ptolemäus«) und hat einen ägyptischen Beiklang. Siehe Thiering, *Jesus
    von Qumran*, Anhang III.

16 Thomas wurde geboren als Philippus, Sohn von Herodes dem Großen und
    Mariamne II. Er wurde zum ersten Ehemann von Herodes' Enkelin Hero-
    dias und hatte mit ihr die Tochter Salome, die später für ihren Tanz der Sie-
    ben Schleier den Kopf von Johannes forderte und bekam. Siehe Thiering,
    Jesus von Qumran, Kap. 15, und Flavius Josephus, *Antiquitatum Judaicarum
    Libri*.

17 Genesis 16,7-12.

18 Numeri 22,21-35.

19 Buch der Richter 13,2-19.

20 Buch der Richter 6,11-22.

21 Siehe 1 Henoch 4,9, ebenso die Kriegsregel von Qumran 9,15-17. Siehe auch
    A. Dupont-Sommer, *The Essene Writings From Qumran*, Basil Blackwell,
    Oxford 1961.

22 Eine genaue Übersicht über Namen und Titel gibt Barbara Thiering, *Jesus
    von Qumran*, Anhang III.

23 Die spirituelle Kraft von Quellen und fließenden Gewässern wurde in der
    »solaren Kraft« numerisch durch 1080 repräsentiert. Siehe John Mitchell,
    Dimensions of Paradise, Thames and Hudson, London 1988, Kap. 1, S. 18.

Kapitel 5: Jesus, der Messias

1 *Die Disziplinarordnung*, Rollen von Qumran, Kap. 6.

2 Siehe Barbara Thiering, *Jesus von Qumran*, Kap. 18.

3 Ebenda, Anhang III. Es handelte sich nicht wirklich um 5000 Menschen.
   Die Zahl bezog sich auf einen Teil der nichtjüdischen Einwohnerschaft von
   Palästina.

4 Auch hier ist die Zahl 4000 nicht wörtlich zu nehmen. Diese »Viertausend«
   (die Männer von Shem) waren ebenfalls Nichtjuden.

5 Siehe Barbara Thiering, *Jesus von Qumran*, Kap. 18 und Anhang II.

6 Die Rollen von Qumran deuten darauf hin, daß die Gemeinde das Auftauchen von zwei wichtigen Errettern erwartete. Einer sollte zur Kaste der Priester gehören und wurde »der Lehrer der Gerechtigkeit« genannt; der andere sollte ein Prinz aus der davidischen Linie sein – ein Krieger, der das Königreich seines Volkes wiedererstehen lassen würde. Johannes der Täufer machte es sehr deutlich, daß er nicht der Messias war (3,28): »Ihr selbst könnt mir bezeugen, daß ich gesagt habe: Ich bin nicht der Messias, sondern nur ein Gesandter, der ihm vorausgeht.«

Siehe auch John Allegro, *Die Botschaft vom Toten Meer*, Kap. 13.

7 Siehe Barbara Thiering, *Jesus von Qumran*, Kap. 19 und Anhang III.

8 Josephus, *Antiquitatum Judaicarum Libri*, XVIII, Kap. 3.

9 Barbara Thiering, *Jesus von Qumran*, Kap. 20.

10 Narden wachsen nur im Himalaja, in Höhen von ca. 4500 Metern, und Nardenöl war daher extrem teuer.

11 Siehe Kap. 3, Dynastische Ehegesetze.

12 Nardenöl wurde auch als Salböl bei Begräbnisfeierlichkeiten verwendet. Die trauernde Witwe legte eine zerbrochene Ampulle mit Nardenöl in die Gruft ihres Ehemannes (siehe auch Margaret Starbird, *The Woman With the Alabaster Jar*, Bear, Santa Fe, New Mexico 1993, Kap. 2).

13 Siehe den vorhergehenden Abschnitt: Der König und sein Esel.

14 Siehe Kap. 2, Jahwe und die Göttin.

15 Siehe Margaret Starbird, *The Woman With the Alabaster Jar*, Kap. 11.

16 Siehe auch Samuel Kramer, *The Sacred Marriage Rite*, Kap. 3.

17 Siehe Kap. 2, Jahwe und die Göttin.

18 Siehe Ahmed Osman, *Wer war Jesus wirklich?* Kap. 28.

19 Barbara Thiering, *Jesus von Qumran*, Anhang III.

20 Der Sanhedrin (Synedrion, Hoher Rat) war die jüdische Staatsbehörde, der die oberste Rechtsprechung in allen religiösen und zivilrechtlichen Fragen oblag. Er setzte sich aus Priestern, Schriftgelehrten und Ältesten zusammen.

21 Der Taufname von Salome lautete Helena. Als spirituelle Beraterin von Salome, Tochter der Herodias, wurde sie gemäß der Tradition ebenfalls Salome genannt. Helena-Salome war die spirituelle Mutter von Apostel Jakob und Johannes Boanerges.

22 Barbara Thiering, *Jesus von Qumran*, Anhang III.

23 Morton Smith, *The Secret Gospel*.

24 Ebenda, Kap. 7.

25 In seiner ersten Zusammenstellung im 4. Jahrhundert endete das Markusevangelium mit Kapitel 16, Vers 8. Diese kürzeren Manuskripte waren Teil

des *Codex Vaticanus* und des *Codex Sinaiticus* (siehe auch Baigent, Leigh, Lincoln, *Der Heilige Gral und seine Erben*, Kap. 12).

26 Siehe Baigent, Leigh, Lincoln, *Der Heilige Gral und seine Erben*, Kap. 12.

Kapitel 6: Verrat und Kreuzigung

1 Siehe Kap. 2, Das Erbe des Messias.
2 Johannes der Täufer hatte ursprünglich die Prophezeiung des Henoch unterstützt, die die Restauration der zadokischen und der davidischen Erbfolge für das Jahr 21 v. Chr. voraussagte. Doch nichts geschah.
3 Siehe Barbara Thiering, *Jesus von Qumran*, Kap. 22.
4 Josephus, *Antiquitatum Judaicarum Libri*, XVIII, Kap. 1.
5 Siehe Barbara Thiering, *Jesus von Qumran*, Anhang I.
6 Siehe Kap. 2, Geheimcodes im Neuen Testament.
7 Barbara Thiering, *Jesus von Qumran*, Kap. 21.
8 John Allegro, *Die Schriftrollen vom Toten Meer*, Kapitel 7, 12 und 13.
9 Die Gemeinschaftsordnung, Annex II.
10 Barbara Thiering, *Jesus von Qumran*, Kap. 21.
11 Ebenda, Kap. 23.
12 Baigent, Leigh und Lincoln, *Der Heilige Gral und seine Erben*, Kap. 12.
13 Barbara Thiering, *Jesus von Qumran*, Kap. 22.
14 Baigent, Leigh und Lincoln, *Der Heilige Gral und seine Erben*, Kap. 12.
15 Siehe *Die Apostolische Konstitution* VI, nähere Angaben in der Bibliographie unter Klemens.
16 In der Überlieferung der Gnostiker wurde Simon »an der Stelle von Jesus« gekreuzigt, nicht jedoch für ihn. (Siehe Barbara Thiering, *Jesus von Qumran*, Anhang II).
17 Barbara Thiering, *Jesus von Qumran*, Kap. 24.
18 Ebenda, Anhang II.
19 Ebenda, Anhang II.
20 Ebenda, Anhang III.
21 Ebenda, Kap. 26.

Kapitel 7: Die Auferstehung

1 »Pfund« bezieht sich hier auf das griechische Maß *litra* (lateinisch *libra*) und entspricht etwa 330 g. 100 Pfund würde also etwa 33 kg entsprechen – eine ziemlich große Menge.
2 Barbara Thiering, *Jesus von Qumran*, Anhang I.

3 Siehe Kap. 4, Wer waren die Apostel?
4 Siehe Kap. 6, Politik und Pascha.
5 Siehe Kap. 5, Der König und sein Esel.
6 Baigent, Leigh und Lincoln, *Das Vermächtnis des Messias*, Kap. 6.
7 Gladys Taylor, *Our Neglected Heritage*, Covenant Books, London 1974, Bd. 1,
   S. 42.
8 Die Bezeichnung Gnostiker leitet sich von dem griechischen Wort *gnosis* ab
   (= Wissen, esoterische Einsicht). Die Bewegung hatte ihren Ursprung in
   Samaria und setzte sich später in Syrien weiter fort. Der Kult identifizierte
   sich besonders mit den spirituellen Idealen der samaritischen Gemeinde.
   Simon Zelotes war der Hauptmagier der Gnostiker, die über bemerkens-
   wertes astronomisches und magisches Wissen verfügten, da die ersten
   Magier Priester des Zoroaster (oder Zarathustra) waren, den einige alte
   Texte als Schüler Abrahams bezeichnen.
9 Nag Hammadi Kodex BG 8502, 1.
10 Siehe Kap. 4, Wer waren die Apostel?
11 Nag Hammadi Kodex VII, 3.
12 Nag Hammadi Kodex II, 2.

Kapitel 8: Die Blutlinie setzt sich fort

1 Siehe Barbara Thiering, *Jesus von Qumran*, Anhang I.
2 Ebenda, Anhang III.
3 Siehe Kap. 11, Der Aufstieg der römischen Kirche.
4 Die Tatsache, daß Jesus in der Apostelgeschichte (3,21) in Zusammenhang
   mit dem Begriff »Wiederherstellung« erwähnt wird, deutet darauf hin, daß
   er Vater wurde und deshalb für einige Zeit zölibatär leben mußte. Da nicht
   erwähnt wird, daß ihm ein Sohn geboren wurde, kann man davon ausgehen, daß sein Kind eine Tochter war. Siehe auch Barbara Thiering, *Jesus von
   Qumran*, Kap. 33 und Anhang I.
5 Siehe Barbara Thiering, *Jesus von Qumran*, Anhang I und III.
6 Ebenda, Anhang III.
7 Siehe Kap. 2, Geheimcodes im Neuen Testament.
8 Siehe Barbara Thiering, *Jesus von Qumran*, Kap. 29.
9 Siehe A. N. Wilson, *Der geteilte Jesus*, Kap. 30.
10 Baigent, Leigh und Lincoln, *Das Vermächtnis des Messias*, Kap. 6.
11 Siehe Barbara Thiering, *Jesus von Qumran*, Kap. 30.
12 Das gemeinschaftliche Bild der Gemeinde von Qumran war das von einem
   »Weg«, dem die »Kinder des Lichts« folgten. Gegner der Gemeinde wurden deshalb als »blind für den Weg« bezeichnet.

13 A. N. Wilson, *Der geteilte Jesus*, Kap. 2.

14 Ebenda.

15 Simon war der erste missionierende Priester auf Zypern und soll auch der erste Bischof von Larnaca gewesen sein.

16 Siehe Kap. 9, Scharlachrote Frau – Schwarze Madonna.

17 Siehe Kap. 9, Maria und die Kirche.

18 Siehe Barbara Thiering, *Jesus von Qumran*, Kap. 31.

19 Ebenda.

20 Ebenda, Anhang I.

21 Ebenda, Anhang I.

22 Vermutlich geht der Brauch, die Farbe Schwarz in sakralem Zusammenhang zu verwenden, noch auf vorchristliche Zeiten zurück.

23 Ananus der Jüngere, ein Bruder von Jonatan Hannas, wurde 62 n. Chr. Hohepriester. Er war Saduzzäer und daher prädestiniert dafür, den Konflikt zwischen dem Sanhedrin einerseits und Jakob und den Idealen der Nazoräer andererseits zu vertiefen.

24 Tacitus, *Annalen*, XV, 43.

25 Barbara Thiering, *Jesus von Qumran*, Kap. 35.

26 Andreas Faber-Kaiser, *Jesus starb in Kaschmir*, Ullstein, Berlin 1998.

27 Lediglich im Jahr 132 n. Chr. gelang es den Juden unter der Führung von Simon Ben Kochba, Prinz von Israel, den Römern eine nennenswerte militärische Niederlage zuzufügen. Er hatte eine beachtliche Anzahl freiwilliger Soldaten sowie Söldner aus unterschiedlichen Ländern versammelt, wurde aber schließlich 135 n. Chr. von zwölf römischen Legionen besiegt.

28 Julius Africanus übersetzte eine Reihe von Schriften von Abdias, dem nazarenischen Bischof von Babylon, in die lateinische Sprache. Die Bücher des Abdias umfassen insgesamt zehn Bände frühapostolischer Geschichte, wurden aber wie so viele andere Zeitzeugnisse bei der Verfassung des Neuen Testamentes nicht berücksichtigt.

29 Siehe Kap. 1, Wem dient der Gral?

30 Malachi Martin, *The Decline and Fall of the Roman Church*.

Kapitel 9: Maria Magdalena

1 John W. Taylor, *The Coming of the Saints*, Covenant Books, London 1969, S. 138.

2 Siehe Barbara Thiering, *Jesus von Qumran*, Kap. 17.

3 Ebenda, Kap. 17, sowie Kap. 2 des vorliegenden Buches, Geheimcodes im Neuen Testament.

4 Ebenda, Anhang III.

5 Ebenda, Anhang I.

6 Ebenda, Kap. 17.

7 Gladys Taylor, *Our Neglected Heritage*, Vol. I, S. 17.

8 Ean Begg, *Das Rätsel der schwarzen Madonna*, Reichl, St. Goar 1992, Kap. 4.

9 Margaret Starbird, *The Woman With the Alabaster Jar*, Kap. 3, S. 50.

10 Henry Lincoln, *The Holy Place*, Jonathan Cape, London 1991, Kap. 7, S. 70.

11 Ean Begg, a. a. O.

12 Siehe Barbara Thiering, *Jesus von Qumran*, Anhang III.

13 Ebenda.

14 Siehe Ean Begg, a. a. O.

15 Margaret Starbird, a. a. O., Kap. 6, S. 123.

16 Ebenda.

17 Siehe Ean Begg, a. a. O.

18 Nag Hammadi Codex BG 8502-1.

19 Elaine Pagels, *Versuchung durch Erkenntnis: Die gnostischen Evangelien*, Suhrkamp, Frankfurt 1987, Kap. 3.

20 Nag Hammadi Codex II, 2.

21 Ebenda, II, 3.

22 Siehe oben, Scharlachrote Frau – Schwarze Madonna.

23 Ean Begg. a. a. O., Kap. 2.

24 Beryl Platts, *Origins of Heraldry*, Proctor Press, London 1980, Kap. 1, S. 33.

25 Siehe Kap. 8, Die Tochter Tamar.

26 Beryl Platts, a. a. O.

27 Siehe oben, Königliche Braut und Mutter.

28 John W. Taylor, *The Coming of the Saints*, Kap. 6, S. 103.

29 Père Lacordaire, *St Mary Magdalene*, Thomas Richardson, Derby 1880, S. 106-108.

30 *Dictionnaire étymologique des noms de lieux en France.*

31 Siehe Kap. 4, Wer waren die Apostel?

32 Siehe Kap. 8, Die Tochter Tamar.

33 Die Merowinger waren die Dynastie der fränkischen Könige, die vom 5. bis zum 8. Jahrhundert herrschten. Siehe auch Kapitel 11, Die merowingischen Magierkönige.

Kapitel 10: Josef von Arimathäa

1 Eusebius schrieb in *De Demonstratione Evangelii*: »Die Apostel überquerten den Ozean zu den Inseln, die als Britannien bekannt sind.« Siehe auch Lio-

nel Smithett Lewis, *Josef of Arimathea at Glastonbury*, A R Mobray, London 1927, S. 54.

2 Gemäß einer schriftlichen Aussage des Erzbischofs Isidor von Sevilla (600-636), die von Freculphus, Bischof von Lisieux im 9. Jahrhundert, bestätigt wird.

3 Der Tabernakel der Hebräer wird bei Exodus 26 und 36 beschrieben.

4 Lionel Smithett Lewis, a.a.O., S. 15-16.

5 Siehe William von Malmesbury, *The Antiquities of Glastonbury*, Talbot/JMF Books, Llanerch 1980.

6 Die Route der jüdischen Zinnhändler wird bei Diodorus Siculus zur Zeit von Kaiser Augustus beschrieben. Sie verlief von Britannien nach Gallien bis Marseilles und Narbonne, wo das Erz verschifft wurde. Siehe John W. Taylor, *The Coming Of The Saints*, Kap. 8, S. 143.

7 Zinn ist unabdingbar für die Herstellung von Bronze. Die wichtigsten Zinnminen der damaligen Zeit lagen im Südwesten Englands.

8 Siehe Kap. 6, Die Schädelstätte.

9 Viele alte Namen haben im Zuge zahlreicher Abschriften und Überlieferungen ihren Anfangsbuchstaben eingebüßt. So wurde aus Morgaine oft Orguein, oder wie in diesem Fall Galains zu Alain.

10 Der *Grand Saint Grail* bestätigt, daß die Gralsherrschaft nach dem Tod von Alain an Josue weitergegeben wurde – bezeichnet ihn dabei aber als Bruder statt als Vetter.

11 Dies wird ebenfalls im *Grand Saint Grail* bestätigt.

12 W. A. S. Hewins, *The Royal Saints of Britain*, Chiswick Press, London 1929, S. 18.

13 Sir Thomas Malory, *Morte d'Arthur*, Buch XIII, Kap. 10.

14 Das Tuch ist unter dem Namen »Schweißtuch der hl. Veronika« bekannt. Sie soll Jesus auf seinem Weg zur Kreuzigung damit den Schweiß vom Gesicht gewischt haben, wobei sein Abbild auf dem Tuch verblieb. Siehe auch Nancy Qualls-Corbett, *The Sacred Prostitute*, Kap. 5., S 151.

15 Harlean MS 3859, *Genealogies of the Welsh Princes*, bestätigt, daß Anna die Tochter von Josef von Arimathäa war.

16 Siehe Kap. 12, Camelot und die Pendragons.

Kapitel 11: Religion und die Blutlinie

1 Die Antwort von Eleutherius an König Lucius aus dem Jahr 177 n. Chr. findet sich bei John W. Taylor, *The Coming of the Saints*, Anhang K.

2 Lucius starb am 3. Dezember 201 und wurde in Gloucester bestattet.

3 Siehe auch A. N. Wilson, *Der geteilte Jesus*, Kap. 4.

4 George F. Jowett, *The Drama of the Lost Disciples*, Covenant Books, London 1961, Kap. 12, S. 125-126.

5 Dem Konzil von Arles im Jahr 314 wohnten drei britische Bischöfe bei (von London, York und Lincoln).

6 Siehe Kap. 4, Priester und Engel.

7 Im Jahr 452 konfrontierten der Bischof von Rom, Leo I., und eine unbewaffnete Gruppe von Mönchen den schrecklichen Attila und seine Hunnen am Po in Norditalien. Kurz darauf gab Attila seinen Truppen den Befehl, die Zelte abzubrechen und sich weiter nach Norden zurückzuziehen. Was genau zwischen den beiden Männern gesprochen wurde, ist nicht bekannt. Leo I. gelangte danach jedoch zu enormer Macht. Zwanzig Jahre zuvor hatte der Byzantinerkaiser Theodosius II. den gefürchteten Hunnen unter ähnlichen Umständen getroffen und ihm einige Millionen in heutiger Währung für den Frieden im Osten angeboten. Leos Arrangement war vermutlich ähnlicher Natur. Siehe auch Malachi Martin, *The Decline and Fall of the Roman Church*, und Norman J. Bull, *The Rise of the Church*, Heinemann, London 1967.

8 Das Word okkult hatte ursprünglich keine dunklen Konnotationen, sondern bedeutete »verborgen« im esoterischen Sinn. Im Mittelalter verehrten die Anhänger des Okkultismus den Planeten Venus als Repräsentanten Maria Magdalenas, die als Übermittlerin geheimer Enthüllungen betrachtet wurde. Im Laufe ihres achtjährigen Umlaufs beschreibt die Venus ein exaktes Pentagramm, einen fünfzackigen Stern, am Himmel. Die gleiche Figur wird von den fünf Berggipfeln um das Magdalenenzentrum in Rennes-le-Château im Languedoc gebildet. Siehe auch Henry Lincoln, *The Holy Place*, Kap. 7.

9 Die esoterische Tradition Salomos reichte über die Jahrhunderte bis zur Ära gnostischen Christentums vor der Zeit der Merowinger. Bei den Gnostikern, deren Texte sich auf das Buch von Salomo bezogen, handelte es sich um einen Ableger früher jüdischer Sekten aus Babylon. Ihre Form des Christentums stand in enger Beziehung zu den metaphysischen Lehren von Plato und Pythagoras. Sie behaupteten außerdem, daß sie besondere Einsicht in geheime Lehren Jesu hätten, die der Kirche von Rom nicht bekannt waren.

10 Siehe oben, König Lucius.

11 Siehe Barbara Thiering, *Jesus von Qumran*, Kap. 12.

12 Das Hexagramm ist Teil von König Salomos Siegel und steht für die Einheit (oder sogar die Harmonie) von Gegensätzen. Es findet sich auch als Zellform bestimmter Formen organischen Lebens und ist ein in der Alchemie häufig verwendetes Symbol. Die Umrisse bilden den Davidsstern.

13 Siehe oben, Die Desposyni und der Kaiser.

14 Meist wird es so dargestellt, als sei der heidnische Chlodwig ein Christ geworden. In Wirklichkeit trat der bereits christliche Chlodwig lediglich zum Katholizismus über.

15 Siehe Baigent, Leigh, Lincoln, *Der Heilige Gral und seine Erben*, Kap. 9.

Kapitel 12: Elemente der Artussage

1 John Allegro, *Die Botschaft vom Toten Meer*, Kap. 7.

2 Siehe Kap. 11, Die merowingischen Magierkönige.

3 Bei Botticelli stehen die Granatapfelsamen für Fruchtbarkeit, in Anlehnung an die Granatäpfel im Hohelied Salomos und die Säulenkapitelle seines Tempels, der etwa eintausend Jahre vor der Kreuzigung Christi erbaut wurde.

4 Geoffrey Ashe, *Kelten, Druiden und König Arthur*, Walter Verlag, Düsseldorf 1997, Kap. 7.

5 Siehe Kap. 3, Dynastische Ehegesetze.

6 Siehe Barbara Thiering, *Jesus von Qumran*, Anhang III.

7 Siehe Kap. 5, Der König und sein Esel.

8 Aus *High History of the Holy Grail*, um 1220 zusammengestellt von Josephus.

9 George F. Jowett, *The Drama of the Lost Disciples*, Kap. 6, S. 45-46.

10 In dem französischen Werk *Sone de Nansai* aus dem 13. Jahrhundert wird die Frau von Josef als nordische Prinzessin bezeichnet.

11 Siehe Kap. 10, Der Schild der Ehrenwerten.

12 Siehe Michael Wood, *In Search of the Dark Ages*, BBC Books, London 1981, S. 50.

13 Siehe Kap. 5, Der Bräutigam und seine Braut.

14 Siehe oben, Anfortas, der heilige Michael und Galahad.

15 Siehe Kap. 11, König Lucius.

16 Unterlagen der Heiligen Bruderschaft von St. Columba: der schottische Sitz der keltischen Kirche.

17 Zur Zeit von Artus hieß die Grafschaft Cornwall im Südwesten der Insel Dumnonia. Der Name *Cornwall* tauchte erst im 9. Jahrhundert auf.

18 *Tract on the Tributes Paid to Baedan, King of Ulster*, in: *The Chronicles of the Picts and Scots*.

19 Unterlagen der Heiligen Bruderschaft von St. Columba.

20 Zu dieser Zeit war England noch keine einige Nation.

21 Die Bezeichnung »Le Benoic« stammt ursprünglich aus dem Lateinischen: *ille benedictum* = »der Gesegnete«.

22 Unterlagen der Heiligen Bruderschaft von St. Columba.

23 Urien wurde bekannt durch seine Koalition von Herrschern gegen die northumbrischen Angeln von Bernicia.

24 Siehe Kap. 2, Jahwe und die Göttin.

25 Siehe Kap. 1, Die Blutlinie beginnt.

26 Die Auffassung, daß Artus zwei Ehefrauen gehabt habe, rührt aus der Zusammenlegung zweier historischen Figuren zu einer fiktiven Gestalt. Artus von Dalriada und Arthur von Dyfed hatten beide Ehefrauen.

27 William J. Watson, *The History of the Celtic Place Names of Scotland*, William Blackwood, Edinburgh 1926.

Kapitel 13: Intrigen gegen die Blutlinie

1 Es war Papst Gregor, der im Jahre 600 Latein als die offizielle Kirchensprache einführte.
2 Weitere Informationen über die keltische Kirche finden sich in: Nora K. Chadwick, *The Age of Saints in the Celtic Church*, Oxford University Press 1961; Dom Louis Gougaud, *Christianity in Celtic Lands*, Four Courts Press, Dublin 1932; E. G. Bowen, *The Settlements of the Celtic Saints in Wales*, University of Wales Press, Cardiff 1956.
3 Trotz des Bruches der Kirche in zwei voneinander unabhängige Kirchen wurde diese Tatsache erst 1945 formalisiert.
4 Siehe Kap. 12, Anfortas, der heilige Michael und Galahad.
5 Siehe Kap. 12, Morgan und die Kirche.
6 Siehe Kap. 9, Maria und die Kirche.
7 Anna Jamesson, *Legends of the Madonna*, Houghton Mifflin, Boston 1895.
8 Über diese Periode der merowingischen Geschichte gibt es wenig Literatur. Empfehlenswert sind: Baigent, Leigh, Lincoln, *Der Heilige Gral und seine Erben*, Bergisch Gladbach 1984; Margaret Deanesley, *A Medieval History of Europe 476 to 911*, Methuen, London 1956.
9 Zum Übergang von Merowingern zu Karolingern siehe R. H. C. Davis, *A History of Medieval Europe*, Longmans Green, London 1957.
10 Siehe Arthur J. Zukerman, *A Jewish Princedom in Feudal France*, Columbia University Press, New York 1972.
11 Die Tora umfaßt die fünf Bücher Mose und steht hier als Ausdruck für den jüdischen Glauben allgemein.

Kapitel 14: Der Gralstempel

1 Siehe Kap. 12, Anfortas, der heilige Michael und Galahad.
2 Corbenic = Cors Beneicon = corpus benedictum = »gesegneter Körper«. »Château du Corbenic« ist also das Schloß des geweihten Körpers.
3 Siehe Kap. 8, Versteckte Aufzeichnungen und die Desposyni.
4 Myles Dillon und Nora K. Chadwick, *The Celtic Realms*, London 1967.
5 Henri Hubert, *The Greatness and Decline of the Celts*, Kegan Paul, London 1934.
6 Dom Louis Gougard, *Christianity in Celtic Lands*, Four Courts Press, Dublin 1932.

7 Neuplatonismus tauchte etwa um 250 n. Chr. auf.

8 Siehe Margaret Starbird, *The Woman With the Alabaster Jar*, Kap. 5.

9 Louis Charpentier, *Die Geheimnisse der Kathedrale von Chartres*, Gaia, Köln 1993.

10 Siehe Kap. 9, Die Herrin der Wasser.

11 Nigel Pennick, *Sacred Geometry*, Turnstone, Wellingborough 1980.

12 John Matthews, *The Grail: Quest for the Eternal*, Thames & Hudson, London 1981, S. 8.

13 Ebenda, S. 9.

14 Riane Eisler, *Kelch und Schwert*, Goldmann, München 1993.

15 Harold Bayley, *The Lost Language of Symbolism*, Williams and Norgate, London 1912.

16 George F. Jowett, *The Drama of the Lost Disciples*, Kap. 18.

17 John Matthews, *The Grail: Quest for the Eternal*, S. 6.

18 Margaret Starbird, *The Woman With the Alabaster Jar*, Kap. 5.

Kapitel 15: Die Hüter des Grals

1 Siehe Kap. 13, Der König der Juden.

2 Der ursprüngliche Orden von Sion wurde gegründet, damit auch Moslems, Juden und Angehörige anderer Glaubensrichtungen dem christlichen Orden beitreten konnten, der später zu den Tempelrittern werden sollte.

3 Die Zisterzienser legten den Schwerpunkt ihrer Arbeit auf Bildung, Agrarkultur und die Heiligen Künste.

4 Das ursprüngliche Columba-Kloster auf Iona wurde 807 von nordischen Piraten zerstört. Das Kloster des heiligen Bernhard an der gleichen Stelle war eher zisterziensisch als columbanisch.

5 Siehe Ean Begg, *Das Rätsel der schwarzen Madonna*, Kap. 4.

6 Siehe Louis Charpentier, *Die Geheimnisse der Kathedrale von Chartres*, Kap. 7.

7 Ebenda.

8 Ebenda, Kap 8.

9 Ebenda, Kap. 9.

10 Der Grundriß der Notre-Dame-Kathedralen bezog jeweils die Kraftlinien der Erde, Wasseradern und andere geomantische Strukturen in den Bauplan ein.

11 Siehe Kap. 14, Die druidische Tradition und der Stein der Weisen.

12 Siehe Louis Charpentier, *Die Geheimnisse der Kathedrale von Chartres*, Kap. 2.

13 Dolmen wurden seit prähistorischer Zeit als große Resonanzkörper verwendet, um die Energieströme der Erde zu verstärken (wie z. B. in Stonehenge).

14 Siehe Louis Charpentier, *Die Geheimnisse der Kathedrale von Chartres*, Kap. 17.
15 Häufig wurden numerische Angaben verwendet, um den Gebrauch Heiliger Geometrie geheimzuhalten, wie z. B. in den Beschreibungen von König Salomos Tempel im Alten Testament (1 Könige 6).
16 Siehe Louis Charpentier, *Die Geheimnisse der Kathedrale von Chartres*, Kap. 18.
17 Michael Howard, *The Occult Conspiracy*, Century Hutchinson, London 1989.
18 Siehe Kap. 1, Die Blutlinie beginnt.
19 Siehe auch Baigent, Leigh, Lincoln, *Der Heilige Gral und seine Erben*, Kap. 2. Ebenso Baigent, Leigh, *Der Tempel und die Loge*, Lübbe, Bergisch Gladbach 1991.
20 Siehe Margaret Starbird, *The Woman With the Alabaster Jar*, Kap. 4.
21 Eleonore von Aquitanien (1122-1204) ist ein ausgezeichnetes Beispiel für religiöse Gleichberechtigung in dieser Region. Ihre Bedeutung und ihr Einfluß stellten für die Bischöfe der römischen Kirche einen konstanten Dorn im Auge dar.
22 Empfehlenswerte Literatur zum Albigenser-Kreuzzug ist u. a. Zoe Oldenburg, *Massacre at Montségur*, und J. Sumption, *The Albigensian Crusade*.
23 Die Exkommunikation Schottlands als Nation wurde erst 1323 aufgehoben.
24 Siehe Kap. 16, Schottland und der Gral.

Kapitel 16: Das Zeitalter der Ritterlichkeit

1 Siehe Kap. 12, Der historische König Artus.
2 Brutus (gest. 1103 v. Chr.) war der Enkel von Ascanius Julius und Sohn von Aeneas und Creusa (Tochter des Königs Priamos von Troja). Nach dem Fall Trojas (etwa 1184 v. Chr.) wurde das königliche Haus von Dardanos zerstreut. Der trojanische Zyklus von Proklos (2. Jh. v. Chr.) erzählt, daß Aeneas mit 88 000 Trojanern nach Italien floh, während Brutus eine andere Gruppe nach Britannien führte und dort – nach Nennius' *Historia* – Trinovantium gründete, das spätere London. Der Brutus-Stein, von dem aus die königliche Nachfolge traditionell ausgerufen wurde, befindet sich in Totnes (Devon). Siehe Gladys Taylor, *Our Neglected Heritage*.
3 Guanhumara von Irland war die Gemahlin des Arthur von Dyfed, während Gwenhwyfar aus der Bretagne Artus von Dalriada heiratete.
4 Das historische Schwert von Avallon wurde Lanzelot durch seine Mutter, Viviane del Acqs, überreicht, um es für den Sohn der dynastischen Erbin Morgaine aufzubewahren. Dieser Sohn war Modred, Erzpriester der kelti-

schen Bruderschaft. Doch Lanzelot übergab das Schwert statt dessen Modreds Vater Artus, was schließlich zum Niedergang des Königreichs führte. Lanzelot und Artus wurden daraufhin aus der keltischen Kirche ausgestoßen.

5 Beryl Platts, *Scottish Hazard*, Proctor Press, London 1985-90.
6 Aufzeichnungen der Sinclairs von Roslin.
7 Aufzeichnungen des Genealogen H. S. Cummings Jr.
8 Siehe Kap. 15, Die Verfolgung der Templer.
9 Siehe Baigent, Leigh, *Der Tempel und die Loge*, Kap. 8.
10 Andrew Sinclair, *The Sword and the Grail*, Crown, New York 1992.

Kapitel 17: Häresie und Inquisition

1 Siehe Michael Howard, *The Occult Conspiracy*, London 1989, S. 43.
2 Ebenda, S. 44.
3 Der Caduceus entspricht dem geflügelten Stab des Merkur.
4 Siehe Michael Howard, *The Occult Conspiracy*, Kap. 4. Zur Geschichte der Rosenkreuzer siehe auch Frances A. Yates, *Aufklärung im Zeichen des Rosenkreuzes*, Klett-Cotta, Stuttgart 1997, und Arthur E. Waite, *The Real History of the Rosicrucians*.

Kapitel 18: Das Haus der Einhörner

1 Siehe Kap. 17, Der Orden der Rosenkreuzer.
2 Das Boyle-Mariotte-Gesetz beschreibt die Beziehung zwischen dem Druck und dem Volumen eines idealen Gases bei konstanter Temperatur.
3 Siehe Kap. 15, Die Verfolgung der Templer.

Kapitel 19: Der Sangréal heute

1 Der Inhalt dieses Kapitel bezieht sich zum großen Teil auf Aufzeichnungen des Königlichen Hauses von Stewart in Edinburgh und Brüssel, Archive der Stewart-Trustees in Rom und Akten des Europäischen Fürstenrates.

Liste der Landkarten

Liste der Stammtafeln

Zusätzliche Stammtafeln

Für alle Leser mit weitergehendem genealogischen Interesse sind im folgenden die ergänzenden Stammtafeln aus dem englischen Original abgedruckt.

BIBLE CHART – A
From Adam to Abraham

BIBLE CHART – B
From Abraham to David

ADAM
= *Eve*

SHETH (Seth)

ENOSH (Enos)

KENAN (Cainan)

MAHABEEL (Mahalaleel)

JARED (Jered)

ENOCH (Henoch)

METHUSELAH (Mathusala)

LAMECH

NOAH (Noe)

SHEM (Sem)

ARPHAXAD (Arpachshad)

SHELAH (Sala)

EBER (Heber)

PELEG (Phalec)

REU (Ragau)

SERUG (Saruch)

NAHOR (Nachor)

TERAH (Tara)

ABRAHAM (Abram)

ABRAHAM
= *Sarah (Sarai)*

ISAAC
= *Rebechak (Rebecca)*

JACOB
= *Leah*

JUDAH (Juda/Judas)
= *Tamar*

PHAREZ (Phares)

HEZRON (Esrom)

RAM (Aram)

AMMINADAB (Aminadab)

NAHSHON (Naasson)

SALMA (Salmon)
= *Rachab (Rahab)*

BOAZ (Booz)
= *Ruth*

OBED

JESSE

DAVID
King of Israel 1048-1015 BC

BIBLE CHART – C
From David to Zerubbabel

DAVID – King of Israel 1048 BC
= *Bathsheba – widow of Uriah the Hittite*
|
|
SOLOMON – King of Israel 1015 BC
= *Naamah the Ammonitess*
|
|
REHOBOAM (Roboam) – King of Judah 975 BC
= *Maachlah – daughter of Ureil of Gibeah*
|
|
ABIJAH (Abia) – King of Judah 957 BC
|
|
ASA – King of Judah 955 BC
= *Azubah – daughter of Shilhi*
|
|
JEHOSHAPHAT (Josaphat) – King of Judah 917 BC
|
|
JEHORAM (Joram) – King of Judah 893 BC
= *Athalia – daughter of Omri*
|
|
AHAZIAH – King of Judah 885 BC
= *Zibiah of Beersheba*
|
|
JOASH – King of Judah 878 BC
= *Jehoaddan of Jerusalem*
|
|
AMAZIAH – King of Judah 840 BC
= *Jecoliah of Jerusalem*
|
|
UZZIAH (Oziah) – King of Judah 811 BC
= *Jerushah – daughter of Zadok*
|
|
JOTHAM (Joatham) – King of Judah 759 BC
|
|
AHAZ (Achaz) – King of Judah 742 BC
= *Abija – daughter of Zechariah*
|
|
HEZEKIAH (Ezekias) – King of Judah 726 BC
= *Hephzibah*

↓

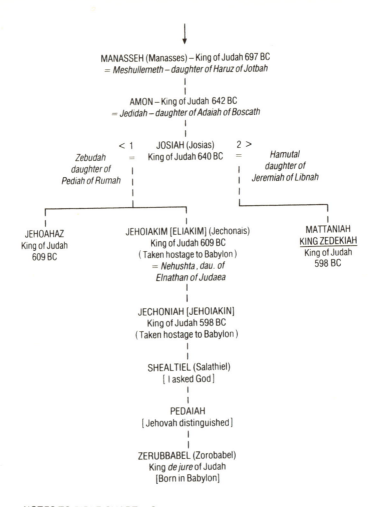

MANASSEH (Manasses) – King of Judah 697 BC
= Meshullemeth – daughter of Haruz of Jotbah

AMON – King of Judah 642 BC
= Jedidah – daughter of Adaiah of Boscath

< 1   JOSIAH (Josias)   2 >
Zebudah   =   King of Judah 640 BC   =   Hamutal
daughter of   daughter of
Pediah of Rumah   Jeremiah of Libnah

JEHOAHAZ
King of Judah
609 BC

JEHOIAKIM [ELIAKIM] (Jechonais)
King of Judah 609 BC
(Taken hostage to Babylon)
= Nehushta , dau. of
Elnathan of Judaea

MATTANIAH
KING ZEDEKIAH
King of Judah
598 BC

JECHONIAH [JEHOIAKIN]
King of Judah 598 BC
(Taken hostage to Babylon)

SHEALTIEL (Salathiel)
[I asked God]

PEDAIAH
[Jehovah distinguished]

ZERUBBABEL (Zorobabel)
King de jure of Judah
[Born in Babylon]

NOTES TO BIBLE CHART – C

1) Bible Chart C is based on the 1650 chronology prepared by Bishop James Ussher of Armagh. Possible alternative dates for accessions prior to Amon in 642 are: David 1000 BC, Solomon 962 BC, Rehoboam 922 BC, Abijah 915 BC, Asa 908 BC, Jehoshaphat 867 BC, Jehoram 849 BC, Ahaziah 842 BC, Joash 835 BC, Amaziah 800 BC, Uzziah 791 BC, Jotham 739 BC, Ahaz 732 BC, Hezekiah 715 BC, and Manasseh 686 BC.

2) Prior to becoming King of Israel, David had been King of Judah, having succeeded King Saul – the first king from 1055 (or 1021) BC. Although David and Solomon were overall rulers of Israel and Judah, the combined kingdom was divided on Solomon's death, to become Judah and Israel. Solomon's son, Rehoboam, became King of Judah, while Jeroboam, son of Nebat, became King of Israel. The two kingdoms ran parallel – each with its own succession. Samaria (capital of Israel) fell in 721 BC to the Assyrians (passing to Babylonian control in 650 BC). Jerusalem (capital of Judah) fell in 586 BC to Nebuchadnezzar of Babylon.

3) King Ahaziah was murdered in 884 (or 842) BC by Jehu, son of Nimshi. His mother, Athaliah, ruled in his stead for six years until his son, Joash, succeeded.

4) Following the death of King Josiah in 609 BC, his eldest son, Jehoahaz, took the throne. He was forced out of Judah by the Pharoah of Egypt, and his brother Jeoiakim (Jechonais) succeeded him in that same year. Eleven years later, Jehoiakia was captured and taken to Babylon by Nebuchadnezzar. Jehoiakim's son, Jechoniah (Jehoiakin), duly took over as King, but he too was seized and removed to Babylon. His uncle, Mattaniah (half-brother to Jehoahaz and Jehoiakin), succeeded as King Zedekiah in 598 BC. When Jerusalem fell entirely to Nebuchadnezzar in 586 BC, Zedekiah was also taken to Babylon and blinded. His sons were murdered, but Jeremiah the Prophet removed Zedekiah's daughter, Tamar Tephi, to safety in Ireland (see Chapter 17 - The Stone of Destiny).

BIBLE CHART – D
From Zerubbabel to Jesus

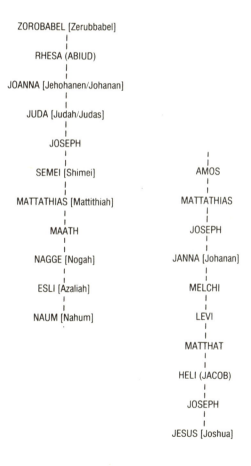

ZOROBABEL [Zerubbabel]

RHESA (ABIUD)

JOANNA [Jehohanen/Johanan]

JUDA [Judah/Judas]

JOSEPH

SEMEI [Shimei]   AMOS

MATTATHIAS [Mattithiah]   MATTATHIAS

MAATH   JOSEPH

NAGGE [Nogah]   JANNA [Johanan]

ESLI [Azaliah]   MELCHI

NAUM [Nahum]   LEVI

MATTHAT

HELI (JACOB)

JOSEPH

JESUS [Joshua]

SICAMBRIAN DESCENT *Early Franks from 5th century BC*

ANTENOR (d. 443 BC)
Trojan royal descendant – King of the Cimmerians of Scythia on the Black Sea

|

MARCOMER (d. 412 BC)
Moved Cimmerians from the Black Sea to West-Friezland, Gelders and Holland
Crossed the Rhine and conquered Northern Gaul

|

ANTENOR (d. 385 BC)
= *Cambra (from whom the SICAMBRI tribe were named)*

|

PRIAMUS (d. 358 BC)
Introduced the New Covenant *(Newmage)* and the Saxon language

|

HELENUS (d. 339 BC)
Priest of the Arcadian sea-god, Pallas

|

DIOCLES (d. 300 BC)
Aided Saxons against the Goths and Southern Gauls

|

BASSANUS MAGNUS (Priest-King d. 250 BC)
Built the city of Bassanburg (Aix la Chapelle)
= *Norwegian princess*

|

CLODOMIR (d. 232 BC)
Allied with Saxons and Thuringians against the Gauls

|

NICANOR (d. 198 BC)
= *Daughter of the British Chief, Elidure*

|

MARCOMER (d. 170 BC)
Defeated Romans, Gauls and Goths. Set the *Acts of the Gauls* to rhyme

|

CLODIUS (d. 159 BC)
Withstood further invasions by Romans and Gauls

|

ANTENOR (d. 143 BC)
Concluded a Peace Treaty with the Gauls

|

CLODOMIR (d. 123 BC)
Gauls broke treaty, but their further incursions were repelled

|

MEROVACHUS (d. 95 BC)
Led army of 22,000 against Roman centres in Italy, and overthrew Bohemia

↓

CASSANDER (d. 74 BC)
Allied militarily with King Hamecus of Thuringia and King Arabius of Saxony

ANTHARIUS (d. 39 BC)
Withstood invasions by Julius Caesar

FRANCUS (Francio d. 11 BC)
Issued an edict changing the tribal name from Sicambri to FRANKS (Franci)
Led a Frankish-Saxon-Thuringian army of 300,000 against the Romans
Made a perpetual league with the German princes

CLODIUS (Clogio d. AD 20)
Continued to withstand Roman incursions

MARCOMER (d. AD 50)

CLODOMIR (d. AD 63)
Drove Nero's legions out of Metz and Trier

ANTENOR (d. AD 69)

RATHERIUS (d. AD 90)
Ratified league with Germans and Saxons. Built Rotterdam

RICHEMER (d. AD 114)
Continued wars against Romans and Goths. Founded Brandenburg

ODOMAR (d. AD 128)
Established a Peace Treaty with the Romans and Goths

MARCOMER (d. AD 169)
Built Marpurg in Hesse
= ATHILDIS of Camulod – elder sister of British King Lleiffer Mawr (Lucius)
[See Chart: ARTHURIAN DESCENT]

CLODOMIR (d. AD 180)
= Basilda – dau. of King of the Rugij

FARABERT (d. AD 186)
Renewed league with the Germans

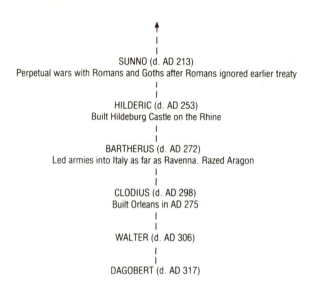

SUNNO (d. AD 213)
Perpetual wars with Romans and Goths after Romans ignored earlier treaty

HILDERIC (d. AD 253)
Built Hildeburg Castle on the Rhine

BARTHERUS (d. AD 272)
Led armies into Italy as far as Ravenna. Razed Aragon

CLODIUS (d. AD 298)
Built Orleans in AD 275

WALTER (d. AD 306)

DAGOBERT (d. AD 317)

SCOTS IMPERIAL DESCENT *Supplement to Chart : The Holy Families of Britain*

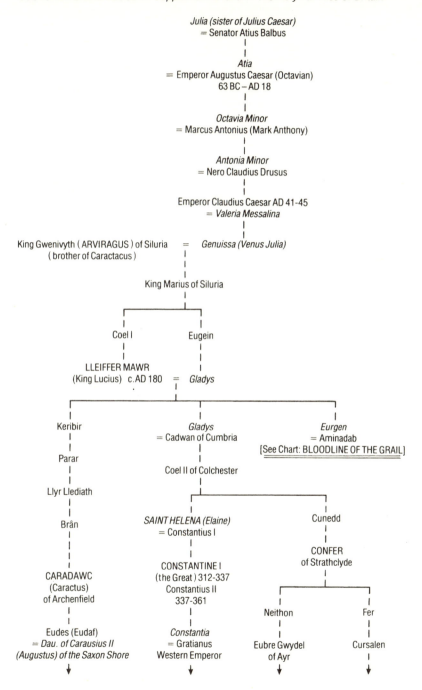

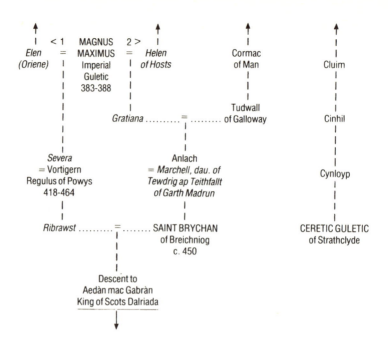

THE HOUSE OF TIR CONAILL
Irish royal descent of Saint Columba

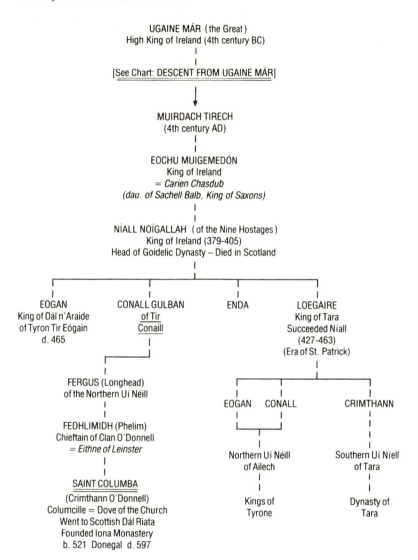

UGAINE MÁR (the Great)
High King of Ireland (4th century BC)

[See Chart: DESCENT FROM UGAINE MÁR]

MUIRDACH TIRECH
(4th century AD)

EOCHU MUIGEMEDÓN
King of Ireland
= *Carien Chasdub*
(dau. of Sachell Balb, King of Saxons)

NÍALL NOÍGALLAH (of the Nine Hostages)
King of Ireland (379-405)
Head of Goidelic Dynasty – Died in Scotland

EOGAN
King of Dál n'Araide
of Tyron Tir Eógain
d. 465

CONALL GULBAN
of Tir
Conaill

ENDA

LOEGAIRE
King of Tara
Succeeded Níall
(427-463)
(Era of St. Patrick)

FERGUS (Longhead)
of the Northern Uí Néill

FEDHLIMIDH (Phelim)
Chieftain of Clan O'Donnell
= *Eithne of Leinster*

SAINT COLUMBA
(Crimthann O'Donnell)
Columcille = Dove of the Church
Went to Scottish Dál Riata
Founded Iona Monastery
b. 521 Donegal d. 597

EOGAN   CONALL

CRIMTHANN

Northern Uí Néill
of Ailech

Kings of
Tyrone

Southern Uí Níell
of Tara

Dynasty of
Tara

KINGS OF THE PICTS
Caledonian rulers AD 555 – 843

BRUDE *(son of Maelchon)* : 555-584
GARTNAIT *(son of Domelch)* : 584-601
NECHTAN *(g.son of Verb)* : 601-621
KENNETH *(son of Luchtren)* : 621-633
GARTNAIT *(son of Foith)* : 633-637
BRUDE *(son of Foith)* : 637-642
TALORC *(son of Foith)* : 642-653
TALORCAN *(son of Eanfrith)* : 653-657
GARTNAIT *(son of Donald)* : 657-663
DRUST *(son of Donald)* : 663-672
BRUDE *(son of Beli)* : 672-693
TARAIN *(son of Ainftech)* : 693-697
BRUDE *(son of Derile)* : 697-706
NECHTAN *(son of Derile)* : 706-724
DRUST *(son of Derile)* : 724-726
ALPIN *(son of Derile)* : 726-728
NECHTAN *(son of Derile)* : 728-729
ANGUS *(son of Fergus)* : 729-750
BRUDE *(son of Maelchon)* : 750-752
ANGUS *(son of Fergus)* : 752-761
BRUDE *(son of Fergus)* : 761-763
KENNETH *(son of Feradach)* : 763-775
ALPIN *(son of Wroid)* : 775-780
DRUST *(son of Talorcan)* : 780
TALORCAN *(son of Drostan)* : 780-782
TALORCAN *(son of Angus)* : 782-784
CONALL *(son of Tade)* : 784-789
CONSTANTINE *(son of Fergus)* : 789-820
ANGUS *(son of Fergus)* : 820-834
DRUST *(s. Constantine)* + TALORCAN *(s. Wthoil)* : 834-836
EOGANAN *(son of Angus)* : 836-839
WRAD *(son of Bargoit)* : 839-842
BRED *(son of Eoganan)* : 842-843
KENNETH *(SON OF ALPIN OF SCOTS)* SUCCEEDED TO SCOTS AND PICTISH THRONES IN 844

NORTHUMBRIAN KINGS
Bernicia and Deira AD 547 – 873

Bernicia – Forth to Tees

IDA : 547-559
CLAPPA : 559-560 *(son of Ida)*
ADDA : 560-568 *(son of Ida)*
AEDILRIC : 568-572 *(son of Ida)*
THEODRIC : 572-575 *(son of Ida)*
FRITHWEALD : 575-581 *(son of Ida)*
HUSSA : 581-588 *(grandson of Ida)*
AETHELRIC : 588-593 *(grandson of Ida)* ♦
AETHELFRITH : 593-617 *(son of Aethelric)* ▼
EANFRITH : 633-634 *(son of Aethelfrith)*
OSWALD (Saint) : 634-642 *(son of Aethelfrith)*
OSWIU : 642-670 *(son of Aethelfrith)* ▲

Deira – Tees to Humber

AELLE : 559-588 *(son of Yffi)*
Aelle's daughter, Acha, married
Aethelfrith of Bernicia

AETHELRIC of Bernicia : 588-593 ♦
AETHELFRITH of Bernicia : 593-617 ▼
EDWIN : 617-633 *(son of Aelle)*
OSRIC : 633-634 *(son of Edwin)*
OSWALD (Saint) of Bernicia : 634-642 ▮
OSWINE : 642-651
AETHELWEALD : 651-655 *(son of Oswald)*
EALHFRITH : 655-664 *(son of Aethelweald)*
OSIWU of Bernicia : 664-670 ▲

All Northumbria

ECGFRITH : 671-685 *(son of Oswiu)*
EALDFRITH : 685-704 *(son of Oswiu)*
EADWULF : 704-705
OSRED I : 705-716 *(son of Ealdfrith)*
COENRED : 716-718
OSRIC : 718-729 *(son of Ealdfrith)*
CEOLWULF : 729-737 *(son of Coenred)*
EADBEORHT : 737-758
OSWULF : 758-759 *(son of Eadbeorht)*
AETHELWEALD MOLL : 759-765
EALHRED : 765-774
AETHELRED I : 774-779 *(son of Aethelweald Moll)*
AELFWOLD I : 779-789 *(son of Oswulf)*
OSRED II : 789-790 *(son of Ealhred)*
AETHELRED I : (restored) 790-796
OSBEALD : 796
EARDWULF : 796-806
AELFWOLD II : 806-808
EARDWULF : (restored) 808-810
EANRED : 810-841 *(son of Eardwulf)*
AETHELRED II : 841-844 *(son of Eanred)*
REDWULF : (usurper) 844
AETHELRED II : (restored) 844-848
OSBEORHT : 848-863
AELLE II : (usurper) 863-868

[Danish Control from 873]

EARLY ENGLISH KINGS *East Anglia, Mercia, Wessex & Kent – 6th to 10th century*

East Anglia	Mercia	Wessex	Kent
WEHHA	EOMAER	CERDIC 519-534	
WUFFA (son of Wehha)	ICIL (son of Eomar)	CYNRIC (g.son of Cerdic) 534-560	
TYTTLA (son of Wuffa)	CREODA (son of Icil) d. 593	CEAWLIN (son of Cynric) 560-591	AETHELBERT I 560-616
RAEDWALD (son of Tyttla) 593-617	PYBBA (son of Creoda) 593-606	CEOLRIC (g. son of Cealwin) 592-597	
ENI (son of Tyttla) 617	CEARL (son of Creoda) 606-626	CEOWULF (brother of Ceolric) 597-611	EADBALD 616-640
EORPWALD (son of Raedwald) 618-628	PENDA (son of Pybba) 626-655	CYNEGILS (son of Ceolwulf) 611-643	
RAEGENHARE (son of Raedwald) 628-631		CENWEALH (son of Cynegils) 643-645 + 648-672	EARCONBERT 640-664
SIGEBERT (son of Raedwald) 631-634		*Anarchy 645-648*	
EGRIC (son of Eni) 634-635			
ANNA (nephew of Raedwald) 635-654	PEADA (son of Pybba) 655-656		
AETHELHERE 654-655	WULFHERE (son of Penda) 657-674		
AETHELWOLD (brother of Anna) 655-664		*SEAXBURH* (Queen of Caenwealh) 672-674	LOTHERE 673-685
	BERTHWALD (bro. of Wulfhere) 675-685 (joint + Aethelred)	AESCWINE (line of Ceowulf) 674-676	
	AETHELRED (son of Wulfhere) 675-704	CENTWINE (son of Cynegils) 676-685	EADRIC 685-686
		CAEDWALLA (line of Ceawlin) 685-688	*Anarchy 686-693*
	COENRED (son of Wulfhere) 704-709		
	COELRED (son of Aethelred) 709-716		

EALDWULF
664-713

AELFWALD (line of Egric)
713-749

BEORNA
749-

AETHELRED

AETHELBERHT
-793

Rule from Mercia
793-829

AETHELSTAN
829-839

AETHELWEARD
839-854

OSWALD
854-856

EDMUND (Saint)
856-870

870 – East Angles
conquered by Vikings

920 – Submit to West Saxons

AETHELBALD (son of Alweo)
716-757

BEORNRED (line of Cenwealh)
757

OFFA (son of Thingfrith,
son of Eanulf) 757-796

ECGFRITH (son of Offa)
796

COENWULF (line of Cenwealh)
796-821

CEOWULF I (line of Cenwealh)
821-823

BEORNWULF (line of Beoernred)
823-825

LUDECAN
825-827

WIGLAF
827-828 & 830-839
Rule from Wessex in 829

BEORHTWULF
840-852

BURGHRED (line of Beornwulf)
852-874 *Married Aethelswith,*
dau. of Aethelwulf of W. Saxons

CEOWULF II (line of Ceowulf I)
874-880

874 – Mercians conced to
to West Saxons

INE (line of Ceawlin)
688-726

AETHELHEARD
726-740

CUTHRED (kin of Aethelheard)
740-756

SIGEBERHT
756-757

CYNEWULF
757-786

BEORHTRIC
786-802

ECGBERT
802-839

AETHELWULF (son of Egbert)
839-858

→

[Continued in Chart:
THE HOUSE OF WESSEX]

880 – West Saxon House of Ecgbert
succeeds as Kings of the English

WIHTRAED
694-725

EADBERT I
725-762

AETHELBERT II
748-762

Mercian Rule
762-796

EADBERT II
796-798

CUTHRED
798-805

BALDRED
805-823

Wessex Rule
from 825

THE ENGLISH HOUSE OF WESSEX
AD 802 – 1066 : Including Danes and Norman descent

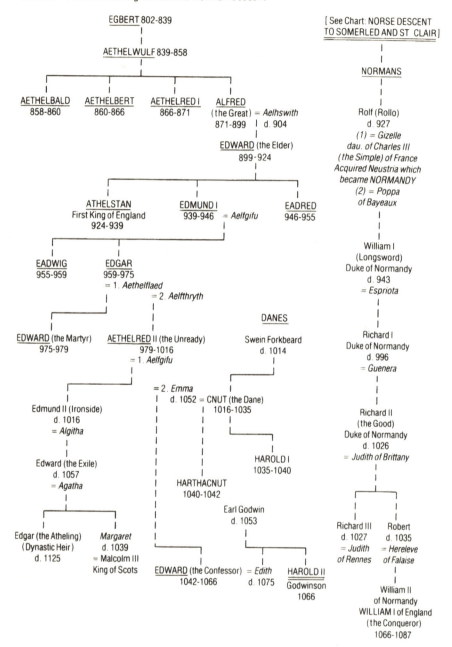

MONARCHS FROM THE NORMAN CONQUEST
England, Scotland and France – 11th to 14th century

ENGLAND	SCOTLAND	FRANCE
		CAPETIANS
	SCOTS	ROBERT II 996-1031 Son of Hugh Capet = *Constance of Provence*
	LULACH of Moray 1057-1058 Step-son of Macbeth	
NORMANS		
WILLIAM I (Conqueror) 1066-1087 Duke of Normandy = *Matilda of Flanders*	MALCOLM III Canmore 1058-1093 Son of Duncan I = 1. *Ingibjorg of Orkney* = 2. *Margaret the Saxon*	HENRI I 1031-60 Son of Robert II = *Anne of Kiev*
WILLIAM II (Rufus) 1087-1100 Son of William I *Unmarried*	DONALD BAN 1093-1094 Brother of Malcolm II (dep.)	PHILIP I 1060-1108 Son of Henri I = (1) *Bertha of Holland*
	DUNCAN II 1094 Son of Malcolm III and Ingibjorg	
	DONALD BAN (Restd.) 1094-1097	
	EDGAR 1097-1107 Son of Malcolm III and (Saint) Margaret	
HENRY I (Beauclerk) 1100-1135 Brother of William II = *Maud, daughter of* *Malcolm III of Scots*	ALEXANDER I 1107-1124 Brother of Edgar = *Sybilla, natural dau.* *of Henry I of England*	LOUIS VI 1108-1137 (the Fat) Son of Philip I = 1. *Lucienne de Rochefort*
STEPHEN Count of Blois 1135-1154 Grandson of William I = *Matilda of Boulogne*	DAVID I (the Saint) 1124-1153 Brother of Alexander = *Matilda of Huntingdon*	LOUIS VII 1137-1180 (the Young) Son of Louis VI = 2. *Alix of Champagne*
PLANTAGENETS		
HENRY II (Curtmantle) 1154-1189 Grandson of Henry I = *Eleanor of Aquitaine* *Ex 1st wife of Louis VII of France*	MALCOLM IV (Maiden) 1153-1165 Grandson of David I *Unmarried*	
RICHARD I (Lionheart) 1189-1199 Son of Henry II = *Berengaria of Navarre*	WILLIAM (the Lion) 1165-1214 Brother of Malcolm IV = *Ermengarde of Bellomont*	PHILIP II 1180-1223 (Augustus) Son of Louis VII = *Isabella of Hainault*

JOHN (Lackland)   1199-1216
Brother of Richard I
= *Isabel of Angoulème*

HENRY III 1216-1272 Son of John = *Eleanor of Provence*		ALEXANDER II 1214-1249 Son of William I = *Mary of Picardy*		LOUIS VIII 1223-1226 (Lionheart) Son of Philip II = *Blanch of Castile*	

LOUIS IX   1226-1270
(Saint Louis)
Son of Louis VIII
= *Margaret of Provence*

ALEXANDER III   1249-1286
Son of Alexander II
= *Margaret, dau. of
Henry III of England*

PHILIP III   1270-1285
(the Bald)
Son of Louis IX
= *Mary of Brabant*

EDWARD I (Longshanks) 1272-1307
Son of Henry III
= *Eleanor of Castile*

MARGARET   1286-1290
(The Maid of Norway)
Granddaughter of
Alexander III, Daughter of
Eric II of Norway
Unmarried

PHILIP IV   1285-1314
(the Fair)
Son of Philip III
= *Joan of Navarre*

JOHN BALIOL   1292-1296
Gt. grandson of Earl of
Huntingdon (bro. of
William the Lion)

LOUIS X   1314-1316
(the Headstrong)
Son of Philip I

EDWARD I OF ENGLAND   1296-1306
(Scots Crown Usurped)

PHILIP V   1316-1322
(the Tall)
Son of Philip IV

EDWARD II (Caernarvon) 1307-1327
Son of Edward I
= *Isabella of France
Daughter of Philip IV*

ROBERT I (the Bruce)   1306-1329
Gt. g-grandson of Earl
of Huntingdon (bro.
of William the Lion)
= 1. *Isabel of Mar*
= 2. *Elizabeth of Ulster*

CHARLES IV   1322-1327
Son of Philip IV

VALOIS

PHILIP VI   1328-1350
Nephew of Philip IV
Son of Count Charles
de Valois
= (1) *Joan of Burgundy*

EDWARD III (Windsor)   1327-1377
Son of Edward II
= *Philippa of Hainault*

DAVID II   1324-1371
Son of Robert I
and Elizabeth

JOHN   1350-1364
(the Good)
Son of Philip VI
= (2) *Blanch of Boulogne*

STONE OF DESTINY DESCENT TO UGAINE MAR
Early High Kings of Ireland – descent from 586 BC

High Kings of Ireland

EOCHAID I
= *Tamar c.586 BC*
dau. of King Zedekiah of Judah
|
IRIAL FAIDH (Jairol)
|
EITHRIALL (Etheoir)
|
FOLLAIN (Fallaig)
|
TIGHERNMAS (Tigernaig)
|
EANBOTHA (Enmocha)
|
SMIORGUIL (Smirnai)
|
FIACHACH LABHRUINE (Fiachrach-laibrinne)
|
AONGUS OILBHUAGAH (Oengussa-olmochada)
|
MAOIN (Ogmain)
|
ROTHEACHTA (Rodchada)
|
DEIN (Dem)
|
SIORNA SAOGHALACH (Sirna)
|
OILIOLLA OLCHAOIN (Elchada-olchaim)
|
NUADHA FIONN FAIL (Noethach-fail)
|
GIALLCHADH (Glachs)
|
SIMON BREAC (Semoin-bricc)
|
MUIRIADHACH BOLGRACH (Muredaich-bollgreaich)
|
FIATHADH TOLGRACH (Fiacgraig-tollgreich)
|
DUACH LAIGHRACH (Duach-lograich)
|
EOCHAIDH BUILLAIG (Ecdaig-buadaig)
|
UGAINE MÁR – THE GREAT (Hugune-Mor)
[See Chart: DESCENT FROM UGAINE MAR]

SCOTS & WELSH DESCENT FROM UGAINE MÁR
4th century BC to 9th century AD – detailing Arthur of Dalriada and Arthur of Dyfed

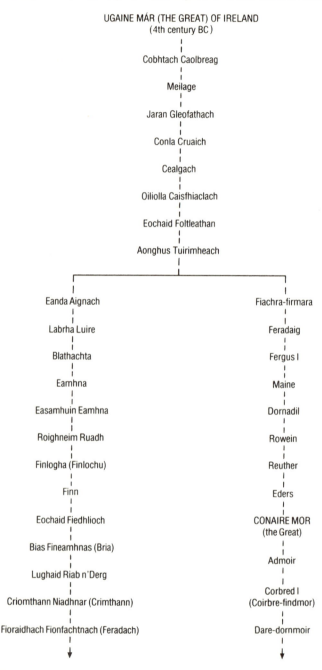

UGAINE MÁR (THE GREAT) OF IRELAND
(4th century BC)

Cobhtach Caolbreag

Meilage

Jaran Gleofathach

Conla Cruaich

Cealgach

Oiliolla Caisfhiaclach

Eochaid Foltleathan

Aonghus Tuirimheach

Eanda Aignach	Fiachra-firmara
Labrha Luire	Feradaig
Blathachta	Fergus I
Eamhna	Maine
Easamhuin Eamhna	Dornadil
Roighneim Ruadh	Rowein
Finlogha (Finlochu)	Reuther
Finn	Eders
Eochaid Fiedhlioch	CONAIRE MOR (the Great)
Bias Fineamhnas (Bria)	Admoir
Lughaid Riab n'Derg	Corbred I (Coirbre-findmor)
Criomthann Niadhnar (Crimthann)	Dare-dornmoir
Fioraidhach Fionfachtnach (Feradach)	

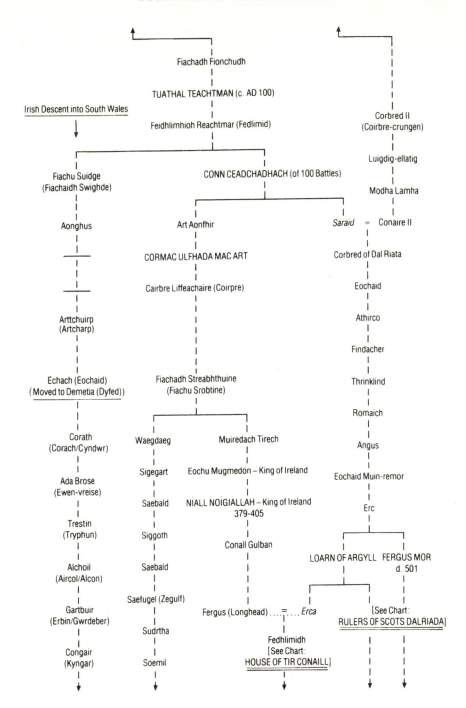

Fiachadh Fionchudh

TUATHAL TEACHTMAN (c. AD 100)

Irish Descent into South Wales

Feidhlimhioh Reachtmar (Fedlimid)

Corbred II
(Coirbre-crungen)

Fiachu Suidge
(Fiachaidh Swighde)

CONN CEADCHADHACH (of 100 Battles)

Luigdig-ellatig

Modha Lamha

Aonghus

Art Aonfhir

Saraid = Conaire II

Corbred of Dal Riata

CORMAC ULFHADA MAC ART

Eochaid

Cairbre Liffeachaire (Coirpre)

Athirco

Arttchuirp
(Artcharp)

Findacher

Thrinklind

Echach (Eochaid)
(Moved to Demetia (Dyfed))

Fiachadh Streabhthuine
(Fiachu Srobtine)

Romaich

Corath
(Corach/Cyndwr)

Waegdaeg

Muiredach Tirech

Angus

Ada Brose
(Ewen-vreise)

Sigegart

Eochu Mugmedón – King of Ireland

Eochaid Muin-remor

Trestin
(Tryphun)

Saebald

NIALL NOIGIALLAH – King of Ireland
379-405

Erc

Siggoth

Alchoil
(Aircol/Alcon)

Saebald

Conall Gulban

LOARN OF ARGYLL FERGUS MOR
d. 501

Gartbuir
(Erbin/Gwrdeber)

Saefugel (Zegulf)

Fergus (Longhead) .... = ... *Erca*

[See Chart:
RULERS OF SCOTS DALRIADA]

Sudrtha

Fedhlimidh
[See Chart:
HOUSE OF TIR CONAILL]

Congair
(Kyngar)

Soemil

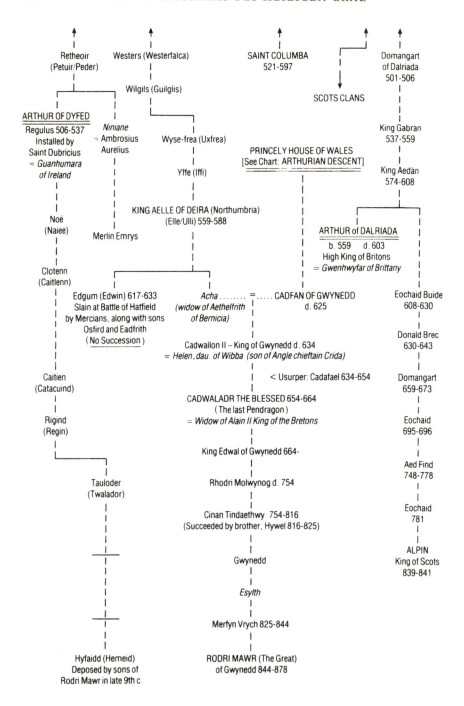

Retheoir
(Petuir/Peder)

Westers (Westerfalca)

SAINT COLUMBA
521-597

Domangart
of Dalriada
501-506

SCOTS CLANS

Wilgils (Guilglis)

King Gabran
537-559

ARTHUR OF DYFED
Regulus 506-537
Installed by
Saint Dubricius
= *Guanhumara*
of Ireland

Niniane
= Ambrosius
Aurelius

Wyse-frea (Uxfrea)

PRINCELY HOUSE OF WALES
[See Chart: ARTHURIAN DESCENT]

King Aedàn
574-608

Yffe (Iffi)

Noé
(Naiee)

KING AELLE OF DEIRA (Northumbria)
(Elle/Ulli) 559-588

ARTHUR of DALRIADA
b. 559   d. 603
High King of Britons
= *Gwenhwyfar of Brittany*

Eochaid Buide
608-630

Merlin Emrys

Clotenn
(Caitlenn)

Edgum (Edwin) 617-633
Slain at Battle of Hatfield
by Mercians, along with sons
Osfird and Eadfrith
(No Succession)

Acha . . . . = ... CADFAN OF GWYNEDD
(widow of Aethelfrith   d. 625
of Bernicia)

Donald Brec
630-643

Cadwallon II – King of Gwynedd d. 634
= *Helen, dau. of Wibba (son of Angle chieftain Crida)*

Domangart
659-673

Caitien
(Catacuind)

< Usurper: Cadafael 634-654

Eochaid
695-696

Rigind
(Regin)

CADWALADR THE BLESSED 654-664
(The last Pendragon)
= *Widow of Alain II King of the Bretons*

Aed Find
748-778

King Edwal of Gwynedd 664-

Tauloder
(Twalador)

Rhodri Molwynog d. 754

Eochaid
781

Cinan Tindaethwy 754-816
(Succeeded by brother, Hywel 816-825)

ALPIN
King of Scots
839-841

Gwynedd

Esylth

Merfyn Vrych 825-844

Hyfaidd (Hemeid)
Deposed by sons of
Rodri Mawr in late 9th c.

RODRI MAWR (The Great)
of Gwynedd 844-878

BISHOPS OF ROME AND POPES FROM CONSTANTINE
AD 336 – 1061

BISHOP/POPE	TERM	POPE	TERM	POPE	TERM
Mark	336	Eugene I	654-657	Theodore II	898
Julius I	337-352	Vitalian	657-672	John IX	898-900
Liberius	352-366	Adeodatus	672-676	Benedict IV	900-903
Damasus I	366-384	Donus	676-678	Leo V	903
Siricius	384-399	Agatho	678-681	Sergius III	904-911
Anastasius	399-401	Leo II	682-683	Anastasius	911-13
Innocent I	401-417	Benedict II	684-685	Lando	913-914
Zozimus	417-418	John V	685-686	John X	914-929
Boniface I	418-422	Conon	686-687	Leo VI	929
Celestine	422-432	Sergius I	687-701	Stephen VIII	929-931
Sixtus III	432-440	John VI	701-705	John XI	931-936
Leo I	440-461	John VII	705-707	Leo VII	936-939
Hilarus	461-468	Sisinnius	708	Stephen IX	939-942
Simplicius	468-483	Constantine I	708-715	Marinus II	942-946
Felix III	483-492	Gregory II	715-731	Agapitus II	946-955
Gelasius I	492-496	Gregory III	731-741	John XII	955-963
Anastasius II	496-498	Zachary	741-752	Leo VIII	963-964
Symmachus	498-514	Stephen II	752	Benedict V	964
Hormisdas	514-523	Stephen III	752-757	John XIII	965-972
John I	523-526	Paul I	757-767	Benedict VI	973-974
Felix IV	526-530	Stephen IV	768-772	Benedict VII	974-983
Boniface II	530-532	Adrian I	772-795	John XIV	983-984
John II	533-535	Leo III	795-816	John XV	985-996
Agapitus	535-536	Stephen V	816-817	Gregory V	996-999
Silverius	536-537	Paschal I	817-824	Silvester II	999-1003
Vigilius	537-555	Eugene II	824-827	John XVII	1003
Pelagius I	556-560	Valentine	827	John XVIII	1003-1009
John III	561-578	Gregory IV	827-844	Sergius IV	1009-1012
Benedict I	575-579	Sergius II	844-847	Benedict VIII	1012-1024
Pelagius II	579-590	Leo IV	847-855	John XIX	1024-1033
Gregory I	590-604	Benedict III	855-858	Benedict IX	1033-1044
Sabinianus	604-606	Nicholas I	858-867	Silvester III	1045
Boniface III	607 (First styled *Pope*)	Adrian II	867-872	Benedict	1045
Boniface IV	608-615	John VIII	872-882	Gregory VI	1045-1046
Deusdedit	615-618	Marinus	882-884	Clement II	1046-1047
Boniface V	619-625	Adrian III	884-885	Benedict IX	1047-1048
Honorius I	625-638	Stephen VI	885-891	Damascus II	1048
Severinus	640	Formosus	891-896	Leo IX	1049-1054
John IV	640-642	Boniface VI	896	Victor II	1055-1057
Theodore I	642-649	Stephen VII	896-897	Stephen X	1057-1058
Martin I	649-655	Romanus	897	Nicholas II	1059-1061

THE FIRST HIGH STEWARDS OF SCOTLAND
Kings' Commissioners – 12th to 14th century

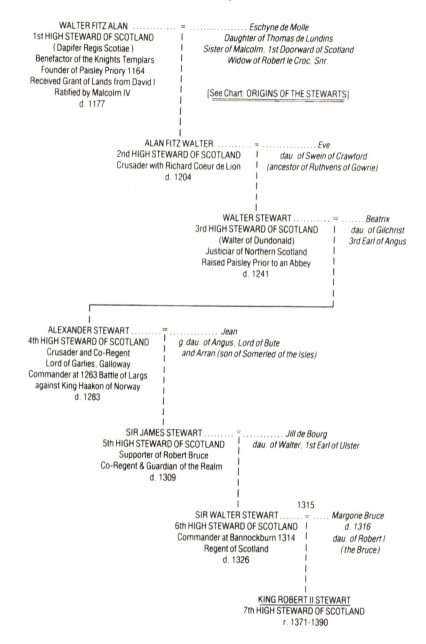

WALTER FITZ ALAN .... = ... *Eschyne de Molle*
1st HIGH STEWARD OF SCOTLAND   *Daughter of Thomas de Lundins*
(Dapifer Regis Scotiae)   *Sister of Malcolm, 1st Doorward of Scotland*
Benefactor of the Knights Templars   *Widow of Robert le Croc. Snr.*
Founder of Paisley Priory 1164
Received Grant of Lands from David I
Ratified by Malcolm IV   [See Chart: ORIGINS OF THE STEWARTS]
d. 1177

ALAN FITZ WALTER .... = ... *Eve*
2nd HIGH STEWARD OF SCOTLAND   *dau. of Swein of Crawford*
Crusader with Richard Coeur de Lion   *(ancestor of Ruthvens of Gowrie)*
d. 1204

WALTER STEWART .... = ... *Beatrix*
3rd HIGH STEWARD OF SCOTLAND   *dau. of Gilchrist*
(Walter of Dundonald)   *3rd Earl of Angus*
Justiciar of Northern Scotland
Raised Paisley Prior to an Abbey
d. 1241

ALEXANDER STEWART .... = ... *Jean*
4th HIGH STEWARD OF SCOTLAND   *g. dau. of Angus, Lord of Bute*
Crusader and Co-Regent   *and Arran (son of Somerled of the Isles)*
Lord of Garlies, Galloway
Commander at 1263 Battle of Largs
against King Haakon of Norway
d. 1283

SIR JAMES STEWART .... = ... *Jill de Bourg*
5th HIGH STEWARD OF SCOTLAND   *dau. of Walter, 1st Earl of Ulster*
Supporter of Robert Bruce
Co-Regent & Guardian of the Realm
d. 1309

1315
SIR WALTER STEWART .... = ... *Margorie Bruce*
6th HIGH STEWARD OF SCOTLAND   *d. 1316*
Commander at Bannockburn 1314   *dau. of Robert I*
Regent of Scotland   *(the Bruce)*
d. 1326

KING ROBERT II STEWART
7th HIGH STEWARD OF SCOTLAND
r. 1371-1390

KINGS OF SCOTS FROM MACBETH TO THE STEWARTS
1040 – 1371

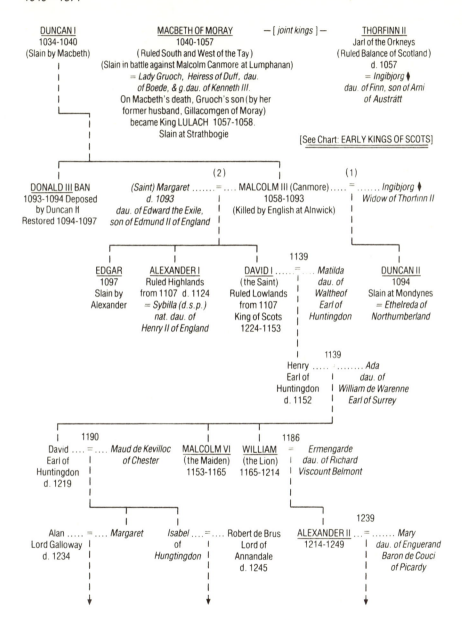

DUNCAN I
1034-1040
(Slain by Macbeth)

MACBETH OF MORAY   — [joint kings] —
1040-1057
(Ruled South and West of the Tay)
(Slain in battle against Malcolm Canmore at Lumphanan)
= *Lady Gruoch, Heiress of Duff, dau.*
of Boede, & g.dau. of Kenneth III.
On Macbeth's death, Gruoch's son (by her
former husband, Gillacomgen of Moray)
became King LULACH 1057-1058.
Slain at Strathbogie

THORFINN II
Jarl of the Orkneys
(Ruled Balance of Scotland)
d. 1057
= *Ingibjorg* ◆
dau. of Finn, son of Arni
of Austrått

[See Chart: EARLY KINGS OF SCOTS]

(2)   (1)

DONALD III BAN
1093-1094 Deposed
by Duncan II
Restored 1094-1097

(Saint) Margaret .... = ... MALCOLM III (Canmore) ..... = ... *Ingibjorg* ◆
d. 1093   1058-1093   *Widow of Thorfinn II*
dau. of Edward the Exile,   (Killed by English at Alnwick)
son of Edmund II of England

1139

EDGAR
1097
Slain by
Alexander

ALEXANDER I
Ruled Highlands
from 1107 d. 1124
= *Sybilla (d.s.p.)*
nat. dau. of
Henry II of England

DAVID I ...... = ... *Matilda*
(the Saint)   *dau. of*
Ruled Lowlands   *Waltheof*
from 1107   *Earl of*
King of Scots   *Huntingdon*
1224-1153

DUNCAN II
1094
Slain at Mondynes
= *Ethelreda of*
Northumberland

1139

Henry .... *Ada*
Earl of   *dau. of*
Huntingdon | *William de Warenne*
d. 1152   *Earl of Surrey*

1190

David .... = ... *Maud de Kevilloc*
Earl of   *of Chester*
Huntingdon
d. 1219

MALCOLM VI
(the Maiden)
1153-1165

WILLIAM   = *Ermengarde*
(the Lion)   *dau. of Richard*
1165-1214   *Viscount Belmont*

1239

Alan ..... = ... *Margaret*
Lord Galloway
d. 1234

Isabel .... = ... Robert de Brus
of   Lord of
Hungtingdon   Annandale
d. 1245

ALEXANDER II ... = ... *Mary*
1214-1249   *dau. of Enguerand*
                    Baron de Couci
                    of Picardy

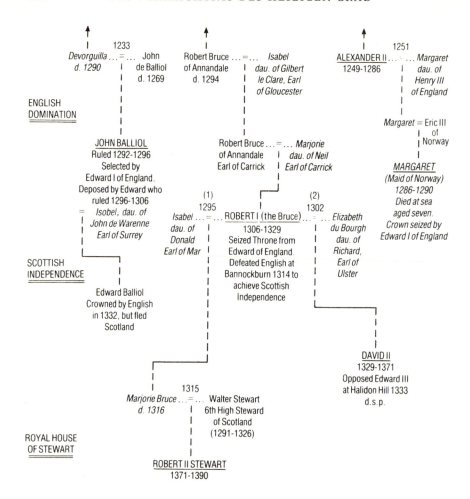

1233
Devorguilla ... = ... John
d. 1290   de Balliol
  d. 1269

Robert Bruce ... = ... Isabel
of Annandale   dau. of Gilbert
d. 1294   le Clare, Earl
  of Gloucester

1251
ALEXANDER II ... = ... Margaret
1249-1286   dau. of
  Henry III
  of England

ENGLISH
DOMINATION

Margaret = Eric III
  of
  Norway

JOHN BALLIOL
Ruled 1292-1296
Selected by
Edward I of England.
Deposed by Edward who
ruled 1296-1306
=   Isobel, dau. of
  John de Warenne
  Earl of Surrey

Robert Bruce ... = ... Marjorie
of Annandale   dau. of Neil
Earl of Carrick   Earl of Carrick

MARGARET
(Maid of Norway)
1286-1290
Died at sea
aged seven.
Crown seized by
Edward I of England

(1)
1295
Isabel ... = ... ROBERT I (the Bruce) ... = ... Elizabeth
dau. of   1306-1329   du Bourgh
Donald   Seized Throne from   dau. of
Earl of Mar   Edward of England.   Richard,
  Defeated English at   Earl of
  Bannockburn 1314 to   Ulster
  achieve Scottish
  Independence

(2)
1302

SCOTTISH
INDEPENDENCE

Edward Balliol
Crowned by English
in 1332, but fled
Scotland

DAVID II
1329-1371
Opposed Edward III
at Halidon Hill 1333
d.s.p.

1315
Marjorie Bruce ... = ... Walter Stewart
d. 1316   6th High Steward
  of Scotland
  (1291-1326)

ROYAL HOUSE
OF STEWART

ROBERT II STEWART
1371-1390

NORSE DESCENT TO SOMERLED AND ST CLAIR
7th to 14th century – with Norman descent also

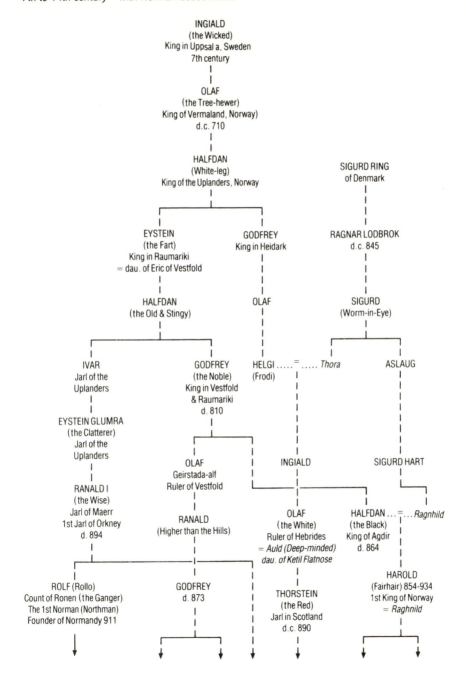

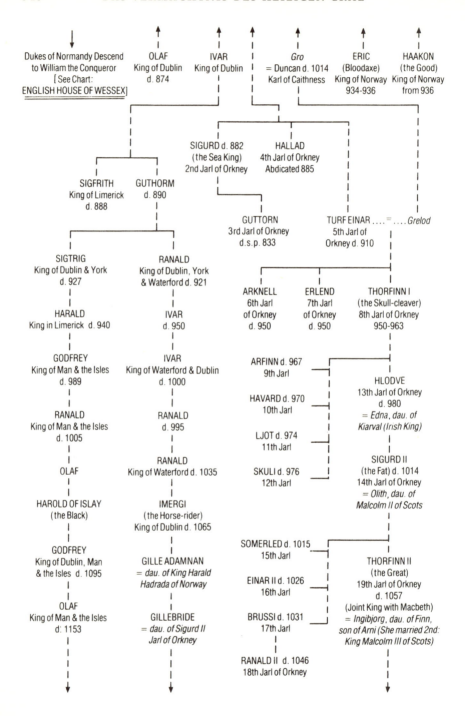

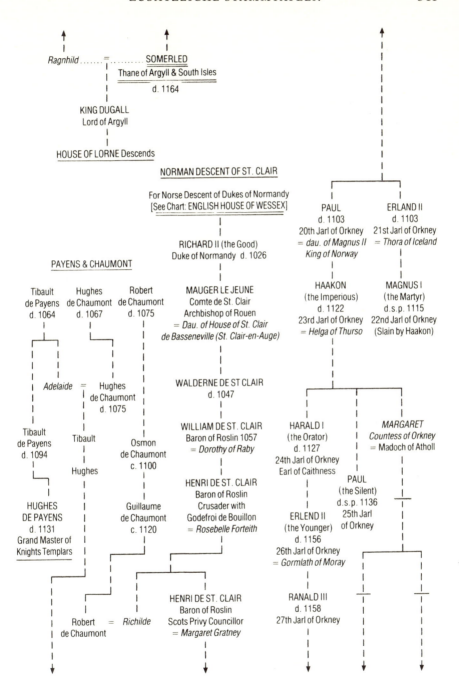

Ragnhild .... = ... SOMERLED
Thane of Argyll & South Isles
d. 1164

KING DUGALL
Lord of Argyll

HOUSE OF LORNE Descends

NORMAN DESCENT OF ST. CLAIR

For Norse Descent of Dukes of Normandy
[See Chart: ENGLISH HOUSE OF WESSEX]

RICHARD II (the Good)
Duke of Normandy d. 1026

PAYENS & CHAUMONT

| Tibault de Payens d. 1064 | Hughes de Chaumont d. 1067 | Robert de Chaumont d. 1075 | MAUGER LE JEUNE Comte de St. Clair Archbishop of Rouen = Dau. of House of St. Clair de Basseneville (St. Clair-en-Auge) |

PAUL
d. 1103
20th Jarl of Orkney
= dau. of Magnus II
King of Norway

ERLAND II
d. 1103
21st Jarl of Orkney
= Thora of Iceland

HAAKON
(the Imperious)
d. 1122
23rd Jarl of Orkney
= Helga of Thurso

MAGNUS I
(the Martyr)
d.s.p. 1115
22nd Jarl of Orkney
(Slain by Haakon)

Adelaide = Hughes
de Chaumont
d. 1075

WALDERNE DE ST CLAIR
d. 1047

Tibault
de Payens
d. 1094

Tibault

Osmon
de Chaumont
c. 1100

WILLIAM DE ST. CLAIR
Baron of Roslin 1057
= Dorothy of Raby

HARALD I
(the Orator)
d. 1127
24th Jarl of Orkney
Earl of Caithness

MARGARET
Countess of Orkney
= Madoch of Atholl

Hughes

HUGHES
DE PAYENS
d. 1131
Grand Master of
Knights Templars

Guillaume
de Chaumont
c. 1120

HENRI DE ST. CLAIR
Baron of Roslin
Crusader with
Godefroi de Bouillon
= Rosebelle Forteith

PAUL
(the Silent)
d.s.p. 1136
25th Jarl
of Orkney

ERLEND II
(the Younger)
d. 1156
26th Jarl of Orkney
= Gormlath of Moray

Robert = Richilde
de Chaumont

HENRI DE ST. CLAIR
Baron of Roslin
Scots Privy Councillor
= Margaret Gratney

RANALD III
d. 1158
27th Jarl of Orkney

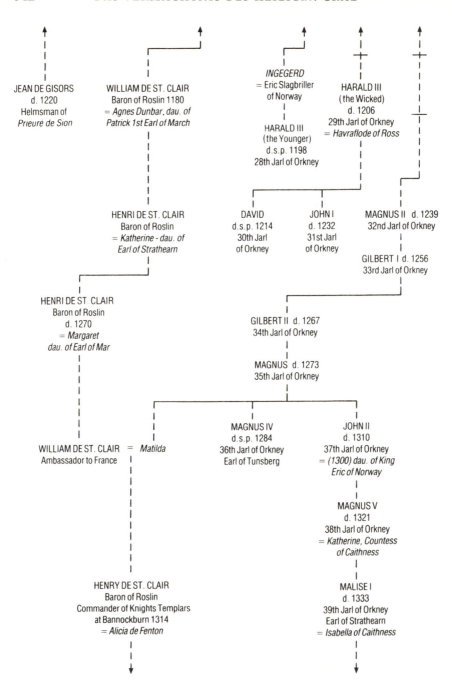

JEAN DE GISORS
d. 1220
Helmsman of
Prieuré de Sion

WILLIAM DE ST. CLAIR
Baron of Roslin 1180
= *Agnes Dunbar, dau. of*
Patrick 1st Earl of March

INGEGERD
= Eric Slagbriller
of Norway

HARALD III
(the Younger)
d.s.p. 1198
28th Jarl of Orkney

HARALD III
(the Wicked)
d. 1206
29th Jarl of Orkney
= *Havraflode of Ross*

HENRI DE ST. CLAIR
Baron of Roslin
= *Katherine - dau. of*
Earl of Strathearn

DAVID
d.s.p. 1214
30th Jarl
of Orkney

JOHN I
d. 1232
31st Jarl
of Orkney

MAGNUS II d. 1239
32nd Jarl of Orkney

GILBERT I d. 1256
33rd Jarl of Orkney

HENRI DE ST. CLAIR
Baron of Roslin
d. 1270
= *Margaret*
dau. of Earl of Mar

GILBERT II d. 1267
34th Jarl of Orkney

MAGNUS d. 1273
35th Jarl of Orkney

WILLIAM DE ST. CLAIR = *Matilda*
Ambassador to France

MAGNUS IV
d.s.p. 1284
36th Jarl of Orkney
Earl of Tunsberg

JOHN II
d. 1310
37th Jarl of Orkney
= *(1300) dau. of King*
Eric of Norway

MAGNUS V
d. 1321
38th Jarl of Orkney
= *Katherine, Countess*
of Caithness

HENRY DE ST. CLAIR
Baron of Roslin
Commander of Knights Templars
at Bannockburn 1314
= *Alicia de Fenton*

MALISE I
d. 1333
39th Jarl of Orkney
Earl of Strathearn
= *Isabella of Caithness*

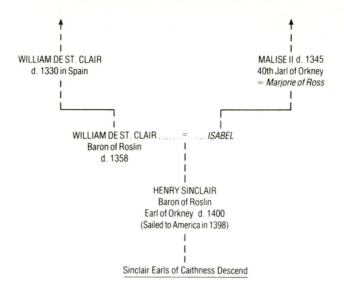

WILLIAM DE ST. CLAIR
d. 1330 in Spain

MALISE II d. 1345
40th Jarl of Orkney
= *Marjorie of Ross*

WILLIAM DE ST. CLAIR . . . . . . = ... *ISABEL*
Baron of Roslin
d. 1358

HENRY SINCLAIR
Baron of Roslin
Earl of Orkney d. 1400
(Sailed to America in 1398)

Sinclair Earls of Caithness Descend

GERMAN KINGS AND EMPERORS
Saxons, Salians and Hohenstaufens : 919 – 1250

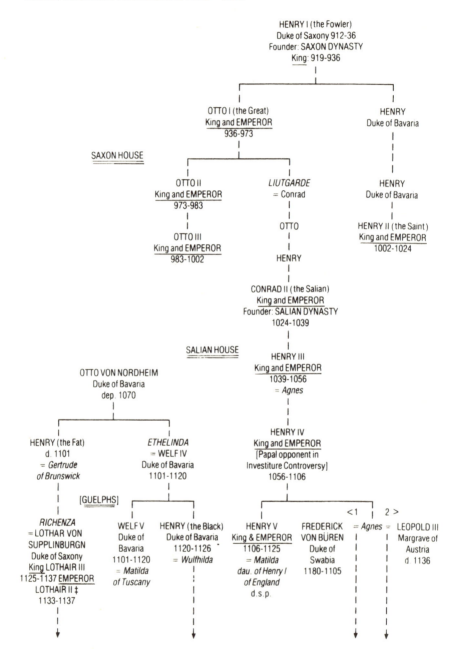

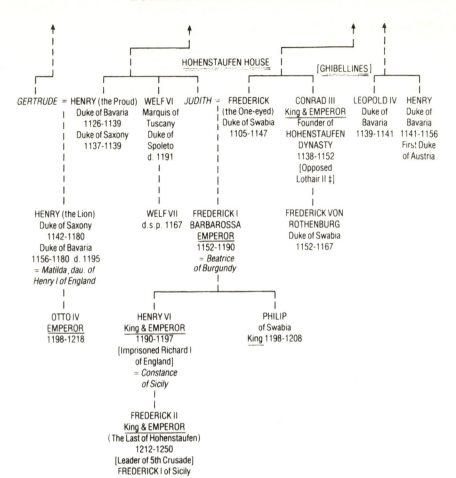

HOHENSTAUFEN HOUSE

[GHIBELLINES]

GERTRUDE = HENRY (the Proud)
Duke of Bavaria
1126-1139
Duke of Saxony
1137-1139

WELF VI
Marquis of
Tuscany
Duke of
Spoleto
d. 1191

JUDITH =

FREDERICK
(the One-eyed)
Duke of Swabia
1105-1147

CONRAD III
King & EMPEROR
Founder of
HOHENSTAUFEN
DYNASTY
1138-1152
[Opposed
Lothair II ‡]

LEOPOLD IV
Duke of
Bavaria
1139-1141

HENRY
Duke of
Bavaria
1141-1156
First Duke
of Austria

HENRY (the Lion)
Duke of Saxony
1142-1180
Duke of Bavaria
1156-1180 d. 1195
= *Matilda, dau. of
Henry I of England*

WELF VII
d.s.p. 1167

FREDERICK I
BARBAROSSA
EMPEROR
1152-1190
= *Beatrice
of Burgundy*

FREDERICK VON
ROTHENBURG
Duke of Swabia
1152-1167

OTTO IV
EMPEROR
1198-1218

HENRY VI
King & EMPEROR
1190-1197
[Imprisoned Richard I
of England]
= *Constance
of Sicily*

PHILIP
of Swabia
King 1198-1208

FREDERICK II
King & EMPEROR
(The Last of Hohenstaufen)
1212-1250
[Leader of 5th Crusade]
FREDERICK I of Sicily

HOLY ROMAN EMPERORS *House of Habsburg and others 1273 – 1806*

EMPEROR	HOUSE	EMPEROR	HOUSE
RUDOLPH I 1273-1291 of Habsburg (Rudolph I of Austria)	Habsburg	RUDOLPH II 1576-1612 (Son of Maximillian II)	Habsburg
ADOLPH 1291-1298 Son of Walram II of Nassau	Nassau	MATTHIAS 1612-1619 King of Bohemia & Hungary (Bro. of Rudolph II)	Habsburg
ALBERT I 1298-1308 (Son of Rudolph I)	Habsburg	FERDINAND II 1619-1637 King of Bohemia & Hungary (Nephew of Matthias)	Habsburg
HENRY VII 1308-1313 of Luxembourg	Luxembourg	FERDINAND III 1637-1657 (Son of Ferdinand II)	Habsburg
LOUIS III 1314-1346 (G-son of Rudolph I - via *dau.* *Matilde*, and Louis II, Duke of Bavaria)	Wittelsbach	LEOPOLD I 1657-1705 (Son of Ferdinand III)	Habsburg
CHARLES IV 1346-1378 King of Bohemia (G-son of Henry VII, via son, John, and *Elizabeth of Bohemia)*	Luxembourg	JOSEPH I 1705-1711 (Son of Leopold I)	Habsburg
WENCESLAS 1378-1410 King of Bohemia (Son of Charles IV)	Luxembourg	CHARLES VI 1711-1740 (Bro. of Joseph I)	Habsburg
SIGISMUND 1410-1437 King of Bohemia (Bro. of Wenceslas) = *Mary of Hungary*	Luxembourg	*MARIA THERESA* 1740-1742 *(Dau. of Charles VI)* = Francis of Lorraine	Habsburg
ALBERT V 1438-39 (Gt.Gt.g-son of Albert I) = *Elizabeth, dau. of Sigismund*	Habsburg	CHARLES VII 1742-1745 Elector of Bavaria (Contested inheritance of *Maria Theresa*)	Wittelsbach
FREDERICK III 1440-1493 Archduke of Austria (Cou. of Albert V Last H.R. Emperor crowned by Pope	Habsburg	FRANCIS I 1745-1765 Francis of Lorraine = *Express Maria Theresa*	Habsburg-Lorrai
MAXIMILIAN I 1493-1519 (Son of Frederick III) = *Mary of Burgundy*	Habsburg	JOSEPH II 1765-1790 (Son of Francis I) [Joint Emperor with mother to 1780]	Habsburg-Lorrai
CHARLES V 1519-1558 (G-son of Maximilian via Philip of Burgundy and *Joanna of Castile)*	Habsburg	LEOPOLD II 1790-1792 Son of Joseph II	Habsburg-Lorrai
FERDINAND I 1558-1564 (Bro. of Charles V)	Habsburg	FRANCIS II 1792-1806 Emperor of Austria (Son of Leopold II) Last Holy Roman Emperor	Habsburg-Lorrai
MAXIMILLIAN II 1564-1576 (Son of Ferdinand I)	Habsburg		

THE SPANISH SUCCESSION
León, Castile, Navarre & Aragon : 970 – 1931

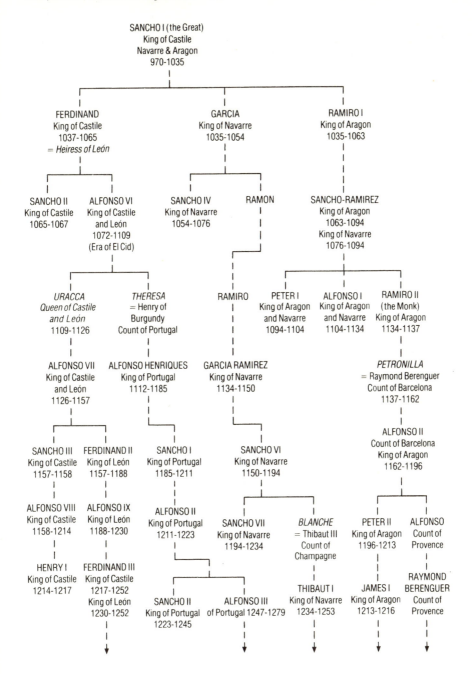

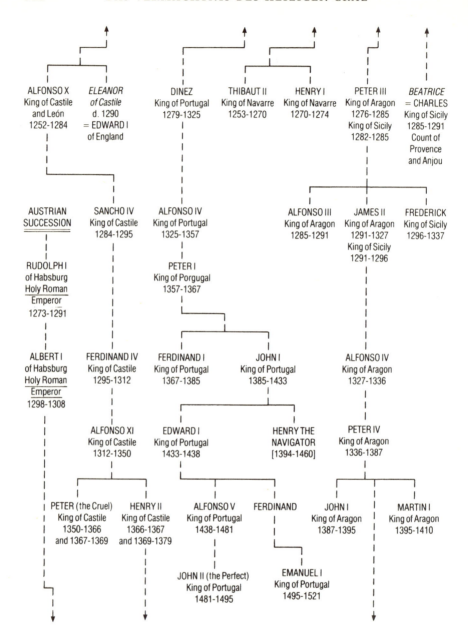

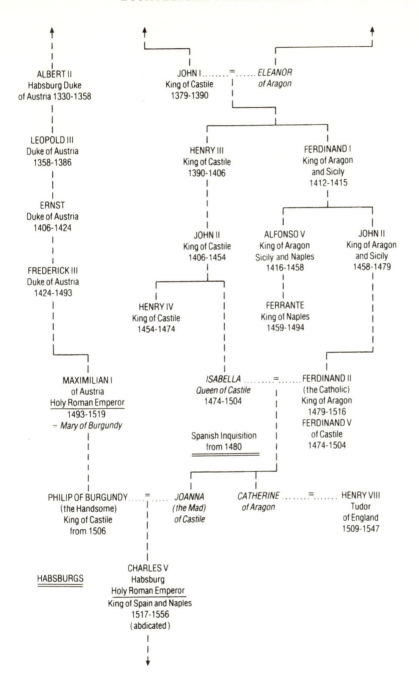

ALBERT II
Habsburg Duke
of Austria 1330-1358

JOHN I ....=...... *ELEANOR*
King of Castile   *of Aragon*
1379-1390

LEOPOLD III
Duke of Austria
1358-1386

HENRY III
King of Castile
1390-1406

FERDINAND I
King of Aragon
and Sicily
1412-1415

ERNST
Duke of Austria
1406-1424

JOHN II
King of Castile
1406-1454

ALFONSO V
King of Aragon
Sicily and Naples
1416-1458

JOHN II
King of Aragon
and Sicily
1458-1479

FREDERICK III
Duke of Austria
1424-1493

HENRY IV
King of Castile
1454-1474

FERRANTE
King of Naples
1459-1494

MAXIMILIAN I
of Austria
Holy Roman Emperor
1493-1519
= *Mary of Burgundy*

ISABELLA ....=...... FERDINAND II
Queen of Castile   (the Catholic)
1474-1504   King of Aragon
              1479-1516
Spanish Inquisition   FERDINAND V
from 1480   of Castile
              1474-1504

PHILIP OF BURGUNDY ....=..... *JOANNA*
(the Handsome)   *(the Mad)*
King of Castile   *of Castile*
from 1506

CATHERINE ....=....... HENRY VIII
of Aragon   Tudor
              of England
              1509-1547

HABSBURGS

CHARLES V
Habsburg
Holy Roman Emperor
King of Spain and Naples
1517-1556
(abdicated)

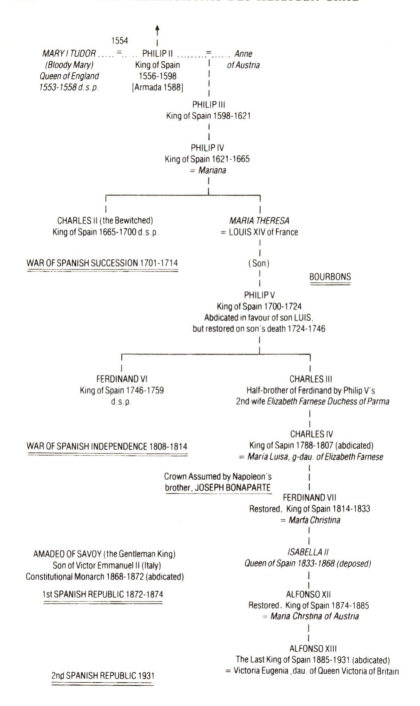

1554

MARY I TUDOR ..... =..... PHILIP II ....=...... Anne
(Bloody Mary)   King of Spain   of Austria
Queen of England   1556-1598
1553-1558 d.s.p.   [Armada 1588]

PHILIP III
King of Spain 1598-1621

PHILIP IV
King of Spain 1621-1665
= Mariana

CHARLES II (the Bewitched)   MARIA THERESA
King of Spain 1665-1700 d.s.p.   = LOUIS XIV of France

WAR OF SPANISH SUCCESSION 1701-1714   (Son)

                                                   BOURBONS

PHILIP V
King of Spain 1700-1724
Abdicated in favour of son LUIS,
but restored on son's death 1724-1746

FERDINAND VI   CHARLES III
King of Spain 1746-1759   Half-brother of Ferdinand by Philip V's
d.s.p.   2nd wife Elizabeth Farnese Duchess of Parma

                                     CHARLES IV
WAR OF SPANISH INDEPENDENCE 1808-1814   King of Sapin 1788-1807 (abdicated)
                                     = María Luisa, g-dau. of Elizabeth Farnese

Crown Assumed by Napoleon's
brother, JOSEPH BONAPARTE   FERDINAND VII
                                     Restored, King of Spain 1814-1833
                                     = María Christina

AMADEO OF SAVOY (the Gentleman King)   ISABELLA II
Son of Victor Emmanuel II (Italy)   Queen of Spain 1833-1868 (deposed)
Constitutional Monarch 1868-1872 (abdicated)

1st SPANISH REPUBLIC 1872-1874   ALFONSO XII
                                     Restored, King of Spain 1874-1885
                                     = Maria Chrstina of Austria

                                     ALFONSO XIII
                                     The Last King of Spain 1885-1931 (abdicated)
2nd SPANISH REPUBLIC 1931   = Victoria Eugenia, dau. of Queen Victoria of Britain

THE STEWART DYNASTY
Noble Houses – Supplement to Chart: The First High Stewards

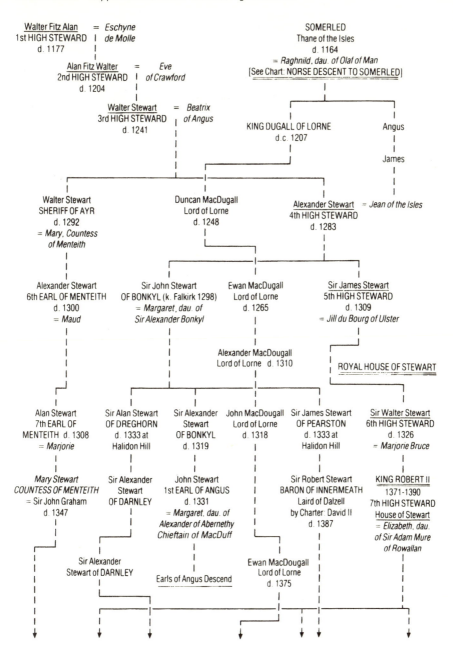

Walter Fitz Alan = *Eschyne*
1st HIGH STEWARD *de Molle*
d. 1177

Alan Fitz Walter = *Eve*
2nd HIGH STEWARD *of Crawford*
d. 1204

Walter Stewart = *Beatrix*
3rd HIGH STEWARD *of Angus*
d. 1241

SOMERLED
Thane of the Isles
d. 1164
= *Raghnild, dau. of Olaf of Man*
[See Chart: NORSE DESCENT TO SOMERLED]

KING DUGALL OF LORNE
d.c. 1207

Angus

James

Walter Stewart
SHERIFF OF AYR
d. 1292
= *Mary, Countess
of Menteith*

Duncan MacDugall
Lord of Lorne
d. 1248

Alexander Stewart = *Jean of the Isles*
4th HIGH STEWARD
d. 1283

Alexander Stewart
6th EARL OF MENTEITH
d. 1300
= *Maud*

Sir John Stewart
OF BONKYL (k. Falkirk 1298)
= *Margaret, dau. of
Sir Alexander Bonkyl*

Ewan MacDugall
Lord of Lorne
d. 1265

Sir James Stewart
5th HIGH STEWARD
d. 1309
= *Jill du Bourg of Ulster*

Alexander MacDougall
Lord of Lorne   d. 1310

ROYAL HOUSE OF STEWART

Alan Stewart
7th EARL OF
MENTEITH d. 1308
= *Marjorie*

Sir Alan Stewart
OF DREGHORN
d. 1333 at
Halidon Hill

Sir Alexander
Stewart
OF BONKYL
d. 1319

John MacDougall
Lord of Lorne
d. 1318

Sir James Stewart
OF PEARSTON
d. 1333 at
Halidon Hill

Sir Walter Stewart
6th HIGH STEWARD
d. 1326
= *Marjorie Bruce*

Mary Stewart
COUNTESS OF MENTEITH
= *Sir John Graham*
d. 1347

Sir Alexander
Stewart
OF DARNLEY

John Stewart
1st EARL OF ANGUS
d. 1331
= *Margaret, dau. of
Alexander of Abernethy
Chieftain of MacDuff*

Sir Robert Stewart
BARON OF INNERMEATH
Laird of Dalzell
by Charter: David II
d. 1387

KING ROBERT II
1371-1390
7th HIGH STEWARD
House of Stewart
= *Elizabeth, dau.
of Sir Adam Mure
of Rowallan*

Sir Alexander
Stewart of DARNLEY

Earls of Angus Descend

Ewan MacDougall
Lord of Lorne
d. 1375

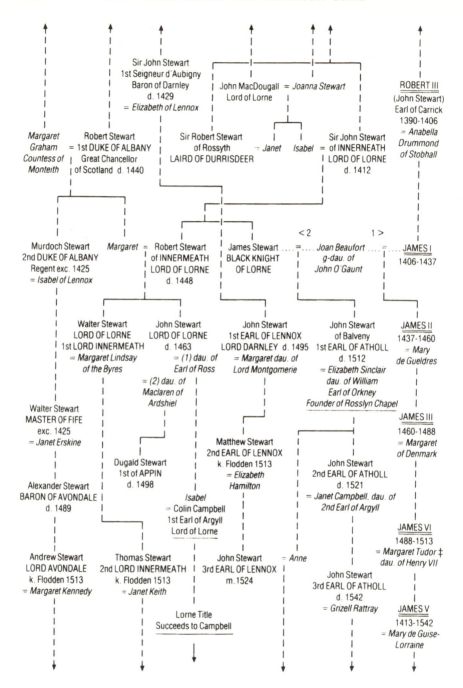

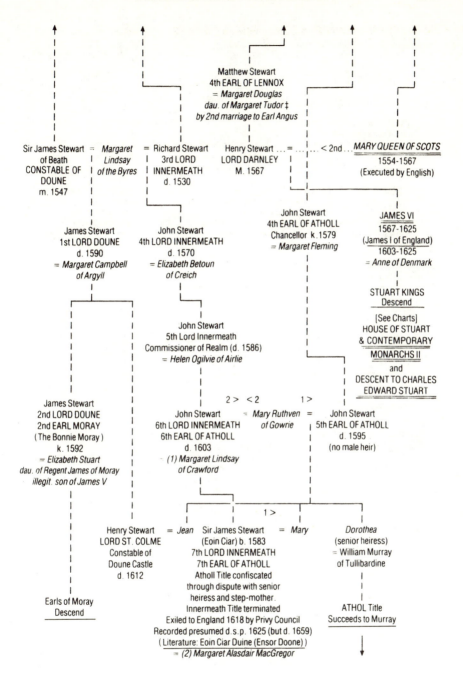

Matthew Stewart
4th EARL OF LENNOX
= *Margaret Douglas*
dau. of Margaret Tudor ‡
by 2nd marriage to Earl Angus

Sir James Stewart = *Margaret*   = Richard Stewart   Henry Stewart ... = ... *< 2nd ...* *MARY QUEEN OF SCOTS*
of Beath   *Lindsay*   3rd LORD   LORD DARNLEY   1554-1567
CONSTABLE OF   *of the Byres* INNERMEATH   M. 1567   (Executed by English)
DOUNE   d. 1530
m. 1547

                                                   John Stewart
                                                   4th EARL OF ATHOLL   JAMES VI
                                                   Chancellor k.1579   1567-1625
                                                   = *Margaret Fleming*   (James I of England)
                                                                                1603-1625
James Stewart   John Stewart   = *Anne of Denmark*
1st LORD DOUNE   4th LORD INNERMEATH
d. 1590   d. 1570
= *Margaret Campbell* = *Elizabeth Betoun*   STUART KINGS
of Argyll   *of Creich*   Descend

                                                                                [See Charts]
                     John Stewart   HOUSE OF STUART
                     5th Lord Innermeath   & CONTEMPORARY
                     Commissioner of Realm (d. 1586)   MONARCHS II
                     = *Helen Ogilvie of Airlie*   and
                                                                                DESCENT TO CHARLES
                                          2 >   < 2   1 >   EDWARD STUART
James Stewart   John Stewart   = *Mary Ruthven* =   John Stewart
2nd LORD DOUNE   6th LORD INNERMEATH   *of Gowrie*   5th EARL OF ATHOLL
2nd EARL MORAY   6th EARL OF ATHOLL   d. 1595
(The Bonnie Moray) d. 1603   (no male heir)
k. 1592   - (1) *Margaret Lindsay*
= *Elizabeth Stuart*   *of Crawford*
dau. of Regent James of Moray
illegit. son of James V
                                                    1 >
Henry Stewart   = *Jean* Sir James Stewart = *Mary*   *Dorothea*
LORD ST. COLME   (Eoin Ciar) b. 1583   (senior heiress)
Constable of   7th LORD INNERMEATH   = William Murray
Doune Castle   7th EARL OF ATHOLL   of Tullibardine
d. 1612   Atholl Title confiscated
                             through dispute with senior
Earls of Moray   heiress and step-mother.   ATHOL Title
Descend   Innermeath Title terminated   Succeeds to Murray
                             Exiled to England 1618 by Privy Council
                             Recorded presumed d.s.p. 1625 (but d. 1659)
                             (Literature: Eoin Ciar Duine (Ensor Doone))
                             = (2) *Margaret Alasdair MacGregor*

THE ROYAL STEWARTS & CONTEMPORARY HOUSES
Scotland, England and France: 1371 – 1603

ENGLAND	SCOTLAND	FRANCE
PLANTAGENETS	STEWARTS	VALOIS
RICHARD II (Bordeaux) 1377-1399 Son of the Black Prince, and Grandson of Edward III *d.s.p.*	ROBERT II 1371-1390 Son of Walter, 3rd High Steward, and Marjorie Bruce *= Elizabeth, dau. of Sir Adam* *Mure of Rowallan*	CHARLES V 1364-1380 (the Wise) Son of John the Good *= Joan of Bourbon*

HENRY IV (Bolingbroke)   1399-1413
[House of Lancaster]
Son of John O'Gaunt (Duke of
Lancaster), and Grandson
of Edward III
= Mary de Bohun
	ROBERT III 1390-1406
	[John, Earl of Carrick]
	Son of Robert II
	= Anabella, daughter of
	  John Drummond of Stobhall
		CHARLES VI 1380-1422
		(the Mad)
		Son of Charles V
		= Isabeau of Bavaria
		  (Their daughter, Katherine,
		  married Henry V of England)

HENRY V (Monmouth)   1413-1422
[House of Lancaster]
Son of Henry IV
= Katherine de Valois, daughter
  of Charles VI of France
	JAMES I 1406-1437
	Son of Robert III
	= Joan Beaufort of Somerset
	  g-dau. of John O'Gaunt	

HENRY VI (Windsor)   1422-1461
[House of Lancaster]
Son of Henry V
= Margaret - daughter of Rayner,
  Duke of Anjou, Titular King of
  Jerusalem
(Deposed by Edward Duke of York)
	JAMES II 1437-1460
	Son of James I
	= Mary, daughter of Arnold,
	  Duc de Gueldres
		CHARLES VII 1422-1461
		(the Well Served)
		Son of Charles VI
		= Mary of Anjou

EDWARD IV   1461-1483
[House of York]
Son of Sir Richard Plantagenet,
in descent from John O'Gaunt's
brother, Lionel, Duke of Clarence
= Elizabeth - daughter of Richard
  Widville, Earl Rivers
	JAMES III 1460-1488
	Son of James II
	= Margaret, daughter of
	  Christian I of Denmark
		LOUIS XI 1461-1483
		Son of Charles VII
		= Charlotte of Savoy

EDWARD V 1483 [House of York] Son of Edward IV Murdered before coronation, along with brother, Richard *d.s.p.*		CHARLES VIII 1483-1498 Son of Louis XI *= Anne of Brittany*

RICHARD III   1483-1485
[House of York]
Killed at Bosworth Field
Son of Sir Richard Plantagenet
and brother of Edward IV
= *Anne - daughter of Richard*
  Melville, Earl of Warwick

JAMES IV   1488-1513
Son of James III
= *Margaret Tudor, daughter*
  of Henry VII of England

LOUIS XII   1498-1515
[Duke of Orleans]
Grand-nephew of Charles VI
= 1. *Joan of Valois*
= 2. *Anne of Brittany*

TUDORS

HENRY VII   1485-1509
Son of Edmund Tudor,
Earl of Richmond *[in descent*
from Katherine de Valois, widow
of Henry V, and her 2nd husband,
Owen Tudor] and Margaret Beaufort,
g-dau. of John O'Gaunt
= *Elizabeth of York, daughter*
  of Edward IV

JAMES V   1513-1542
Son of James IV
= (2) *Marie de Guise Lorraine,*
  daughter of Claude, Duc
  d'Aumale

FRANCIS I   1515-1547
Cousin of Louis XII
= 1. Claude de France
  dau. of Louis XII
= 2. Eleanor of Austria

HENRY VIII   1509-1547
Son of Henry VII
= (1) *Catherine, daughter of*
  Ferdinand V of Aragon and Castille
= (2) *Anne, daughter of Sir Thomas*
  Boleyn, Earl of Ormonde
= (3) *Jane, daughter of Sir John*
  Seymour, and sister of Edward,
  Duke of Somerset

MARY QUEEN OF SCOTS 1542-1587
Daughter of James V and
Mary de Guise Lorraine
= (2) *Henry Stewart, Lord*
  Darnley, son of Matthew
  Earl of Lennox

HENRY II   1547-1559
Son of Francis I
= *Catherine de Medici*

EDWARD VI   1547-1553
Son of Henry VIII and
Jane Seymour
(Unmarried)

FRANCIS II   1559-1560
Son of Henri II
(As Dauphin and King, Francis
was the first husband of *Mary
Stuart, Queen of Scots)*
d.s.p.

JANE GREY   1553-1554
Daughter of Henry Grey,
Duke of Suffolk, and
g-dau. of Henry VII
[Inherited Crown by Will
of Edward VI]
(Executed)

MARY I   1553-1558
Daughter of Henry VIII
and Catherine of Aragon
= Philip II of Spain
d.s.p.

CHARLES IX   1560-1574
Son of Henri II
and Brother of Francis II
d.s.p.

ELIZABETH I   1558-1603
Daughter of Henry VIII
and Anne Boleyn
(Unmarried)

JAMES VI   1567-1625
Son of Mary Queen of
Scots and Lord Darnley
JAMES I of England from 1603

HENRI III   1574-1589
Son of Henri II
and Brother of Francis II
d.s.p.

DESCENT TO CHARLES EDWARD STUART
Mary Queen of Scots' lineage

JAMES V (STEWART) OF SCOTS
b. 1512   R. 1513-1542   d. 1542 Falkland
= 2nd (1538) Marie de Guise-Lorraine
(d. 1560) Dau. of Claude, Duc d'Aumale

|

MARY (STUART) QUEEN OF SCOTS
b. 1542   R. 1542-1567   (forced abdication)
Beheaded 1587 Fotherihay Castle
= 2nd (1565) Henry Stewart, Lord Darnley
Master of Lennox. Murdered 1567

|

JAMES VI (STUART) OF SCOTS
b. 1566   R. 1567-1625   d. 1625 Herts
JAMES I OF ENGLAND 1603-1625
= (1589) Anne (d. 1619) Dau. of
King Frederick II of Denmark & Norway

|

CHARLES I (STUART) OF BRITAIN
b. 1600   R. 1625-1649   Beheaded 1649 London
= (1625) Henrietta Maria (d. 1669)
Dau. of King Henri IV of France

|

JAMES VII (STUART) OF SCOTS (II OF ENGLAND)
b. 1633   R. 1685-1688   (deposed by Whig Revolution - No abdication)
[Succeeded brother, Charles II Stuart]
d. Saint Germain-en-Laye 1701
= 2nd (1673) Mary Beatrix D'Este (d. 1718)
Dau. of Duke Alphonso IV of Modena (Italy)

|

JAMES FRANCIS EDWARD STUART - JAMES VIII OF SCOTS *de jure* (III OF ENGLAND)
(Chevalier Saint George) b. 1688   Proclaimed 1701   d. 1766
= (1719) Mary Clementina Sobieska (d. 1735) Dau. of Prince
James Lewis Sobieski (son of King Jan III of Poland)

|

CHARLES EDWARD LOUIS PHILIP CASIMIR STUART - *de jure* CHARLES III
b. 31 Dec 1720   Crowned (symb.) Sept 24th 1745   Succeeded 1766   d. 31 Jan 1788

THE STUART KINGS & CONTEMPORARIES
Britain and France: 1603 – 1688

ENGLAND	SCOTLAND	FRANCE

ENGLAND

ELIZABETH I TUDOR 1558-1603
Daughter of Henry VII
and Anne Boleyn
(Unmarried)

STUARTS KINGS OF BRITAIN

[Union of Scots and English Crowns] ← ←

JAMES I (VI of Scots) 1603-1625
Son of Mary Queen of Scots and
Henry Stewart, Lord Darnley
= *Anne, daughter of Frederick II*
  of Denmark and Norway

CHARLES I 1625-1649
Son of James I (VI)
= *Henrietta Maria daughter*
  of Henry IV of France
(Executed)

[Commonwealth Declared 1649]

Oliver Cromwell
Lord Protector 1653-1658

Richard Cromwell
Lord Protector 1658-1659

[Stuart Restoration 1660]

CHARLES II 1660-1685
Son of Charles I
= *Katherine of Braganza, Infanta*
  of John IV of Portugal
  d.s.p. (legit)

JAMES II (VII of Scots) 1685-1688
Brother of Charles II
= (1) *Anne, daughter of Edward*
  Hyde, Earl of Clarendon
= (2) *Mary D'Este, daughter of*
  Alphonso IV of Modena
(Deposed by Whig Revolution)

SCOTLAND

JAMES VI STEWART 1567-1625
Son of Mary Queen of
Scots and Lord Darnley

James VI of Scots became James I
of England on Union of Crons
in 1603 [See ENGLAND column]

From the deposition of James VII,
the *de jure* Scottish succession
progressed (to the present day)
through his son, James Francis
Edward Stuart [See Charts:
DESCENT TO CHARLES EDWARD STUART
and COUNTS OF ALBANY]

FRANCE

HENRI III 1574-1589
Son of Henri II
and Brother of Franicis II
d.s.p.

BOURBONS

HENRY IV 1589-1610
Son of Antoine de Bourbon
and Jeanne, Queen of Navarre
= 2. *Marie de Medici*
  (Their daughter, Henrietta,
  married Charles I of Britain)

LOUIS XIII 1610-1643
Son of Henri IV
[Policies under Cardinal
de Richelieu 1624-1642
= *Anne of Austria*

LOUIS XIV 1643-1715
(The Sun King)
Son of Louis XIII
[Policies under Cardinal
Mazarin until 1661]
= *Maria Theresa, Infanta*
  of Philip IV of Spain

DESCENT TO MARGUERITE DE MASSILLAN
House of d'Audibert de Lussan

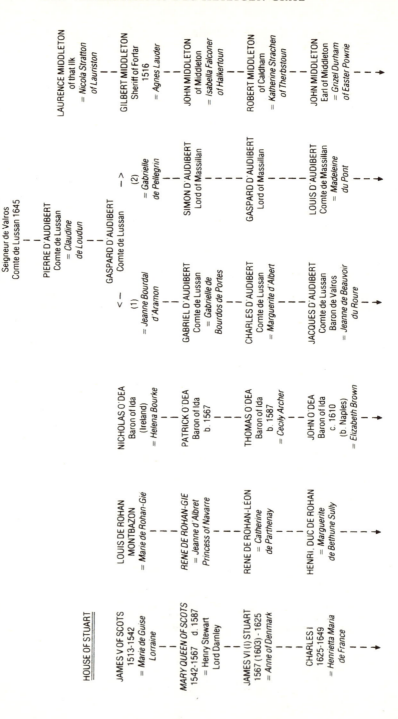

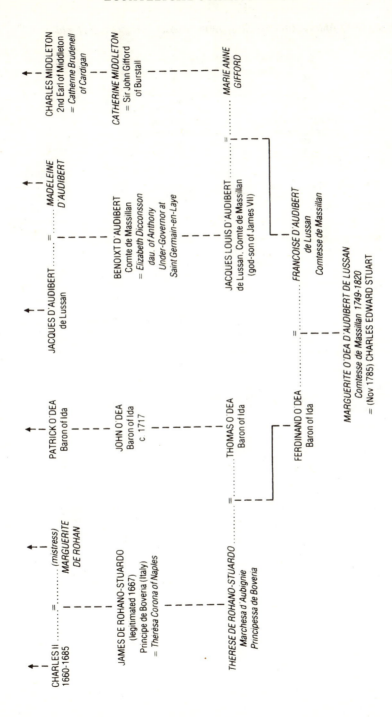

HOUSES OF ROHAN & SOBIESKI *Stuart related Houses of France and Poland*

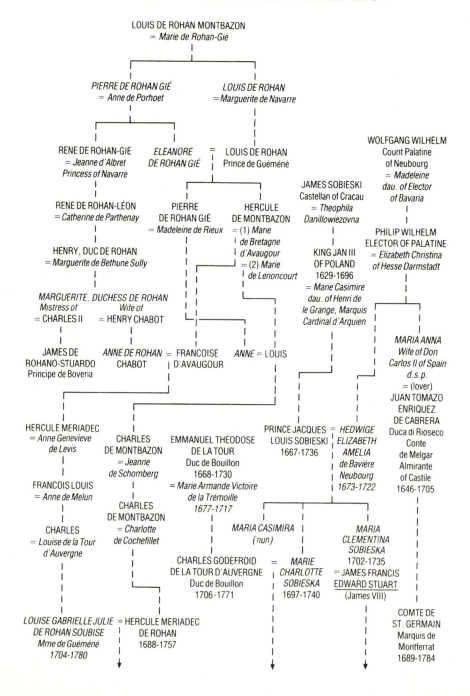

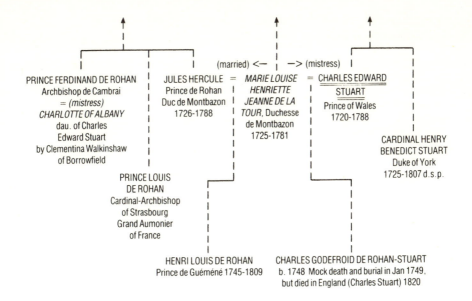

PRINCE FERDINAND DE ROHAN
Archbishop de Cambrai
= *(mistress)*
CHARLOTTE OF ALBANY
dau. of Charles
Edward Stuart
by Clementina Walkinshaw
of Borrowfield

(married) <—   —> (mistress)

JULES HERCULE = *MARIE LOUISE* = CHARLES EDWARD
Prince de Rohan   *HENRIETTE*   STUART
Duc de Montbazon   *JEANNE DE LA*   Prince of Wales
1726-1788   *TOUR*, Duchesse   1720-1788
                            de Montbazon
                            1725-1781

CARDINAL HENRY
BENEDICT STUART
Duke of York
1725-1807 d.s.p.

PRINCE LOUIS
DE ROHAN
Cardinal-Archbishop
of Strasbourg
Grand Aumonier
of France

HENRI LOUIS DE ROHAN   CHARLES GODEFROID DE ROHAN-STUART
Prince de Guéméné 1745-1809   b. 1748 Mock death and burial in Jan 1749,
                                                   but died in England (Charles Stuart) 1820

POPES FROM THE NORMAN CONQUEST
To the 1929 Lateran Treaty

POPE	TERM	POPE	TERM	POPE	TERM
Alexander II	1061-1073	Nicholas IV	1288-1292	Gregory XIII	1572-1585
Gregory VII	1073-1085	Celestine V	1294	Sixtus V	1585-1590
Victor III	1086-1087	Boniface VIII	1294-1303	Urban VII	1590
Urban II	1088-1099	Benedict XI	1303-1304	Gregory XIV	1590-1591
Paschal II	1099-1118	Clement V	1305-1314	Innocent IX	1591
Gelasius II	1118-1119	John XXII	1316-1334	Clement VIII	1592-1605
Callistus II	1119-1124	Benedict XII	1334-1342	Leo XI	1605
Honorius II	1124-1130	Clement VI	1342-1352	Paul V	1605-1621
Innocent II	1130-1143	Innocent VI	1352-1362	Gregory XV	1621-1623
Celestine II	1143-1144	Urban V	1362-1370	Urrban VIII	1623-1644
Lucius II	1144-1145	Gregory XI	1370-1378	Innocent X	1644-1655
Eugene III	1145-1153	Urban VI	1378-1389	Alexander VII	1655-1667
Anastasius IV	1153-1154	Boniface IX	1389-1404	Clement IX	1667-1669
Adrian IV	1154-1159	Innocent VII	1404-1406	Clement X	1670-1676
Alexander III	1159-1181	Gregory XII	1406-1415	Innocent XI	1676-1689
Lucius III	1181-1185	Martin V	1417-1431	Alexander VIII	1689-1691
Urban III	1185-1187	Eugene IV	1431-1447	Innocent XII	1691-1700
Gregory VIII	1187	Nicholas V	1447-1455	Clement XI	1700-1721
Clement III	1187-1191	Callustus	1455-1458	Innocent XIII	1721-1724
Celestine III	1191-1198	Pius II	1458-1464	Benedict XIII	1724-1730
Innocent III	1198-1216	Paul II	1464-1471	Clement XII	1730-1740
Honorius III	1216-1227	Sixtus IV	1471-1484	Benedict XIV	1740-1758
Gregory IX	1227-1241	Innocent VIII	1484-1492	Clement XIII	1758-1769
Celestine IV	1241	Alexander VI	1492-1503	Clement XIV	1769-1774
Innocent V	1243-1254	Pius III	1503	Pius VI	1775-1799
Alexander IV	1254-1261	Julius II	1503-1513	Pius VII	1800-1823
Urban IV	1261-1264	Leo X	1513-1521	Leo XII	1823-1829
Clement IV	1265-1268	Adrian VI	1522-1523	Pius VIII	1829-1830
Gregory X	1271-1276	Clement VII	1523-1534	Gregory XVI	1831-1846
Innocent V	1276	Paul III	1534-1549	Pius IX	1846-1878
Adrian V	1276	Julius III	1550-1555	Leo XIII	1878-1903
John XXI	1276-1277	Marcellus II	1555	Pius X	1903-1914
Nicholas III	1277-1280	Paul IV	1555-1559	Benedict XV	1914-1922
Martin IV	1281-1285	Pius IV	1559-1565	Pius XI	1922-1939
Honorius IV	1285-1287	Pius V	1566-1572		

REIGNING MONARCHS FROM THE WHIG REVOLUTION
Britain and France – 1688 onwards

GREAT BRITAIN	FRANCE
ORANGE / STUART	BOURBON

WILLIAM III   1689-1702
Duke of Orange (Dutch)
Son of William of Nassau
and Mary Stuart, dau of
Charles I
And = *MARY II* (Stuart)   1689-1694
    Dau. of James VII (II)
    and 1st wife, Anne Hyde
    d.s.p.

Continuation of LOUIS XIV
until 1715 [See Chart:
STUART KINGS & CONTEMPORARIES]

ANNE (Stuart)   1702-1714
Dau. of James VII (II)
and Anne Hyde of Clarendon
d.s.p.

HANOVER

GEORGE I   1714-1727
[House of Guelph]
Duke of Brunswick-Luneburg
Son of Elector of Hanover (German)
= *Sophia Dorothy, dau. of George*
    William, Duke of Zelle

LOUIS XV   1715-1774
G.g-son of Louis XIV
Son of Louis, Duke of Burgundy
(d. 1712), son of Louis the
Dauphin (d.1711)
[Policies under Cardinal Fleury
to 1743]
    = *Marie Leczinska of Poland*
Mistresses: (1) *Jeanne, Madame de*
Pompadour (2) *Marie, Madame du Barry*

GEORGE II   1727-1760
Duke and Elector of Hanover
Son of George I
= *Whilhelmina Caroline*
    dau. of John Frederick, the
    Margrave of Brandenburgh-Anspach

FRENCH COLONIES (CANADA/INDIA) LOST
DURING SEVEN YEARS WAR 1756-1763

GEORGE III   1760-1820
King of Hanover
Son of George II
= *Sophia Charlotte, dau. of*
    Charles, Duke of Mecklenburg-
    Strelitz

LOUIS XVI   1774-1793
Grandson of Louis XV
Son of Louis the Dauphin (d. 1765)
= *Marie Antoinette, daughter of*
    Emperor Francis I and Maria Theresa
Both Louis and *Marie Antoinette*
guillotined (1793) in Revolution

FRENCH REVOLUTION 1789-1799 ABOLISHED
ABSOLUTE MONARCHY IN FRANCE. SUPREME
COURT *PARLEMENT OF PARIS* ABOLISHED IN
1792 WHEN FIRST REPUBLIC PROCLAIMED

GEORGE IV   1820-1830
King of Hanover
Son of George III
= (2) *Caroline Amelia, dau.*
  of Charles William Ferdinand,
  Duke of Brunswick-Wölfenbuttel
Predeceased by daughter
No male heir

WILLIAM IV   1830-1837
King of Hanover
Brother of Geroge IV
= *Amelia Adelaide, dau.*
  of George Frederick, Duke
  of Saxe Meiningen
Predeceased by daughters
No male heir

VICTORIA   1837-1901
(Alexandrina Victoria)
Regina et Imperatrix
Niece of William IV
Dau. of his brother, Edward,
Duke of Kent, and Princess
Victoria Mary, dau. of
Francis Frederick, Duke of
Saxe-Saalfeld-Coburg
= Francis Albert, Prince of
  Saxe-Coburg-Gotha. Son of
  Ernest I of Saxe Coburg
  and Gotha

SAXE COBURG-GOTHA

EDWARD VII   1901-1910
[Albert Edward]
Son of Queen Victoria
= *Princess Alexandra, dau.*
  of Christian IX of Denmark

LOUIS XVII   1793-1795
Nominal King of France
Son of Louis XVI
Died in prison

LOUIS XVIII   1795-1824
Count of Provence
Nominal King of France
Uncle of Louis XVII
Brother of Louis XVI
Lived in exile until 1814

COUP D'ETAT BY NAPOLEON BONAPARTE
BROUGHT REVOLUTION TO AN END IN NOV.
1799. HE WAS CONSUL FROM 1802, AND
EMPEROR NAPOLEON I OF THE FRENCH
1804-1815. INTRODUCED THE CIVIL *CODE
NAPOLEON*, WHICH STILL PROVIDES THE
BASIS OF FRENCH LAW. d. 1821

CHARLES X   1824-1830
Count of Artois
Brother of Louis XVI and XVIII
British exile in Revolution
Returned to France 1824
Abdicated 1830

LOUIS PHILIPPE   1830-1848
[The Citizen King]
Son of Duke of Orleans in
descent from Philip of Orleans,
brother of Louis XIV
Originally supported Revolution
against Bourbon monarchy. Styled
King of the French (not of France)
Abdicated d.(England) 1850

1848 REVOLUTION PROCLAIMED SECOND
REPUBLIC, WITH 44 SUCCESSIVE GOVERNMENTS
BETWEEN 1918 AND 1940

WINDSOR

FAMILY NAME CHANGED TO WINDSOR
IN WORLD WAR I (1917) TO VEIL
GERMAN HERITAGE. WINDSOR WAS THE
SURNAME OF KING EDWARD III (d. 1377)

GEORGE V   1910-1936
Son of Edward VII
= *Princess Mary of Teck*

EDWARD VIII   1936
Duke of Windsor
1st son of George V
= *Mrs. Wallis Simpson*
  Abdicated

GEORGE VI   1936-1952
[Prince Albert]
2nd son of George V
= *Elizabeth Bowes-Lyon, dau. of*
  Claud, Earl of Strathmore

ELIZABETH II   1952-
Daughter of George VI
= (1947) Philip (Duke of Edinburgh)
  Son of Prince Andrew, son of King
  George I of Greece. Great-grandson
  of Christian IX of Denmark. Descended
  in female line via mother, *Princess
  Alice of Battenburg,* from the German
  House of Hesse, and from Queen Victoria.

  When Saxe Coburg-Gotha became Windsor
  in W.W.I, the BATTENBURG name was also
  changed to Mountbatten. Philip assumed
  the name of MOUNTBATTEN on gaining
  British citizenship in 1947.

EUROPEAN ECONOMIC COMMUNITY (COMMON
MARKET) – AN ORGANISATION OF WESTERN
STATES – WAS CREATED IN 1957 BY THE
TREATY OF ROME (NOW EUROPEAN UNION)

Subsequent to the 1830 abdication of King
CHARLES X, the House of Bourbon retained
its *de jure* heritage irrespective of the
politically elected Louis Philippe. Charles
X's nominated successor was his grandson, the
Duc de Chambord who was HENRY V 1830-1833.
He was succeeded by his nephew, Louis, Duc
d'Aquitaine, as LOUIS XIX 1833-1918. Louis
died with no son, but nominated the Spanish
Bourbon line to succeed. Thus, James, Duke
of Segovia, 2nd son of Alfonso III, became
JACQUES I OF FRANCE 1918-1975. His son, the
Duc d'Anjou and Cadiz, became ALFONSE I
1975-1989. The present successor is his son,
Louis Alfonso, Duc d'Anjou and Cadiz, who has
been *de jure* KING LOUIS XX from 1989

FRANCE FELL TO GERMANY IN WORLD WAR II

LIBERATED IN 1944. DE GAULLE ESTABLISHED
PROVISIONAL GOVERNMENT. FOURTH REPUBLIC
PROCLAIMED IN 1946

DE GAULLE RECALLED AS PRESIDENT OF THE
FIFTH REPUBLIC 1958. RESIGNED 1969

Bibliographie

Über die Bibel und biblische Schriften

Aaron, R., *Jesus of Nazareth the Hidden Years* (engl. Üb. F. Frenhaye) Hamish Hamilton, London 1962

Allegro, J. M., *The Dead Sea Scrolls*, Pengiun, Harmondsworth 1964

Anderson, H., *Jesus and Christian Origins*, Oxford University Press 1964

Baignet, M., Leigh, R., und Lincoln, H., T*he Dead Sea Scrolls Deception*, Jonathan Cape, London 1991

Barclay, J., *The Mind of Jesus*, Harper&Row, New York 1960

Black, M., *The Scrolls and Christian Origins*, Thomas Nelson, London 1961

Brandon, S. G. F., *The Fall of Jerusalem and the Christian Church,* SPCK, London 1951

Brandon, S. G. F., *Jesus and the Zealots,* Charles Scribner's Sons, New York 1967

Brooke, G., *Temple Scroll Studies*, Sheffield Academic Press 1989

Catchpole, D. R., *The Trial of Jesus,* E. J. Brill, Leiden, Niederlande 1971

Chase, M. E., *Life and Language in the Old Testament*, Collins, London 1956

Cranfield, C. E. B., *The Gospel According to St. Mark,* Cambridge University Press 1959

Danielou, J., *The Dead Sea Scrolls and Primitive Christianity* (engl. Üb S. Attnsio) New American Library, New York 1962

Dart, J., *The Laughing Saviour*, Harper&Row, New York 1976

Dodd, C. H., *Historical Tradition in the Fourth Gospel,* Cambridge University Press 1963

Doresse, J., *The Secret Books of the Egyptian Gnostics* (engl. Üb P. Mairet), Hollis&Carter, London 1960

Dupont-Sommer, A., *The Essene Writings from Qumran* (engl. Üb G. Vermes), Basil Blackwell, Oxford 1961

Dupont-Sommer, *The Jewish Sect of Qumran and the Essenes*, Vallentine Mitchell, London 1954

Eisenman, R. H., *Maccabees, Zadokites, Christians and Qumran*, E. J. Brill, Leiden, Niederlande 1983

Eisenman, R. H., *James the Just in the Habakuk Pesher*, E. J. Brill, Leiden, Niederlande 1986

Faber-Kaiser, A., *Jesus Died in Kashmir*, Abacus, Sphere, London 1978
(dt.: *Jesus starb in Kaschmir*, Berlin 1998)

Filliette, E., *Saint Mary Magdalene, Her Life and Times*, Society of St. Mary Magdalene, Newton Lower Falls, MA, USA 1983

Fleetwood, Rev. J., *The Life of Our Lord and Saviour Jesus Christ*, William Mackenzie, Glasgow ca. 1900

Finkel, A., *The Pharisees and the Teacher of Nazareth*, E. J. Brill, Leiden, Niederlande 1964

Gaster, T. H., *Samaritan Eschatology – Oral Law and Ancient Traditions*, Search, London 1932

Grant, M., *The Jews in the Roman World*, Weidenfeld & Nicolson, London 1973

Grant, M., *Herod the Great*, Weidenfeld & Nicolson, London 1971

James, MR (ed.), *The Apocryphal New Testament*, Clarendon Press, Oxford 1924

Jeremias, J., *Jerusalem in the Time of Jesus*, SCM Press, London 1969
(dt.: *Jerusalem zur Zeit Jesu*, Göttingen 1969)

Josephus, F., *The Jewish Wars*, Penguin, Harmondsworth 1959
(dt.: *Geschichte des Judäischen Krieges*, Leipzig 1994)

Josephus, F., *Antiquities of the Jews and Wars of the Jews* Thomas Nelson, London 1862
(dt.: *Jüdische Altertümer*, Wiesbaden 1987)

Josephus, F., *The Works of Flavius Josephus*, Milner & Sowerby, London 1870

Joyce, Donovan, *The Jesus Scroll*, Angus & Robertson, London 1973

Kenyon, K. M., *Jerusalem: Excavating 3000 Years of History*, Thames & Hudson, London 1967

Kersten, H. and Gruber, E. R., *The Jesus Conspiracy*, Barnes & Noble, New York, USA 1995
(dt.: *Das Jesus Komplott*, München 1992)

Knox, W., *Sources of the Synoptic Gospels*, Cambridge University Press 1959

Lacordaire, Rev. P., *Saint Mary Magdalene*, Thomas Richardson, Derby 1880

Lewis, Rev. L. S., *St. Joseph of Arimathea at Glastonbury*, A. R. Mobray, London 1927

Malvern, M., *Venus in Sackcloth*, Southern Illinois Press, USA 1975

Mead, G. R. S., *The Gnostic John the Baptiser*, John M. Watkins, London 1924

Milik, J. T., *Ten Years of Discovery in the Wilderness of Judea*, SCM Press, London 1959

Osman, A., *The House of the Messiah*, Harper Collins, London 1992

Osman, A., *Moses Pharoah of Egypt*, Grafton/Collind, London 1990

Pagels, E., *The Gnostic Gospels*, Weidenfeld & Nicolson, London 1980

(dt.: *Versuchung durch Erkenntnis – Die gnostischen Evangelien*, Frankfurt am Main 1987)

Patai, R., *The Hebrew Goddess*, Wayne State University Press, Detroit, USA 1967

Perowne, S., *The Life and Times of Herod the Great*, Hodder & Stoughton, London 1956

Perowne, S., *The Later Herods*, Hodder & Stoughton, London 1958

Platt, R. H. (ed.), *The Lost Books of the Bible*, World Publishing, New York, USA 1963

Ringgren, H., *The Faith of Qumrân* (engl. Üb. E. T. Sander), Fondress Press, Philadelphia, USA 1973

(dt.: *Die Religionen des Alten Orients*, Göttingen 1979)

Robinson, J. M., Coptic Gnostic Library: Institute for Antiquity and Christianity, *The Nag Hammadi Library*, E. J. Brill, Leiden, Niederlande 1977

Schonfield, H. J., *The Authentic New Testament*, Denis Dobson, London 1956

Schonfield, H. J., *The Essene Odyssey*, Element Books, Shaftesbury 1984

Schonfeld, H. J., *The Passover Plot*, Element Books, Shaftesbury 1985

Smallwood, E. M., *The Jews Under Roman Rule*, E. J. Brill, Leiden, Niederlande 1976

Smith, M., *The Secret Gospel*, Victor Gollancz, London 1974

Stone, M., *When God Was A Woman*, Dial Press, New York, USA 1976

Thackery, D. S. J., *Josephus the Man and Historian*, KTAV, Hoboken, NJ, USA 1967

Thiering, B., *Jesus the Man*, Doubleday/Transworld, London 1992

Times, The, *Atlas of the Bible*, Times Books, London 1987

Vermes, G., *The Dead Sea Scrolls in English*, Pelican, Harmondsworth 1987

Von Däniken, E., *Chariots of the Gods*, Souvenir Press, London 1969

(dt.: *Raumfahrt im Altertum. Auf den Spuren der Allmächtigen.* München 1995)

Walker, B., *Gnosticism*, Aquarian Press, Wellingborough 1983

(dt.: Gnosis, vom Wissen göttlicher Geheimnisse, München 1992)

Williamson, G. A., *The World of Josephus*, Secker & Warburg, London 1964

Wilson, A. N., *Jesus*, Sinclair Stevenson, London 1992

(dt.: *Der geteilte Jesus. Gotteskind oder Menschensohn*, München 1993)

Wilson, E., *The Dead Sea Scrolls*, Collins, London 1971

Yadin, Y., *The Temple Scroll: Hidden Law*, Weidenfeld & Nicolson, London 1985

Yadin, Y., *Masada: Herod's Last Fortress*, Weidenfeld & Nicolson, London 1966

Kulte und Religionen

Adamnan, St., *A Life of Saint Columba*. George Routledge, London 1908

Aradi, Z., *Shrines of Our Lady*, Farrar, Strauss & Young, New York, USA 1954

Baigent, M., Leigh, R., and Lincoln, H., *The Messianic Legacy*, Jonathan Cape, London 1986

Baldock, J., *Christian Symbolism*, Element Books, Shaftesbury 1990

Bander, P., *The Prophecies of St. Malachy and St. Columbkille*, Colin Smythe, Gerrards Cross 1979

Baring-Gould, S., *The Lives of the British Saints*, Cymmrodorion Society, London 1907-1913

Bede (The Venerable of Jarrow), *The Ecclesiastical History of the English Nation*, Dent/Everyman, London 1970

Begg, E. C. M., *The Cult of the Black Virgin*, Arkana, London 1985

Bernard de Clairvaux, *On the Song of Songs* (engl. Üb. K. Walsch), Cistercian Publishers, Michigan, USA 1976

Bowen, E. G., *The Settlements of the Celtic Saints in Wales*, University of Wales Press, Cardiff 1956

Bull, N. J., *The Rise of the Church*, Heinemann, London 1967

Bultmann, R., *Primitive Christianity in its Contemporary Setting* (engl. Üb. R. H. Fuller), Fontana/Collins, Glasgow 1960

Butterworth, G. W., *Clement of Alexandria*, Heinemann, London 1968

Chadwick, H., *Priscillian of Avila*, Oxford University Press 1976

Chadwick, H., *The Early Church*, Penguin, Harmondsworth 1978
(dt.: *Die Kirche in der antiken Welt*, Berlin 1972)

Chadwick, N. K., *The Age of the Saints in the Early Celtic Church*, Oxford University Press 1961

Clement, der Heilige von Alexandrien, *Clementine Homilies and Apostolical Constitutions*, Ante-Nicene Library, T & T Clark, Edinburgh 1870

Konstantin von Lyon (ca. 480 n. Chr.), *The Life of Saint Germanus of Auxerre*. In: Levinson, W. (ed.), *The Western Fathers*, Sheed & Ward, London 1954

Duncan, A., *Celtic Christianity*, Element Books, Shaftesbury 1992

Eusebius, of Caesaria, *History of the Church from Christ to Constantine* (engl. Üb. G. A. Williamson), Penguin, Harmondsworth 1981

Eusebius, of Caesaria, *Ecclesiastical History* (engl. Üb. C. F. Crusé), George Bell, London 1874

Farmer, D. H., *The Oxford Dictionary of Saints*, Clarendon Press, Oxford 1978

Gilson, E., *The Mystical Theology of Saint Bernard* (engl. Üb. A. H. C. Downes), Sheed & Ward, London 1940

Gimbutas, M., *The Gods and Goddesses of Old Europe*, Thames & Hudson, London 1974

Godwin,J., *Mystery Religions in the Ancient World*, Thames & Hudson, London 1981

Gougaud, Dom L., *Christianity in Celtic Lands* (engl. Üb. M. Joynt), Four Courts Press, Dublin 1932

Graves, R. and Podro, J., *The Nazarene Gospel Restored*, Cassell, London 1953

Green, M., *The Gods of the Celts*, Alan Sutton, Gloucester 1986
(dt.: *Keltische Mythen*, Ditzingen 1994)

Halsberghe, G. S., *The Cult of Sol Invictus*, E. J. Brill, Leiden, Niederlande 1972

Herford, R. T., *Christianity in Talmud and Midrash*, Williams & Norgate, London 1903

Hewins, Prof. W. A. S., *The Royal Saints of Britain*, Chiswick Press, London 1929

Jacobus de Voragine, *The Golden Legend* (engl. Üb. William Caxton, ed. G. V. O'Neill), Cambridge University Press 1972

James, B. S., *Saint Bernard of Clairvaux*, Harper, New York, USA 1957

James, E. O., *The Cult of the Mother Goddess*, Thames & Hudson, London 1959

Jameson, A., *Legends of the Madonna*, Houghton Mifflin, Boston, USA 1895

Johnston, Rev. T. J., *A History of the Church of Ireland*, APCK, Dublin 1953

Jonas, H., *The Gnostic Religion*, Routledge, London 1992

Jowett, G. F., *The Drama of the Lost Disciples*, Covenant Books, London 1961

Knowles, D., *The Monastic Order in England*, Cambridge University Press 1950

Kramer, S., *The Sacred Marriage Rite*, Indiana University Press, Bloomington, Indiana, USA 1969

Lewis, Rev. L. S., *Glastonbury, the Mother of Saints*, St. Stephen's Press, Bristol 1925

MacLean, G. R. D., *Praying with the Highland Christians*, Triangle/SPCK, London 1988

Margoliouth, D. S., *Mohammed and the Rise of Islam*, Putnam, London 1931

Marsden, J., *The Illustrated Colmcille*, Macmillan, London 1991

Martin, M.., *The Decline and Fall of the Roman Church*, Secker & Warburg, London 1982

Nash-Williams, V. E., *The Early Christian Monuments of Wales,* University of Wales Press, Cardiff 1950

Piggot, S., *The Druids*, Penguin, Harmondsworth 1974

Pope, M. H., Song of Songs, Garden City/Doubleday, New York, USA 1977

Qualls-Corbett, N., *The Sacred Prostitute*, Inner City Books, Toronto, Canada 1988

Rees, Rev. R., *An Essay on the Welsh Saints*, Longman, London 1836

Rees, Rev. W. J., *Lives of the Cambro-British Saints*, Welsh MSS Society/Longman, London 1853

Ross, A., *Pagan Celtic Britain*, Cardinal/Sphere Books, London 1974

Rutherford, W., *The Druids and Their Heritage,* Gordon & Cremonesi, London 1978

Scott, J., *The Early History of Glastonbury*, Boydell Press, London 1981
(dt.: *Das Königreich der Löwen*, München 1993)

Taylor, G., *Our Neglected Heritage*, Covenant Books, London 1969-74

Taylor, J. W., *The Coming of the Saints*, Covenant Books, London 1969

Wade-Evans, A. W., *Welsh Christian Origins*, Alden Press, Oxford 1934

Warren, F. E., *The Liturgy of the Celtic Church*, Oxford University Press 1881

Alte Geschichte und Vorgeschichte

Daniel, G. (ed.), *Encyclopedia of Archaeology*, Macmillan, London 1978

Guthrie, W. K. C., *The Greeks and Their Gods*, Methuen, London 1950

Hawking, S., *A Brief History of Time*, Bantam Press, London 1992
(dt.: *Eine kurze Geschichte der Zeit*, Reinbeck 1998)

Kramer, S., *History Begins at Sumer*, Thames and Hudson, London 1958

Michell, H., *Sparta*, Cambridge University Press 1964

Rohl, D., *A Test of Time*, Century, London 1995
(dt.: *Pharaonen und Propheten. Das Alte Testament auf dem Prüfstand*, München 1996)

Roux, G., *Ancient Iraq*, George Allen, & Unwin, London 1964

Wooley, C. L., *Ur of the Chaldees*, Ernest Benn, London 1930

Mythologie und Folklore

Bromwich, R., *The Welsh Triads*, University of Wales Press, Cardiff 1961

Conran, A., *The Penguin Book of Welsh Verse*, Penguin, Harmondsworth 1967

Crossley-Holland, K., *British Folk Tales*, Macmillan, London 1971

Curtin, J., *Hero Tales of Ireland*, Macmillan, London 1894

Davison, H. E., *Gods and Myths in Northern Europe*, Penguin, Harmondsworth 1964

Delaney, F., *Legends of the Celts*, Hodder & Stoughton, London 1989
(dt.: Tristan und Isolde und andere keltische Legenden, Berlin 1992)

Dillon, M., *The Cycles of the Kings*, Oxford University Press 1946

Gantz, J., *The Mabinogion*, Penguin, Harmondsworth 1976

Graves, R., *The White Goddess*, Faber & Faber, London 1961

Graves, R., *Mammon and the Black Goddess*, Cassell, London 1965

Greek Mythology, in: *Mythologie Générale Larousse*, (engl. Üb. D. Ames), Paul Hamlyn, London 1963

Guest, Lady C., *The Mabinogion*, John Jones, Cardiff 1977

Hadas, M. and Smith, M., *Heroes and Gods*, Freeport, New York, USA1965

Matthews, C., *Mabon and the Mysteries of Britain*, Arkana, London 1987

O' Rahilly, T., *Early Irish History and Mythology*, Dublin Institute for Advanced Studies, 1946

Rhys, J., *Celtic Folklore*, Clarendon Press, Oxford 1901

Tatlock, J. S. P., *The Ledgendary History of Britain*, University of California, USA 1950

Westwood, J., *A Guide to Legendary Britain*, Paladin, London 1987

William, Count of Orange, (French Trad., engl. Üb. G. Price), Dent, London 1975

Williamson, J., *The Oak King, the Holly King, and the Unicorn,* Harper and Row, New York, USA 1986

Kelten, Römer und das Mittelalter

Chadwick, N. K. (ed.), *Studies in Early British History,* Cambridge University Press 1954

Chadwick, N. K., *Celtic Britain,* Praeger, New York, USA 1963

Chadwick, N. K., *Celt and Saxon,* Cambridge University Press, 1964

Chadwick, N. K., *The Celts,* Penguin, Harmondsworth 1970

Cunliffe, B., *The Celtic World,* Bodley Head, London 1979

(dt.: *Die Kelten und ihre Geschichte,* Bergisch Gladbach 1992)

Delaney, F., *The Celts,* Grafton/Collins, London 1989

Dillon, M., and Chadwick, N., *The Celtic Realms,* Weidenfield & Nicholson, London 1967

Ellis, P. B., *The Celtic Empire,* Constable, London 1990

(dt.: *Die Druiden vor der Weisheit der Kelten,* München 1996)

Gurney, R., *Celtic Heritage,* Chatto & Windus, London 1969

Herm, G., *The Celts,* Weidenfeld & Nicholson, London 1967

(dt.: *Kelten-Gold,* München 1992)

Hubert, H., *The Rise of the Celts,* Keegan Paul, London 1934

Hubert, H., *The Greatness and Decline of the Celts,* Keegan Paul, London 1934

(dt.: *Notizen der Weisheit Kelten,* Würzburg 1996)

Markale, J., *Women of the Celts* (engl. Üb. A. Mygind and P. Henry) Inner Traditions, Vermont, USA 1986

Matthews, C, *The Celtic Tradition,* Element Books, Shaftesbury, 1989

(dt.: *Keltische Segensprüche,* Neuhausen 1996)

Nennius, *Historia Brittonium* (engl. Üb. J. Morris), Phillimore, Chichester 1980

Rees, A. and B., *Celtic Heritage,* Thames and Hudson, London 1961

Thomas, C., *Celtic Britain,* Thames and Hudson, London 1986

Wood, M., *In Search of the Dark Ages,* BBC Books, London 1981

Schottland

Adam F., *Clans, Septs, and Regimens of the Scottish Highlands,* Johnston and Bacon, Edinburgh 1965

Anderson A. O., *Early Sources of Scottish History,* Paul Watkins, London 1990

Anderson, J., *Scotland in Early Christian Times*, David Douglas, Edinburgh 1881

Bain, J., *Calendar of Documents Relating to Scotland*, HM Stationery Office, Edinbugh 1881-88

Bain, R., *The Clans and Tartans of Scotland*, Fontana/Collins, Glasgow 1981

Barbour, J., *The Bruce*, William Mackenzie, Glasgow 1909

Barrow, G. W. S., *Robert Bruce and the Community of the Realm of Scotland*, Eyre & Spottiswoode, London 1965

Barrow, G. W. S., *The Kingdom of the Scots*, Edward Arnold, London 1973

Chadwick, H. M., *Early Scotland, The Picts,Scots, and Welsh of Southern Scotland*, Cambridge University Press 1949

Fairweather, B., *Highland Heritage*, Glencoe & N. Lorne folk Museum, Argyll 1984

Harry, Rev. G. O., *The Genealogy of the High and Mighty Monarch James*, Simon Stafford, London 1604

Hewison, J. K., *The Isle of Bute in Olden Time*, William Blackwood, Edinburgh 1895

Kermack, W. R., *Scottish Highlands, A Short History c. 300-1746*, Johnston & Bacon, Edinburgh 1957

Kermack, W. R., *The Clan MacGregor*, Johnston & Bacon, Edinburgh, 1979

Maciain, R. R., *The Clans of the Scottish Highlands*, Webb & Bower, Exeter 1983

Mackenzie, Sir G., *A Defence of the Antiquity of the Royal Line of Scotland*, HM Printers, Andrew Anderson, Edinburgh 1685

Mackie, J. D. A., *A History of Scotland*, Pelican, Harmondsworth 1964

Moncrieffe, Sir I., *The Highland Clans*, Barrie & Jenkins, London 1982

Murray, J., (Duke of Atholl), *Chronicles of Atholl and Tullibardine Families*, Ballantyne, London 1908

Platts, B., *Scottish Hazard*, Proctor Press, London 1985-1990

Shaw, R. C., *Post Roman Carlisle and the Kingdoms of the North-West*, Guardian Press, Preston 1964

Skene, W. F., *Chronicles of the Picts and Scots*, HM General Register, Edinburgh 1867

Skene, W. F., *Celtic Scotland*, David Douglas, Edinburgh, 1886-1890

Starforth, M., *Clan MacDougall*, Bell & Bain Press, Glasgow 1960

Stewart, Maj. J., *The Stewarts*, Johnston & Bacon, Edinburgh 1954

Watson, W. J., *The History of the Celtic Place Names of Scotland*, William Blackwood, Edinburgh 1926

Irland und Wales

Bartrum, P. C., *Early Welsh Genealogical Tracts*, University of Wales Press, Cardiff 1966

Charlsworth, M. P., *The Lost Province*, University of Wales Press, Cardiff 1949

Keating, G., *The History of Ireland – 1640*, Irish Texts Society, London 1902-1914

Kenney, J. F., *The Sources for the Early History of Ireland*, Four Courts Press, Dublin 1966

MacNeill, E., *Celtic Ireland*, Martin Lester, Dublin 1921

Morris, J., *Annales Cambriae, Nennius, British History and the Welsh Annals*, Phillimore, Chichester 1980

Munch, P. A. and Goss, Rev. Dr., *The Chronicle of Man, The Manx Society*, Isle of Man 1974

O'Rahilly, C., *Ireland and Wales*, Longmans Green, London 1924

Rhys, J., and Brynmore-Jones, D., *The Welsh People*, T. Fisher Unwin, London 1990

Skene, W. F., *The Four Ancient Books of Wales*, David Douglas, Edinburgh 1868

Simms, K., *From Kings to Warlords*, Boydell Press, London 1987

Williams, A. H., *An Introduction to the History of Wales*, University of Wales Press, Cardiff 1962

England und Großbritannien allgemein

Anglo-Saxon Chronicle, The, (engl. Üb. G. N. Garmonsway), Dent/Everyman, London 1967

Blair, P. H., *The Origins of Northumbria*, Northumberland Press, Gateshead 1948

Copley, G. K., *The Conquest of Wessex in the Sixth Century*, Phoenix House, London 1954

Deacon, R., *A History of the British Secret Service*, Grafton/Collins, London 1982

Deanesley, M., *A Medieval History of Europe 476-911*, Methuen, London 1956

Feiling, K., *A History of England*, Book Club Associates, London 1972

Geoffrey of Monmouth, *The History of the Kings of Britain*, Penguin, Harmondsworth 1966

Gildas, *De Excido et Conquestu Britanniae*, (engl. Üb. M. Winterbottom) Phillimore, Chichester 1978

Green, V. H. H., *The Hanoverians 1714-1815*, Edward Arnold, London 1948

Harvey, J., *The Plantagenets*, BT, Batsford, London 1959

Hodgkin, R. H., *A History of the Anglo-Saxons*, Oxford University Press 1952

Lloyd, L. C., *The Origins of Some Anglo-Norman Families*, Harleian Society, Leeds 1951

Oman, Sir C., *England Before the Norman Conquest*, Methuen, London 1938

Paine, L., *Britain's Intelligence Service*, Robert Hale, London 1979

Petrie, Sir C., *The Stuarts*, Eyre & Spottiswoode, London 1937

Pryde, G. S., *The Treaty of Union Between Scotland and England 1707*, Thomas Nelson, London 1950

Seton, W., *Relations of Henry, Cardinal York, With the British Government*, The Royal Historical Society, London 1919

Skeet, F. J. A., *The Life and Letters of HRH Charlotte, Duchess of Albany*, Eyre & Spottiswoode, London 1922

Stenton, F. M., *Anglo-Saxon England*, Oxford University Press 1950

Thomas, C., *Britain and Ireland in Early Christian Times*, Thames & Hudson, London 1971

Whitelock, D., *English Historical Documents (AD 500-1042)*, Eyre & Spottiswoode, London 1955

William of Malmesbury, *Chronicles of the Kings of England*, Bell and Daldy, London 1866

William of Malmesbury, *The Antiquities of Glastonbury*, Talbot/JMF Books, Llanerch 1980

Europäische Geschichte

Castries, Duc de (Académie Française), *The Lives of the Kings and Queens of France*, (engl. Üb. A. Dobell), Weidenfeld & Nicolson, London 1979

Chadwick, N. K., *Early Brittany*, University of Wales Press, Cardiff 1969

Crankshaw, E., *The Fall of the House of Habsburg*, Longman, London 1963

Davidson, M. B., *The Concise History of France*, American Heritage, New York, USA 1971

Davis, R. H. C., *A History of Medieval Europe*, Longmans Green, London 1957

Deanesley, Margaret, *A History of Early Medieval Europe 476-911*, Methuen, London 1956

Dill, Sir S., *Roman Society in Gaul in the Merovingian Age*, Macmillan, London 1926

Giot, P. R., *Brittany*, Thames & Hudson, London 1960

Gregory of Tours, *A History of the Franks*, Penguin, Harmondsworth 1964

Kendrick, T. D., *A History of the Vikings*, Frank Cass, London 1930

Lindsay, J., *The Normans and Their World*, Purnell, London 1974

McKendrick, M., *A Concise History of Spain*, Cassell, London 1972

Meade, M., *Elanor of Aquitaine*, F. Muller, London 1978

Painter, S., *A History of the Middle Ages*, Macmillan, London 1973

Roget, F. F., *French History, Literature and Philology*, Williams & Norgate, London 1904

Round, J. H., *Calendar of Documents Preserved in France 918-1206*, Eyre & Spottiswoode, London 1899

Round, J. H. *Studies in Peerage and Family History*, Constable, London 1901

Sackville-West, V., *Saint Joan of Arc*, Michael Joseph, London 1936
(dt.: *Jeanne D'Arc, Die Jungfrau von Orleans*, Berlin 1992)

Smith, G. A., *The Historical Geography of the Holy Land*, Fontana/Collins, Glasgow 1966

Spence, K., *Brittany and the Bretons*, Victor Gollancz, London 1978

Stanley, J. E., *King René d'Anjou and his Seven Queens*, John Long, London 1912

Tacitus, *The Annals of Imperial Rome*, (engl. Üb. M. Grant), Cassell, London 1912

Thompson, E. A., *A History of Atilla and the Huns*, Clarendon Press, Oxford 1948

Thompson, J. M., *The French Revolution*, Basil Blackwell, Oxford 1964

Thorpe, L., *The Life of Charlemagne*, Penguin, Harmondsworth 1979

Ullman, W., *A History of Political Thought in the Middle Ages*, Penguin, Harmondsworth 1970

Wallace-Hadrill, J. M., *The Long Haired Kings*, Methuen, London 1962

Wells, H. G., *The Outline of History*, Cassell, London 1920
(dt.: Die Geschichte unserer Welt, Zürich.)

Zuckerman, A. J., *A Jewish Princedom in Feudal France*, Columbia University Press, New York, USA 1972

Tempelritter und Kreuzzüge

Andressohn, J. C., *The Ancestry and Life of Godfrey of Bouillon*, University of Indiana Press, USA 1947

Baigent, M. and Leigh, R., *The Temple and the Lodge*, Jonathan Cape, London 1989
(dt.: *Der Tempel und die Loge – das geheime Erbe der Templer in der Freimaurerei*, Bergisch Gladbach 1991)

Barber, M., *The Trial of the Templars*, Cambridge University Press 1978

Birks, W., and Gilbert, R. A., *The Treasure of Montségur*, Crucible/Thorsons, London 1987

Delaforge, G., *The Templar Traditions in the Age of Aquarius*, Threshold, Vermont, USA 1897

Durman, E., *The Templars, Knights of God*, Aquarian Press, Wellingborough 1988

Guilliame de Tyre, *A History of Deeds Done Beyond Sea* (engl. Üb. E. A. Babcock und A. C. Krey), Columbia University Press, New York 1943

Howarth, S., *The Knights Templar*, Collins, London 1982

Joinville, Sire J. de, *Chronicles of the Crusades* (engl. Üb. M. Shaw), Penguin, Harmondsworth 1976

McMahon, N., *The Story of the Hospitallers of Saint John of God*, MH, Gill, Dublin 1958

Oldenbourg, Z., *Massacre at Montségur* (engl. Üb. P. Green), Pantheon, New York, USA 1961
Runciman, S., *A History of the Crusades*, Cambridge University Press 1951 (dt.: *Geschichte der Kreuzzüge*, München 1995)
Seward, D., *The Monks of War*, Paladin/Granada, St. Albans 1974
Smith, J. R., *The Knights of Saint Joan of Jerusalem and Cyprus*, Macmillan, London 1987

Freimaurer und Rosenkreuzer

Cartwright, E. H., *Masonic Ritual*, Lewis, Masonic,Shepperton 1985
Fuller, J. O., *Sir Francis Bacon*, East-West Publications, London 1981
Gould, R. F., *Gould's History of Freemasonry*, Caxton, London 1933
Gray, T., *The Orange Order*, Bodley Head, London 1972
Hamill, J., *The Craft, A History of English Freemasonry*, Crucible/Thorsons, London 1986
Horne, A., *King Solomon's Temple in the Masonic Tradition*, Aquarian Press, Wellingborough 1972
Jones, B. E., *Freemason's Guide and Compendium*, Harrap, London 1956
Jones, B. E., *Freemason's Book of the Royal Arch*, Harrap, London 1957
Knight, S., *The Brotherhood – The Secret World of the Freemasons*, Granada, St. Albans 1984
Lawrence, J., *Freemasonry, a Religion*, Kingsway, Eastbourne 1987
Phillips, G., and Keatman, M., *The Shakespeare Conspiracy*, Century, London 1994
Waite, A. E., *The New Encyclopedia of Freemasonry*, Weathervane, New York, USA 1970
Ward, J. S. M., *Who was Hiram Abiff?*, Baskerville, London, 1925
Ward, J. S. M., *Freemasonry and the Ancient Gods*, Baskerville, London 1926
Yates, F. A., *The Rosicrucian Enlightenment*, Routledge & Kegan Paul, London 1972 (dt.: *Aufklärung im Zeichen des Rosenkreuzes*, Stuttgart 1997)

Alte und esoterische Wissenschaften

Adams, H., *Mont Saint Michel and Chartres*, Houghton Mifflin, Boston, USA 1913
Arrien, A., *The Tarot Handbook*, Aquarian Press, Wellingborough 1987
Bauval, R., and Gilbert, A., *The Orion Mystery*, Heinemann, London 1994 (dt.: *Das Geheimnis des Orion*, München 1998)
Bayley, H., *The Lost Language of Symbolism*, Williams & Norgate, London 1912
Butler, E. M., *The Myth of Magus*, Cambridge University Press, 1948

Case, P. F., *The Tarot*, Macoy, VA, USA 1947

(dt.: *Schlüssel zur ewigen Weisheit des Tarot*, Neuhausen 1992)

Cavendish, R., *The Tarot*, Michael Joseph, London 1975

Charpentier, L., *The Mysteries of Chartres Cathedral*, Research into Lost Knowledge Organizations/Thorsons, Wellingborough 1972

Dobbs, B. J. T., *The Foundations of Newton's Alchemy*, Cambridge University Press 1975

Douglas, A., *The Tarot*, Victor Gollancz, London 1972

(dt.: *Das Grosse Buch des Tarot*, München 1997)

Fell, C., *John Dee*, Constable, London 1909

Harrison, M., *The Roots of Witchcraft*, Frederick Muller, London 1973

Howard, M., *The Occult Conspiracy*, Rider/Century, Hutchinson, London 1989

Hulme, E. F., *Symbolism in Christian Art*, Swann Sonnenschein, London 1891

Lincoln, H., *The Holy Place*, Jonathan Cape, London 1991

Lucie-Smith, E., *Symbolist Art*, Thames & Hudson, London 1972

Mathers, S. L. M., *Astral Projection, Ritual Magic and Alchemy*, Aquarian Press, Wellingborough 1987

Michell, J., *Ancient Metrology*, Pentacle Books, Bristol, 1981

Michell, J., *The Dimensions of Paradise*, Thames & Hudson, London 1988

Pennick, N., *Sacred Geometry*, Turnstone, Wellingborough 1980

Pincus-Witten, R., *Occult Symbolism in France*, Garland, London 1976

Richards, S., *Leviation*, Thorsons, Wellingborough 1980

(dt.: *Die Kunst des Levitierens, Handbuch zur Überwindung der Schwerkraft*, Neuhausen 1993)

Roberts, J. M., *The Mythology of Secret Societies*, Ganada, St. Albans 1974

Rougemont, D., *Love in the Western World*, Princeton University Press, New Jersey, USA 1983

Silberer, H., *Hidden Symbolism of Alchemy and the Occult Arts*, Dover Publications, New York, USA 1971

Steiner, R., *An Outline of Occult Science*, Anthroposophic Press, New York, USA 1972

(dt.: *Anweisungen für eine esoterische Schulung. Aus den Inhalten der esoterischen Schule*, Düsseldorf 1987)

Von Franz, M. L., *Alchemy*, Inner City Books, Toronto, Canada 1980

Ritter und Wappenkunde

Aveling, S. T., *Heraldry, Ancient and Modern*, Frederick Warne, London 1873

Barber, R., *The Knight and Chivalry*, Longman, London 1970

Brook-Little, J. P., *Boutell's Heraldry*, Frederick Warne, London 1969

Capellanus, A., *The Art of Courtly Love* (engl. Üb. J. J. Parry), Columbia University Press, New York, USA 1941

Foster, J., *The Dictionary of Heraldry*, Studio Editions, London 1994

Fox-Davies, A. C., *A Complete Guide to Heraldry*, TC & EC Jack, Edinburgh 1929

Hooke, S. H., *The Siege Perilous*, SCM Press, London 1956

Kennedy, B., *Knighthood in the Mort d'Arthur*, DS., Brewer, Cambridge 1980

Platts, B., *Origins of Heraldry*, Proctor Press, London 1980

Artussagen und -romane

Ashe, G., *Camelot and the Vision of Albion*, Heinemann, London 1971

Ashe, G., *Avalonian Quest*, Methuen, London 1982
(dt.: *König Artur. Die Entdeckung Avalons*, Düsseldorf 1996)

Barber, R., *Arthur of Albion*, Boydell Press, London 1971

Barber, R., *The Figure of Arthur*, Longman, London 1972

Barber, R., *King Arthur in Legend and History*, Cardinal/Sphere, London 1973

Barber, R., *The Arthurian Legends*, Barnes & Noble, New York, USA 1993

Cavendish, R., *King Arthur and the Grail*, Weidenfeld & Nicolson, London 1978

Chambers, A. K., *Arthur of Britain*, Sidgwick & Jackson, London 1966

Chrétien de Troyes, *Arthurian Romances*, Dent, London 1987

Clarke, G. (ed.), *Life of Merlin*, University of Wales Press, Cardiff 1973

Comfort, W. W., *Arthurian Romances*, EP Dutton, New York, USA 1914

Fife, G., *Arthur the King*, BBC Books, London 1990

Geoffrey of Monmouth, *The Life of Merlin*, University of Illinois Press, USA 1925

Goodrich, N., *Merlin*, Franklin Watts, New York, USA 1989

Goodrich, N., *Arthur*, Franklin Watts, New York, USA 1989
(dt.: *Die Ritter von Camelot. König Artus, der Gral und die Entschlüsselung einer Legende*, München 1994)

Jarman, A. O. H., *The Legend of Merlin*, University of Wales Press, Cardiff 1960

Knight, G., *The Secret Tradition in Arthurian Legend*, Aquarian Press, Wellingborough 1983

Layamon, *Arthurian Chronicles*, (engl. Üb. E. Mason), Dent, London 1972

Loomis, R. S., *Celtic Myth and Arthurian Romance*, Columbia University Press, New York, USA 1977

Loomis, R. S., *Arthurian Literature in the Middle Ages*, Clarendon Press, Oxford 1979

Malory, Sir T., *Le Mort D'Arthur*, New York University Books, USA 1961

Malory, Sir T., *Tales of King Arthur*, Book Club Associates, London, 1980

Markale, J., *King Arthur, King of Kings*, (engl. Üb. C. Hauch), Gordon & Cremonesi, London 1977

Matthews, C., *Arthur and the Sovereignity of Britain*, Arkana, London 1989

Matthews, J., *The Arthurian Tradition*, Element Books, Shaftesbury 1989

(dt.: *Der Artus-Weg. Einführung in die keltische Spiritualität*, München 1999)

Morris, J., *The Age of Arthur*, Weidenfeld & Nicolson, London 1973

Newstead, H., *Brân the Blessed in Arthurian Romance*, Columbia University Press, New York, USA 1939

Phillips, G., and Keatman, M., *King Arthur, the True Story*, Century, London 1992

(dt.: *Artus. Die Wahrheit über den legendären König der Kelten*, München 1995)

Pollard, A., *The Romance of King Arthur*, Macmillan, London 1979

Stewart, R. J., *The Mystic Life of Merlin*, Arkana, London 1986

Tolstoy, Count N., *The Quest for Merlin*, Hamish Hamilton, London 1985

Topsfield, L. T., *A Study of the Arthurian Romances of Chrétien de Troyes*, Cambridge University Press 1981

Wace, R., *Arthurian Chronicles*, (engl. Üb. E. Mason), Dent, London, 1972

Der Heilige Gral

Anderson, F., *The Ancient Secret*, Research Into Lost Knowledge Organization/Thorsons, Wellingborough 1953

Baigent, M., Leigh, R., and Lincoln, H., *The Holy Blood and the Holy Grail*, Jonathan Cape, London 1982

(dt.: *Der Heilige Gral und seine Erben*, Bergisch Gladbach 1987)

Bogdanow, F., *The Romance of the Grail*, Manchester University Press, 1966

Burns, J. E. (ed.), *The Vulgate Cycle*, Ohio State University Press, USA 1985

Chrétien de Troyes, *The Story of the Grail*, (engl. Üb. R. H. Cline), University of Georgia Press, USA 1985

Chrétien de Troyes, *The Story of the Grail*, (engl. Üb. R. W. Linker), North Carolina Press, Chapel Hill, USA 1952

Currer-Briggs, N., *The Shroud and the Grail*, Weidenfeld & Nicolson, London 1987

Eisler, R., *The Chalice and the Blade*, Harper & Row, New York, USA 1987

Evans, S., *In Quest of the Holy Grail*, Dent, London 1898

Evans, S., *The High History of the Holy Grail*, (engl. Üb. S. Evans aus dem *Perlesvaus*), Dent/Everyman, London 1912

Frappier, J., *Chrétien de Troyes and his Work*, (engl. Üb. R. Cormier), Ohio State University Press, USA 1982

Furnival, F. J., (ed.), *The History of the Holy Grail* (aus dem Roman *L'Estoire dou*

Saint Graal von Sire Robert de Boron, engl. Üb. H. L. Skyner), Early English Text Society, N. Turner, London 1861

Jung, E., and Von Franz, M. L., *The Grail Legends* (engl. Üb. A. Dykes), Hodder & Stoughton, London 1971

(dt.: *Die Graalslegende (Gralslegende) in psychologischer Sicht*, Düsseldorf 1997)

Lanzelot, (engl. Üb. K. G. T. Webster), Columbia University Press, New York, USA 1951

Loomis, R. S., *The Grail – From Celtic Myth to Christian Symbolism*, University of Wales Press, Cardiff 1963

Matthews, J., *The Grail – Quest for the Eternal*, Thames & Hudson, London 1981

Matthews, J., *The Grail Tradition*, Element Books, Shaftesbury 1990

Matthews, J., *Household of the Grail*, Aquarian Press, Wellingborough 1990

Owen, D. D. R., *The Evolution of the Grail Legend*, Oliver & Boyd, London 1968

Perlesvaus (engl. Üb. N. Bryant), D. S. Brewer,Cambridge 1978

Quest of the Holy Grail, The, aus: *Queste del Saint Graal*, (engl. Üb. P. M. Mantarasso), Penguin, Harmondsworth 1976

Richey, M. F., *Studies of Wolfram Von Eschenbach*, Oliver & Boyd, London 1957

Sinclair, A., *The Sword and the Grail*, Crown, New York, USA 1992

Skeels, D., *The Romance of Perceval*, University of Washington Press, USA 1966

Starbird, M., *The Woman with the Alabaster Jar*, Bear, Santa Fe, New Mexico, USA 1993

Von Eschenbach, W., *Parzival*, Cambridge University Press 1963

(dt.: *Parzival*, Paderborn 1982)

Waite, A. E., *The Hidden Church of the Holy Grail*, Rebman, London 1909

Genealogie und formelle Register

Anderson, J., *Royal Genealogies*, 1732-1736

Burke's Peerage and Baronetage, 1840 etc.
    Landed Gentry, 1848 etc.
    Extinct and Dormant Peerages, 1952 etc.

Douglas, Sir Robert of Glenbervie,
    The Peerage of Scotland, 1764
    The Baronage of Scotland, 1798

Great Seal, Register of Scotland

Massue, Melville Henry (9th Marquis of Ruvigny & Raineval)
    The Royal Blood of Britain, 1903
    The Jacobite Peerage, Baronage, Knightage and
    Grants of Honour, 1904
    The Titled Nobility of Europe, 1914
Paul, Sir James Balfour (Lord Lyon),
    Ordinary of the Scottish Arms, 1903
    The Scots Peerage, 1904-1914
Privy Seal, Register of Scotland

Register

Danksagung

Für ihre besondere Unterstützung bei der Erstellung dieses Werkes danke ich der Celtic Church of the Sacred Kindred of Saint Columba, dem Königlichen Haus von Stewart, den Verantwortlichen der Jacobite Records von Saint Germain, dem Präsidenten des Europäischen Fürstenrats und dem Ordo Supremus Militaris Templi Hierosolymitani. Mein Dank gilt ebenfalls allen Archivaren und Bibliothekaren, die mir behilflich waren, besonders in der British Library, der Nationalbibliothek in Bordeaux, der Somerset Country Library, der Zentralbücherei von Birmingham, der Glasgow Mitchell Library und der Nationalbibliothek von Schottland.

Da dieses Buch eine Synthese einiger miteinander verwandter Forschungsgebiete darstellt, danke ich besonders jenen Autoren, die auf ihren Gebieten bereits wertvolle Vorleistungen erbracht haben, ohne die dieses Werk nicht zustande gekommen wäre. Ich habe diesem Buch deshalb eine ausführliche Bibliographie angefügt.

Mein größter Dank gilt SKH Prinz Michael von Albany, der mir Zugang zu seinen privaten und ritterlichen Archiven gestattete. Ebenfalls danke ich meiner Frau Angela und meinem Sohn James für ihre Geduld während meiner teilweise sehr zurückgezogenen Tätigkeit.

Ich danke vielen guten Freunden, die mir den Weg leichter gemacht haben, besonders Chevalier David Roy Stewart und John Deering. Für ihre professionelle Beratung und Kenntnis auf dem Gebiet der Kunst und der Photographie bedanke ich mich bei Peter Robson und Michael Deering.

Schließlich Dank an jene, ohne die dieses Buch nie das Licht der Welt erblickt hätte, besonders an Michael Mann von Element Books und an John Baldock, dessen brüderliches Licht mir auf den letzten Meilen leuchtete.

Laurence Gardner